Joel Dorkam-Dispeker
Stacheln im Honig – Eine deutsch-israelische Familiengeschichte

Joel Dorkam-Dispeker

# Stacheln im Honig
## Eine deutsch-israelische Familiengeschichte

Aus dem Hebräischen von
Rachel Gruenberger-Elbaz

Herausgegeben von
Ernst Klein und Mechthild Wallbrecher

Bibliografische Information der Deutschen Nationalbibliothek
Die Deutsche Nationalbibliothek verzeichnet diese Publikation in der
Deutschen Nationalbibliografie; detaillierte bibliografische Daten sind
im Internet über http://dnb.d-nb.de abrufbar.

Abbildungsverzeichnis
Alle Fotos und Faksimile-Aufnahmen sind uns aus dem privaten Archiv von Joel Dor-
kam (S. 20–319) und dem Archiv Tsuba (S. 320–332) freundlicherweise zur Verfü-
gung gestellt worden.
Außer:
S. 6–19: Heike Pönitz, Dr. Bernhard Heitsch, Stadt Kassel, Rainer Kuhlmann, Ernst
Klein; S. 35: Diespeck – wie es wurde – was es ist, 1984 (Buchumschlag); S. 67 Post-
karte aus dem Militärmuseum, Israel; S. 46/47, 290/291: Stadtarchiv Kassel
Die Karikaturen waren Geschenke an Joel Dorkam, die er in seinen Kibbuz-Nach-
richten früher schon veröffentlicht hat.

Dieses Buch ist in hebräischer Sprache im Jahr 2012 im Verlag Karmelit erschienen
Alle Rechte liegen beim Autor: dorkam@tsuba.org.il
© für die deutsche Übersetzung: Schüren Verlag GmbH 2015
Universitätsstr. 55 · D-35037 Marburg
www.schueren-verlag.de
Alle Rechte vorbehalten
Lektorat: Thomas Schweer
Gestaltung: Erik Schüßler
Gestaltung Umschlag: Wolfgang Diemer, Köln
Druck: druckhaus köthen, Köthen
Printed in Germany
ISBN 978-3-89472-290-6

# Inhalt

Bertram Hilgen, Oberbürgermeister von Kassel, bei der
Begrüßung der Familie Dorkam in Kassel, 2008 beim
Sommerfest der DIG

# Zum Geleit

Wie in vielen anderen deutschen Städten wurde auch in Kassel die große, lebendige jüdische Gemeinde während der Nationalsozialistischen Gewaltherrschaft vollständig zerstört.

Von den rund 3500 1933 in Kassel lebenden Juden konnten sich etwa ein Drittel durch Emigration und Flucht unter meist schwierigsten Umständen retten. Der weitaus größte Teil unserer jüdischen Mitbürger wurde Opfer der unvorstellbaren Nazi-Verbrechen und der planmäßig durchgeführten Vernichtungsaktionen. Die meisten von ihnen fanden in den Lagern von Riga, Majdanek, Sobibor, Theresienstadt oder andernorts nach unsagbarem Leidensweg den Tod.

Als 1945 mit dem Zusammenbruch des NS-Regimes das volle Ausmaß seiner Verbrechen deutlich wurde, insbesondere die versuchte Vernichtung aller europäischen Juden, schien es, als wäre für mehrere Generationen keine Aussöhnung zwischen Deutschen und Juden möglich. Zu tief war der Graben zwischen dem „Volk der Täter" und den Angehörigen der Opfer.

Umso bemerkenswerter erscheint es uns aus heutiger Sicht, dass es auf jüdischer Seite trotz allem Menschen gab, die die Kraft und den Willen hatten, die Hand zu Freundschaft, zu Vergebung und Versöhnung auszustrecken. Es war eine glückliche Fügung, dass sich zwischen Kassel und Israel schon relativ früh erste Kontakte vor allem über ehemalige Kasseler Mitbürgerinnen und Mitbürger ergaben. Einige, und zu ihnen gehörte auch Sigmund Dispeker, trugen das heimatliche Kassel trotz persönlich erlebten Leids ein Leben lang im Herzen. Seine Verbundenheit gab er an seinen Sohn Joel, oder wie sein erster Name war, Hans-Lothar, weiter. Dessen Jahrzehnte lange Verbindung zu Kassel wird in dem vorliegenden Buch umfangreich dokumentiert.

Das Buch mit den Tagebuchaufzeichnungen zweier Generationen ist ein einzigartiges zeit- und stadtgeschichtliches Dokument mit bewegender menschlicher Tiefe. Es zeichnet die bewegten, teils dramatischen Lebenswege nach, die maßgeblich von dem dunkelsten Kapitel deutscher Geschichte gezeichnet wurden.

Dem Autor Joel Dorkam gilt mein Dank, dass er die Erinnerung daran für nachfolgende Generationen bewahrt. Auch und gerade 70 Jahre nach der Shoa hat ein jüdische Sprichwort nichts von seiner Gültigkeit und Aktualität verloren: «Das Geheimnis der Versöhnung heißt Erinnerung».

Der Stadt Kassel war es Freude und Ehre gleichermaßen am Zustandekommen der deutschen Ausgabe mitwirken zu dürfen. Mein Dank gilt ausdrücklich Ernst Klein und seinen Mitstreiterinnen und Mitstreitern sowie dem Schüren-Verlag für das großartige Engagement das diese Publikation für eine breite Leserschaft erschließt.

*Bertram Hilgen*
*Oberbürgermeister*

# Einleitung

## Geschichte ist gelebtes Leben

Geschichte wird besser begreifbar, wenn sie Namen und Gesichter bekommt, wenn sie einen Bezug zu Orten herstellt, die bekannt und vertraut sind.

Diese Erfahrung fand ich im Laufe der Jahre immer wieder bestätigt, wenn ich meine Gespräche mit Jugendlichen in unserer Geschichtswerkstatt mit folgenden Vornamen begann:

Hans-Lothar – Jean – Juanito – Joel

Vier verschiedene Vornamen, die die ereignisreichen Stationen und die historischen Ereignisse auf dem Lebensweg von Joel Dorkam-Dispeker so anschaulich schildern.

Schon bei unserer ersten Begegnung überließ mir Joel Dorkam einige Textpassagen aus seinen Erinnerungen und Lebenserfahrungen für die ehrenamtliche Arbeit «Gegen das Vergessen».

Zum Beispiel:

Für mich war meine Kindheit eine dauernde Wanderung, ohne Beständigkeit und Sicherheit mit vielen Kämpfen und Demütigungen. Von den Großeltern, Onkeln und Tanten aus Deutschland kamen immer schlimmere Nachrichten, bis sie ganz aufhörten …

Ich habe aber durch diese ereignisreiche Kindheit viel erfahren, viel gesehen und viel gelernt. Ich habe empfunden, wie sehr Menschen aufeinander angewiesen sind, welche Bedeutung ein gutes Wort und eine gute Tat haben können. Ich habe herausgefunden, dass es überall gute und böse Menschen gibt und meistens Mischungen von beiden.

Meine Kindheitserinnerungen haben Nachwirkungen hinterlassen, die ich meinen Kindern weitergegeben habe. Trotz allem erfahrenen Leid fühle ich noch heute eine Bindung an die deutsche Kultur, die mir meine Eltern vermittelt haben.

Dieser enge Bezug zur deutschen Kultur bewirkte, dass Joel Dorkam-Dispeker trotz der für ihn sehr unangenehmen Erfahrungen bei seinem ersten Besuch in Kassel unermüdlich die Begegnung mit Menschen in Deutschland suchte.

Mit viel Überzeugungskraft setzte er sich zum Beispiel bei seinen Genossen dafür ein, deutsche Volontäre der »Aktion Sühnezeichen« nach Tzuba einzuladen, um die damals noch sehr gespannten Beziehungen zu Deutschland und den Deutschen positiv zu beeinflussen.

Ab 1995 entwickelten sich enge, von gegenseitigem Vertrauen getragene Freundschaftsbeziehungen zwischen den Kibuzzniks um Joel Dorkam und der Katholischen Integrierten Gemeinde im Raum München.

Unter der Bezeichnung «Urfelder Kreis» entstand hieraus eine außerordentlich fruchtbare Zusammenarbeit, die der Autor am Ende seiner Aufzeichnungen eingehend beschreibt.

Aus anfänglichen privaten Kontakten folgte langsam, aber stetig auch eine Annäherung an Kassel, die Stadt seiner frühen Kindheit.

Es entwickelten sich zahlreiche neue Beziehungen und viele für beide Seiten unvergessliche Begegnungen in Kassel und in Israel:

Als im Jahr 2000 das Ehepaar Dorkam gemeinsam mit über 100 ehemaligen Kasseler Juden auf Einladung der Stadt zu Gast war, konnten weitere Freundschaften geknüpft werden.

Seit vielen Jahren halten insbesondere die Arbeitsgemeinschaft Kassel der Deutsch-Israelischen Gesellschaft, aber auch der Oberbürgermeister, viele Kommunalpolitiker und der Verein Rückblende gegen das Vergessen e.V. die Verbindung durch Einladungen nach Kassel und Besuche in Israel aufrecht.

Auf mehreren Israel-Reisen waren die Begegnungen mit Joel und Sarah Dorkam-Dispeker für alle Teilnehmer und Teilnehmerinnen ein besonderer Höhepunkt.

Bei seinen Besuchen in Nordhessen war Joel Dorkam über die Vielfältigkeit und Ernsthaftigkeit der Auseinandersetzung mit der jüngeren Geschichte sehr beeindruckt. Unsere gemeinsamen Besuche beim Internationalen Suchdienst in Bad Arolsen oder dem Informations- und Dokumentationszentrum zur deutsch-jüdischen Regionalgeschichte des Vereins Rückblende – Gegen das Vergessen e.V. in Volkmarsen haben Joel und Sarah tief berührt. Bei seinem Besuch in diesem außerschulischen Lernort in 2008 verweilte Joel lange vor der Tafel mit der Aussage:

Die entsetzlichen Verbrechen während der nationalsozialistischen Herrschaft haben tiefe Gräben gerissen zwischen den jüdischen und nichtjüdischen Menschen in Deutschland. Wir können diese Gräben nicht zuschütten, wir sollten dies auch nicht tun, denn die Opfer dürfen nicht vergessen werden und auch die Verbrechen nicht.

Wir müssen weiter versuchen, Brücken zu bauen, um damit die Gräben der Vergangenheit zu überwinden.

Viele Brücken, die uns alle auf dem langen Wege des besseren Kennenlernens und Verstehens, auf dem Weg der gegenseitigen Achtung und endlich auf dem Weg der Versöhnung zur freundschaftlichen Zusammenarbeit führen.

Ein anhaltender Blick und ein Nicken mit dem Kopf signalisierten, dass diese Gedanken die Basis unserer Freundschaft sind.

Im Frühjahr 2014 war ich gemeinsam mit Manfred Oelsen von der DIG während einer Israel-Reise wieder einmal zu Besuch im gemütlichen Heim der Dorkams im Kibbuz Tsuba. Bei Kaffee und Sarahs selbst gebackenem Kuchen zeigte mir Joel die israelische Ausgabe seiner Lebenserinnerungen und erzählte mir von seinen bis dahin vergeblichen Bemühungen, eine deutsche Fassung dieses Buches zu ermöglichen.

Es war für mich selbstverständlich, dass ich mich mit dem Versprechen verabschiedete, alle Anstrengungen zu unternehmen, um eine deutsche Ausgabe seines Buches auf den Weg zu bringen.

Mit großer Dankbarkeit kann ich heute feststellen, dass ich für dieses Projekt bei allen meinen Ansprechpartnern großartige Unterstützung fand. Die intensive, fruchtbare Zusammenarbeit mit Frau Mechthild Wallbrecher und ihrem Freundeskreis bei der Bearbeitung der Texte und Fotos, die Unterstützung durch den Kasseler Oberbürgermeister Herrn Bertram Hilgen und seine Referentin Frau Jutta Arbter, die Unterstützung durch den LIONS Club Kassel – Kurhessen sowie sowie die Mitarbeit weiterer Helferinnen und Helfer machten es möglich, innerhalb weniger Monate eine druckreife deutsche Fassung der Lebenserinnerungen Joel Dorkam-Dispekers zu erarbeiten.

Ihnen allen ein herzliches Danke!

Mein besonderer Dank gilt Frau Dr. Schüren und ihrem Team für das Vertrauen bei den Planungsgesprächen, für die Bereitschaft, das Manuskript zu lesen und die verständnisvolle Kooperation bei der Bearbeitung der Texte und Fotos.

Ich hoffe, dass wir mit diesem Buch über eine deutsch-israelische Familiengeschichte viele Leserinnen und Leser zum Nach-Denken anregen und durch die personenbezogene Vermittlung historischen Wissens ihre persönliche Urteilsfähigkeit stärken können.

*24. September 2014*
*Ernst Klein*

Im Jahr 2000 vor dem Kasseler Rathaus. Oberbürgermeister Lewandowski (4.v.li.) begrüßt die jüdischen Gäste

Zu Besuch in Kassel – Vor dem Weltkulturerbe Bergpark Wilhelmshöhe (2008; von links: Manfred Oelsen, Vera Merkle, hinten Mitte: Ehepaar Freudenthal, daneben Gertrud Hermann, Joel, Sarah und Sohn Siv)

Beim Sommerfest der DIG Kassel – Joel hört die Ansprache von OB Hilgen (2008)

Joel Dorkam, Pfarrer Arno Wilke, Ernst Klein, Sarah und Siv Dorkam

Joel Dorkam, Ernst Klein, Sarah Dorkam und Heike Pönitz am «Platz der gegenseitigen Achtung» in Volkmarsen (2008)

Volkmarsen, Geschichtswerkstatt «Rückblende» Joel, Manfred Oelsen, Ernst Klein, Sarah

Besuch bei Familie Klein Petra Oelsen, Brigitte Klein, Manfred Oelsen, Sarah und Joel Dorkam, Ernst Klein (2008)

Gästebuch Seite 118.jpg

Sarah u. Joel Dorkam
Kibbutz Tsuba, Israel
19.6.2008

Lieber Herr Klein,
Wir sind sehr stark beeindruckt über unserem Besuch in der unerwartet stark wirkende "Erinnerungswerstatt" - schon der Name ist einprägend.
Wir sind erstaunt über dieses ausgezeichnete Lebenswerk, offensichtlich mit vielen Mitarbeitern, aber vor allem Dank Ihrer Begeisterung und Leitung. Ich wollte, das es noch viele solcher Unternehmen in Deutschland entstehen würden - hoffentlich wirken sie, so stark wie das ihrige
Mit herzlichem Dank und Achtung
Sarah u. Joël Dorkam-Dispeker

Eintrag aus dem Gästebuch, 19. Juni 2008

Besuch beim Internationalen Suchdienst (ITS) Bad Arolsen: Joel, Sarah und Archivleiter Udo Jost (2008). Hier wurde Joel die Originalkarteikarte gezeigt, die die Festnahme seines Onkels durch die Gestapo dokumentiert. Die dadurch frei gesetzten Emotionen halfen ihm, seine Lebensgeschichte zu formulieren.

Sarah begrüßt die Kasseler Reisegruppe in Tsuba (2012)

Im Kindergarten in Tsuba (2012)

Üppiges Grün vor dem Haus Dorkam (2012)

Tsuba, Joel Dorkam und Ernst Klein (2012)

Tsuba, mit Joel Dorkam und Manfred Oelsen (2012)

Tsuba, Joel blättert im Tagebuch (2012)

Treffen in Israel (2012)

Joel Dispeker – ein optimistischer Augenblick

# Dieses Buch ist gewidmet in Liebe (falls es eine solche gibt)

meinen Eltern, Vater Sigi und Mutter Blanche, gesegnet sei ihr Andenken, die ich nicht genügend zu schätzen wusste, als sie noch am Leben waren, und die ich, wie so viele andere, erst in ihrer ganzen Würde entdeckte, nachdem sie diese Welt bereits verlassen hatten. In Dankbarkeit für die Samen, die sie in mich legten und mit Bächen von Blut und Tränen begossen und befruchteten.

Sarah, meiner für ihren roten Zopf bekannten Lebensgefährtin, die mir, dem Jüngling mit dem stolzen, frechen Schopf, ihr strahlendes Lächeln schenkte, ebenso wie ihr junges Herz, das aufgeregt pochte, noch bevor es sie ahnen ließ, in welchen Wirbel sie geriet, als sie sich durch die Fesseln der Liebe mit mir verband.

Meinen Töchtern, meinem Sohn und meinen wunderbaren Enkeln, leidenschaftlich darauf hoffend, dass diese Worte es ihnen erleichtern werden, das Rätsel ihres so ruhelosen Großvaters zu entschlüsseln, der vergeblich nach dem tiefen Geheimnis suchte, das in diesem Begriff verborgen war und bleibt: D I E   L I E B E.

Wer beim Laufen seine Augen auf die Sterne richtet,
ist der Gnade der Pfützen ausgeliefert.
*Alexander Smite*


Das Schöne an Erinnerungen ist, dass Du sie auswählen kannst.
*Lilian Travndy*


Inwiefern täuscht die Erinnerung?
Wir müssen vor den Lesern gestehen und ebenso uns selbst gegenüber, dass in der
Autobiografie immer Poesie mit eingeschlossen ist.
*Grete Weil*


Im Erinnern überlebt die Seele.
*Spruch auf einem Glasfenster, im Archiv des Kibbuz Tzuba*


Wo kämen wir hin, wenn alle fragten, wo kämen wir hin und keiner ginge, um zu
sehen, wohin wir kämen, wenn wir gingen.
*Kurt Marti*

*(Aus seiner Sammlung von Aphorismen, die der Autor besonders schätzt.)*

# Entschuldigungen – eine Art Vor-Vorwort

Verzeih mir, Vater, dass ich dich nicht gebührend zu schätzen wusste, als du noch unter uns weiltest. Verzeih mir, dass ich dir nicht die angemessene Ehrerbietung entgegenbrachte, dass ich es nicht verstanden habe, dich zu verstehen und dich in deinen so schweren Stunden zu unterstützen. Ob du mir wohl meine Geringschätzung, den Spott und die Unverschämtheit verzeihen kannst; die Fragen, die zu stellen ich vermied, vielleicht aus Angst vor den Antworten, die ich auf diese hätte bekommen können? Die Gespräche, die wir nicht führten, und die Geschichten, die zu erzählen ich dich nicht gebeten habe – über den Ursprung deiner vielschichtigen, gespaltenen und widersprüchlichen Persönlichkeit, die doch gleichzeitig so liebenswürdig, klug, versöhnlich, humorvoll und umgänglich war. Über deinen Lebensweg, der so verschlungen war wie die Pfade der Pyrenäen, über die wir einst vor der «Endlösung» – genauer gesagt: der tödlichen Lösung – fliehen sollten; dafür, dass ich das Dilemma nicht verstanden habe, das dir seit den Jahren deiner Jugend zu schaffen machte – diesen Weg, der dich nicht ans sichere Ufer führte, sondern in ein Land, das nicht zu dir passte, in dem du dich nicht wohlfühltest und mit dem du keine gemeinsame Sprache fandest – obwohl du von Bewunderung für seine Errungenschaften erfüllt warst.

Genau genommen ist es auch dir nicht gelungen, mit mir eine gemeinsame Sprache zu finden, deinem so gut wie einzigen Sohn, und das trotz der ähnlichen Charakterzüge, deiner und meiner, die ich immerhin von dir geerbt habe und die tief in meiner Persönlichkeit verankert sind. Ich bin davon überzeugt, dass es nicht zuletzt ihnen zu verdanken ist, wie mein Leben verlief, und dass sie bis zum heutigen Tag direkt und indirekt ihre Signale senden. Mit großem Bedauern muss ich feststellen – und laufe damit Gefahr, bei meinem Nachwuchs heftigen Protest auszulösen –, dass sogar alle meine wunderbaren, so einzigartigen Kinder und Enkel eine kleine Prise von diesen, ihre Umgebung leicht verärgernden Eigenschaften geerbt hat, aber auch eine beachtliche Portion von Talenten und Vorzügen, die für Erfolg im Leben ein unabdingbares Gut darstellen. Nur scheint mir, dass mir auch dafür, für diesen vielleicht bedeutendsten.Teil meines bescheidenen Nachlasses, wahrscheinlich niemals vergeben werden wird.

Ich hingegen will dir, mein teurer Vater, verzeihen, dass du mir eher ein Großvater als ein Vater gewesen bist, dass du es nicht verstanden hast, das verschreckte Herz eines kleinen Jungen zu verstehen, der in Einsamkeit und Zerrissenheit aufwuchs, im Schatten von zwei Eltern, die sich fast über gar nichts einig waren …

Ganz gewiss verzeihe ich dir, dass du mir keine Handvoll Brüder und Schwestern und nicht einmal das Trostpflaster eines rothaarigen Schwesterchens produziert, und dass du mir die Existenz jenes einzigen Halbbruders verschwiegen hast, der wahrscheinlich der Begeisterung eines nach dem Ersten Weltkrieg von der Frontniederlage heimgekehrten, entladungsbedürftigen Soldaten entsprungen ist. Der Erste Weltkrieg? Wirklich der Erste? Das ist stark zu bezweifeln, mit Sicherheit jedoch war es nicht der Letzte, sondern vielmehr Auftakt zu einer endlosen Reihe, die mit unvorstellbarer Grausamkeit immer weitere, schwindelerregende Kreise zieht, die noch Verwüstung und endloses Leid über uns bringen, und, mit etwas boshafter Nachhilfe, nach einiger Zeit zur vollständigen Zerstörung der Erde führen wird – es sei denn, wir hören auf, mit Atomen, Protonen und ähnlich schlüpfrigen, unkontrollierbar tickenden Übeln und Heimsuchungen herumzuspielen.

Um Missverständnissen, Zweifeln und Ungewissheiten vorzubeugen, möchte ich die Antwort auf eure wichtigste Frage bereits vorausschicken: Ja, in der Tat werden auch wir nolens volens in diesen Satanstanz der Bedroher und Bedrohten hineingerissen, an dessen Ende Feuer, Schwefel und unvorstellbare Verwüstung stehen.

Schließlich und darüber hinaus muss ich dich, Vater, auch für die Kürzungen um Verzeihung bitten, die zu meinem Unmut bei der Übersetzung der Originalfassung deiner Lebenserinnerungen ins Hebräische vorgenommen wurden, damit der Leser dieses neuen, 21. Jahrhunderts an der Geschichte unserer Ahnen Gefallen finden möge, der Geschichte der Familie Dispeker und ihrer Nachfahren, der Familien Dorkam, Poran und anderer. Der Wahrheit halber muss ich gestehen, dass ich deine Schriften zunächst vollständig und wortgetreu übersetzt habe, ja sogar mit dem anmaßenden Ehrgeiz, deren ursprünglichen, für dich so typischen Stil und Geschmack beizubehalten. Leider stellt sich die teutonische Sprache einem solchen Versuch jedoch mit beträchtlichen Schwierigkeiten entgegen. Dennoch will ich für diejenigen, die in naher oder ferner Zukunft daran interessiert sein sollten, unser familiäres «Narrativ» eingehender zu verstehen, auch eine solche vollständige Fassung aufbewahren.

Du, meine verehrte Mutter, die du einen bedeutenden Teil deiner Herzenswünsche und größeren Ambitionen der Existenz und dem Erfolg unserer kleinen Familie geopfert hast; du, die du mit einem sechsten Sinn gesegnet warst, der es dir ermöglichte, beizeiten vor nahenden Gefahren zu warnen; du, die du es eines übers andere

Mal verstanden hast, im richtigen Moment das Signal zum Aufbruch zu geben – verzeih mir, dass ich ohne Scheu, aber auch ohne böse Absicht ein klein wenig von jenen weniger rühmlichen Aspekten enthüllt habe, die die Waagschalen deiner so einzigartigen Persönlichkeit zum Soll neigen.

Du musst mir verzeihen, dass ich euch in schweren Stunden alleingelassen habe, an kalten Tagen – habe ich mich doch von Anfang an geweigert und wurde auch nie dazu aufgefordert, die Verantwortung für euer Leben zu übernehmen. Ich bin einfach eines nicht sehr schönen Tages aufgestanden, habe ein paar mir notwendig erscheinende Gegenstände zusammengepackt und mich auf den Weg gemacht – in meine «neue Welt» in den judäischen Bergen, vor den Toren Jerusalems, so weit wie möglich von euch entfernt.

Ich meinerseits will mich bemühen, dir zu verzeihen, dass du mich zum Einzelkind gemacht hast, das es nicht versteht, Anteil zu nehmen, zu teilen, zu umarmen, ja nicht einmal, sich mit einem jüngeren Bruder oder einer kleinen Schwester herumzubalgen. Möglich, dass ich dir auch deine Experimente mit fortschrittlichen Erziehungsmethoden verzeihen kann, innovativen und manchmal sogar revolutionären Ideen, die du, wie mir scheint, mitunter an mir ausprobiert hast, und das trotz der Tatsache, dass zumindest ein Teil davon in krassem Widerspruch zu deinen mütterlichen Gefühlen auf der einen und zu deinen menschlichen Glaubenssätzen auf der anderen Seite gestanden hat.

Aber du wolltest «nicht aus dem Rahmen fallen», und keiner weiß so gut wie ich, was es bedeutet, anders zu sein.

Ebenso muss ich auch unseren Sohn und unsere beiden Töchter dafür um Verzeihung zu bitten, dass ich in den Stunden, die zumindest teilweise hätten ihnen gehören müssen – und die heute sogar als «Qualitätszeit» bezeichnet werden –, mit gesellschaftlichen, öffentlichen, kulturellen und politischen Belangen befasst war. Vergeblich habt ihr euch um meine Nähe, meine Aufmerksamkeit und den deutlicheren Ausdruck einer Vater-Kind-Beziehung bemüht, um mehr Unterstützung bei euren Auseinandersetzungen mit Lehrern, Erziehern, Jugendleitern, Pflegerinnen und den Eltern eurer Gefährten im Heim und in der Schule.

Vor allem aber du, meine Frau und Gefährtin Sarah, die mit mir zusammen den Sprung in die Geheimnisse des kunstvollen Gewebes von Partner- und Elternschaft gewagt hat: Kannst du heute, im fortgeschrittenen Alter, mehr Verständnis dafür aufbringen, dass ich für deine Nöte nicht immer das erforderliche Interesse und Feingefühl gezeigt habe? Kannst du mir die messerscharfen Worte vergeben, die wir einander in Augenblicken der Wut und des Frusts an den Kopf geworfen haben; die Küsse, die nicht geküsst wurden, die Streicheleien, die nicht gestreichelt wurden und die Umarmungen, über die ich hinweggegangen bin; die mangelnde Aufmerksamkeit und die Blindheit für deine Schmerzen, die ich häufig, wenngleich nicht vorsätzlich, an den Tag gelegt habe – wobei ich zwar schamerfüllt war, mich jedoch noch mehr schämte, dir die Reue zu zeigen, die ich in meinem Herzen empfand.

Ich bedauere es sehr, dass ich nicht bei dir war, als deine Tränen flossen; es tut mir leid, dass ich deine Liebe, deine Ergebenheit und deine Treue als Selbstverständlichkeit hingenommen habe, ohne meiner großen Wertschätzung und Anerkennung gebührend Ausdruck zu geben. Ich beklage all die Lobesworte für deine Werte und Erfolge, die ich nicht genügend ausgesprochen habe; den Mangel an Komplimenten und die Armseligkeit meiner Beifallsäußerungen angesichts deiner bezaubernden Gestaltung unseres Heims. Ist dies doch eine deiner vielen so einzigartigen Begabungen, ganz zu schweigen von der Ordnung und der strahlenden, um die Wahrheit zu sagen, mitunter ein wenig zu strahlenden Sauberkeit unserer gemeinsamen Wohnung.

Dabei habe ich noch nichts über deine Kuchen, deine Kompotts, Marmeladen und die übrigen Delikatessen gesagt, die du aus dem Obst zubereitest, das du auf deinen eigenen, etwas geschundenen Knien in den Hainen von Tzuba zu sammeln pflegst. Ganz zu schweigen von den mal stürmischen, mal ruhigen Liebesnächten, deren Erwähnung allein dein sommersprossiges Gesicht noch heute mit einer bezaubernden Verlegenheitsröte überzieht – Zeichen und Symbol für die Naivität, deren Wurzeln in der Ortsgruppe der Noar Ha'oved im Givataimer Borochov-Viertel zu finden sind, und natürlich auch in deinem etwas puritanischen Elternhaus, einem Relikt der Bräuche der ukrainischen Diaspora.

Dennoch darf ich vielleicht auch Folgendes auf die Waagschale unserer Zwischenbilanz legen: Stunden tiefster Zufriedenheit und Freude, inhaltsreiche Reisen und Begegnungen, gemeinsame Aktivitäten in der Bewegung, als Volontäre, in Hobby- und in Fortbildungskursen – soweit, dass man mich mitunter sogar fragte, ob ich nicht imstande sei, irgendetwas ohne deine Begleitung zu tun (ich denke schon … was meinst du?). Und schließlich unser geteilter Stolz auf unser erlesenes «Erzeugnis»: unseren Sohn, unsere beiden Töchter und die acht Enkelkinder, von denen jedes sich auf dem einen oder anderen Gebiet ausgezeichnet hat – vielleicht wird es uns noch vergönnt sein, gemeinsam Urenkel zu erleben? Und wenn schon, dann bitte zumindest eine rothaarige Urenkelin!

Möget auch ihr mir verzeihen, ihr Angehörigen vorausgegangener Generationen, Nachfahren des Rabbi David von Diespeck, Verfasser des Werkes *Pardes David*, einer Sammlung talmudischer Erzählungen und Kommentare. Fünf Jahre warst du selbst auf Wanderschaft, lieber Rabbi David (1742–1747), im Gebiet der Hohenzollern, in Hechingen, Mühringen und Rexingen, bevor du den Ruf zum Oberrabbiner in Mähringen annahmst!

Wegen des Bankrotts eines befreundeten Kaufmanns, dem du, Rabbi David, eine beachtliche Bürgschaft von 25.000 Golddukaten unterschrieben hattest, sahst du dich, ein rechtschaffener Tzaddik, der keine Hilfe annehmen wollte, gezwungen, den Großteil deines Besitzes zu verkaufen und auf Wanderschaft zu gehen – bis es dir gelungen ist, die Schuld ohne jegliche Unterstützung deiner Gemeinde in Fürth bis auf den letzten Heller zu begleichen. Erst dann kehrtest du nach Hause in Mähringen zurück und gründetest die besagte rühmliche Dynastie (mit einer Frau nach der anderen, denn in jenen Tagen starben viele Wöchnerinnen an Infektionen, deren Quellen und Ursachen damals noch unbekannt waren).

Und das sind die Glieder dieser Kette: Die erste war Rosel aus dem Hause Schneor, die 1742 verstarb. Ihr folgte Miriam aus dem Hause Sulsbach, die 1763 aus dem Leben schied und mit der die Zählung jenes «assimilierten» Zweigs der Dynastie beginnt, der heute über die Vereinigten Staaten, England, Südafrika, Kanada, Australien und wahrscheinlich auch weitere Länder verstreut lebt. Die dritte und letzte Frau des Rabbis war seine Lieblingsfrau: Chava/Eva, geborene Dessauer, möglicherweise die direkte Ahnin unserer eigenen Dynastie – oder richtiger dessen, was von dieser nach der Schoa noch übrig ist. Ihre Vertreter leben heute fast ausnahmslos in Israel, einige wenige davon auch in Europa und in den USA. Insgesamt «lieferten» die drei Frauen des Rabbi David von Diespeck acht Kinder, deren Existenz uns bekannt ist. Woher ich das alles weiß? Ganz einfach: von dem Familienstammbaum, den einer unserer Verwandten vor etwa 100 Jahren erstellte. Sein Name war Meir Oppenheimer. Dieser Meir sammelte einige tausend Namen, die sich, wie im Volke Israel üblich, in jeder dritten Generation wiederholen; darunter etwa ein halbes Dutzend «Joels», die sich im Laufe des Assimilationsprozesses in «Julius» verwandelten.

Sein Werk, das Resultat unermüdlichen Durchforstens von Einwohnerlisten, Archiven und Friedhöfen in ganz Europa, die später von den schrecklichen Bomben des Zweiten Weltkriegs zum Großteil zerstört wurden, verbrannten und binnen kürzester Zeit im Wind verwehten, hat uns eine Fülle von Informationen bewahrt. Ich selbst habe den Namen «Joel» übrigens zufällig angenommen, noch bevor ich von der Existenz unseres Stammbaums erfuhr. Eigentlich wurde ich als «Hans» geboren, in Frankreich verwandelte ich mich natürlich in einen «Jean», in Spanien nannte man mich «Juanito». Als wir jedoch nach Eretz Israel kamen, gefiel mir die natürliche Übersetzung in «Chanan» nicht, und ich entschied mich rein zufällig für «Joel», das mir sympathisch klang. Ich war daher ziemlich überrascht, als ich das erste Mal auf die lange Reihe der Joels unseres Stammbaums stieß.

Was den Familiennamen Dorkam betrifft, zu Deutsch «eine Generation entsteht», den ich kurz vor meiner Eheschließung annahm, so scheint mir, dass sich dessen Bedeutung nicht allen erschließt. Immer wieder werde ich gefragt, warum ich meinen seltsamen «holländischen» Familiennamen nicht hebräisiere.

Was der in Fürth lebende Meir Oppenheimer damals nicht wusste und auch noch nicht wissen konnte, war, dass dieses Heftchen mit seinen 120 Seiten ihm eines Tages das Leben retten sollte, nachdem er 1938 verhaftet und in das erste, berühmtberüchtigte Konzentrationslager der Nazis verschleppt worden war: nach Dachau. Damals hatte man die Gaskammern noch nicht erfunden und zahllose Häftlinge wurden erschossen oder durch «ausgeklügelte» Foltermethoden ermordet. Man erhängte sie an den hinterm Rücken gefesselten Händen, ließ sie systematisch verhungern und setzte sie diversen ansteckenden Krankheiten aus. Eine Entlassung aus diesem Lager war – vorausgesetzt man hatte es überlebt und war nicht entweder der Unterwanderung, des Kommunismus oder der «Verleumdung» des Regimes schuldig gesprochen oder als Zigeuner, Homosexueller und, am allerschlimmsten, als schmählicher Jude abgestempelt worden – mit der Auflage verbunden, das deutsche Hoheitsgebiet unverzüglich zu verlassen.

Nur sehr wenige Staaten waren bereit, die völlig mittellosen jüdischen Flüchtlinge aufzunehmen, deren Besitz natürlich von den Nazis konfisziert worden war. Die USA zum Beispiel hatten nicht nur eine rigorose Quote, sie knüpften die Ausstellung eines Einwanderungsvisums auch an die Bedingung einer von einem amerikanischen Staatsbürger erteilten Garantie für den Unterhalt des Flüchtlings – das sogenannte «Affidavit». Nun erinnerte sich unser guter Meir daran, dass in unserem Stammbaum einige entfernte Verwandte aufgetaucht waren, die schon früher nach England ausgewandert waren. Ohne allzu viel Hoffnung schrieb er diese an und erhielt zu seinem großen Erstaunen im Antwortbrief die ersehnten Dokumente. Dadurch wurde nicht nur sein eigenes Leben gerettet, sondern auch der Familienstammbaum – für unsere bereits existierenden und zukünftigen Nachkommen, mögen diese nun die Bausteine der Erschaffung einer besseren Welt sein oder der Sprengstoff, der diese endgültig zerstört.

Zunächst jedoch noch eine kurze Rückkehr zu meinen Bitten um Verzeihung. Entschuldigen muss ich mich auch bei meinen Lesern und Leserinnen, warum sollten sich diese für unsere Familiengeschichte interessieren, es sei denn, aus intellektueller Wissbegier – oder auch ein klein wenig aus klatschsüchtigem Voyeurismus?

Daher mögen mir all diese Leser verzeihen, dass ich mir erlaubt habe, den Gedanken von «der neuen Generation, die entstehen wird» anzusprechen, die zum einen nichts anderes ist als eine Folgegeneration, und zum anderen die Generation der Veränderung. Es sieht so aus, als sei diese zum Großteil bis über den Kopf damit beschäftigt, eifrig Profiten und Besitztümern nachjagen, und nur einige wenige, sehr gezählte Ausnahmen darunter streben nach mehr Wahrheit und Gerechtigkeit in den zwischenmenschlichen Beziehungen.

Verzeihen mögen mir auch meine Lektoren, Berater und alle anderen, die diese Seiten gelesen, durchgesehen und kommentiert sowie mir ihre Empfehlungen gemacht und mich ermutigt haben, weiter daran zu arbeiten – verzeihen, dass ich ihre großzügigen Ratschläge nicht immer angenommen habe, obwohl mir die meisten davon hilfreich waren und ich ihnen dafür von Herzen dankbar bin.

Nun aber ist es an der Zeit, mich auf meine große, etwas beängstigende Reise in ein vergangenes Zeitalter zu begeben. Dabei ist nicht auszuschließen, dass diese Epoche wiederkehren wird, anders vielleicht, aber nicht weniger vehement. Haben wir doch, und das ist ebenso bedauerlich wie beschämend, immer noch nicht aus der Erfahrung unserer Vorfahren gelernt. Daher ist durchaus anzunehmen, dass wir abermals Millionen, nein, diesmal sogar Milliarden von verzweifelten Geschöpfen erleben werden, die ihres Heims, ihrer Familien, ihres Besitzes, ihrer Sprache und ihrer Kultur, kurz, all dessen beraubt sein werden, was jedem Menschen teuer und lebensnotwendig ist.

Natürlich wird man gegen Ende dieser Epoche verkünden – falls überhaupt noch Sprecher überlebt haben sollten –, dass dies der letzte Krieg sei, ein heiliger Krieg, ein heroischer Kampf, um alle Kriege jeder Art absolut und endgültig auszumerzen. Denkbar ist auch, dass sich immer noch solche finden werden, die das glauben und ihre Söhne und Töchter diesen erhabenen Zielen opfern werden. Denkbar ist auch, dass die Natur auf diese Weise die Darwinsche Lehre von der natürlichen Auslese umsetzt, vom Leben, das sich unaufhörlich verändert. Es könnte aber auch die Lehre von Thomas Malthus sein, der sagte, der einzige Weg, die Probleme der Menschheit zu lösen und irgendeinen Ausgleich für den Anstieg der sich pausen- und zügellos vermehrenden Weltbevölkerung zu finden, seien Kriege, tödliche Unfälle und Natur-katastrophen. Wenn wir bedenken, dass man zu Beginn des 19. Jahrhunderts noch nichts von der Existenz des Atoms und anderer unkonventioneller Kriegsmittel wuss-te, wird klar, was sich in unserem «fortschrittlichen» Zeitalter im Gegensatz zur Ver-gangenheit geändert hat: Heute schwebt über unseren Häuptern eine ganze Reihe alternativer Vernichtungsmittel, darunter «Arbeitsunfälle» in den Vorratslagern von Nuklearwaffen, ausgelöst durch einen menschlichen Fehler oder den Erpressungs-versuch eines kleinen, dummen Terroristen beziehungsweise das beabsichtigte oder zufällige Entweichen biologischer oder chemischer Giftstoffe, die in beeindrucken-den Mengen irgendwo bei den «Großmächten» gelagert auf den Zeitpunkt ihres Ein-satzes warten. Großmächte, die häufig genug vor aller Welt bewiesen haben, wie be-rechnend und verlogen sie sind. Wir hingegen erfüllen wieder und wieder folgende fundamentale Aussage der Heiligen Schrift: «Je mehr man sie aber unter Druck hielt, umso stärker vermehrten sie sich und breiteten sich aus ....» (*Exodus* 1:12)

Somit bleibt also die Frage, welchen Preis wir für eine bessere und verbesser-te Welt freiwillig zu zahlen bereit und imstande sind? Manchmal schleicht sich in mein trauerndes Herz das vage Gefühl, dass wir uns wohler fühlen in einer Welt der rohen Gewalt, in der es üblich ist, der Umgebung unseren Willen aufzuzwingen. Dieser Verdacht verstärkt sich angesichts jüngster Forschungsergebnisse und Funde an verschiedenen Ausgrabungsstätten auf der ganzen Welt, aus denen hervorgeht, dass Seite an Seite mit dem homo sapiens, dessen Nachfahren (wir!) heute auf Er-den herrschen, über Millionen Jahre hinweg mindestens drei weitere menschenar-tige Gattungen existiert haben, offenbar weniger gewalttätig und aggressiv als wir, und dass unsere «Art» es geschafft hat, diese fast vollständig auszumerzen. Wenn das stimmt und nicht einem Irrtum der Forscher entspringt, müssen wir vielleicht die ewig alte Frage aufs Neue überprüfen: Ist der Mensch von Grund aus und von Jugend an gut oder böse?

Mit dieser Frage und einigen weiteren, nicht ganz belanglosen Details beschäf-tigen sich die folgenden Seiten, die das Ergebnis einer langen persönlichen Reise sind, reich an Abenteuern, Schmerzen aber auch Genüssen, Hoffnungen, Erinnerun-gen und Sehnsüchten, die der Leser zwar nicht mit mir teilen muss, die aber viel-leicht bedeutend genug sind, um diesen noch einmal zum Nachdenken zu bringen und – ach, möge es doch so sein – im letzten Moment jene Katastrophe abzuwen-den, die sich am Horizont abzeichnet.

Ich erlaube mir diese lange, vielleicht allzu lange Einleitung mit einem Zitat des englischen Dichters John Donne abzuschließen, das die erste Seite eines meiner

Lieblingsbücher ziert – *Wem die Stunde schlägt* von Ernest Hemingway, das nach dem Bürgerkrieg in Spanien verfasst wurde:

> Niemand ist eine Insel, in sich ganz;
> jeder Mensch ist ein Stück des Kontinents, ein Teil des Festlandes.
> Wenn eine Scholle ins Meer gespült wird, wird Europa weniger, genauso als wenn's eine Landzunge würde,
> oder ein Landgut deines Freundes oder dein eigenes.
> Jedes Menschen Tod ist mein Verlust,
> denn ich bin Teil der Menschheit;
> und darum verlange nie zu wissen, wem die Stunde schlägt;
> sie schlägt dir selbst.

# Nachgraben oder zuschaufeln?

Ich schreibe diese Zeilen am Abend meines Lebens sowie in der Hoffnung, diese Aufgabe, die ich freiwillig und gern auf mich genommen habe, auch zu Ende zu führen – solange ich geistig noch klar und wach genug bin und mein Erinnerungs-vermögen mehr oder weniger ordentlich funktioniert. Vor kurzem wurde der Vor-schlag gemacht, zwei winzige Elektroden in mein übereifriges Gehirn zu implan-tieren. Diese sind sozusagen «der letzte Schrei» in der Behandlung jener Krankheit mit dem eleganten Namen Parkinson, die mich vor zehn Jahren heimgesucht hat. Ich erwäge diese Möglichkeit mit dem gebührenden Ernst. Schließlich werden dabei nur zwei winzige Löchlein in die Schädeldecke gebohrt, am besten sogar ohne Nar-kose, da man festgestellt hat, dass die graue Masse im menschlichen Schädel, jenes berühmte Gehirn des höchstentwickelten Wesens auf Erden, auf Verletzungen und Schmerzen völlig unempfindlich reagiert – neues, ziemlich überraschendes Material für gelehrte Betrachtungen.

Und wenn dem so ist, stellt sich natürlich die Frage: Wofür ist es dann empfindlich? Ist es fähig, an meinen Nöten Anteil zu nehmen, mich in Stunden der Krise zu trösten?

Mir scheint, ich schreibe vor allem für die kommenden Generationen unserer Familie, den großen Stamm der Dispeker-Dorkams, deren Herkunft offenbar bis in die Anfänge des 16. Jahrhunderts zurückführt, in eine kleine fränkische Stadt bei Fürth im Südosten Deutschlands. Der Name dieses etwas verschlafenen Städtchens lautet in der Tat Diespeck, und wir werden in Kürze noch darauf zurückkommen und versuchen, das Geheimnis seines Zaubers zu entschlüsseln.

Ich selbst wurde in der schönen alten Stadt Kassel in Hessen geboren, 1929, also dem Jahr, als eine schwere Krise die ganze Welt erfasste, und bekam den stolzen deutschen Namen Hans-Lothar. Mein Vater und Erzeuger, Sigmund (Siggi) Dispe-ker, ein angesehener und beliebter Lokaljournalist, ein Mensch voller Lebensfreude, verfasste unter dem Pseudonym «Der Spaziergänger» unterhaltsame und gefällige Berichte über die Ereignisse in der Stadt und ihrer Umwelt.

In seiner Autobiografie erzählt er, das Geburtszimmer des kleinen Hans im Krankenhaus zum Roten Kreuz habe einem Treibhaus geglichen, vor lauter Blumensträußen, die – einschließlich eines winzigen Spazierstocks aus feinster Schokolade – von seinen Verehrern und vor allem seinen zahlreichen Verehrerinnen für den neugeborenen Mini-Vagabunden geschickt worden waren. Sollte dies etwa ein Wink mit dem Zaunpfahl gewesen sein im Hinblick auf das, was schon in naher Zukunft geschehen würde? Zur Erinnerung: Wir sprechen vom Jahr 1929 und düstere Wolken ballen sich am Horizont zusammen. Die meisten Juden ziehen es vor, diese zu ignorieren, schließlich sind sie doch treue Bürger mit gleichen Rechten und Pflichten. Es mag unter ihnen solche gegeben haben, die sich insgeheim ein wenig überlegen fühlten. Fast alle jedoch glaubten, dass sich dieses Ungeheuer schon bald von selbst verziehen werde – war es doch undenkbar, dass ein so intelligentes und gebildetes Volk mit einem so reichen und stolzen kulturellen Erbe sich von Hitlers Rassenlehre und dem Unsinn in *Mein Kampf* verblenden lassen werde.

Im Gegensatz zu dem, was in jenen Tagen in einer anständigen jüdischen Familie üblich war, verließ meine Mutter, als sie mündig wurde, ihr Elternhaus, um sich eine höhere Bildung anzueignen.

Nachdem sie mit nicht wenigen Schwierigkeiten (es war die Zeit der Krise, die Deutschland infolge des Ersten Weltkriegs heimsuchte) ihre Abschlussdiplome in Pädagogik und Handarbeit erworben hatte, wurde sie Mitglied der zionistischen Jugendbewegung «Blau-Weiß». Diese Details mögen zwar belanglos erscheinen, sollten sich aber viel später auf dem Weg unserer kleinen Familie als bedeutungsvoll und entscheidend erweisen.

Mein Vater hingegen stammte aus einer assimilierten jüdischen Kaufmannsfamilie, die auch für ihn eine wirtschaftliche Ausbildung und eine berufliche Zukunft im Bereich des Bankwesens vorgesehen hatte. Er selbst jedoch fühlte sich viel stärker zum geschriebenen Wort und zum Reim hingezogen als zum Zählen von Banknoten und dem Verkauf von Wertpapieren.

So kam es, dass er sich schon bald der literarischen und journalistischen Richtung zuwandte. Dennoch sollten diese lustlos erworbenen wirtschaftlichen, buchhalterischen und kaufmännischen Kenntnisse ihm selbst und unserer Familie 30 Jahre später nützlich werden, unter Umständen, die damals absolut nicht vorherzusehen waren.

Aber wollen wir nicht vorgreifen.

Am 1. September 1939 brach der Zweite Weltkrieg aus, nachdem Deutschland sämtliche von ihm unterzeichneten Verträge gebrochen hatte und Polen überfiel – mit dem von den Nazis so gern vorgebrachten Argument, es mangle Deutschland an Lebensraum.

Anfangs hoffte man noch, es handle sich um einen begrenzten Blitzkrieg mit geringen Verlusten, aber die Dynamik des römischen Kriegsgottes Mars überwand sämtliche Hemmungen. Nach einem von den Franzosen als «drôle de guerre» bezeichneten Dämmerjahr verwandelte sich die scheinbare Komödie in eine Tragödie – als die Armee der Nazis innerhalb von wenigen Tagen ganz Frankreich eroberte und dort eine Marionettenregierung einsetzte. Schon kurz darauf wurden die Rechte der Juden eingeschränkt. Geschäfte wurden geschlossen, Bankkonten eingefroren, Besitz konfisziert, es wurde gefährlich, das Haus zu verlassen und vor allem, ins Stadtzentrum zu gehen.

Eines Tages erschien frühmorgens meine Tante Ella mit ihrem Sohn Lucien, beide bleich und verschreckt. Wie sich herausstellte, hatten französische Polizisten kurz vor Tagesanbruch an ihre Wohnungstür geklopft und ihnen befohlen, zu öffnen – um eine Hausdurchsuchung durchzuführen, die, wie man aus der Erfahrung anderer Juden wusste, zweifellos mit einer Verhaftung und Deportation in die Todeslager geendet hätte. Zu ihrem Glück hatten sie, stumm vor Angst, nicht geantwortet und befreundete Nachbarn konnten die Polizisten davon überzeugen, dass sie in Urlaub gefahren seien. Kurz darauf rafften die beiden das Nötigste zusammen und flohen aus der Wohnung, um niemals dorthin zurückzukehren. Den Großteil ihres kärglichen Besitzes ließen sie zurück. Letztlich sollte sich auch unser Schicksal nicht wesentlich von dem ihren unterscheiden, abgesehen von einer kurzen Galgenfrist, die wir der französischen Staatsbürgerschaft meiner Mutter verdankten. Diese war ihr aufgrund der elsässisch-lothringischen Herkunft ihrer Familie bei unserer Ankunft in Frankreich 1933 zurückgegeben worden.

Elsass-Lothringen ist ein zwischen Frankreich und Deutschland gelegener Landstrich, ein Relikt der stürmischen Herrschaftszeit Karls des Großen, auf das sowohl Frankreich als auch Deutschland Besitzansprüche geltend machen. Nach jedem Krieg zwischen diesen beiden Staaten mussten die bedauernswerten Einwohner der Region wieder einmal feststellen, dass sie vom jeweiligen Sieger annektiert worden waren. Dann begann die gnadenlose Ausmerzung jedes Merkmals von Kultur, Sprache, Jurisdiktion und natürlich auch Herrschaft des Besiegten. So sahen sich die Deutschen 1919 nach ihrer Niederlage im Ersten Weltkrieg gezwungen, den erniedrigenden Versailler Vertrag zu unterzeichnen – mit einem Zähneknirschen, das bis in den nächsten Krieg hinüberhallte. Im Rahmen dieses Vertrags ging diese an Wasser, Eisenerz und daher auch den verschiedensten Agrarprodukten so reiche Region wieder an Frankreich zurück.

In einer Hinsicht allerdings kannten die Franzosen keinen Spaß: Jeder, der in Elsass-Lothringen zur Welt gekommen war oder dessen Eltern von dort stammten, stellte einen potenziellen «Stein des Anstoßes» zwischen den beiden Großmächten dar. Daher sahen wir uns gezwungen, das erfolgreiche Geschäft, das meine Eltern im Laufe der Jahre mit ihrer Hände Arbeit in Marseille aufgebaut hatten, überstürzt zu verkaufen, zu einem lächerlichen Preis, und unsere Wohnung in der Stadt zu verlassen.

Während dieser Zeit erlitt mein Vater einen Ischias-Anfall im rechten Bein, was bedeutete, dass dieses mit einem Gips ruhiggestellt werden und er mit hochgelegten Beinen bequem sitzen musste. Unterdessen wurde der Würgegriff der Deutschen immer enger – mit Hilfe der Vichy-Regierung, die die Gelegenheit, die verhassten Juden loszuwerden und sich dabei gleichzeitig an deren Besitz zu bereichern, vermutlich nicht sonderlich bedauerte. Im Hinblick auf Schicksal und Zielort der Verhafteten waren die unterschiedlichsten und seltsamsten Gerüchte im Umlauf. Von einer «Neuansiedlung» im Osten bis hin zu Geschichten, die so grauenvoll waren, dass ihnen keiner Glauben schenkte – schließlich war doch von einem kultivierten Volk die Rede und immerhin lebten wir im 20. Jahrhundert, oder etwa nicht?

Nachdem wir in La Rose, einem Vorort von Marseille, ein hübsches kleines Häuschen gemietet hatten, blieb Vater untätig an seinen Stuhl gefesselt. Sehr bald schon erwachte in ihm wieder der Drang zu schreiben, der seit einem Jahrzehnt ein Schläfchen gehalten hatte, seit er gezwungen gewesen war, seine Heimat zu verlassen und seine Arbeit aufzugeben. Er beschloss daher, einen Gedanken zu verwirklichen, mit dem er sich schon lange getragen hatte: seine ereignisreichen Memoiren, Nomadenjahre und Erlebnisse schriftlich festzuhalten. Schon bald waren zwei dicke Hefte gefüllt, die uns von diesem Zeitpunkt an auf unserem ganzen, so verschlungenen Fluchtweg begleiteten und natürlich nach seinem Tod in meinen Besitz übergingen.

Nicht wenige von denen, die diese Aufzeichnungen sahen, waren davon zutiefst bewegt und empfahlen mir, sie ins Hebräische zu übersetzen, für die Familienangehörigen, die die deutsche Sprache nicht beherrschten. Vater selbst hatte übrigens bei zwei Besuchen in Deutschland Ende der 1950er-Jahre versucht, zumindest einen Teil dieser Memoiren in seiner Heimatstadt zu veröffentlichen. Kassel wird darin mehr als plastisch geschildert. Zu jener Zeit aber bestand allgemein noch kein Interesse an Veröffentlichungen zum beschämenden Thema der Deportation und Vernichtung der deutschen Juden durch die Nazis. Ganz im Gegenteil waren damals alle damit beschäftigt, dieses heikle Kapitel nach besten Kräften zu verdrängen. Zwei Jahrzehnte später jedoch änderte sich die Tendenz.

Eines schönen Tages erschien bei uns im Kibbuz Tzuba ein Kasseler Historiker namens Wolfgang Prinz und bat mich darum, ihn in Vaters Memoiren Einsicht nehmen zu lassen. Einige Zeit darauf ersuchte er um die Erlaubnis, Auszüge aus diesen zu veröffentlichen. Schließlich beschlossen die Stadt Kassel und das städtische Archiv, den Großteil der Hefte herauszugeben, unter dem Titel: *Lebenserinnerungen eines Kasseler Journalisten*. Dafür gilt ihnen unser Dank.

Das Erscheinen jenes Bandes führte zu weiteren, äußerst überraschenden Folgen, auf die ich später noch eingehen werde. An dieser Stelle will ich mich mit einem kleinen Wink begnügen: Infolge der Veröffentlichung veränderte sich – mit einer gewissen Verspätung – unser familiärer Status!

Um das Bild abzurunden und die Herkunft und Wurzeln unserer so alten Familie zu erforschen, bediente ich mich auch eines Heftes, das einer unserer Cousins verfasst hat, nämlich Joseph «Joe» Dispeker aus Los Angeles, den ich unter Umständen entdeckte, die später noch erzählt werden. Natürlich war mir auch der bereits erwähnte, von Meir Oppenheimer erstellte Stammbaum eine große Hilfe.

Als ich in den 1970er-Jahren von der Existenz dieses Dokuments erfuhr, bat ich darum und erhielt es auch – nachdem Sarah und ich uns erst einer «Koscherprüfung» unterziehen mussten, bevor wir den Stammbaum kopieren durften. Auch dieses Mal ahnte ich nicht, in welchen Strudel ich hineingeraten war und welche Entdeckungen ich infolge dieses verzweigten Baumes machen würde. Nach einiger Zeit erfuhr ich,

# Diespeck
## wie es wurde – was es ist

Älteste Abbildung von Diespeck

dass eine ganze Gruppe der Nachfahren des Rabbi David von Diespeck sich irgendwann vom europäischen Kontinent verabschiedet hatte (offenbar während des 18. Jahrhunderts) und zunächst nach Großbritannien ausgewandert war. Dort wechselten die Dispekers vom orthodoxen Judentum zur Reformbewegung über – und später im Verlauf eines schleichenden Prozesses oder durch Mischehen zur Assimilation und absoluten Gottesleugnung. Unterdessen verstreuten sie sich allmählich über den gesamten britischen Commonwealth, das heißt: Südafrika, Australien, Kanada und sogar bis nach Shanghai (im nationalistischen China von damals). Leider wusste mein Onkel Karl, der nach seiner Entlassung aus Dachau ebenfalls nach Shanghai emigrierte, davon nichts, und siechte an Hunger und Krankheit dahin.

Wie es mir gelungen ist, eine Verbindung zu diesen fernen Verwandten herzustellen? Bei einem meiner Besuche in der «verlorenen Heimat» Deutschland beschloss ich, mit meiner Frau Sarah einen Ausflug nach Diespeck zu machen, das bei Neustadt an der Aisch liegt – einem ziemlich beachtlichen Fluss, der durch Franken fließt.

Wir fanden ein liebenswertes, etwas verschlafenes Städtchen vor und machten uns auf den Weg zum Rathaus. Als wir bei der kommunalen Verwaltung vorsprachen, erklärte man uns, dass es in Diespeck überhaupt keine Dispekers gäbe (und ich fragte mich, ob es in Hamburg Hamburger gäbe). Wie dem auch sei, der Bürgermeister empfing uns höchstpersönlich mit Begeisterung zu einem Gespräch in seiner Kanzlei und tröstete sich mit der Tatsache, dass es in Diespeck keine Ausschreitungen gegen Juden gegeben habe und sogar der alte jüdische Friedhof fast vollständig erhalten geblieben sei.

Im weiteren Verlauf des Gesprächs stellte sich jedoch heraus, dass die letzten Juden Diespeck bereits in den 1920er-Jahren verlassen hatten, also noch vor der

Machtergreifung der Nationalsozialisten. Wir unternahmen einen kurzen Besichtigungsgang durch das Städtchen, bei dem uns unser Gastgeber auf Überreste einstiger jüdischer Präsenz hinwies, darunter Mesusot und Rinnen zum Auffangen des Regenwassers, das zum Backen der Mazzot, der ungesäuerten Brote für des Pessachfest, gebraucht wurde. Dann erinnerte sich der Bürgermeister daran, dass in der Vergangenheit schon einmal ein junger Mann namens Dispeker das Städtchen besucht habe. Soweit er sich erinnere, sei dieser aus Australien gekommen. Da ich damals bereits im Besitz von Joe Dispekers Familienstammbaum war, in dem nichts über einen australischen Zweig erwähnt wurde, legte ich diese überraschende Information irgendwo in den Archiven meines Gedächtnisses ab, um sie zu gegebener Zeit vielleicht wieder hervorzuholen.

Und tatsächlich begegnete mir einige Jahre später im Rahmen meiner Aktivitäten in Mevasseret Zion eine Neueinwanderin aus der australischen Stadt Sydney, die ich sofort befragte, ob ihr der Name Dispeker bekannt sei. Schließlich lebten auf diesem Riesenkontinent ja nur 21 Millionen Einwohner…

«Nein», erwiderte meine Gesprächspartnerin, «aber ich kann Ihnen die Adresse einer befreundeten Journalistin aus Sydney geben, vielleicht kann die ihnen weiterhelfen.»

Ich notierte mir die Angaben, dankte höflich und verabschiedete mich.

Wie gewohnt legte ich den Zettel mit der Adresse in meinem Büro ab, will heißen, in der Brusttasche meines Hemds, bei den beiden Kugelschreibern (die bei den Genossen im Speisesaal unseres Kibbuz große Nachfrage genießen). Und wieder vergingen gut ein paar Jahre, bis ich auf Druck meiner teuren Ehefrau in besagter Brusttasche ein wenig «Ordnung schuf» und auf die Adresse stieß, die dort seit langem verwahrt war. Ich setzte mich hin und schrieb an die Journalistin in Sydney. Diese veröffentlichte meine seltsame Anfrage, vermutlich als Kuriosum – ob ein Mensch namens Dispeker bekannt sei, der einige Jahre zuvor ein deutsches Städtchen ähnlichen Namens besucht habe? Zunächst bekam ich einen irrelevanten Brief von einem Mann namens Pecker und war schon dabei, die ganze Sache wieder zu vergessen, als nur wenige Tage später ein Schreiben von einem Mr. Don Dispeker eintraf, der über sich erzählte, bis vor kurzem gar nicht gewusst zu haben, dass er Jude sei, sich jedoch vage daran erinnern zu können, dass seine Eltern einander im Streit mitunter als «Dirty Jew» beschimpft hätten.

Wie sich herausstellte, war er nur kurze Zeit zuvor von einer deutschen Forscherin namens Ilse Vogel kontaktiert worden, die sich mit der Geschichte und Dokumentation des Diespecker Judentums befasste. Von ihr erfuhr er, dass er aus einer angesehenen Dynastie von religiösen Führungspersönlichkeiten, Forschern, Schriftstellern und Künstlern stammte – den Nachfahren des Rabbi David von Diespeck und seiner drei Frauen – und dass die Abkömmlinge dieser Familie über die ganze Welt verstreut lebten. Aus dieser Reihe von Entwicklungen entstand schließlich unser Familienstammbaum, nachdem Ilse Vogel und ich gemeinsam sämtliche Informationen zusammengetragen und korrigiert hatten, was zu korrigieren war.

Inzwischen hat Ilse ihr erstes Buch *Koscher oder Terefa* bereits vollendet und veröffentlicht. Dieses erzählt, wie die 200 Jahre währende Koexistenz der Juden und

Christen in Diespeck eine Art dörflicher Kultur geschaffen hatte. Dieser Tage (Ende 2005) sammelt sie mit dem Fleiß und der Beharrlichkeit, die für Yekkes typisch sind, Material für ihr nächstes Buch: das Leben und Wirken von Rabbi David Abraham von Diespeck, dem Verfasser von *Pardes David*.

Nun bin ich voller Hoffnung, dass es mir inzwischen mehr oder weniger gelungen ist, die Neugier derer zu erwecken, die ernsthaft erwägen, dieses Buch zu lesen.

## Vater Siggi –
## aus dem Vorwort zu seinen Lebenserinnerungen

Eine der beliebtesten Rubriken des bürgerlich-liberalen *Casseler Tageblatts* waren seit den 1890er-Jahren die «Casseler Spaziergänge», jeweils im Feuilleton der Sonntagsausgabe erscheinend. Zunächst wurden sie von dem Dichter und Schriftsteller Wilhelm Benecke verfasst, nach dessen Tod 1906 eine Zeit lang von dem Schriftsteller und späteren Stadtarchivar Paul Heidelbach, von 1919 bis zum Eingehen der Zeitung 1932 von dem Journalisten Sigmund Dispeker, der durch seine «Spaziergänge» – gezeichnet mit dem Kürzel «Dp» – zu einer stadtbekannten Persönlichkeit wurde. In nahezu 600 «Spaziergängen» behandelte Dispeker Themen aus der Kultur- und Alltagsgeschichte, Theaterereignisse, brachte historische Rückblicke oder stellte Betrachtungen über das Wetter an – oft eine Mischung aus mehreren dieser Bereiche in einem «Spaziergang».

Wer war Sigmund Dispeker? Hätte man mit ihm weitläufig Bekannte im Kassel der 1920er-Jahre befragt, wäre vielleicht gesagt worden: ein Feuilletonist – ein Theaterkritiker – ein Demokrat (zustimmend oder abschätzig) – ein Bonvivant – ein Kaffeehausmensch. Die Antwort hätte bestimmt nicht gelautet: ein Jude. Dispeker stammte zwar aus einer alten jüdischen Familie, war jedoch selbst areligiös und überdies seit 1910 auf dem Papier Mitglied der evangelischen Kirche. Ein Welt- und Kulturbürger deutscher Nationalität wollte er sein, aber kein Jude – bis hin zu der Konsequenz, dass er sich seine ««jüdische» Nase korrigieren ließ. Welche Ironie des Schicksals, dass sich dem Antizionisten 1944 nur noch Palästina als letzte Zuflucht bot! Die Nazis hatten ihn als Jude eingeordnet – was blieb ihm übrig, als selbst einer zu sein? Dispeker wurde ein loyaler Bürger des Staates Israel, aber er blieb im Herzen ein Europäer, der bei dem Wort «Heimat» wohl immer zuerst an Kassel gedacht hat.

Die vorliegenden Erinnerungen entstanden einesteils 1942 in Marseille, anderenteils 1944/45 in Haifa. Auszüge wurden 1958 und 1959 in den *Hessischen Nachrichten* veröffentlicht. Für die vorliegende Publikation hat Joel Dorkam-Dispeker in Israel, der Sohn Sigmund Dispekers, die Originalhandschrift zur Verfügung gestellt. Ihm ist dafür herzlich zu danken. Diese Transskription wurde um etwa zehn Prozent gekürzt; sachliche Irrtümer Dispekers wurden stillschweigend berichtigt und sein ausschweifender Feuilletonstil an vielen Stellen zugunsten besserer Lesbarkeit geglättet – ein Verfahren, dem der Journalist wohl bei jedem seiner Feuilletons unterworfen war.

Als «Perlen des Kasseler Journalismus» bezeichnete einmal Wolfgang Hermsdorff, selbst Redakteur und kenntnisreicher Vermittler von Kasseler Stadtgeschichte, die von Sigmund Dispeker Woche für Woche zu Papier gebrachten «Casseler Spaziergänge».

## «Erlebtes und Erlittenes»

Ich hinterlasse diese Memoiren in erster Linie meiner Familie, für die sie immerhin ein Stück Sippengeschichte bedeuten können. Zu gleicher Zeit sind sie aber auch die Aufzeichnungen eines im bürgerlichen Milieu und in der glücklichen Sphäre des letzten Viertels des 19. Jahrhunderts aufgewachsenen Menschen, der das unterirdische Grollen und das Wetterleuchten Zug um Zug miterlebt hat, das schließlich seinen furchtbaren Ausklang im Ersten und Zweiten Weltkrieg fand. Ein milder, lichtvoller Lebensfrühling, ein bewegter und farbenfroher Sommer, ein stürmischer und niederschlagsreicher Herbst, das sind die Etappen meiner Lebensbahn. Ich habe versucht, in diesen Aufzeichnungen auch einen Abriss der Zeit- und Kulturgeschichte aus sechs Jahrzehnten zu geben, was sie vielleicht auch einem weiteren Kreis interessant machen könnte.

## Die Familie

Von meinen Vorfahren weiß ich nicht allzu viel. Nur eines ist sicher, wenigstens 75 Prozent meines Blutes ist fränkischen Ursprungs, und es steht fest, dass die Dispekers mindestens seit 300 bis 400 Jahren, wahrscheinlich aber schon länger, zwischen Main und Pegnitz ansässig waren. In der Gegend von Weißenburg am Sand, zwischen Würzburg und Nürnberg, liegt ein kleiner verschlafener Marktflecken namens Diespeck. Hier ist der Ort, von dem wahrscheinlich meine Vorväter ihren Ursprung herleiten. Mein Großvater väterlicherseits war schon Zeit seines Lebens in der berühmten Nachbarstadt Nürnbergs, in Fürth, ansässig. Diese wegen ihrer Spiegel-, Bronze- und Spielwarenindustrie weltbekannte Mittelstadt besaß auch seit altersher eine der stärksten jüdischen Gemeinden Deutschlands. Ich bin von Vater- und Mutterseite her jüdischen Ursprungs.

Mein Großvater Dispeker in Fürth betrieb mit viel Fleiß und Erfolg ein Tuchgeschäft en gros. Er war verheiratet mit Jeanettte, geb. Springer, gebürtig aus Baiersdorf in Unterfranken. Der Ehe entsprossen neun Kinder, acht Jungen und ein Mädchen. Heinrich Dispeker, 1846 geboren, wurde mein Vater. Wie alle seine Brüder widmete er sich dem Kaufmannsstand, und zwar hatte er sich die Lederbranche gewählt. Er kam als Lehrling in den 1860er-Jahren des vorigen Jahrhunderts in eine bekannte Ledergroßhandlung in Wesel am Niederrhein. Später begründete er zusammen mit seinem jüngeren Bruder Julius in Köln eine eigene Lederfirma. Im Jahre 1876 lernte er seine spätere Frau Clara Würzburger aus Bayreuth kennen. Die Väter waren Geschäftsfreunde.

Die Würzburgers, alteingesessen in Oberfranken wie die Dispekers in Mittelfranken, waren eine interessante Familie. Mein Großvater Leopold hatte bei all seiner geschäftlichen Tüchtigkeit, er betrieb wie mein anderer Großvater einen Tuchhandel, einen stark kulturellen Einschlag. Aufgewachsen im Biedermeier und in der Romantik, im Wirkungskreis Jean Pauls, sah er hellen Auges die Emanzipation der Juden, die großen Einigungskriege Deutschlands 1864 bis 1871, das Heranwachsen der verträumten, vom Glanz des Barock und des Rokoko zehrenden oberfränkischen Kreishauptstadt zum Mekka der Wagnerianer und die Blütezeit des gebildeten deutschen Mittelstandes. Seine Ehe war nicht auf konventionelle Weise oder gar durch Vermittlung zustande gekommen, sondern beruhte auf wirklicher Herzensneigung. Vor mir liegt das Bild einer schönen jungen Frau in der Gewandung des «juste milieu» des Spätbiedermeiers. Man könnte an Rahel Varnhagen denken, noch eher an Georg Hermanns «Jettchen Gebert». Das war Doris Schönlein aus Dessau, die Annaliese, die sich mein Großvater aus der Stadt des anderen Leopold holte. Anmutig, klug, gebildet und tüchtig im Haushalt war diese dunkeläugige Anhalterin. Der glücklichen und ziemlich sorgenlosen Ehe entsprossen drei Kinder, meine Mutter Clara, eine zweite Tochter Elise, die als junge Frau in Nürnberg starb, und der einzige Sohn Eugen, der sich bewusst schon als Gymnasialabiturient vom Judentum loslöste und nach einem interessanten Studiengang eine Leuchte der Wissenschaft wurde. Sein Weg führte über Paris, Rom, Berlin nach Dresden, wo er als Regierungsrat, Geheimer Regierungsrat und Präsident des sächsischen Statistischen Landesamtes wirkte, und nach Leipzig als ordentlicher Professor für Statistik. Noch kurz vor Beginn des Weltkriegs nahm er 1914 seinen Abschied und war noch schriftstellerisch an hervorragender Stelle tätig. Er galt als eine der führenden Persönlichkeiten der Weltstatistik. Die türkische Regierung berief ihn, mit dem Titel Pascha, während des Ersten Weltkriegs zur Reorganisation des statistischen Amtes nach Konstantinopel.

Mindestens ebenso interessant war das Leben meines Onkels Josef, an dessen fesselnde Persönlichkeit sich noch manche Kindheitserinnerungen knüpfen. Ursprünglich zum Kaufmannsstand bestimmt wie sein Bruder Leopold, mit dem er eine Zeit lang das Tuchgeschäft in Bayreuth gemeinsam betrieb, hatte er schon von Jugend auf einen starken Drang zur Malerei. Eines schönen Tages sprang er einfach aus der Kutte, nahm sein väterliches Vermögen und seine Ersparnisse und siedelte nach der damaligen Metropole der Welt, nach Paris, über, wo er seinen Geschmack und sein Können an den Kunstschätzen des Louvre und durch regen Verkehr im Sturm und Drang der Malerkreise an der Seine bildete und vervollkommnete.

Aber eines Tages zog es den unbeweibt gebliebenen Maler wieder vom Frankenreich ins deutsche Frankenland.

In dem vornehmen Heim des vielgereisten Lebenskünstlers, der stets besonderen Wert auf Küche und Keller legte, habe ich mit meinen Geschwistern später manche Feierstunde verbracht. Der alte Großonkel – er brachte es auf

93 Jahre – erzählte uns Kindern Anekdoten und Episoden von seinen Reisen, und wenn wir brav zuhörten, bekamen wir ein Dessertgläschen des feurigen alten Banyuls zu kosten, den er sich jedes Jahr fässchenweise aus Südfrankreich kommen ließ. Als ich viele Jahre später einmal denselben Banyul direkt an der Quelle kostete, lebten alte Bayreuther Reminiszenzen wieder in mir auf.

Ich kann nicht sagen, dass ich vom Vater «des Lebens ernstes Führen» habe. Denn gar zu ernst hat der dynamische, im Grunde genommen trotzdem etwas bequeme, aber herzensgute Mann das Leben nicht genommen. Er war ein Produkt seiner Zeit, der Typ des im Zeitalter der Demokratie aufgewachsenen Bourgois. Nicht allzu buntfarbig war seine Lebensbahn. Schuljahre in Bayern, Lehr- und erste Kaufmannsjahre am Rhein; Erlebnis zweier Kriege 1866 und 1870, aber selbst nicht wehrpflichtig, da Bayern erst ziemlich spät zur vollen allgemeinen Dienstpflicht gelangte. Er war klein von Statur, schnell aufflammend in Energieanwandlungen, aber nicht nachhaltig in seinen Gefühlen, in der Lebensführung nicht aus dem Rahmen der jungen Leute seiner Zeit fallend, musik-, theater- und literaturliebend, ohne dabei allzu sehr in die Tiefe zu gehen. Außer Deutschland kannte er nur die Schweiz, Wien und die böhmischen Bäder. Seiner Frau war er ein aufmerksamer und gewissenhafter Gatte, seinen Kindern ein liebevoller, vielleicht auch zu nachgiebiger Vater; Freund von Wanderungen, Stammtischgesprächen und leidenschaftlicher Jünger des Skatspiels. Als Kaufmann nicht sehr befähigt ließ er in Gemütsruhe die Dinge an sich herankommen. In seinem Ledergeschäft arbeitete er mit Hochdruck zweimal je zehn Tage im Jahr, wenn die Landschuhmacher zur Messe in die Stadt kamen und ihren Bedarf für ein halbes Jahr deckten. Sonst genügten ihm täglich etwa sechs Stunden Arbeit im Büro und Lager. Gegen fünf Uhr nachmittags zog es ihn zum Restaurant, wo er mit Eifer und Ausdauer seinen geliebten Skat drosch. Auf Einzelheiten unseres gemütlichen und meist recht heiteren Familienlebens komme ich noch zurück. Nicht zu vergessen, mein Vater war ein Freund guter, manchmal auch recht kräftiger Witze, über die er so lachen konnte, dass er sich auf beide Schenkel klopfte und manchmal ganz blaurot im Gesicht wurde.

Meine Mutter, Frau Clara, oder wie wir sie oft respektlos, aber immer voll tiefster Liebe nannten, «Clärchen», war unser aller Abgott. Die Frohnatur und die Lust zum Fabulieren verdanke ich sicher ihr. Nie, weder in der Lebensauffassung noch im Wesen und vor allem nicht in der Mundart, verleugnete sie ihre fränkische Herkunft. Sie war nicht nur eine treue, aufopfernde und rührend um ihre Kinder besorgte Mutter, sondern auch im wahren und besten Sinne des Wortes unsere Kameradin und Gespielin. Mit uns blieb sie jung, mit uns spielte, sang und tanzte sie, und ihr einziger Fehler war ihre allzu große Güte und Nachsicht. Selten ist mir im Leben eine bessere Hausfrau und Köchin begegnet. Sie war musikalisch, eine talentierte Klavierspielerin, eine gute Gesellschafterin, übte den Schlittschuh- und Radfahrsport aus, liebte Spaziergänge oder Ausflüge und erledigte ihre Markteinkäufe mit der Gewissenhaftigkeit und rechnerischen Exaktheit einer kleinen Bürgersfrau. Bis in ihr Alter blieb sie eine hübsche und Wert auf ein gepflegtes Äußeres legende Frau, wusste sich aber den wechselnden Vermögensverhältnissen ihres Mannes stets geschickt und oft sogar aufopfernd anzupassen. Wegen ihres Frohsinns und ihrer Kameradschaftlichkeit stand sie bei allen unseren Freunden und Freundinnen in hohem Ansehen; manche liebten sogar Frau Clara mehr als ihre eigenen Eltern. So sah die Frau aus, die richtunggebend für meine Entwicklung und meinen Charakter wurde.

Zum x-ten Mal lese ich diese wohlvertrauten Zeilen, während ich sie ins Hebräische übersetze. Aus der Distanz von mehr als 100 Jahren empfinde ich eine Mischung aus Neid und Sehnsucht. Sehnsucht nach einer Welt, die ich nicht mehr kennenlernen durfte, nach Vater, der weit von mir entfernt war, wobei auch ich es nicht verstanden habe, zu ihm eine nahe Beziehung aufzubauen. Heute wird mir mit erheblicher Verspätung klar, dass ich ihn auch nicht gebührend zu würdigen wusste. Neid auf eine fröhliche und unbeschwerte Kindheit, die mir selbst, seinem (zumindest nach meinem Wissensstand bis 1992) einzigen Sohn, nicht vergönnt war.

Denn ich wuchs bereits in einer ganz anderen Epoche auf, unter völlig anderen Umständen. Dessen ungeachtet bin ich rückblickend fähig, mich mit dem Beziehungsgefüge zwischen einer Mutter und ihrem Sohn zu identifizieren, das insgesamt dem ähnelt, das 50 Jahre lang zwischen mir und der Frau bestanden hat, die mein Vater zur Lebensgefährtin wählte: meiner Mutter Blanche, geborene Kehr. Unwillkürlich stiehlt sich mir ein kleiner, quälender Gedanke ins Herz, nämlich, dass auch ich nichts anderes bin als ein Glied in dieser Kette…

Aber ich habe schon wieder vorgegriffen!


## Kindheit in Kassel

Von den ersten drei Jahren meines Lebens, die ich in Köln verbrachte, weiß ich recht wenig. Ich war der Erstgeborene von vier Geschwistern, zwei Jungen und zwei Mädchen; ein Brüderchen und ein Schwesterchen starben bereits im frühesten Kindesalter. Ich hatte eine echte «kölsche» Amme, von der ich vielleicht auch eine Portion Mutterwitz miteingesogen habe. Aus diesen allerersten Kindheitstagen habe ich nur zwei dunkle Erinnerungsnachklänge: Zuerst die dunkle Riesensilhouette des Doms, die ich mir noch ziemlich deutlich vorstellen konnte, als ich zwölf Jahre später dieses Bild zum zweiten Mal sah, und dann einen furchtbaren Spektakel, den ich auf dem Vorderperron der Straßenbahn vollführte, als ich auf dem Arm meiner Amme und mit stillschweigender Duldung des Schaffners meine kleinen Hände mit dem Strick der Glocke in Verbindung bringen durfte.

In meiner Erinnerung werden verschiedene nebelhafte Bilder aus meiner Kindheit wach. Ich stehe auf dem Balkon unserer Wohnung und schaue auf die Wilhelmshöhe-Allee, die zu dem herrlichen Park führt, an dessen Frontseite die Herkulesstatue steht, das Symbol und Wahrzeichen Kassels. Straßenbahnen des Baujahrs 1932, technisch noch ziemlich unausgereift und lärmend, fahren eine nach der andern mit angestrengtem Quietschen dem Hang entgegen, der mit zunehmender Höhe immer steiler wird. Ich winke den anonymen Fahrgästen zu, bekomme jedoch keinerlei Reaktion. Noch viele Straßenbahnen der unterschiedlichsten Modelle sollten im späteren Verlauf meines Lebens an mir vorbeigefahren. Dort, auf jenem Balkon, hat mein Roman mit ihnen begonnen. Er endet mit der ersten zionistischen Straßenbahn, die nach langen Jahren des Wartens nun endlich durch Jerusalem fährt.

Als ich drei Jahre zählte, siedelten wir im Jahre 1881 nach Kassel über, das sich damals noch mit «C» schrieb. Dort hatte mein Vater eine alteingesessene Leder-Engrosfirma mit dem dazugehörigen Haus übernommen. Meine erst ein Jahr alte Schwester Anni vervollständigte unser Quartett.

Kassel, die ehemalige Hauptstadt des Fürstentums Hessen, seit 1866 preußisch und nunmehr Hauptstadt der Provinz Hessen-Nassau, zählte damals rund 60.000 Einwohner. Geschichte, Landschaft, Architektur und Kunstsammlungen machten die Stadt liebenswert, die Bevölkerung dagegen galt als spießig und kleinbürgerlich, war es zum größten Teil wohl auch. Die Stadt hatte eine verhältnismäßig starke Garnison und war Sitz vieler Behörden, also drückten ihr Militär und Beamtentum den Stempel auf. Die Industrie war erst in langsamem Aufblühen, Handel und Verkehr bescheiden.

Ein Teil des Bürgertums zehrte noch von althessischen Erinnerungen und bewahrte der Dynastie Brabant eine gewisse Treue, die wohl einzelne bedeutende Fürsten dieses Hauses, nicht aber gerade dessen beiden letzten Repräsentanten verdienten. Der Kastengeist trieb noch allzu üppige Blüten, nicht nur die Scheidung der einzelnen Gesellschaftsschichten, sondern auch die Grenzlinie zwischen Eingesessenen und «Hergeloffenen» war deutlich sichtbar. Aber alle diese kleinen Schönheitsfehler wurden durch die unvergleichlichen Naturschönheiten der Stadt und ihre reichen Kunst- und Bildungsschätze mehr als ausgeglichen.

Da war zunächst die schönste Synthese von Hochwaldpark und Wasserkünsten, die ich kenne (Versailles nicht ausgeschlossen), das Naturwunder der Wilhelmshöhe.

Das Schloss, der kilometerweite Waldpark, der wie selbstverständlich in die liebliche hessische Gebirgslandschaft übergeht, eine ganze Serie kunstvoll in die Natur gezauberter Wasserkünste, gekrönt von der auf dem Oktogon in 600 Meter Höhe stehenden Riesenstatue des Herkules von Farnese, nachgebildet von dem Italiener Guernieri, bis hinunter zur Riesenfontaine vor dem Schloss, dies alles war das Werk kunstliebender hessischer Landgrafen. Im Schloss residierte in dem Interregnum von 1807 bis 1813 Napoleons jüngster und lebenslustiger Bruder Jérôme, bekannt unter dem Namen «Immer Lustik», als König von Westfalen von des großen Korsen Gnaden. Von September 1870 bis März

Friedrichsplatz wie um die Jahrhundertwende 1900 (Aufnahme um 1965)

1871 weilte ein anderer Bonaparte, Kaiser Napoleon III., als Gefangener hier, übrigens ein in jeder Hinsicht erträgliches «Gefängnis».

Am größten Platz der Stadt, dem rechteckigen, mit schönen Linden bepflanzten, riesige Dimensionen aufweisenden Friedrichsplatz, befanden sich die beiden prunkvollen Residenzschlösser, daneben die im klassizistischen Stil gehaltene Landesbibliothek mit wertvollen alten Manuskripten, darunter die Urschrift des Hildebrandliedes; weiter unten die Kriegsschule und die katholische Kirche. Die andere Seite des Platzes war ganz von Privathäusern eingesäumt. Auf dem westlichen Kopfende des Platzes befand sich das alte Hoftheater, das diesen Titel auch in preußischen Zeiten weiterführen durfte. Am Ostende des Platzes befand sich das von zwei alten Wachhäusern – das eine diente als Hauptwache – flankierte Auetor, das den Eingang zum herrlichen Auepark bildete, der zweiten großartigen Schöpfung des kunstsinnigen Landgrafen Karl. Hier befand sich der Barockbau des Orangerieschlosses mit dem statuengezierten Marmorbad; hier wechselten Teiche und große Alleen mit Reitwegen und Gartenanlagen sowie vielgestaltigen Baumgruppen ab.

Anschließend an das Auetor zog sich am Ostrand der Stadt die Bellevue hin, eine der schönsten Panoramastraßen der Welt mit Blick auf die Karlsaue und das Fuldatal, und führte an vornehmen, geschmackvollen Patrizierhäusern und kleinen ehemaligen Palästen vorbei zur Gemäldegalerie, die mit ihren 21 Rembrandts und sonstigen wertvollen Meistern der niederländischen Schule einen der ersten Plätze unter den Galerien Europas einnahm.

Mutter Blanche Kehr-Dispeker, mit Kinderwagen vor dem Eingang des Wohn- und Geschäftshauses der Großeltern Dispeker in Kassel, um 1930

Doch zurück zum Friedrichsplatz! Ich erwähne dieses Zentrum Kassels deswegen besonders, weil sich an und auf ihm meine gesamte Kindheit abspielte. An der Südseite dieses Platzes, an der Ecke der Frankfurter Straße, befand sich nämlich mein Elternhaus, ein Teil jenes Stadtviertels, das von Landgraf Karl als Heimstätte für die nach Hessen geflüchteten französischen Hugenotten gebaut wurde. Alle diese Häuser hatten den gleichen schlichten, aber symmetrischen Stil und zeigten deutlich den französischen Geschmackseinschlag. Unser Haus war dreistöckig. Im Erdgeschoss waren die Geschäftsräume, Komptoir, Laden und Lager untergebracht, im ersten Stock befand sich unsere Wohnung. Später, als die Familie zahlreicher wurde, nahmen wir noch zwei Räume der zweiten Etage hinzu, die mit dem ersten Stock durch eine eiserne Wendeltreppe verbunden wurden.

Der scharfe, beizende, aber gesunde Geruch des Ochsen-, Rind-, Kalb- und Schafleders war das Parfüm meiner Jugend. Die vom Land zur Messe kommenden Schuster, teils mit ihren Frauen, die mitgebrachten harten Knackwürste, die den sonderbaren Namen «dürre Runde» (von uns in «dürre Hunde» umgetauft) trugen und als Gastgeschenk gespendet wurden, der vom Vater als Gegengabe dargebrachte derbe Schusterschnaps, ein Kornbranntwein kräftigsten Gehalts, das waren meine ersten, immer wiederkehrenden Impressionen. Auch das reine selbst gebackene dunkle Landbrot der Schuhmacher war uns eine willkommene Abwechslung.

Eine Originalität für sich stellten unsere beiden Hausburschen mit Namen Willius, Vater und Sohn, dar. Beide machten jeden Tag, morgens und abends, zu Fuß den Weg von und nach ihrem zwei Wegstunden entfernten Heimatdorf Heckershausen. Außer ihrem Tagelohn bekamen sie mittags die Überbleibsel unserer Mahlzeiten und nachmittags eine Schale Kaffee. Der alte Willius, ehemaliger kurhessischer Leibgardist, eine goldtreue, gutmütige Seele, vertrat bei mir ungefähr die Stelle, die die alte Zwehrener Märchentante bei den Brüdern Grimm einnahm. Er erzählte dem atemlos lauschenden Buben alte Geschichten, von denen natürlich auch ein Teil Märchen waren. Oft teilten wir brüderlich unsere Vespermahlzeit miteinander, und der gute Alte ließ mich wohl auch einmal verstohlen an seinem Schnapsgläschen nippen.

Sein Sohn Georg, nach Landessitte Schorsche benannt, war schon nicht mehr ganz vom alten Schrot und Korn. Nur im Anfang, als er seinem verstorbenen Vater in der Arbeit nachfolgte, war er noch durchaus Original, wortkarg, verschlossen, trotzdem aber von derbem Humor. Nichts ging ihm über das Essen, in dem er sich nicht im Mindesten stören ließ, mochte kommen, was da wollte. Wenn er Lederballen zum Bahnhof fuhr, durften wir Kinder auf dem Handwagen mit aufsitzen, besonders wenn er leer zurückfuhr.

Ging meine Mutter wie gewohnt dreimal wöchentlich auf den großen Markt am Königsplatz, so war er mit dem umfangreichen Henkelkorb am Arm ihr unzertrennlicher Begleiter und kehrte mit ihr reich mit Obst, Gemüse, ab und zu mit Hühnern und Gänsen, duftenden Rosen und Nelken und weniger gut duftenden Handkäsen beladen, zu den heimischen Gefilden zurück, glückstrahlend in der Wonne, die Rolle des Faktotums zu spielen.

1884 war die Zahl meiner Geschwister auf drei angewachsen. Zu den beiden Kölnern waren noch zwei Kasselaner gekommen, meine Schwester Hedwig, Heddy genannt, und Carlchen, unser Benjamin. Es ging manchmal recht toll zu in dem alten Haus zum Friedrichsplatz. Zu unserem Vergnügen hatten wir alles, was wir brauchten: den riesigen Platz mit dem nahen Auepark, Kinder im Haus, Kinder in Hülle und Fülle in der Nachbarschaft. Geradezu eine Kaserne allerechtester Gassenkinder mit allen dazugehörigen Eigenschaften lieferte die nahe Gastwirtschaft «Zum deutschen Haus», in deren geräumigen Hof- und Hintergebäuden zahlreiche kleine Angestellte und Arbeiter wohnten, die weniger mit irdischen Gütern, aber desto mehr mit Kindern gesegnet waren. Aus diesem sich stets erneuernden Reservoir empfing ich meine ersten Spielkameraden, mit ihnen verübte ich auch die schönsten dummen Streiche. Oft kam ich pudelnass, anständig verprügelt, oder die Taschen mit Fröschen, Maikäfern, Eidechsen und ähnlichem Getier gefüllt nach Hause.

Sehr früh fing ich in der großen Garnisonsstadt an, Interesse und ich kann wohl sagen auch Verständnis, für alle militärischen Dinge zu bekommen. Der Friedrichsplatz, der so groß war, dass auf ihm nach einer Berechnung 500.000 Mann Soldaten, Kopf an Kopf, Platz haben sollten, war zugleich Übungs- und Paradeplatz. Im Frühjahr übte man dort das Kompanieexerzieren bis zur Be-

Kasseler Impressionen: Blick auf den Königsplatz mit Markttreiben

Kasseler Impressionen: Sommervergnügen in der Gaststätte «Stadtpark» in der Wilhelmstraße

Schloss Wilhelmshöhe

Kassler Impressionen: Kasseler Hauptbahnhof

47

sichtigung. Auf der nahen Kriegsschule gingen die Fähnriche aller deutschen Regimenter täglich ein und aus, eine wundervolle Gelegenheit zu eingehenden Uniformstudien. Als ich älter wurde, konnte ich anhand eines bunten Uniformbuches und aufgrund der Demonstrationen am lebenden Objekt bald bei jedem Fähnrich Truppenteil, Regimentsnummer und Garnison feststellen; viele Einzelheiten des Kleindienstes lehrte mich die einige Schritte entfernte Hauptwache, und alle großen Revuen, Zapfenstreiche und Appelle konnten wir direkt vom Fenster aus als Zuschauer genießen. Als zehnjähriger Junge zog ich sogar schon mit auf den drei bis vier Kilometer entfernten großen Truppenübungsplatz, den Forst, wo ich das Bataillons- und Regimentsexerzieren als aufmerksamer Zuschauer verfolgte.

Mit sechs Jahren kam ich zur Schule, und zwar, wie es damals in den sogenannten besseren Bürgerkreisen Sitte war, auf eine Privat-Vorschule. Der alte, etwas schwerhörige Rektor Siebert ist mir noch gut in Erinnerung. Er streute die ersten klassisch-humanistischen Samenkörner in unsere jungen Herzen und wir lauschten begeistert, wenn er uns in seiner anschaulich-temperamentvollen Art den Inhalt der *Ilias* und der *Odyssee* erzählte. An dieser Schule knüpften sich die ersten Bande der Freundschaft, die sich dann in Kindergesellschaften in den verschiedenen Bürgerhäusern bei Schokolade und Kuchen vertieften.

War schon der alte Rektor Siebert ein Original aus alter hessischer Zeit, so war es in noch viel höherem Maße unser Nachbar, der alte Tanzlehrer Köhler. In der Erinnerung kommt er mir heute vor wie eine Figur aus Goethes *Hermann und Dorothea*. Er war einst Hoftanzlehrer zur Zeit des, wie er zu sagen pflegte, hochseligen Kurfürsten Friedrich Wilhelm gewesen. Jetzt bewohnte er ein rosenrot angestrichenes Haus neben uns, voll von allerlei Raritäten, Sehenswürdigkeiten und Antiquitäten. Im ersten Stock befand sich der Tanzsaal, denn der gravitätische alte Herr mit seinen grauen Bartkoteletten und dem schwarzen Seidenmützchen mit Quaste auf dem Kopf gab auch jetzt noch der reiferen Kasseler Jugend Tanzunterricht. Bei ihm konnte man noch Menuett, Kotillon nach althessischer Art und streng abgezirkelten Walzer lernen, alles mit Maß und Würde, ausgenommen die Polka, bei der man seinem Temperament die Zügel schießen lassen durfte. Wir wussten das alles natürlich nur vom Hörensagen, denn wir kamen oft zu Besuch in das für uns hochinteressante Haus zu dem guten alten Herrn, der die Kinder so liebte, und der neben seinem abendlichen Tanzunterricht tagsüber noch eine kleine Kolonialwarenhandlung betrieb. Obwohl Kassel eine ausgezeichnete Wasserleitung mit gutem Trinkwasser besaß, ging der alte Herr täglich gegen Mittag mit einem großen Tonkrug zu der an der Königsstraße befindlichen Prinzenquelle, deren Wasser als besonders gut galt. Es war dies eine vom Wilhelmshöher Wald in die Stadt geleitete und für den landgräflichen Hof besonders gefasste Wasserzuführung. Wenn uns Papa Köhler in sein Haus lud, war das stets ein Fest für uns Kinder. Er besaß einen Papagei, eine Raritäten- und Waffensammlung, altes Porzellan aus kurfürstlichem Besitz, ehemals fürstliche Tabakpfeifen und wunderschöne Bleisoldaten. Später durften wir unter seiner Aufsicht mit einem als Zimmerstutzen hergerichteten französischen Chassepotgewehr nach der Scheibe schießen, und wenn ich es auf diesem Gebiet zu einer gewissen Fertigkeit gebracht habe, verdanke ich es nicht zum geringsten Teil dem freundlichen alten Herrn.

Jedes Jahr am Himmelfahrtstag lud er ein paar Kinder aus der Nachbarschaft zu einem frühen Spaziergang in die benachbarte Karlsaue ein. Früh um sieben Uhr zogen wir los auf den Theaterberg. Da erzählte er uns dann von vergangener althessischer Herrlichkeit, vom Kurfürsten und seinem Isabellensgespann, von Wilhelmshöhe, dem Totenritter der Löwenburg und überhaupt von der «guten alten Zeit». Dann öffnete er ein großes Paket, in dem sich einige Kilo Kirschen und ein echter Kasseler Speckkuchen befanden, eine Delikatesse, zu deren unbeschwertem Genuss eigentlich ein kräftiger Schnaps erforderlich ist, und dann aßen wir. Jedes Mal, wenn wir nach Hause kamen, hatten wir Leibschmerzen. Aber wir hüteten uns, unseren Eltern ein Sterbenswörtchen davon zu sagen, denn wir wollten das nächste Mal doch wieder mit. Der alte Köhler starb hochbetagt um die Jahrhundertwende. Seine wertvollen Sammlungen wurden versteigert, und mein Vater erstand damals eine kostbare alte Meerschaumtabakpfeife mit Silberbeschlag aus dem Besitz des letzten Kurfürsten.

Wir wuchsen heran. Kassel stand damals im langsamen Übergang von der ruhigen Residenz- und Militärstadt mit etwas Gewerbeeinschlag zur werdenden Groß- und Industriestadt, wenn man den damaligen, zahlenmäßigen Maßstab für diese Kategorie, also 100.000 Einwohner, gelten lässt. Den Mittelpunkt des industriellen Aufstiegs der Stadt bildete neben den alteingesessenen großen mechanischen Webereien die mächtige Lokomotivfabrik Henschel und Sohn, die Weltruf erlangte, einige neugegründete Waggonfabriken, ein Werk der Stahlindustrie sowie Fabriken für pharmazeutische Bedarfsartikel. Die Pferdebahn und die ehrwürdige Dampftrambahn nach Wilhelmshöhe machten modernen elektrischen Bahnen Platz; wir erlebten nacheinander das Gasglühlicht, die elektrische Beleuchtung, das Telefon, den Kinematografen in seinem uns heute lächerlich erscheinenden Urzustand und andere Wunder der modernen Technik.

Im alten Hoftheater besaßen meine Eltern ein Viertelabonnement, das hieß, dass sie ungefähr alle acht Tage an die Reihe kamen. Gefiel ihnen das auf ihr Abonnement fallende Stück nicht, oder hatten sie es schon oft gesehen, dann wurde am Vormittag das Billet in die Zigarrenhandlung von Frau Straube gebracht, wo es in den meisten Fällen zum Abonnementspreis, also billiger als an der Tageskasse, verkauft wurde. Gelang das nicht, so musste das Billet von uns Kindern abgesessen werden. Natürlich flehten wir den lieben Gott stets inbrünstig an, dass sich kein Liebhaber für die Karte finden möge. So lernten wir verhältnismäßig früh alle Klassiker, manchmal auch ein leichtes Lustspiel

oder eine Posse kennen; auch bei Operetten wurde meist noch ein Auge zuge-
drückt. Natürlich kannten wir bald alle Mitglieder des Theaterpersonals von
Angesicht.

Ich war drei Jahre alt als meine Eltern beschlossen, dass es an der Zeit sei, meine
musische Bildung auf feste Fundamente zu stellen. Sie begann mit einem Thea-
terstück, das mit größter Sorgfalt ausgewählt wurde – Peterchens Mondfahrt, in
dessen Verlauf eine Kanone Klein-Peter in den Weltraum schießen sollte (nur zur Erinnerung: wir sprechen vom Jahr 1932!). Natürlich sorgten meine Eltern dafür, mich
auf das große Ereignis vorzubereiten: Mutter vom pädagogischen und Vater vom
professionellen Standpunkt aus. Ich glaube, auch meine zehn Jahre ältere Cousine
Ruth saß neben uns. Der Vorhang ging hoch und auf der Bühne stand eine beleibte
Kanone. Nach einigen Präliminarien wurde Peterchen in das Kanonenrohr gesteckt
und die Spannung erreichte ihren Höhepunkt. Man hörte den Knall einer Explosion – und etwas kam aus der Mündung geschossen.

Hier enden meine eigenen Erinnerungen, und Ruth und meine Eltern kommen
ins Spiel. Offenbar war ich zutiefst besorgt darüber, wie der arme Junge nun zur
Erde zurückkehren sollte. Mein hartnäckiges Nachbohren blieb ohne befriedigende
Antwort. Ich fürchte, Peter, inzwischen nicht mehr ganz so klein, fliegt immer noch
im All umher, es sei denn, es ist ihm gelungen, irgendeine «Mitfahrgelegenheit» zur
Erde zu finden. Jedenfalls wurde mir zu meiner großen Enttäuschung schon sehr
früh klar, dass Erwachsene auf einen Großteil der Fragen ihrer Kinder keine gute
Antwort wissen.

Unsere Reisen in den großen Ferien führten uns in den ersten Jahren regelmäßig nach Bayreuth, wo die Großeltern ein schönes Grundstück mit Garten
im Herzen der Stadt hatten. Schon die damals zwölf Stunden in Anspruch neh-
mende Eisenbahnfahrt bot uns eine Fülle von neuen Eindrücken. Sie führte
uns mit der Werrabahn über Eisenach am Fuß der Wartburg vorbei und durch
halb Thüringen ins schöne Frankenland. Und welche Wonnen erwarteten
uns in Bayreuth! Da empfing uns Sabine, des Hauses alte redliche Hüterin,
mit ihren berühmten «Küchle», tischte uns die alten bayerischen Mehlspei-
sen auf, servierte die delikaten Krebssuppen, wahre Feriengenüsse. Schon am
frühen Morgen saßen wir im Garten, naschten am Kirschbaum oder an den
Johannisbeeren oder sahen von der Höhe der uralten Linde, in deren Geäst
ein solider Holztisch mit Bänken eingebaut war, in den Hof der benachbarten Chevauxlegers-Kaserne. Von besagtem Lindenbaum aus konnte man auch
sehr gut Nachbars Katzen beobachten, wenn sie den Singvögeln nachstiegen.
Für solche Fälle hatten wir stets eine gut gefüllte Glasspritze zur Hand, deren
kühle Flüssigkeit die Raubgier der jagdlustigen Miezen schnell dämpfte. In einer Minute waren wir im herrlichen Hofgarten, in dessen verträumten Alleen

wir spielten und spazierten, bis wir einmal vor der Villa Wahnfried standen. Neugierig sahen wir durch das Gitter und sahen den flachen Marmorstein mit der für uns so geheimnisvollen Inschrift: «Hier, wo mein Wähnen Friede fand, ‹Wahnfried› sei dieses Haus von mir benannt.» Ab und zu sahen wir auch im Garten eine alte Dame mit hageren Gesichtszügen und einer scharf gebogenen Nase spazieren gehen: «Das ist Frau Cosima», sagte unsere Mutter. Und dann erzählte sie uns vom Wagnertheater und den ersten Festspielen und der geschickten Art, wie sich die jungen Mädels von Bayreuth in den Pausen ohne Karten in den Festspielraum geschmuggelt hätten. Und später sahen wir den Riesen-Backsteinbau auf dem Festspielhügel und wanderten von da weiter zur Rollwenzelei, geweiht durch Jean Paul und nicht minder durch die delikaten Spritzkuchen, bis zum Schloss Eremitage, wo die Markgräfin, Friedrichs des Großen Lieblingsschwester, Hof gehalten hatte. Noch besser gefiel uns später das reizende Idyll des Schlösschens «Fantasie», wohin wir im Pferdefuhrwerk kutschierten, meine Wenigkeit auf dem Bock, zeitweilig Zügel und Peitsche handhabend. Auf dem alten Friedhof standen wir vor den Gräbern von Franz Liszt und Jean Paul. In der Wohnung unseres steinalten Maleronkels Josef lauschten wir den Erzählungen dieses vielgereisten Mannes von ferner südfranzösischer Erde und von den französischen Offizieren, die ihn während der Gefangenschaft 1870 besucht und Grüße aus Carcassonne überbracht hatten. Und dann war da noch ein seltsamer Cousin unserer Mutter, ein alter Komponist und Musiklehrer, der aussah wie der Doktor Mirakel aus Hoffmanns Erzählungen und in einer Art Raritätenkabinett hauste. Mit Bangen zählten wir stets die Tage, die uns vom Wiederbeginn der Schule trennten, denn der Abschied von Bayreuth wurde uns immer elend schwer.

## Schüler- und Tanzstundenzeit

In der Schule – ich war mit neun Jahren in das Staatliche Wilhelmsgymnasium gekommen – war ich durchweg ein mittelmäßiger Schüler; meine Höchstleistung war, dass ich einmal als dritter versetzt wurde. Lieblingsfächer waren Deutsch, Geschichte und Geografie, in denen ich einer der Besten war, im Französischen und Lateinischen war ich gerade noch genügend, und in der griechischen Sprache war ich kein Held. An guten Kameraden und Freunden fehlte es mir nie. Sie sind noch heute zum Teil in Amt und Würden als Juristen, als Offiziere und Regierungsräte, einige auch als Kaufleute. Alles traf sich in unserem Haus am Friedrichsplatz. Das Komptoir aber stand uns von nachmittags fünf Uhr an, wenn es Papa zum Skattisch zog, zur Verfügung. Wir Jungens machten dort gemeinsam unsere Schulaufgaben, schossen mit meiner Zimmerpistole nach der Scheibe und besprachen die Tagesereignisse. Besondere Ereignisse wurden mit einem Gläschen heimlich geklautem Schusterschnaps gefeiert, nicht ohne den Protest des alten Schorsche, der dieses Privileg als seine eigenste Domäne betrachtete.

Aber diese täglichen Rendezvous im Erdgeschoss waren nichts gegen das, was sich bei uns im ersten Stock tat, und zwar in wachsenden Dimensionen, je mehr wir vier Geschwister heranwuchsen. Denn jeder von uns hatte schließlich seine Freundinnen und Freunde, und diese wussten alle: Bei Dispekers ist immer was los! Es gab in unserer Wohnung einen veritablen Salon, das gute Zimmer, wie wir es nannten, außerdem noch das Wohnzimmer, in dem der Besuch empfangen wurde und auf dessen Sofa Papa sein Mittagsschläfchen hielt. Dann folgte ein Zimmer, das uns als Tagesraum diente, in dem wir die Mahlzeiten einnahmen, spielten und herumtollten. Hier stand das Piano, ein Produkt der bekannten Firma Steingraeber in Bayreuth. Am Fenster befanden sich eine Holzpritsche, ein Stuhl und Mamas Nähtisch. Von diesem Stuhl aus konnte unsere Mutter mit Hilfe eines sogenannten «Spions» zwei Straßen übersehen, die auf unser Haus zuführten, die beiden wichtigsten Promenadenstraßen Kassels, die von der Hauptgeschäftsstraße zur Bellevue führten. Der «Spion» war ein geschickt am Fenster angebrachter Doppelspiegel mit weiter Fernsicht. Muttis besonderes Vergnügen war es, in ihren Mußestunden mit Hilfe dieses sinnreichen Instruments «tout Kassel» zu beobachten. Außerdem diente der «Spion» dazu, erwünschte und unerwünschte Besuche rechtzeitig zu avisieren und bei Papas Herannahen die Suppe auf den Tisch bringen zu lassen. Dieses ebengenannte Zimmer war aber vor allem der Rendezvousplatz der Jugend, und meine Mutter besaß die seltene Gabe, mit uns jung zu sein und manche Tollheiten mitzumachen. Wenn sie sich ans Klavier setzte und mit ihrer Virtuosität Schlager, Couplets, Operetten und bekannte Opernmelodien mühelos vom Blatt abspielte, sangen, tanzten und parodierten wir dazu. Noch nach Jahrzehnten erinnerte mich eine alte Schulfreundin meiner Schwester, nunmehr ehrsame Kasseler Bürgersfrau, daran, wie wir nach den Klängen der Ouvertüre zu Boieldieus Kalif von Bagdad eine Art von Indianertanz urwüchsigsten Gepräges inszeniert hatten. Und das alles ging in jenem Zimmer vor sich, das bald wegen seines Drunter und Drüber und wegen der Unmöglichkeit, es dauernd in Ordnung zu halten, seinen Spitznamen weg hatte. Es hieß bei der Jugend der Nachbarschaft ganz einfach: «Das Schweineställchen». Das war aber keineswegs verächtlich gemeint, sondern eher eine Art Ehrentitel. Es behielt auch seinen Namen während unserer ganzen Schulzeit, bis in die Tage der Tanzstunde hinein.

Während ich diese Zeilen schreibe, die reich sind an glücklichen Kindheitserinnerungen, reich an Erlebnissen im Freundeskreis – kehren die Bilder meines eigenen Heimwegs von der Schule zu mir zurück. Ich ging meist allein, langsam, ohne Eile, nach Hause zu kommen, wo mich keine Geschwister erwarteten, keine Freunde und keine besonderen Ereignisse. Nur die Hausaufgaben, die ich meist ohne allzu große Anstrengung im Schnellverfahren erledigte, und meine Briefmarkensammlung. In diese investierte ich tatsächlich viele Stunden, in denen ich auf meinem grünen, mit einem Pedal ausgestatteten Tretroller zwischen den Büros und Läden der Stadt umherfuhr. Ich hatte dabei meine feste Route. An den meisten Plätzen kannte man mich bereits und hob die schönsten Marken für mich auf. Sie zeigten die faszinierenden Landschaften ferner Länder jenseits des Meeres, die auch seltsame Namen hatten, darunter Kamerun, Tschad und Madagaskar. Später hängte mir übrigens einer meiner Klassenkameraden den Spitznamen «le Pacha de Madagascar» an – «der Pascha von Madagaskar».

Auf meinem Heimweg kam ich auch an einem Second-Hand-Buchladen vorbei, in dem vorne mit Krimis und Science-Fiction-Romanen beladene Ständer standen – Bücher, die ich auf keinen Fall mit nach Hause bringen konnte. Manchmal verweilte ich dort eine Zeit lang und blätterte unter dem wachsamen Blick des Ladenbesitzers in einem *Nick Carter* oder einem *Edgar Wallace* herum. Zu seinen Gunsten muss gesagt werden, dass er mich niemals rügte oder von den Regalen seines Ladens vertrieb.

Wenn es mir zu anstrengend wurde, stehend über die Bücher gebeugt zu lesen, musste ich nur wenige Schritte weitergehen, um zur Endhaltestelle der grünen Autobusse der Firma «Mattei» zu gelangen, die in einem garagenähnlichen Bau untergebracht war. Ich ging hinein und betrachtete die neusten Modelle dieser Verkehrsmittel, die während der Kriegsjahre in Ermangelung von Flüssigbenzin zum Teil so umgebaut wurden, dass sie mit «Gasogen», einem alternativen Treibstoff, betrieben werden konnten – und gehörig stanken.

Dabei muss angemerkt werden, dass ich immer schon großes Interesse an allen möglichen öffentlichen Verkehrsmitteln hatte, einschließlich Straßenbahnen und Zügen. Das einzige Mal, als ich mich in der Schule wirklich anstrengte, und zwar so sehr, dass ich zum Zweitbesten der vierten Klasse wurde, war, nachdem ich von meinen Eltern zum Geburtstag eine elektrische Eisenbahn verlangt hatte. «Gut», sagte meine Mutter, «unter der Bedingung, dass du bei den nächsten Prüfungen zu den drei Klassenbesten gehörst.» Es war damals üblich, uns nach unseren Prüfungsergebnissen einzustufen und sogar unseren Sitzplatz in der Klasse entsprechend festzulegen, sodass die schwächeren Schüler hinten saßen und auch dort blieben. Mir also wurde als Preis für diese Leistung eine elektrische Eisenbahn versprochen, die zusammen mit dem Mechano-Spiel, einem Bausatz von mit Schrauben verbindbaren gelöcherten Metallschienen, zu meinem Lieblingsspielzeug wurde.

Den Gipfel meines Glücks erreichte ich jedoch, als ich es eines unschönen Tages wagte, die Schule zu schwänzen und durch die Straßen der Stadt lief, bis ich zum «Permanenti»-Kino CINEAC kam, wo von morgens bis abends pausenlos Actionfilme gezeigt wurden.

Auf der Hauptstraße der Stadt, der Canebierre, die von der Kirche St. Savournin zum Vieux Port, dem Alten Hafen hinunterführte, prüfte ich mit kritischem Blick die Werbefotos. Geld besaß ich natürlich keins, wandte mich aber dennoch höflich an die Kassiererin, die in einem Glaskasten saß, und bat: «Mademoiselle, erlauben Sie mir, hineinzugehen?»

Sie fasste den kleinen Frechdachs ins Auge, kam zu dem Schluss, dass ich kein raffinierter Schlawiner war, und urteilte positiv: «Bitte sehr!»

Somit betrat ich also das «Allerheiligste», setzte mich auf den ersten Platz, den ich fand, und versuchte den Film, bei dem es natürlich um eine ziemlich seichte Abenteuergeschichte ging, möglichst zu genießen. Ich verließ das Kino mit der Selbstsicherheit eines Menschen, dem es gelungen war, Gott am Bart zu packen, und der von nun an unentgeltlich jeden Film besuchen konnte, wann immer ihm danach war.

Obwohl eine leise innere Stimme mir zuflüsterte: «Vorsicht, mäßige dich», zog ich es vor, diese ebenso zu ignorieren, wie ich es bereits in der Vergangenheit des Öfteren getan hatte. Es dauerte Jahre, bis ich lernen sollte, auf diese leise Stimme zu hören, die auch als Intuition bezeichnet wird. Vorläufig jedoch musste ich den Preis für meine Uneinsichtigkeit zahlen.

Als ich mich einige Tage später wieder an meine «neue Freundin» wandte und wie selbstverständlich fragte: «Darf ich eintreten?», sah sie mich voller Verblüffung an. Dann ließ sie ein rollendes, zunehmend lauter werdendes «Nein» ertönen, das mich bis ins Knochenmark erschütterte. Als ich überrascht und ungläubig etwas zögernd fragte: «Pardon, Madame, waren das nicht Sie, die mich letzte Woche einließ?», erfolgte die zurechtweisende Antwort: «Ja, aber einmal bedeutet noch keine Dauergewohnheit» –»Oui, mais une fois n'est pas coutume!»

Diese Feststellung und die Umstände, unter denen sie getroffen wurde, prägten sich tief in meine Seele ein und ich nahm sie über all die Jahre hinweg mit mir, wie einen wertvollen Schatz. Noch heute empfinde ich jedes Mal, wenn ich diese Geschichte erzähle oder mich daran erinnere, jenes brennende Gefühl von mit Kränkung vermischter Scham. Wie dem auch sei, meine Füße haben die Schwelle des CINEAC-Kinos nie wieder betreten.


## Lehrjahre

Mit 17 Jahren verließ ich das Gymnasium, um mich, dem Wunsch meines Vaters entsprechend, der mehrere Bankiers unter seinen engsten Verwandten hatte, der ehrsamen Laufbahn des Bankfachs zu widmen. Mein Vater hatte durch gewagte Börsenspekulationen den größten Teil seines nicht unbeträchtlichen Vermögens verloren. Er besaß eigentlich nur noch das Haus, das nicht sehr florierende Geschäft und seine Lebensversicherungspolice. Den veränderten Verhältnissen musste auch die Lebensweise angeglichen werden. Und da war es zuerst meine Mutter, die sich ohne ein Wort der Klage und des Vorwurfs der veränderten Lage anpasste, obwohl gerade sie von Hause aus wohl Sparsamkeit, aber keinerlei Entbehrung gewohnt war. Die Zahl der Dienstboten wurde unmittelbar von zwei auf einen herabgesetzt; in späteren Jahren, als der Haushalt kleiner wurde, ging es auch ganz ohne Dienstmädchen. Ein Studium kam für uns kaum noch in Frage, also glaubte mein Vater, dass ich als künftiger Bankbeamter am schnellsten meinen Weg machen würde. Das war ein Irrtum, denn ich hatte für alles Kaufmännische weder allzu große Begabung noch Lust. Immerhin lockten mich das Loskommen von der Schule und das Gefühl der Freiheit. Ich trat also in ein Kasseler Bankhaus als Lehrling mit zweijähriger Lehrzeit ein und war später noch als Bankbeamter in Frankfurt am Main, Lüneburg und Berlin tätig, ohne mich in diesem Fach irgendwie besonders hervorzutun. Aber die in diesen viereinhalb Jahren erworbenen Kenntnisse kamen mir mehr oder weniger doch später zugute.

Ich kehre zurück zu dem Heft meines Cousins Joe Dispeker über das Haupt unserer Dynastie, Rabbi David von Diespeck. Wie sich zeigt, ist auch einem so unbescholtenen Mann wie ihm ein ernstes Missgeschick passiert. Und da es so war, wie es war, will ich an dieser Stelle zitieren, was das Heftchen darüber erzählt:

«Je größer seine Kinderschar wurde, desto weniger konnte das Einkommen des Rabbi David den Bedürfnissen seiner Familie und den Ausgaben für die Erziehung seiner Sprösslinge gerecht werden. Um seine Einnahmen zu vermehren, eröffnete er ein Schmuckgeschäft. Dabei vernachlässigte er keineswegs seine Studien, sondern arbeitete tagsüber im Laden und vertiefte sich nachts bis in die frühen Morgenstunden in Talmud und Thora. 1767 erfuhr Rabbi David einen schweren Schlag. Als Gefälligkeit für Freunde hatte er eine Garantie in Höhe von 25.000 Golddukaten unterschrieben, in den Begriffen seiner Zeit eine astronomische Summe. Die Schuldner konnten nicht bezahlen und es war an der Zeit, die Garantie einzulösen. Freunde, Gönner und Schüler boten Rabbi David ihre Hilfe an, als diese Verpflichtung auf ihn zurückfiel, aber er lehnte alle Offerten ab.

Stattdessen verkaufte er sein gesamtes Hab und Gut, sogar Haus und Hof, um seine Schulden zu decken. Es war eine düstere Zeit im Leben von Rabbi David, er jedoch war entschlossen, diese Verpflichtung, die er auf sich genommen hatte, reinen Herzens zu erfüllen. Seine Ehrlichkeit und Unbescholtenheit brachten ihm viel Ehre und Anerkennung, und das nicht nur in seiner eigenen Gemeinde, sondern überall, wo man von seiner Leidensgeschichte erfuhr. In Schriften aus diesem Lebensabschnitt preist er seine Frau Chava dafür, dass sie auch in der Stunde seiner Not unerschütterlich zu ihm hielt und ihn sogar vom Abgrund der Verzweiflung zurückgerissen hatte. Er selbst betrachtete seinen Schicksalsschlag als gerechte Gottesstrafe dafür, dass er seine Thora-Studien vernachlässigt hatte, um materiellen Verdiensten nachzujagen.

An dem Schabbatmorgen des Jahres 1771, an dem in der Synagoge der Wochenabschnitt ‹Am Anfang› vorgelesen wurde, das erste Kapitel des Buches *Genesis*, hielt er in Fürth seine letzte Predigt und verabschiedete sich von seiner Gemeinde. Mag sein, dass er sich aufgrund der Enttäuschungen vorausgegangener Jahre nach Veränderung gesehnt und deshalb die Einladung der Gemeinde von Mühring im Schwarzwald angenommen hatte, ihr als Bezirksrabbiner zu dienen.

Er war zu dem Zeitpunkt 56 Jahre alt, seine Frau Chava hingegen erst 30. Seine Schulden hatte er bereits abbezahlt, als er sein neues, vielversprechendes Amt antrat. Zusammen mit seiner Frau, ihrem vierjährigen Sohn Schimon und wahrscheinlich noch einigen weiteren Kindern, die Chava ihm geboren hatte, traf er in Mühringen ein.»

Soweit zu Rabbi David, dem Ahnvater unserer Dynastie.

Mein lieber Vater, hast auch du damals, als die Reihe an dir war, den Schlag des Verlusts eures Familienvermögens und all seine Konsequenzen mit derselben Leichtigkeit angenommen, ohne Klagen, Bitterkeit, Zorn und Beschwerden, vor allem, als dir klar wurde, dass nicht mehr genug Geld vorhanden war, um deine Ausbildung zu finanzieren?

Und ihr, meine Kinder, habt ihr euch damit abgefunden, dass ich 60 Jahre später das Testament von Großvater Siggi missachtet und euer Erbe unserem Kibbuz Tzuba vermacht habe, so, wie es damals üblich war und meinem Gewissen entsprach? Ja, vielleicht tat ich das auch aus der Befürchtung heraus, dass die Verführungen jener Besitzwerte eure Erwägungen hinsichtlich eures Verbleibens im Kibbuz beeinflussen könnten. Und als diese Gelder zusammen mit anderen Nachlässen und Reparationszahlungen in die Errichtung eines Gebäudes zu Ehren von Hanna Weißmann investiert wurden, zum Gedenken an Eltern und Verwandte, die in der Schoa ums Leben gekommen waren, habt ihr euch da beruhigt?

Tatsächlich ist seither viel Wasser durch unsere Gärten geflossen, und es kann sein, dass ich heute anders handeln würde, weil sich die Normen und Schwerpunkte des gemeinschaftlichen Lebens im Kibbuz inzwischen stark verändert haben – leider.

Kann es sein, dass die hohe Last der moralischen Ansprüche, die wir im Kibbuz an den Einzelnen stellten, übertrieben war? Das mag euch Stoff zum Nachdenken sein.


## Jahre des Tanzens

Im ersten Jahr meiner Lehrzeit erlernte ich zusammen mit meiner zwei Jahre jüngeren Schwester Anni die Geheimnisse der Tanzkunst. Auch das war eine bewegte und in der Erinnerung einigermaßen verklärte Zeit. Der Geselligkeitstrieb machte sich auch hier geltend, und bald gehörten sowohl meine Schwester Anni als auch ich einer gesellschaftlichen Organisation an. Bei meiner Schwester war es ein «Kränzchen» mit dem duftigen Namen «Erika», bei mir war es eine Art Jünglingsclub, der sich S. G., das heißt Sonnabend-Gesellschaft, betitelte. Er setzte sich aus einer Anzahl von Söhnen bekannter Kasseler Kaufmannsfamilien und einigen Auswärtigen, alle Mitglieder unserer Tanzstunde, zusammen. Jeden Sonnabend-Abend tagten wir im Clubzimmer eines Restaurants, vor uns das gefüllte Bierglas, neben uns das Kommersbuch. Denn die Hauptsache war selbstverständlich die möglichst getreue Nachahmung des studentischen Komments. Natürlich gab es auch einen engen Zusammenhang zwischen dem Damenkränzchen und der S. G., eine Verbindung, die innerhalb weniger Jahre sogar in mehreren Zusammenschlüssen für das

Leben ihren Niederschlag fand. Sowohl das Kränzchen «Erika» als auch die S. G. trotzten überraschend gut den Stürmen der Zeit; beide existieren meines Wissens heute noch. Im Jahre 1921 wurde ich zum 25. Jubiläum der S. G. eingeladen und erhielt als Mitbegründer eine silberne Gedenknadel. Heute sind beide Institutionen für meine Schwester und mich längst tabu; sie verfielen wie alle bürgerlichen und gesellschaftlichen Einrichtungen dem Prozess der Auskehrung, den man mit dem schönen Begriff «Gleichschaltung» bezeichnet. Das schloss aber nicht aus, dass einige persönliche Freundschaften «hintenherum», solange es noch möglich war, weitergepflegt wurden.

Die Feststellung «es war möglich» führt mich zu traurigen Betrachtungen. Tatsache ist, dass es hier und da auch anständige Menschen gab, die sich dem Druck und den Drohungen der Nazis nicht beugten. Warum aber waren es so wenige? Weil wir es von Kindheit an gewohnt waren, den Obrigkeiten zu gehorchen? Weil uns die Gedankengänge des Faschismus faszinierten? Vielleicht sind die Menschen aber auch von Geburt aus ängstlich und feige?

## Wanderjahre

Als meine Lehrzeit sich ihrem Ende zuneigte, lernte ich gelegentlich einer kurzen Reise, die ich mit meiner Mutter zur Hochzeit meines Onkels machte, diejenige Stadt Deutschlands kennen, die Zeit meines Lebens unter allen deutschen Städten den stärksten Eindruck auf mich gemacht hat: München. Das war natürlich noch längst nicht «die Stadt der Bewegung», des «Braunen Hauses» und der doppelten Novemberrevolution von 1918 und 1923, sondern die Metropole der Kunst, die Stadt der Gemütlichkeit, des Maßkrugs und der Weißwürstl. Nie vergesse ich die ersten Eindrücke des Odeonsplatzes, der Ludwigstraße, der Pinakotheken, der Schackgalerie, des Englischen Gartens und, ich schäme mich nicht fortzufahren, des Hofbräuhauses, des Löwenbräus, ja sogar der biederen, voluminösen Münchner Schlächterfrau, die man Frau Bavaria nennt.

Ich versuche, mich daran zu erinnern, wo ich die entsprechenden Jahre meiner Jugend verbracht habe. Richtig, das war nach dem Unabhängigkeitskrieg, nachdem ich meinen Militärdienst beendet und Verbindung zu den Mitgliedern einer Tel Aviver Kommune der Noar Ha'oved, der «Arbeiterjugend» aufgenommen hatte, die zum Großteil aus Gesandten der Kibbuzim bestand. Wenn wir mit der Jugendarbeit im Heim der Ortsgruppe fertig waren, kehrten wir einer nach dem andern in unsere Gemeinschaftswohnung in der Maccabi-Straße zurück, gegenüber dem Orian-Kino, das wiederum direkt an den Sportplatz grenzte, wo die Basketballspielerinnen von Maccabi Tel Aviv trainierten. Dort verharrten wir immer eine Weile, angeblich, um «Basketball» zu sehen. Danach versammelten wir uns in einem der Zimmer, streckten uns auf unseren Feldbetten aus und lästerten über unsere reizenden Zöglinge und deren Untaten, vor allem im Hinblick auf die politischen Meinungsverschiedenheiten und Intrigen, die zwischen den Mitgliedern des Kibbuz Hame'uchad, den Anhängern der Mapam-Partei und den zur Mapai-Partei gehörenden Mitgliedern des Ichud unter Führung ihres Ortsgruppenleiters, Reuven Kahana aus Ramat Yochanan, angezettelt wurden. Unser eigener Ortsgruppenleiter war ein Genosse aus dem Kibbuz Alonim, ein vierschrötiger Rotschopf namens Yosske Charubi. Zwischen ihm und Reuven entwickelte sich ein Schlagabtausch der Geister, der mitunter auch in echte Schlägereien ausartete, nicht selten unter der Beteiligung von Zöglingen, die sich mit einer der Parteien identifizierten. Woran man die Anhänger der jeweiligen Partei erkennen konnte? Schließlich trugen wir doch alle dieselben blauen Hemden mit dem roten Band und das Abzeichen der Bewegung «Für Arbeit, Verteidigung und Frieden». Aber wir, die «Mapamniks», trugen dazu stolz noch ein weiteres Symbol, das des «Weltbunds der Demokratischen Jugend», und sangen obendrein noch lauthals dessen Hymne: «Jugendliche aller Länder und Völker, uns eint ein gemeinsames Ziel», und das zusätzlich zur israelischen Nationalhymne «Hatikva», dem Lied des Palmach und der Hymne der Arbeiterjugend Noar Ha'oved: «Aus des unberechenbaren Schicksals Drangsal, aus dem Morgen ohne Vision ...»

Uns war klar, dass wir uns nicht nur auf unsere ideologische Überlegenheit berufen durften, die wir der Mitgliedschaft in der von der «Sonne der Völker» – Stalin, wer sonst? – angeführten «Welt von morgen» verdankten, sondern auch auf das Prestige einer verfolgten und unterdrückten Minderheit. Im Übrigen genossen wir jeden Augenblick, vor allem, wenn der Generalsekretär der Bewegung, Zeev Ottitz, mit einer Vorstandsangehörigen zu uns kam, die offiziell der «Gegenpartei» angehörte, uns jedoch als Spionin diente und wertvolle Informationen über die Tücken unserer Feinde zutrug.

Heute kann ich auch über mein Ich von damals mit amüsierter Nachsicht lächeln, über die Debatten und «Heldenkämpfe» jener Zeit. Deutlich erinnere ich mich an meinen Auftritt anlässlich der «Aufspaltungskonferenz» in Haifa, als zwischen den Anführern der Kibbuzbewegung bereits alles abgekartet und vereinbart war und wir in unserer Naivität versuchten, den Schicksalsschlag im letzten Moment abzuwenden. Ich stand auf und schrie die Bedrängnis all derer hinaus, die die zerstörerische Bedeutung dieser Aufspaltung und deren zukünftige Auswirkungen auf die Bewegung erkannten. Aber der Stein rollte weiter in den Abgrund.


Nun aber war die Zeit meiner Pilgerfahrt zum Phantom des goldenen Kalbes erfüllt; selbst mein Vater sah ein, dass aus mir kein Rothschild oder Bleichröder zu schmieden war, und ich ging nunmehr fest und zielbewusst den Weg so vieler, die angeblich ihren Beruf verfehlt haben: Ich wurde Journalist.

Schuster und Schneider kann man lernen, zum Journalisten muss man geboren sein. Die Sehnsucht nach diesem Beruf steckte mir schon längst im Blut. Die Flüssigkeit und Leichtigkeit meines Stils, das Talent zur Abfassung kleiner Plaudereien und die mich selbst oft verblüffende Fähigkeit, aus dem Stegreif und bei allen möglichen und unmöglichen Gelegenheiten den Pegasus zu besteigen und ihn mehr oder weniger elegant gesattelt in allen Gangarten vorzuführen, hatten mir längst diese Bahn gewiesen. Aber dem bürgerlichen Erwerbssinn meines Vaters widerstrebten diese brotlosen Künste, und es bedurfte erst der ganzen Überredungskunst meiner Mutter und der Zusage eines Zuschusses meines sehr begüterten Onkels, bis ich die Erlaubnis bekam, im Jahre 1903 zwecks Studiums der Nationalökonomie, Geschichte und Germanistik die Universität Berlin aufzusuchen. Ich ließ mich also an der philosophischen Fakultät der Alma Mater immatrikulieren und suchte mir mit Bedacht meine Lehrer aus. Zu Füßen von Gustav Schmoller und teilweise auch noch bei Adolf Wagner hörte ich Nationalökonomie. Die deutsche Literatur vermittelten mir fesselnde Köpfe wie Erich Schmidt und Gustav Roethe, der die Marotte hatte, keine Frau als Hörerin in seinen Kollegs zu dulden. Unvergesslich sind mir die herrlichen, von hoher Warte gehaltenen Geschichtsvorlesungen Professor Delbrücks und die lebhaften, am Flügel illustrierten Kollegs über die großen Meister deutscher Musik, die mir manchen wertvollen Fingerzeig mit in die journalistische Laufbahn gaben. Einen der temperamentvollsten Vorläufer nationalistischer deutscher Geschichtsforschung lernte ich in der Person des jugendlichen Professors von Wenckstern kennen, der im Weltkrieg ums Leben kam. Neben diesen Universitätsstudien ließ ich mich noch an der im Westen Berlins befindlichen Hochschule für Journalismus, geleitet von Professor Richard Wrede, einschreiben. Das Wertvollste, was mir dieses private Institut gab, waren die Rezensionsübungen, die unter Leitung von Dr. Hans l'Arrouge, dem Sohn des bekannten Berliner Lustspieldichters, standen.

Zu Weihnachten 1903 wurde ich an das Sterbebett meines Vaters gerufen, der wenige Monate vorher Haus und Geschäft verkauft hatte. Er erlag, erst 59-jährig, nach nur vierwöchiger Krankheit einem Magenkrebs. Die Beerdigung des allseits beliebten Mannes fand unter großer Anteilnahme statt. Meine Mutter wohnte nun allein mit meiner jüngeren Schwester Anni. Mein Bruder Carl war als Kaufmann in Frankreich und England gewesen, meine Schwester Heddy, in manchen Eigenschaften mir gleichend, war Schauspielerin geworden, nachdem sie in Kassel eine Schauspielschule absolviert hatte. Die Hinterlassenschaft meines Vaters genügte, um meiner Mutter ein bescheidenes, aber immerhin behagliches Leben zu sichern.

Im Frühjahr 1904 glaubte ich im Meer der Journalistik soweit Bescheid zu wissen, dass man mich ruhig ins Wasser werfen könnte. Für das Schwimmen gedachte ich schon Sorge tragen zu können.

Mutter Blanche starb zwei Wochen nach der Geburt unseres ältesten Sohnes Siv an einer Gallenentzündung, die nicht rechtzeitig diagnostiziert wurde. Ihren kleinen Enkelsohn sah sie nur noch auf einem flüchtigen Foto. Zum Zeitpunkt ihres Todes befand sie sich auf dem Höhepunkt ihrer geistigen Kraft, überquellend von Ideen und voller Pläne. Ich arbeitete damals als Lkw-Fahrer und schaffte es, sie einige Male im Beilinson-Krankenhaus zu besuchen, in das man sie eingeliefert hatte. Bei unserem letzten Gespräch versuchte ich, ihr Mut zuzusprechen. Sie schenkte mir ein schwaches Lächeln und sagte im Ton eines Menschen, der sich abgefunden hatte: «Es gibt eine Grenze dessen, was man mit Kämpfen gegen das Schicksal erreichen kann.»

Da wusste ich, dass meine mutige, unermüdliche Mutter diesmal aufgegeben hatte und nicht mehr nach Hause zurückkehren würde.

Nach ihrem Tod sah mein Vater Siggi keinen Sinn mehr darin, weiter in der Wohnung in Givatayim zu bleiben. Er beschloss, diese zu verkaufen und in das Seniorenheim des Verbands deutscher Einwanderer auf den Karmelberg in Haifa zu ziehen, nahe bei seiner Schwester Annie und in Gesellschaft von Menschen, die seine Sprache sprachen – er hatte das Hebräische nie erlernt. Dort teilte er sein Zimmer mit einem weiteren Bewohner, einem einfachen, aber gutherzigen Mann, der ihm nach besten Kräften half. Schon nach kurzer Zeit entwickelte sich eine gewagte Beziehung zwischen meinem Vater und A. P., einer attraktiven und gebildeten Frau, die in der Nähe wohnte und seine Gefühle erwiderte.

Diese Romanze hielt mehrere Jahre und ich vermute, dass ihr Ende Vater die Lebenslust stahl. Eines Tages, etwas mehr als vier Jahre nach Mutters Tod, wurde ich dringend nach Haifa gerufen, wo ich meinen Vater nach einem Herzinfarkt auf dem Sterbebett vorfand. Er wusste, dass seine Tage gezählt waren und setzte mich in einem kurzen Gespräch über seinen letzten Willen in Kenntnis. Dann streifte er seinen Trauring ab, den er mir wortlos überreichte.

Ich erinnerte mich daran, dass das nicht der echte Ring war – den hatte er während seiner Gefangenschaft in einem spanischen Konzentrationslager verkaufen müssen, für etwas Nahrung zur Ergänzung der mageren Lagerkost. Als er schließlich entlassen wurde und zu uns nach Madrid kam, reagierte Mutter auf diese Geschichte mit überraschendem Zorn und hielt mit ihrer Meinung nicht hinterm Berg: Er hätte lieber Hunger leiden, als seinen Trauring verkaufen sollen. Ich glaube, Vater war von diesem Ausbruch zutiefst verletzt. Kurz darauf kümmerte sich Mutter darum, ihm einen Ersatzring zu besorgen und die Heimat war gerettet. Vielleicht war das einer der Gründe dafür, dass ich mein Leben lang keinen solchen Ring getragen habe?

Stumm saß ich an Vaters Bett. Mir war nicht ganz klar, wie ich mich von ihm verabschieden sollte. Die Kluft der Generationen und Meinungen war über die ganzen Jahre hinweg zu tief gewesen, um sie in jenen Augenblicken zu überbrücken. Später sollte ich mir wegen dieser Stunden noch jahrelange Vorwürfe machen: wegen all der Fragen, die ich nicht gestellt hatte und die nun für immer unbeantwortet blieben, und wegen all der Worte des Abschieds und des Trostes, die ich damals nicht über die Lippen brachte.

Schließlich kamen Vaters Freunde und schlugen mir vor, mich ein wenig auszuruhen und vielleicht in einem ihrer Zimmer ein Nickerchen zu machen. Nach kurzem

Zögern nahm ich dieses Angebot an – und fiel sofort in einen tiefen Schlaf. Kurz vor Mitternacht wurde ich gerufen. Es ging dem Ende zu. Stumm, betreten und verwirrt saß ich an Vaters Bett, bis er seinen letzten Atemzug tat.

Dann schlief ich bis zum Morgengrauen weiter.

Vater wurde in Kiryat Shaul bestattet, Seite an Seite mit Mutter, in einem Doppelgrab, das vier Jahre auf ihn gewartet hatte. So fanden diese beiden, die das Leben weit voneinander entfernt hatte, im Tod wieder zusammen.

Einmal im Jahr besuchten wir den Friedhof, um die Grabsteine abzuspülen, Unkraut auszuzupfen und einen Strauß mit Blumen niederzulegen, die die beiden so sehr geliebt hatten. Erst Jahre später fiel mir der Text auf, den ich auf ihre Grabsteine hatte schreiben lassen. Bei Mutter stand in kupfernen Buchstaben: «Hier ruht Blanche Dispeker, geborene Kehr. Eine treue Ehefrau und wunderbare Mutter.» Auf Vaters Stein hingegen stand: «Hier ruht Sigmund Dispeker, ein netter Vater und angenehmer Gatte.»

Es sollten noch eine ganze Reihe von Jahren vergehen, bis ich diese unausgewogene Haltung zu meinen beiden Eltern korrigierte und auch Vater verspätet die Anerkennung und Ehre erwies, die ihm zustand – sei es allein aufgrund der Tatsache, dass er für die Entwurzelung aus seiner Heimat und der Kultur, in der er aufgewachsen war, den höchsten Preis gezahlt, und ich dennoch in all den Jahren niemals eine Klage aus seinem Mund vernommen hatte.


## Auf dem Redaktionssessel

Schwaben und die fröhliche Pfalz waren die ersten Etappen meiner redaktionellen Tätigkeit. Ende 1904 segelte ich zukunftsfroh an den Strand des grünen Neckars nach Heilbronn, als Redakteur der demokratischen *Heilbronner Zeitung*, deren Verleger, ein Herr W., sich mit mir die Arbeit teilte. Es war für den Anfang gut, dass ich in allen Ressorts des kleinen Blattes, das damals ungefähr 5000 Leser hatte, beschäftigt war. Bald gefiel es mir in der aufstrebenden Stadt, die mit dem Namen von Kleists «Käthchen», Goethes «Götz» und Justinus Kerner verknüpft war. Bald stand ich auf allen Gebieten meinen Mann: Ich schrieb Leitartikel, lokale Berichte und Plaudereien und, auf diesem Gebiet besonders gut vorgebildet, Kritiken über Schauspiel und Operette des kleinen, aber verhältnismäßig guten Stadttheaters.

Auch sonst gab es noch manche interessante Persönlichkeit in der zu jener Zeit 50.000 Einwohner zählenden alten, ehemals freien, Reichsstadt. Die Gemütlichkeit der biederen Schwaben, die sich bei den sogenannten Herbstfeiern, nach der Einbringung der Weinernte, zu einem fast faschingsmäßig anmutenden Paroxysmus steigerte, sagte mir recht zu.

Bald hatte ich die Zeitung wie der gute Bolz in Freytags *Journalisten* liebgewonnen, nur konnte ich nicht mit diesem Ideal aller Redakteure sagen: «Ich habe nur eine Geliebte, meine Zeitung.» Ich schäme mich nicht zu gestehen, dass die Wirklichkeit bei mir etwas anders aussah und dass sowohl die netten Schwabenmädel der Käthchenstadt als auch besonders eine kleine, vom Rhein stammende Opernsoubrette des Theaters es mir angetan hatten. Da ich die Opernkritiken nicht zu schreiben hatte, kam ich in keinen Konflikt zwischen Pflicht und Liebe und konnte mit der Vorwitz und Laune sprühenden netten Wiesbadenerin ruhig ab und zu in der anheimelnden Trinkstube des uralten Ratskellers mein Schöppchen Wein trinken. Überhaupt zog es mich oft zu dem lustigen und nie langweiligen Völkchen der Schauspieler, von denen einige später zu Ruhm und Lorbeeren gelangten. In Heilbronn blieb ich volle zwei Jahre.

Im Frühjahr 1906 folgte ich einem Ruf in die weingesegnete Rheinpfalz als Chefredakteur der *Bürgerzeitung* in Neustadt an der Haardt. Die Stadt zählte damals nur 20 000 Einwohner, aber sie war nicht nur die Zentrale des ausgedehnten pfälzischen Weinbaus und Weinhandels, sondern auch der geistige und kulturelle Mittelpunkt des Landes zwischen Rhein und Saar.

Ich habe dort drei sehr schöne und vor allem lustige Jahre verbracht und habe inmitten dieser temperamentvollen Bevölkerung, die man nicht zu Unrecht «Pfälzer Krischer» nannte, meinen «Weinverstand» ausgebildet und geschärft. Unter Weinverstand verstehe ich die Fähigkeit, sogenannte große von kleinen Gewächsen, gezuckerten von Naturwein, Riesling von Muskateller oder Portugieserreben, Mosel- oder Pfalzwein von rheinischen und Ahrgewächsen zu unterscheiden. Das alles lernte ich «von Berufs wegen» in unzähligen Weinproben. Damals war soeben der Kampf der Anhänger der gezuckerten Weine mit den Aposteln der Naturweine zu Gunsten der Letzteren endgültig entschieden worden. Es hatte einer Reihe von Prozessen und einer ausgiebigen Pressepolemik bedurft, um zu diesem Ergebnis zu gelangen. Jetzt galt es nur noch, die hierzulande nicht sehr zahlreichen Anhänger der Prohibition niederzuringen, was nicht allzu schwer war.

An vielen pfälzischen Weinstuben prangte der schöne Spruch: «Was ist der Wein? Eingefangener Sonnenschein! Und das soll schädlich sein?» In vollen Zügen genoss ich die edle Göttergabe, die mir hier, wo jeder dritte Mensch ein Winzer oder Weinhändler war, sozusagen als «Rezensionsbeleg» eingeflößt wurde, und meine Artikel und Plaudereien waren von Bacchus' Geist beflügelt. Aber abgesehen von einigen allzu überwältigenden Weinproben habe ich mir stets einen klaren Kopf bewahrt.

Wundervolle Ausflüge führten mich durch den gesamten Pfälzer Wald, in die Kreuznacher und Binger Gegend. Urlaubsreisen vertieften die alte Liebe zur Hauptstadt des Bayernlandes; ich lernte erstmalig auch die Schweiz, den Schwarzwald, Baden-Baden, Karlsruhe und Straßburg kennen. Eine meiner originellsten Erinnerungen bedeutet der alljährliche große Herbstjahrmarkt in Bad Dürkheim, dem Zentrum der pfälzischen Edelweine. Den «Derkemener Wurschtmarkt» kann man getrost die Olympischen Spiele der Pfalz nennen, deren Bevölkerung sich hier bis von der Mannheimer, Frankenthaler und Wormser Gegend her vollzählig ein Rendezvous gab. Alles stand unter dem

Zeichen der drei großen W: «Wein, Weib und Wurst». Die Stimmung war besonders in guten Weinjahren wirklich dionysisch. Wenn spätabends die letzten Züge nach allen Richtungen verkehrten, musste man das Schauspiel des Heimtransports derer gesehen haben, die allzu sehr den Gaben Bacchus' zugesprochen hatten. Die Bahnbeamten luden diese Passagiere ebenso behutsam wie ehrfurchtsvoll in besondere Coupés der zweiten Klasse. In der Antike sagte man in ähnlichen Fällen: «Sie sind des Gottes voll.»

Ende 1909 verlor ich meine Stellung.

Einige Wochen der Ruhe und Erholung verbrachte ich in Kassel im Haus der Mutter, dann ging ich im Sommer 1910 nach Singen am Hohentwiel, wo ich einige Monate die Leitung der Redaktion übernahm und die Gelegenheit wahrnahm, die schöne Bodenseegegend und die gesamte Nordschweiz bis nach Zürich hin gründlich kennen- und lieben zu lernen. Im Winter war ich wieder in Kassel.

## In Straßburg

Bevor ich eine neue Stellung antrat, fasste ich einen Entschluss, den ich schon sechs Jahre früher hätte verwirklichen sollen: Ich ließ meine wenig schöne und ziemlich umfangreiche Nase umbauen. Derartige Operationen wurden mit außerordentlichem Geschick und individuellem Feingefühl von dem bekannten Berliner Chirurgen Professor Dr. Joseph ausgeführt; die Berliner hatten ihn mit ihrem bekannten Humor längst in «Nosef» umgetauft. Die Sache war nicht billig und von mir allein nicht zu finanzieren, deshalb machte ich bei mehreren begüterten Verwandten eine kleine Anleihe zwecks Umgestaltung meiner maurisch-byzantinischen Fassade in eine gotische. Nachdem mir Dr. Joseph entgegenkommenderweise einen Journalisten-Vorzugspreis bewilligt hatte, machte ich mich auf den Weg nach Berlin und suchte sofort die im Westen der Stadt gelegene Klinik des Arztes auf. Er empfing mich sehr liebenswürdig, gerade mit einer jungen dänischen Schauspielerin beschäftigt, die das Fach der naiven Liebhaberin spielte, aber zum Unglück eine stark sentimental wirkende längliche Hängenase aufwies. 14 Tage später hatte sie ein entzückend kaum gewölbtes Stumpfnäschen. Auch mir legte dieser moderne Gesichtsarchitekt eine Anzahl verschiedener Nasenmodelle vor, ich überließ ihm aber bescheiden die Auswahl. Als ich ihm meine Berufsschwierigkeiten erzählte und erwähnte, dass der Name, den man mir in der «Schlaraffia» zugeteilt hatte, «Cyrano der Innenschöne» lautete, lächelte er und meinte, dass der ritterliche Cyrano de Bergerac, wenn er 300 Jahre später geboren worden wäre, bedeutend bessere Chancen bei der schönen Roxane gehabt hätte.

Am anderen Morgen um zehn Uhr lag ich eine Stunde und zehn Minuten lang auf dem Operationstisch. Der Eingriff wurde mit lokaler Anästhesie gemacht, also bei vollem Bewusstsein, und war weniger schmerzhaft als ich dachte. Trotzdem hatte ich drei Tage ein dick geschwollenes Gesicht und leichtes Wundfieber, aber als ich mich nach weiteren drei Tagen zum ersten Mal im Spiegel sehen durfte, war ich recht zufrieden. Am zehnten Tag war alles ziemlich verheilt, und ich konnte mir schon auf dem Tempelhofer Feld die große Frühjahrsparade des Gardekorps ansehen. Als ich am Nachmittag die Friedrichstraße passierte, erlebte ich (und indirekt auch mein Operateur) meinen ersten Triumph. Ein guter Freund aus Kassel ging auf der anderen Seite der Straße, musterte mich mit einem prüfenden Blick, schüttelte erstaunt den Kopf und setzte seinen Weg fort. Ich rief ihn sofort lachend an, und er konnte sich über meine Metamorphose gar nicht beruhigen. Der «Umbau» wurde sofort mit einer guten Pulle gebührend begossen. Im Hause meiner alten Berliner Freunde wurde mein Besuch von der französischen Erzieherin der Kinder mit der originellen Bezeichnung: «Monsieur le nouveau nez» gemeldet.

In den 1950er-Jahren dominierte in der damaligen Sowjetunion die Theorie Lyssenkos, eines Wissenschaftlers, der sagte, durch Erziehung, Pflege, günstige Umweltbedingungen und Ähnliches erworbene Eigenschaften könnten beim Menschen genetische Veränderungen bewirken. Dabei muss wohl kaum angemerkt werden, dass ein solcher Gedanke bei den bolschewistischen Herrschern – wie übrigens auch bei den Vätern der Kibbuzbewegung – großen Anklang fand und sie diesen mit Begeisterung übernahmen. Bis erklärt (oder vielleicht richtiger: verleumderisch behauptet) wurde, Lyssenko habe ein wenig an seinen Forschungsergebnissen «herumgedoktert». Prompt verlor er seine Stellung und versank in den Tiefen des sowjetischen Vergessens. Jedoch siehe da: Als ich, Hans-Lothar-Joel, erwachsen wurde, stellte sich heraus, dass meine Nase nicht der ursprünglichen «Adlernase» meines Vaters ähnelte, sondern gerade jenem klassisch griechischen Modell, das meinen Erzeuger seit seiner Operation geziert hatte! Sollte Lyssenko dennoch Recht behalten haben? Und falls dem so ist, besteht dann vielleicht doch noch eine Chance darauf, einen «Homo Kibbuznikus» zu entwickeln, ein Modell des 21. Jahrhunderts? Wer weiß das schon!

Nun ging ich von Kassel aus ernstlich auf die Stellungssuche, und bald winkte mir ein chancenreicher Vertrag als Lokal- und Feuilletondirektor der *Straßburger Neuesten Nachrichten* mit Aussicht auf Einarbeitung in das Gebiet der elsass-lothringischen Landespolitik. Das Blatt galt offiziell als parteilos und war weitaus das gelesenste in dem damaligen «Reichsland». Mit dem Vertrag in der Tasche fuhr ich beglückt nach Kassel zurück. Ich betrachte meinen fast fünfjährigen Aufenthalt in der «wunderschönen Stadt» als meinen schönsten, sicherlich aber sorgenfreiesten Lebensabschnitt. Der alte und schwer leidende Chefredakteur des Blattes (übrigens ein Schlaraffenbruder) musste nach einem halben Jahr seinen Dienst quittieren und ich trat de facto, wenn auch nicht de jure, an seine Stelle. Denn der politische, gleichfalls ältere Kollege war ein Sonderling, der sich nach der Arbeit am wohlsten an seinem Stammtisch fühlte und jeder Repräsentation abhold war. Mir machte es Spaß, die Zeitung auch nach außen zu repräsentieren und an dem reichen und vielgestaltigen gesellschaftlichen und kulturellen Leben Straßburgs teilzunehmen.

Mein Dienst begann um halb sieben Uhr morgens, da die Zeitung schon um zehn Uhr erschien; ich musste also um halb sechs Uhr, später, als ich an der Peripherie der Stadt wohnte, schon um fünf Uhr aufstehen. Die Mittagspause von elf bis zwei Uhr benutzte ich fast regelmäßig zunächst zu einem einstündigen Mittagsschlaf vor dem Essen. Nach Tisch hatten wir einen durchaus intellektuell zusammengesetzten Stammtisch im Café Westminster. Dann wurde von zwei bis sechs Uhr wieder Redaktionsdienst gemacht und nach dem Abendessen Außendienst wie Theater, Kino oder wichtige Versammlungen. Die Theaterkritiken mussten noch in der Nacht geschrieben werden, um am anderen Morgen im Druck zu erscheinen.

Schöne Urlaubsreisen führten mich in die nahe Schweiz, nach München und Oberitalien. Ich sah die Wunder der Dolomiten, das Trentino, den schimmernden Marmorbau des Mailänder Doms und die Märchenpracht der Königin der Lagunen. Und als ich im Juli 1914 nach den Strapazen der Zaberner Affäre im Schwarzwald und an den milden Ufern des Bodensees Ruhe und Erholung suchte, sah ich, wie in Konstanz die stämmigen oberbadischen Gestalten des 114. Infanterieregiments, die «Seehasen», plötzlich die dunkelblaue mit der feldgrauen Uniform vertauschten. Der Zustand der «drohenden Kriegsgefahr» rief mich schleunigst nach Straßburg auf meinen Posten. Als ich ankam, glich die alte Vogesenfeste schon einem Heerlager. Es gab noch einen Tag «Hangen und Bangen in schwebender Pein», dann war ich am Sonnabend, dem 31. Juli am späten Nachmittag Zeuge, wie ein Leutnant mit zwei Trommlern auf der Mitte des Kléberplatzes die Mobilmachungsorder und die Erklärung des Belagerungszustandes verlas. Die Weltenwende war da und mit ihr das Ende meiner Jugend.

Im Februar 1948 begann die allgemeine Mobilmachung für den unvermeidlichen Krieg. Ich arbeitete damals in der KfZ-Reparaturwerkstatt Goldberg, einer der größten des Landes. Allein aufgrund unseres durch die Reparatur von Autos der verschiedensten Hersteller erworbenen Wissens begannen wir mit dem Bau jener berühmten Panzerwagen, die schließlich die Blockade der Straße nach Jerusalem durchbrachen, der sogenannten «Sandwich-Autos» – genau genommen überholte Blechwracks aus den Ausmusterungsbeständen der britischen Armee, die längst außer Betrieb waren und auf Autofriedhöfen im ganzen Land herumlagen. Diese Wagen wurden eiligst eingesammelt, überholt und kugelsicher gemacht: mit zwei Metall- und dazwischen einer Holzplatte. Ihre bedauernswerten, nun nahezu doppelt belasteten Motoren konnten diese ganze «Konstruktion» kaum schleppen, und mehr als einmal versagten die Fahrzeuge, wenn es zwischen Shaar Hagai und dem Kastell steil bergan ging. Das war, was wir hatten, und damit haben wir gekämpft und gesiegt.

Eines Tages erfuhren wir, dass alle Arbeiter der Werkstatt vom Militärdienst freigestellt werden sollten, weil sie «für die Produktion und Wartung von Fahrzeugen benötigt» wurden. Im Büro der Werkstatt herrschte große Aufregung und man begann, eine Liste des gesamten Personals aufzustellen. Da ich damals bereits Mitglied der Haganah war, schickte man mich zur Bezirkskommandantur, um dieses Verzeichnis der freizustellenden Arbeiter einzureichen. Ich hielt eine rasche Beratung mit mir selbst und kam zu dem Schluss, dass ich keine Lust hatte, die Tage des immer näher rückenden Entscheidungskampfes in einer Autowerkstatt zu verbringen. So vorsichtig wie möglich öffnete ich den dicken Umschlag und fand tatsächlich unter dem Buchstaben D auch meinen Namen. Ich zog den Stift hervor, der schon damals immer in meiner Hemdtasche steckte, und strich diesen durch. Einen Augenblick lang erwog ich, noch einige weitere Namen naher Freunde auszustreichen, beschloss dann aber, nicht zu übertreiben und kein allzu großes Risiko einzugehen. In der Werkstattleitung war man etwas überrascht, dass nur ich von besagter Freistellung «freigestellt» worden war, nahm jedoch an, dass ich für die Kriegsbemühungen unerlässlich sei und machte sich ganz gewiss keine Vorstellung vom Ausmaß meiner Unverschämtheit. Ich hingegen «durfte» nun am Großteil der schwersten Kämpfe des Unabhängigkeitskriegs teilnehmen.

Zunächst jedoch wurde ich auf einen Ausbildungskurs für Feldwebel geschickt, in die Nähe des Jugenddorfs Meir Shfeyah, wo ich die seltene Gelegenheit bekam, jeden Hügel, jede Bodenkrümmung und jeden Felsen der Region aus der Nähe kennenzulernen – vor allem, indem ich bäuchlings durch den winterlichen Schlamm robbte. Aber keiner von uns beschwerte sich, und es sah so aus, als sei unser Ausbilder, ein Veteran der Jüdischen Brigade, mit unseren Leistungen ziemlich zufrieden. Das Gleiche galt für uns.

## Weltkrieg und Heeresdienst

Was die Welt und besonders die Elsass-Lothringer gefürchtet hatten, war nun mit einem Schlag Tatsache geworden; halb Europa befand sich im Kriegszustand. Das Hauptgewitter entlud sich im Norden zwischen Sambre, Maas, Aisne und Marne; dank dem Schlieffenschen Kriegsplan blieb das Grenzland Elsass-Lothringen, abgesehen von einigen Feldschlachten im August, Nebenkriegsschauplatz. Es waren dies die Anfangskämpfe um Mühlhausen und die Schlacht bei Saarburg. Zwar fanden noch heftige Positionskämpfe mit wechselndem Erfolg in den Hochvogesen und im Oberelsass statt, zwar blieb der kleine an Belfort grenzende Zipfel des Oberelsass in französischen Händen, aber die großen entscheidenden Kämpfe entluden sich auf den flandrischen und nordfranzösischen Schlachtfeldern. Trotzdem wurden in den ersten Augusttagen in aller Eile die Festungswerke Straßburgs instand gesetzt und durch Feldbefestigungen ergänzt. Auch ich schippte drei Tage mit, bis ich durch Vermittlung der Kommandantur von meiner Zeitung reklamiert wurde. Da ich als Landsturmmann nicht ausgebildet war und seinerzeit, als ich mich zum einjährig-freiwilligen Dienst gestellt hatte, wegen ungenügender Brustweite nicht angenommen worden war, meldete ich mich nun freiwillig. Vorläufig brauchte man meinen Jahrgang – ich war damals 37 Jahre alt – noch nicht ...

Im Winter 1914/15 zeigten sich die ersten Anzeichen der Lebensmittelverknappung. Ich wohnte damals im Villenviertel Fünfzehnerwörth bei meiner jüngeren Schwester Heddy, die nach ihrer Scheidung mit ihrer Tochter Erika und ihrem Dienstmädchen von Nürnberg nach Straßburg gezogen war. So hatte ich in den letzten Friedens- und ersten Kriegsmonaten noch etwas Familienleben. An einem Winterabend erhielt Straßburg zum ersten und einzigen Mal den Besuch eines französischen Luftschiffs, und es gab ein kleines, nicht sehr folgenschweres Bombardement.

Meine Einberufung zum Heeresdienst erfolgte im Frühjahr 1915. Mit reichlichem Gepäck belastet marschierten wir, ungefähr 600 Mann stark, zum Bahnhof, wo wir in einen Sonderzug mit unbekanntem Ziel verladen wurden. An der Fahrtrichtung merkten wir, dass es gen Osten ging, und zu meinem größten Erstaunen wurden wir nach etwa zwölfstündiger Fahrt in einem nördlichen Berliner Vorortbahnhof ausgeladen und auf den geräumigen Hof der Kaserne des Garde-Füsilierregiments in der Chausseestraße geführt, wo schon andere Transporte bereitstanden, die dann auf die einzelnen Infanterieregimenter des Gardekorps verteilt wurden. Ich blieb in der Chausseestraße und bekam am anderen Tag einen Uniformrock nebst Zubehör des Garde-Füsilierregiments, im Volksmund «Die Maikäfer» genannt, verpasst. Nach Hause schrieb ich, früher hätte man mir stets die ersten Maikäfer auf die Redaktion gebracht, jetzt brächte man den Redakteur zu den «Maikäfern». Bald wurde ich recht und schlecht zum Marsjünger ausgebildet. Ich war nicht sehr tüchtig im Turnen und Bajonettieren, aber dank meiner Vorbildung ein guter Schütze. Da ich im Besitz des Einjährigenzeugnisses war, durfte ich mir nach 14 Tagen Kasernenlogis ein eigenes Zimmer im Berliner Norden mieten.

Als wir in Potsdam zu einem Garde-Landsturmbataillon zusammengestellt werden sollten, holte ich mir bei einer nächtlichen Felddienstübung, wahrscheinlich durch eine Infektion, eine unangenehme Gesichtsrose mit hohem Fieber, die meine sofortige Aufnahme in das Garnisonlazarett auf dem Bornstedter Feld nötig machte. Hier lag ich etwa fünf Wochen bedenklich darnieder und wurde mit Autovakzine und Teersalben behandelt. Als Rekonvaleszent machte ich die Bekanntschaft des greisen Oberhofpredigers a. D. Dr. Rogge. Dieser für sein Alter noch erstaunlich rüstige und bewegliche Geistliche war der Hofprediger des alten Kaiser Wilhelms gewesen und hatte am 18. Januar 1871 im Spiegelsaal des Versailler Schlosses anlässlich der Kaiserproklamation die Festpredigt gehalten. Wenn der alte Herr in unsere Baracke kam und gerade gut gelaunt war, erzählte er in seiner temperamentvollen Art aus seinen bunten Lebenserinnerungen. Als ich wieder ausgehen durfte, benutzte ich die paar Tage, um die Schönheiten und historischen Denkwürdigkeiten der friderizianischen Residenz gründlich in Augenschein zu nehmen. Mein Bataillon war inzwischen nach dem östlichen Kriegsschauplatz abtransportiert worden und ich wurde als garnisonsdienstfähig zum Truppenübungsplatz Döberitz versetzt, und zwar auf das Büro eines Zahlmeisters. Hier blieb ich den Winter 1915 über. Im Frühjahr 1916 befand ich mich gerade auf einem kurzen Urlaub bei einem Onkel in Dresden. Als ich abends aus dem Theater heimkehrte, lag ein Telegramm mit den beiden inhaltsschweren Worten: «Sofort zurück!» auf dem Tisch. Das bedeutete meine Einberufung zum Felddienst. Als ich nach Döberitz zurückkam, wurde gerade das Garde-Landsturmbataillon Dennewitz formiert, dessen zweiter Kompanie ich zugeteilt wurde. In einer nicht enden wollenden Reise ging es über Schlesien, Lodz, Warschau, Brest-Litowsk nach Weißrussland.

Nach Abschluss der Feldwebelausbildung in Shfeyah brachte man uns alle zu einem großen Platz im Herzen Tel Avivs, in ein Viertel namens Kiryat Meir, nahe dem Ort, an dem heute das Bezirksgericht und das Ichilov-Krankenhaus stehen. Dort wurde uns erklärt, dass wir bislang offiziell überhaupt noch nicht als Soldaten der israelischen Verteidigungsarmee gegolten hätten. Daher füllten wir nun an Ort und Stelle alle erdenklichen Formulare aus, bekamen unsere Kennnummer und unseren Rang. Von diesem Augenblick an hieß ich «10974 Feldwebel Joel Dispeker». Nun musste ich nur noch feststellen, welcher Eliteeinheit die Ehre zuteil werden sollte, meine ausgezeichneten Dienstleistungen zu genießen.

Dabei erwartete mich allerdings eine sensationelle Überraschung. Während der Großteil der Kursabsolventen den verschiedenen Infanterieeinheiten zugeteilt wurde, die sich damals auf Basis einer Aufteilung in Regionen oder Aufgabenbereiche allmählich bildeten, wurde etwa ein Dutzend frischgebackner Feldwebel, darunter auch ich, zur Artillerie geschickt.

Zunächst hielten wir das für einen Scherz und überzeugten uns, dass nicht der 1. April war. Dann jedoch wurde uns erklärt, dass es tatsächlich Kanonen gäbe, die sich auf dem Weg ins Land befänden, und dass wir gemeinsam mit den Veteranen der Brigade aus der Zeit des Zweiten Weltkriegs nun zu den Stützpfeilern der hebräischen Artillerie werden sollten. Vorerst aber fanden wir uns in einem Zeltlager in Nähe des Tel Aviver E-Werks «Redding» wieder, mit Rekruten aus aller Herren Länder, von denen die Mehrheit dem Alter nach unsere Eltern oder Großeltern hätten sein können – und wir ließen sie exerzieren!

Nach einigen Tagen wurden wir in ein anderes Lager in der Nähe von Pardes Katz verlegt und begannen, uns auf unseren neuen «Beruf» vorzubereiten. Dazu zählte auch das Einstudieren seltsamer Begriffe wie «Visierkorn», «Nummer 1», «25 links neigen» und dergleichen mehr. Eines Tages teilte man uns mit, dass die Kanonen tatsächlich eingetroffen seien, und auf Anhieb brachen alle in Gelächter aus. Nur wer jemals die Statue des «Männeken Piss» in Brüssel gesehen hat, kann nachvollziehen, wie verblüfft wir waren, als wir zum ersten Mal jene Feldkanonen französischen Erzeugnisses mit ihren 65mm-Kaliber zu sehen bekamen, Reliquien aus dem ausklingenden 19. Jahrhundert, die von uns sofort den Kosenamen «Napoleönchen» bekamen.

Korporal Joel Dispeker 10974, 1948

Sie waren auf riesigen Holzrädern aufmontiert und dazu bestimmt, von Eseln gezogen zu werden. Und als sollte dem nicht genug sein, bekamen wir sie auch noch ohne Visiere, Wiederspannabzüge und anderes Zubehör. Diese Teile waren aus unerfindlichem Grund auf ein anderes Schiff verladen worden, dessen Ankunft sich verzögerte. Der Eindruck, den diese vier Exemplare erweckten, die fortan Israels gesamte «Artillerie» darstellten, war mehr als erbärmlich. Mehrere schicksalträchtige Wochen lang war es jenes Sammelsurium vom französischen Militär ausgemusterter Spielzeuge, von denen keiner glaubte, dass sie überhaupt imstande seien, auch nur ein einziges Geschoss abzufeuern. Dennoch wurden sie überall dahin geschickt, wo eine Zwangslage entstand, und sollten dort ein übers andere Mal «die Lage retten».

Nachdem wir die Kanonen gründlich von verklumpten Ölresten gereinigt hatten, begannen wir zu üben, unter Anleitung eines französischen Offiziers namens Kaufmann, der mit den Geschützen ins Land gekommen war. Um ordentlich zu funktionieren, brauchte der Mann erst ein oder zwei Flaschen Rotwein. Unsere Offiziere, nahezu ausnahmslos erfahrene Kanoniers der Jüdischen Brigade oder der britischen Armee, einige auch aus der Sowjetunion (darunter Gorodezki, unser Bataillonskommandant), mussten sich die verschiedensten «Patente» einfallen lassen, um das fehlende Zubehör zu kompensieren.

Noch zu Beginn der Kämpfe in Galiläa wurden unsere Kanonen mit Hilfe eines ins Rohr eingefädelten Seils gespannt,

Das «Napoleönchen» heute im Museum (eine 65mm-Französische-Bergkanone)

die Seitenausrichtung wurde mit Hilfe eines Kompasses eingestellt und die Höhenausrichtung, also das Schussfeld, mit Hilfe eines Neigungsmessers – eines Geräts, das im Allgemeinem beim Straßenbau verwendet wird. Ich glaube nicht, dass irgendeine andere Armee auf Erden es geschafft hätte, unter solchen Bedingungen ihre Ziele zu treffen, aber wir taten es. Erst viele Jahre später erfuhr ich von Freunden aus dem Kibbuz Emek Hayarden, wie sehr wir zum Erfolg der Kampfhandlungen und zum Sieg über die jordanischen und irakischen Streitkräfte beigetragen hatten.

Vater Sigmund Dispeker (links) als Soldat im ersten Weltkrieg

Unweit von Baranowicze liegt das kleine Städtchen Slonim, wo sich eine Etappen-Kommandantur befand. Dort wurde unser Bataillon ausgeladen. Die Stadt zählte ungefähr 20.000 Einwohner, von denen fast 18.000 Juden waren, der Rest bestand aus Weißrussen und Polen. Unsere Kompanie bekam ein Schulhaus als Kaserne zugewiesen, in dem wir auf mit Strohsäcken belegten Holzbettstellen schliefen. Nach einem kurzen Frontkommando – es gab im Osten nicht mehr sehr viel zu tun – kamen wir nach Slonim zurück und machten Wach- und Exerzierdienst. Bald war der größte Teil unserer Leute in Sonderkommandos, teils als Militärpolizisten, teils als Kommandanturschreiber oder in kleinere Wachkommandos aufgeteilt. Ich kam mit fünf Kameraden in ein kleines verlassenes Bauernhäuschen zwei Kilometer vor der Stadt, wo wir ständig Wachdienst hatten. Einmal mussten wir bei der Exekution eines armen Teufels von russischem Marodeur, der sich hinter der Front in den Wäldern versteckt hatte, mitwirken.

An dieser Stelle muss eine Anekdote eingefügt werden, die Vater gern erzählte, jedoch aus irgendeinem Grund nicht in seine Memoiren aufgenommen hat: Als er während der Mehlverteilung in Slonim die Schlange der Wartenden überwachte, versucht eine alte Jüdin, sich zur Mitte vorzudrängen.

Nachdem Vater sie wieder an ihren Platz verwiesen hatte, bedachte ihn besagte Dame mit einem vehementen Schwall von «guten Wünschen», ausnahmslos in saftigem Jiddisch, das er nur zum Teil verstand. Vater ging ein zweites Mal auf die Frau zu und befahl ihr streng: «Seien Sie ruhig, Sie alte Klafte!» Klafte heißt auf Deutsch soviel wie Hexe. Anstatt beleidigt zu sein, brach die Frau in anerkennendes Geheul aus: «Klafte hot er gesugt, Klafte! S'dacht sich mir, er is a Jid!» – «Klafte hat er gesagt, Klafte! Mir scheint, er ist Jude!»

Natürlich verbesserte sich Vaters Status in den Augen der braven Bürger von Slonim von jenem Tag an ganz erheblich.

Unvergesslich ist mir ein Wochenendausflug mitten im russischen Winter. Eine polnische Gräfin, der ich dienstlich eine, übrigens durchaus legale, Gefälligkeit erweisen konnte, hatte mich an einem Januartag auf ihr Gut eingeladen, wozu ich die Erlaubnis meines Kommandanten erhalten hatte. Eingehüllt in den geliehenen Schafspelz des katholischen Geistlichen, das Gewehr umgehängt, wartete ich auf den gräflichen Schlitten, der mich vormittags gegen elf Uhr abholen sollte. Bei etwa 25 bis 28 Grad Kälte ging die fünfstündige Fahrt durch tief verschneite unendliche Wälder. In der Ferne hörte man das nicht sehr angenehm klingende Geheul hungriger Wölfe. Als wir gegen Einbruch der Dämmerung den Herrensitz erreichten, musste ich an einem der riesigen Kachelöfen sozusagen erst aufgetaut werden, bevor ich mich der Dame des Hauses präsentieren konnte. Umso besser mundete dann das abendliche Diner, bei dem ich mich in meiner etwas abgetragenen Uniform, von Dienern mit weißen Handschuhen bedient, in anregender Gesellschaft zum ersten Mal seit Jahren wieder einmal an vergangene Zeiten erinnern durfte.

Russischer Winter: Diese Postkarte hob Vater Dispeker immer auf, da sie der Stimmung der Fahrt zur Gräfin in Russland im 1. Weltkrieg entsprach

Im Frühjahr 1918 wurde meine Kompanie in das kleine Landstädtchen Iwanowo, nahe von Pinsk am Rande der Ukraine, versetzt. Ich wurde wieder der neuzubildenden Etappenkommandantur zugeteilt. Dort verbrachte ich ebenso ruhige wie langweilige Tage, bis ich wenige Monate vor Kriegsschluss ein Kommando nach Biala bei Brest-Litowsk an die dort erscheinende Heereszeitung erhielt. Dieses Blatt, das in lächerlichem Gegensatz zu seinem Umfang von einem Leutnant und etwa vier Unteroffizieren und Gefreiten redigiert wurde, nannte sich stolz die *Bug-Zeitung*. Der Soldatenmund hatte sie allerdings im Hinblick auf ihre offizielle Schönfärberei mit treffendem Witz «Humbug-Zeitung» getauft. Hier überraschte uns der düstere November mit dem Zusammenbruch und dem Waffenstillstand.

Eine der Bedingungen lautete, dass die Soldaten elsass-lothringischer Herkunft zuerst abtransportiert werden sollten. Da ich in Straßburg ausgehoben worden war, teilte mich St. Bürokratius nach dem berühmten Schema F einfach einem der ersten Heimattransporte zu, was ich mir natürlich gern gefallen ließ. Da ich aber kein Elsässer «de pur sang» war, hätte mich die französische Militärbehörde in Straßburg unfehlbar als Kriegsgefangenen in Verwahrung genommen. Nach einer endlosen Fahrt im Viehwagen und der üblichen Entlausung an der ostpreußischen Grenze zog ich es vor, in Berlin den Transportzug zu verlassen. Ich kam gerade noch in die letzten Zuckungen der Novemberrevolution, die den Aufenthalt in der Reichshauptstadt nicht eben sehr angenehm machten. Am zweiten Tag packte ich mein Bündel und fuhr zu «Muttern» nach Kassel. Nach wenigen Tagen war ich demobilisiert und suchte bald wieder Beschäftigung in meinem Beruf, was nicht eben leicht war. Meine Straßburger Stellung war für mich verloren, da die Zeitung französisch geworden war.

## Kasseler Spaziergänge

Es ging wieder gen Süden, und zwar in die erste freie Reichsstadt am Main, in der Deutschlands größter Dichter geboren wurde. Zwar kam ich nicht in die Redaktion der *Frankfurter Zeitung*, ein Ziel, das ich mir stets aufs innigste gewünscht, aber nie erreicht habe, sondern zum parteilosen *Frankfurter General-Anzeiger*, einem vielgelesenen Blatt, dessen Stärke mehr der lokale Teil als die Politik war. Die Stellung war durchaus zufriedenstellend, schöne Arbeitsräume, angenehme Kollegen und nicht übermäßig anstrengender Dienst – aber dennoch fühlte ich mich als normal funktionierendes Glied einer gut geölten Kette nicht besonders glücklich und hielt insgeheim Umschau nach einem mir mehr zusagenden Wirkungskreis. Da traf es sich glücklich, dass im Herbst 1919 der Posten eines Lokalredakteurs mit Mitarbeit im Feuilleton am *Casseler Tageblatt* der mir persönlich bekannten Gebrüder Gotthelft frei wurde. Hier, wo ich meine gesamte Kindheit verbracht hatte und zahlreiche familiäre und persönliche Beziehungen besaß, wo ich sozusagen jeden Stein kannte, war ich am rechten Fleck und zu Hause. Hier konnte ich vor allen Dingen meinen autochthonen Gefühlen, meiner intimen Kenntnis von Land und Leuten freien Lauf lassen. Als der Ruf seitens eines der Verleger an mich erging, nahm ich mit Freuden an. Das im Kasseler Bürgertum tief verwurzelte Blatt war bis 1918 parteilos geleitet worden, war aber dann, dem Zug der Zeit folgend, in das demokratische Lager eingeschwenkt, was sich später beim allmählichen Erstarken der nationalsozialistischen Fronde als verhängnisvoll erweisen sollte. Ich persönlich hatte mit der Politik, ausgenommen die kommunalpolitische Berichterstattung, direkt nichts zu tun.

Es war eine bewegte, aufgeregte und dem sozialen und wirtschaftlichen Aufstieg wenig günstige Zeit, in die ich hineinkam. Der verlorene Krieg, die Nahrungsmittelverknappung, die unheilvolle Wirkung der immer stärker einsetzenden Inflation, das Suchen nach den Schuldigen an der Katastrophe, das Ringen um die neue Staatsform, der Kampf um die Nationalfarben, dies alles zerriss und zerfleischte die Klassen und Stände. Keine angenehme Luft für eine an sich opportunistische Natur, wie ich sie nun einmal besaß, wenig Möglichkeiten, um in diesem sozialen und politischen Hexenkessel ausgleichend und versöhnlich zu wirken. Ich suchte das Problem von der humoristisch-gemütlichen Seite anzufassen und hatte unverhofftes Glück mit dieser Taktik. Zunächst erschien eine Anzahl leicht hingeworfener Lokal- und Gesellschaftsplaudereien. Auf diesem Gebiet hatte ich in Kassels Mauern keinerlei Konkurrenz. Die guten «Kasseläner» begannen aufzuhorchen, zu schmunzeln und sich für das Pseudonym «Dp», unter dem ich schrieb, zu interessieren. Meine Verleger merkten, dass ich dem Blatt eine neue Note geben konnte. Während der politische Chefredakteur, ein doktrinärer und auf das Parteischema eingeschworener Sachse, bei dem bourgeoisen und in alten Traditionen fest verankerten Kasseler Bürgertum überall auf Widerspruch stieß, ließ man sich meine mit Humor und Satire gewürzten, mit einer kräftigen Dosis Lokalpatriotismus und leichter Pikanterie versehenen Sottisen, Bonmots und aktuellen Verse gerne gefallen.

Als nun gar meine Verleger, die Konjunktur witternd, eine seit Kriegsbeginn eingeschlafene Spezialität der Zeitung, die früher unter dem Namen «Casseler Spaziergänge» wöchentlich erscheinenden Plaudereien, wieder aufnahmen und mich mit ihrer Abfassung betrauten, wurde ich bald eine der populärsten Kasseler Persönlichkeiten. Kein Mensch sprach mich mehr mit meinem vollen Namen an, ich hieß von jetzt ab kurz und bündig «der Dp». Ich will mich keineswegs in diesen Erinnerungen glorifizieren, aber es war wahrhaftig keine Kleinigkeit, 13 Jahre lang, Woche für Woche, unter dem Strich ein Gesellschaftsfeuilleton in Form einer Plauderei zu produzieren, ohne das Publikum zu langweilen oder selbst blödsinnig zu werden. Es gab kein lokales Ereignis, das nicht in irgendeiner Form, in Prosa oder Poesie, in Scherz, Satire, Ironie und manchmal auch tieferer Bedeutung in den Rahmen der «Spaziergänge» eingepasst wurde. Der «Spaziergänger» wird es schon machen, dachten sich die

Kasselaner, sandten mir kleine Tipps und Anregungen, manchmal auch Einladungen zu irgendwelchen originellen Besichtigungen und Feiern, und ich muss sagen, dass ich ohne diese indirekte Mitarbeit ab und zu an Stoffmangel elend gescheitert wäre. Sogar aus dem fernen Südwestafrika meldete sich ein deutscher Kolonist und früherer Schulkamerad, der mir unter dem Pseudonym «Schorsche Klambes» ebenso originelle wie witzige Beiträge in unverfälschtem Kasseler Dialekt sandte. Auch Urlaubsreisen und persönliche Erlebnisse mussten manchmal zu meinen Plaudereien herhalten. Hier und da fand mal ein Kritiker (oder auch Neider meiner Popularität), dass ich zu viel «Persönliches» in den Brei meiner aufzutischenden Gerichte gerührt hätte, aber frei nach Mephistos Rezept fand ich, dass auch in meiner Hexenküche die «breiten Bettelsuppen» stets ihr «großes Publikum» fanden.

Ich glaube, es war im dritten oder vierten Jahr nach meiner Ankunft in Tzuba, als ich zum ersten Mal die Redaktion des Kibbuzblattes übernahm, das bis dahin nur unregelmäßig in Form einer Nebenbeschäftigung des Kibbuzsekretärs veröffentlicht worden war. Getippt wurde es auf einer alten Schreibmaschine der Marke Hermes Baby, der bereits einige Buchstaben fehlten, die sich bei ihren Vorbesitzern abgenutzt hatten. Dieses Blatt hatte seit der Ankunft der ersten Kerngruppe in Tzuba vor allem dazu gedient, über aktuelle Aktivitäten zu berichten und Verkündigungen des Establishments zu übermitteln. Ab und zu verirrte sich auch ein langer, gelehrter Artikel zwischen seine Seiten, wobei zu bezweifeln ist, ob sich außer dem Redakteur, der keine Wahl hatte, irgendjemand die Mühe machte, ihn zu lesen. Dennoch beschloss ich Winzling – ausgestattet mit meinen bruchstückhaften Kenntnissen aus der Zeit von *Bama'aleh*, der Druckschrift der Noar Ha'oved, sowie in der Hoffnung, dass die Tinte allein durch Genetik durch meine Adern fließt –, ins kalte Wasser zu springen und zu sehen, ob ich obenauf treibe oder untergehe.

Aber schon bald darauf bekam ich Gelegenheit, am ersten Kurs der Bewegung für ihre Redakteure teilzunehmen. Er fand im Erholungsheim des Kibbuz Beit Oren statt und war das erste ernsthafte Seminar seiner Art, sodass wir die Ehre hatten, von Kalibern wie Aharon Chefetz, Arieh Ben-Gurion, Dov Meisels und Moshe Mosenson ausgebildet zu werden. Letzterem verdankte ich die Gnade des Lektorats und der Veröffentlichung meiner ersten Notizen in *Bama'aleh*. Nun entstand zwischen uns sogar eine Art Freundschaft, die sich über Jahre halten sollte. Nicht weniger wichtig war, dass dabei auch Beziehungen zu den besten Kibbuzredakteuren geknüpft wurden, die später zu den Gründern der organisationsübergreifenden Redaktionsabteilung und Leitern der zahlreichen Fortbildungskurse zählten, in denen wir die spezifischen Etiketten und Richtlinien für die Kibbuzblätter erarbeiteten.

Ich glaube, dass es uns in diesen Jahren gelungen ist, das professionelle Niveau, die Selbstachtung der Redakteure und den Status eines Blattes und seines Herausgebers in seiner Heimatgemeinde zu erhöhen – und zwar um mehrere Stufen. Nicht allen gefiel das, sowohl im Establishment als auch unter den Kollegen selbst. Ich erinnere mich an einen Vorfall während eines der Seminare in Kiryat Anavim, wo es um angemessene Bedingungen für Redakteure ging, zum Beispiel einen Redaktionsraum, die erforderlichen Geräte, Arbeitstage und Entscheidungsfreiheit bei redaktionellen Erwägungen. Da stand der Redakteur des Kibbuz Kinneret auf und rief aufgeregt: «Seid ihr verrückt geworden? Und was noch? Joel und sein Team haben euch den Kopf verdreht! Ist doch nur eine Broschüre!»

Und noch eine kleine Episode: Nach hartnäckigem Kampf hatten wir es endlich geschafft, die Gründung des Ressorts für Redakteure von Kibbuzblättern durchzusetzen, dessen erstes Büro sich in der Nähe der Verwaltung des Dachverbands Brit Hatnu'ah haKibbzit befand. Aber nun begann ein endloses Herumgeschobenwerden, je nach den sich ändernden «Bedürfnissen» und der Haltung des gerade amtierenden Sekretärs der Bewegung. Schließlich glaubten wir, neben den Büros der Sicherheitsabteilung im Ichud-Haus in der Dubnov-Straße endlich Ruhe zu finden.

Dann jedoch wechselte eines Tages der Abteilungsleiter. Der neue Kommandant fühlte sich beengt und ersuchte darum, auch unser bescheidenes Zimmerchen zu «annektieren». Natürlich konnte ihm dieser Wunsch nicht abgeschlagen werden, und wir wurden «gebeten», in den Keller des Gebäudes umzuziehen. Das war genau am Vorabend eines meiner Reservedienste, und ich bat darum, bis zu meiner Rückkehr zu warten. Als es soweit war, musste ich feststellen, dass man das gesamte Material aus meinem Büro in den Korridor geworfen und mein Zimmer besetzt hatte. Ich verlangte eine Klärung von dem Sekretär für interne Belange, der mir versprach, die Angelegenheit zu untersuchen und für meinen Zorn Verständnis zeigte. Später erfuhr ich, dass er selbst die brutale «Evakuierung» genehmigt hatte. Ehrlich gesagt war ich darüber nicht sonderlich überrascht.


Daneben gab es viel ernste und heikle Arbeit in den Berichten über die Sitzungen des Kasseler Stadtparlaments, in denen es oft sehr tumultuös herging. Es gab erbitterte Debatten, die zeitweise in Prügeleien ausarteten, schärfste Zeitungspolemiken, allerlei «Fälle», die mehr oder weniger konstruiert waren und Protestversammlungen.

Es war eine politisch und sozial bewegte Zeit – der langsame Aufstieg der nationalsozialistischen Bewegung, der Kampf um die Reichsflagge, die beiden Reichspräsidentenwahlen und schließlich der Sieg des Hakenkreuzes mit all seinen Konsequenzen. Dies alles färbte natürlich auf das gesellschaftliche und private Leben in Kassel stark ab. Wenn ich trotzdem sagen darf, dass mein Leben in der Hauptstadt des Hessenlandes abwechslungsreich und im Grunde genommen angenehm war, so danke ich das meiner im allgemeinen unpolitischen Stellung, meiner Fähigkeit, auch mit politisch Andersdenkenden loyal und unvoreingenommen zu verkehren und vor allem meinem Verbundensein mit der Tradition und der Bürgerschaft der Stadt. Erst Ende 1932 fing der Riss an, tiefer zu gehen; von diesem Zeitpunkt an machte ich mir über meine Zukunft keinerlei Illusionen mehr.

Großvater Samuel Kehr, Vater von Blanche Kehr-Dispeker

Im Jahre 1927 hatte ich einen wichtigen Einschnitt in meiner Lebensbahn zu verzeichnen. Bis dahin war ich als Junggeselle durch das irdische Jammertal gewandert. Ich hatte immer nur «à la carte» gegessen, wie ein Freund witzig bemerkte. Aber eine stetig wachsende Sehnsucht trieb mich zum «festen Menü». Ich hatte jetzt reichlich vier Dutzend Jahre hinter mir, und es war gewiss nicht zu früh, solche Gedanken aufkommen zu lassen. Bei der Rückkehr von einer meiner schönsten Urlaubsreisen, die mich in das Märchenland Dalmatien, bis tief in die Herzegowina und nach Montenegro führte, lernte ich am Rhein ein dunkelhaariges und dunkeläugiges Wormser Mädel kennen, die mir nach kurzer Bekanntschaft die richtige Lebenskameradin zu sein schien. Blanche Kehr hieß sie. Ihr französischer Vorname war auf ihre aus Lothringen stammende Mutter, die leider schon verstorben war, zurückzuführen, ein Umstand, der uns beiden später noch nützlich sein sollte. Der Vater, ein kerniger rheinhessischer Kaufmann, lebte in einem Vorort von Worms. Blanche war von Beruf Pädagogin mit starkem kunstgewerblich-ästhetischen Einschlag, eine selbstständige und, wenn es Not tat, entschlussbereite

Sigmund und Blanche Diespeker frisch verheiratet

Blanche Diespeker 1927

Natur. Ihre Fähigkeit, sich an entscheidenden Wendepunkten instinktsicher umzustellen, sollte sich später mehr bewähren, als wir damals ahnen konnten.

Bald waren wir verlobt, und nach kaum dreimonatigem Brautstand schlossen wir am 8. Oktober 1927 in der altehrwürdigen Traustube des Frankfurter Römer den Bund fürs Leben. Dieses Datum ist mir unauslöschlich, meiner Frau dagegen so wenig im Gedächtnis geblieben, dass ich ihr bisher jedes Jahr zum Hochzeitstag ein kleines Angebinde offerieren konnte, während die andere Seite ebenso konsequent wie beglückt lächelnd die völlig Überraschte spielte.

Sarah begegnete ich zum ersten Mal im «Roten Haus» in der Hayarkon-Straße, wo sie im Sekretariat von Noar Ha'oved arbeitete. Ich selbst hatte dort im Zusammenhang mit meiner kurzfristigen Arbeit bei *Bama'aleh* zu tun, der Zeitung der Bewegung.

Ich kam in einen großen Saal, in dem alle möglichen Schreibmaschinen klapperten. Plötzlich fiel mein Blick auf einen beachtlichen roten Zopf, der mein Herz sofort in Flammen versetzte. Laut fragte ich meine Freundin Chassida, die ebenfalls dort arbeitete: «Wer ist der Rotschopf dort drüben?», und wurde sofort mit einem herzerwärmenden Lächeln und einem neugierigen Blick aus hellblauen Augen belohnt – mein Schicksal hatte sich entschieden. Sollte es wirklich so etwas geben wie Liebe auf den ersten Blick, dann war unser Fall ein klares und eindeutiges Beispiel: Dieser rote Zopf bohrte sich mir tief ins Herz und ließ mich über fünf – zum Zeitpunkt des Verfassens dieser Zeilen – Jahrzehnte lang nicht mehr los, und das trotz einer Reihe von Krisen, die uns ab und zu heimsuchten – zum Teil aufgrund meiner Tendenz, mitunter in fremden Gefilden zu jagen. Mit einigen Pausen brauchten wir fast drei Jahre des Zusammenseins, bis wir zu dem Schluss gelangten, tatsächlich füreinander bestimmt zu sein und Rabbiner Philipp diese vollendete Tatsache absegnen ließen. Bis heute rufe ich meine Ehefrau zur Erheiterung derer, die das zum ersten Mal hören, «Gingit», also Rotschopf, obwohl die Farbe im Laufe der Jahre ein wenig verblichen ist. Unsere Hoffnungen auf einen Erben oder eine Erbin dieser roten Haarpracht in der zweiten oder zumindest dritten Generation blieben bisher unerfüllt, sodass mir nichts anderes übrig bleibt, als auf die Urenkel zu warten, die mir eines meiner acht Enkelkinder sicher eines Tages gebären wird.

Die Hochzeitsreise führte uns über Heidelberg nach Baden-Baden und Wiesbaden. Nach einem kurzen Interregnum in einer möblierten Wohnung fanden wir in einem Neubau am Fuß der herrlichen Wilhelmshöhe mit Blick auf den Herkules ein sehr gemütliches, teils modern, teils antik eingerichtetes Heim. Meine Frau, nicht gewohnt, sich einseitig auf Küche und Haus zu spezialisieren, suchte und fand bald eine ihr zusagende Beschäftigung im Erteilen von Nachhilfe- und Förderunterricht an Mädchen und Knaben der Kasseler höheren Schulen.

Bald hatte sie durch einige Erfolge ein gewisses pädagogisches Renommee erlangt und konnte nun bis an die Grenze ihrer Leistungsfähigkeit unterrichten. So hatten wir beide Beschäftigungen und entsprechende Einnahmen, die uns einen behaglichen Lebensstandard und – worauf wir großen Wert legten – anregende Urlaubsreisen ermöglichten. Wir sahen gemeinsam Paris, die oberitalienischen Seen, Wien und Kärnten und vergaßen natürlich unser beiderseits geliebtes München nicht. Am 26. Oktober 1929 wurde unsere Ehe durch die Geburt eines niedlichen Stammhalters gesegnet, dem wir den Namen Hans-Lothar gaben. Später wurde er in Jean umgetauft, in Spanien nannte man ihn Juanito und jetzt heißt er Joel. Das war für Kassel ein kleines Ereignis, besonders da wir für die Anzeige die scherzhafte Form gewählt hatten: «Ein kleiner Spaziergänger angekommen!» Das Zimmer im Krankenhaus zum Roten Kreuz, in dem meine Frau entbunden hatte, glich einem Treibhaus; sogar ein kleiner Schokoladenspazierstock (für den kleinen Spaziergänger natürlich) befand sich bei den Gaben.

Nun waren wir drei und wir genossen zusammen die schöne Umgebung unseres Heims, besonders die nahe Wilhelmshöhe. Das Haus war keineswegs kinderarm, es gab also Gesellschaft für unseren Buben. Ein kleines Gärtchen hatten wir gemietet, und wenn unser Mädchen in der Küche beschäftigt war, genierte ich mich keineswegs, den Kinderwagen zu schieben. Nach knapp einem Jahr stand Hänschen fest auf den Beinen und bald war er wirklich der kleine Spaziergänger. Mit einem Jahr sah unser blondlockiger Sprössling schon Bad Pyrmont, als Zweijähriger Wiesbaden und München und mit drei Jahren begann die «große Fahrt».


Ich überfliege die Erinnerungen Vaters zu dem Tagebuch, das Mutter anlässlich meiner Ankunft zu führen begann, ein gebundenes Heft, dessen Umschlag mit bunten Quadraten verziert war. Es umfasst die Zeit vom Tag meiner Geburt bis zur Schule. Eingangs steht die bereits zitierte Meldung: «Ein kleiner Spaziergänger angekommen». Auf Französisch wäre dazu zu sagen: «Ils ne croient pas si bien dire», also soviel wie: «Sie wussten nicht, wie Recht sie hatten.» Auf der ersten Seite zwei Fotos: eines davon mit Vater, auf einer Bank sitzend und Mutter, die sich an ihn lehnt, das andere zeigt meine beiden Eltern mit dem Vater meiner Mutter.

**Ein kleiner Spaziergänger**
angekommen

**Blanche Dispeker**
geb. Kehr, z. Z. Rotes Kreuz
**und Dp.**

Kassel, den 26. Oktober 1929.

Geburtsanzeige Hans-Lothar Dispeker

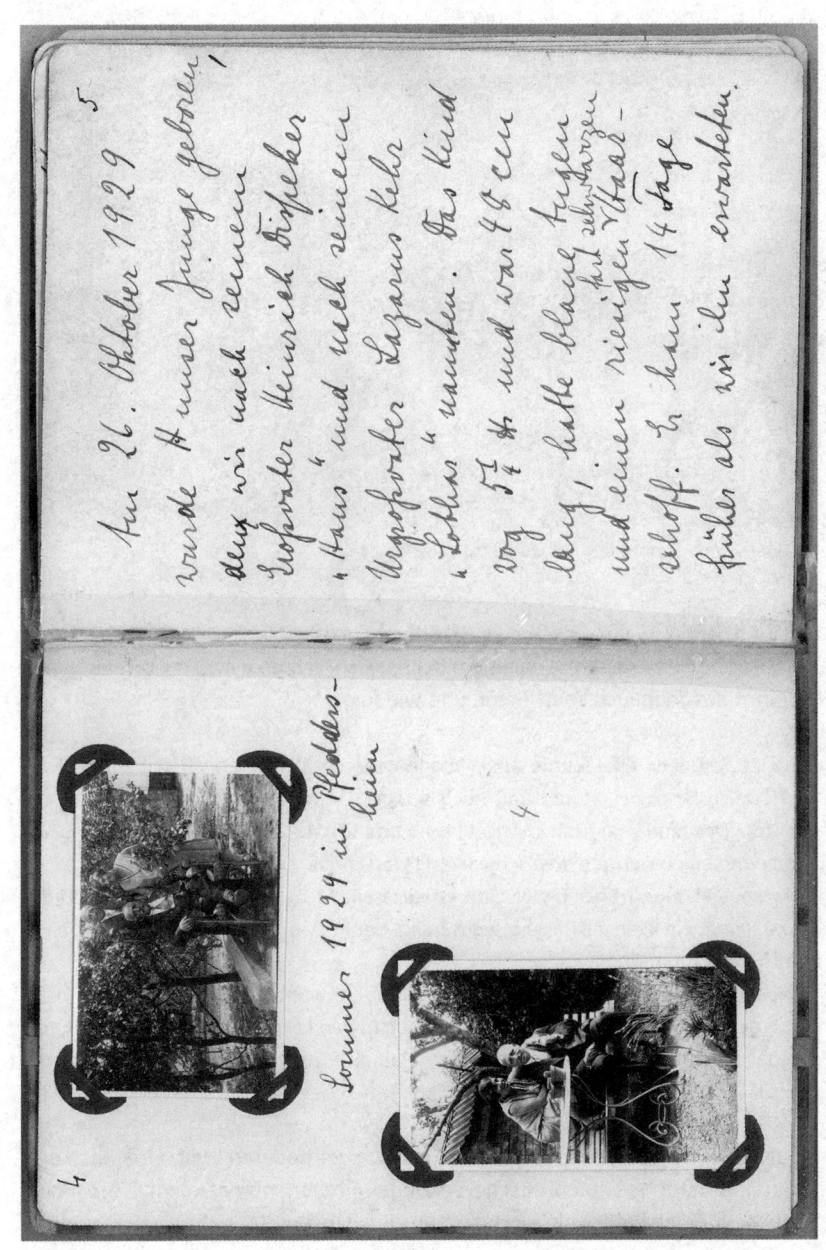

Am 26. Oktober 1929
wurde unser Junge geboren,
den wir nach seinem
Großvater Heinrich Dispeker
»Haus« und nach seinem
Urgroßvater Lazarus Kehr
»Lothar« nannten. Das Kind
wog 5¾ # und war 48 cm
lang, hatte blaue Augen
und einen riesigen schwarzen
Haar-
schopf. Im kam 14 Tage
früher als wir ihn erwarteten.

Sommer 1929 in Pfedders-
heim

Faksimilie aus dem Tagebuch der Mutter Blanche Kehr-Dispeker

Kassel Goetheanlage mit Blick auf Herkulesstraße

Die Eintragung «Sommer 1929 in Pfeddersheim» legt nahe, dass auch ich auf diesen Fotos bereits existiere – an einem höchst sicheren Verwahrungsort. Auf jeden Fall beginnt das Tagebuch seine Erzählung wie folgt:

Am 26. Oktober 1929 wurde unser Junge geboren, den wir nach seinem Großvater Heinrich Dispeker «Hans» und nach seinem Urgroßvater Lazarus Kehr «Lothar» nannten. Das Kind wog fünfeinviertel Pfund und war 48 Zentimeter groß, hatte blaue Augen und einen riesigen, fast schwarzen Haarschopf.

Er kam 14 Tage früher als wir ihn erwarteten. 14 Tage blieben wir in der Klinik. Zuerst war er ein kleiner Schreihals, das heißt, bei Tag war er lieb und schlief von einer Mahlzeit bis zur anderen.

Aber nachts schrie er oft drei bis vier Stunden, wohl deshalb, weil er sich nicht daran gewöhnen konnte, dass er acht Stunden fasten sollte. Er nahm sehr gut zu, fast zu gut, und wiegt heute etwas über neuneinhalb Pfund. Morgen wird er ein viertel Jahr alt.

Ein paar Seiten weiter, und wir befinden uns in einer anderen Welt. Eine Postkarte zeigt neun fünfstöckige, quadratische Gebäude mit stark abfallendem Schrägdach. Sie stehen in einer Reihe, als warteten sie auf den Befehl, sich in Bewegung zu setzen. Daneben eine Baumallee und eine weiter grüner Rasen. Alles von pastoraler Stille. Am Horizont erscheint eine Herkulesstatue, die dem Bild mehr Nachdruck verleiht. Darunter steht: Kassel, Goetheplatz, Blick auf den Herkulesweg. Ein weiteres

Foto zeigt Mutter nachdenklich mit mir auf ihren Knien. Das Tagebuch (Mutters Tagebuch) fährt fort wie folgt:

Mit ca. acht Wochen hat Hänschen zum ersten Mal gelacht und fing gleichzeitig an, kleine Töne des Wohlbehagens auszustoßen. Vor dem Baden strampelt er nackt ein paar Minuten und kriecht, seine Füßchen gegen meine Handfläche gestützt, über die Wickelkommode. Er ist gern im Bad.

Ich betrachte eine Serie von vier kleinen Fotos, auf denen ich im Alter von drei Monaten posiere, immer auf irgendjemandes Knien – mal Vater, mal Mutter, mal Tante Ella, in eine Art weißer Decke gehüllt und mit einem Gesicht, als wolle ich sagen: «Nun gut, wenn es euch Freude macht.» Übrigens zählte Tante Ella, die ältere von Mutters beiden Schwestern, nicht gerade zu meinen Favoritinnen, sie hatte so einen angespannten, nervösen Zug, etwas Unsympathisches. Offenbar war ich schon in zartem Alter allergisch auf Tanten ihrer Art. Später pflegte sie meiner Mutter auch noch Ratschläge zu meiner Erziehung zu erteilen – dabei fand ich, dass eine Erzieherin in der Familie entschieden genüge. Aber all das sind Themen für später. Vorläufig bin ich noch ein drei Monate altes Baby, ihr erinnert euch doch? Der Text unter dem Bild sagt es ganz klar: Hans-Lothar im Alter von einem Vierteljahr.

Nun ist unser Kind schon über ein halbes Jahr alt. Seit Ostern schläft er in seinem Paidi-Bettchen, das ihm Sigis Onkel Eugen aus Dresden geschenkt hat. Er ist bei Tag stundenlang wach,

Mutter Blanche Kehr-Dispeker, Vater Sigmund Dispeker, Hans-Lothar Dispeker, 1930

Großmutter Klara mit ihrem Sohn Sigmund in Köln um 1879

spielt mit seinen Händchen, den Rattern und einem Gummitierchen. Bei gutem Wetter steht er von zehn Uhr ab oft bis abends auf dem Balkon. Wenn sein Vater ihm Tönchen vorspricht, ahmt er sie oft nach. Wenn er hungrig ist, und ich frage ihn: «Häschen, willst du ‚ne Pulla haben?», dann bewegt sich das ganze Kerlchen und fängt an zu schreien. Zeige ich ihm essbare Gegenstände, so gerät das ganze Kerlchen in freudige Erregung und sperrt weit das Mündchen auf. Morgens hole ich ihn öfters zu mir ins Bett, dann weiß er, jetzt kommt die Pulla. Hat er sie ausgetrunken, dann lacht er mich schelmig an und bestimmte Töne deuten bald an, dass er jetzt auf mir krabbeln möchte. Bald wird er müde und schläft in dieser Stellung oder in meinem Arm ein.

Um halb zehn Uhr wird sein Bad hergerichtet, ich bewege seine Glieder nackt, lass ihn kriechen (jetzt schon mit drei Sätzen über die Wickelkommode). Dann kommt das zweite Frühstück, Quark oder Obst mit Zwieback. Mittags und abends bekommt er Gemüse mit Kalbsfuß und Honig zurechtgemacht, Obst und Obstsaft dazu. Um vier Uhr gibt's noch eine Flasche. Seine blauen Augen hat er behalten, sein Haar ging büschelweise aus, und statt des dunklen wuchs hellblondes Haar nach.

Mit einem waghalsigen Sprung kehren wir nun wieder zu Vaters Aufzeichnungen zurück. Die Überschrift des nächsten Kapitels ist eigentlich die Quintessenz dessen, was wir in den kommenden Jahren erleben sollten, und das nicht zum Guten. Von nun an wurden wir, zusammen mit Millionen anderen Menschen auf der ganzen Welt, Angehörigen aller Rassen und Hautfarben, zu rechtlosen Migranten, ohne Zugehörigkeit und ohne Wurzeln, der Gnade ihrer «Wirtsländer» ausgeliefert – in einem Wort: Flüchtlinge.


## Das verlorene Vaterland

Als die Wolken der inneren politischen Erschütterung und des Klassen- und Rassenkampfes immer schwerer über Deutschland hingen, wurde ich von ernsten Sorgen über meine und meiner Familie Zukunft erfasst. Zuerst zog sich das Gewitter über unserer Zeitung zusammen, die wegen ihrer demokratischen Haltung und der «rassischen» Zugehörigkeit der Verlegerfamilie von einem Teil der Bürgerschaft quasi boykottiert wurde. Die Folge war ein Zusammenschluss in Form einer Interessengemeinschaft mit einer anderen Kasseler parteilosen Zeitung, die einem großen Konzern angehörte (eine wahre «societas leonina», wie sich später herausstellen sollte). Der jüngste und eifrigste der Brüder Gotthelft starb plötzlich im besten Mannesalter, die übrigen Herren war nicht mehr im Stande, die Zeitung selbstständig zu erhalten, und als auch im Schoße der Redaktion Zwistigkeiten und Intrigenwirtschaft Platz griffen, nutzte der allmächtige Konzern die Gelegenheit aus, um zu intervenieren und das *Casseler Tageblatt* Ende 1932 mit Haut und Haaren nach 83-jährigem Bestehen aufzufressen. Unsere Redakteurverträge liefen noch, und so ließ man den Teil der Journalisten, den man nicht anderweitig untergebracht hatte, noch eine Zeit lang eine Art Gnadenbrot essen.

Die Ereignisse überstürzten sich. Am 30. Januar 1933 kam Adolf Hitler an die Macht, vier Wochen später war der berüchtigte Reichstagsbrand, und im März fanden die ersten Pogrome in Kassel sowie die bekannten Aburteilungen vor dem sogenannten Volksgericht statt, deren Exekution sofort mit ausgiebiger Hilfe der Stahlrute vollführt wurde. Es gab eine Anzahl Schwerverletzter und einen tödlichen Ausgang. Das Opfer, ein bei den Nazis besonders missliebiger Kasseler Rechtsanwalt, musste vor seinem Hinscheiden noch einen Revers unterzeichnen, dass er «die Treppe herabgefallen» sei. Diese Art von Exekutionen nahm einen immer größeren Umfang an; eine gewöhnliche Denunziation genügte, um den also Gekennzeichneten in den Folterkeller in der Oberen Karlsstraße zu bringen.

Die Wormser Synagoge

Von Kollegenseite wurde mir wohlwollend bedeutet, dass es besser sei, wenn ich für einige Zeit verschwinden würde, denn die Luft würde immer dicker. Ich beriet mich mit meiner Frau.

Wir sahen uns vor folgenschwere und nie widerrufliche Entschlüsse gestellt. Die Frage des Auslands tauchte auf, wir dachten an Straßburg, zu dem ich alte Beziehungen hatte. Noch sträubte ich mich, Heim, Herd und Vaterland zu verlieren. Ich hatte sonst häufig kommende Dinge richtig vorausgesehen, aber jetzt wollte ich das Unheil noch nicht in seiner ganzen Schwere ermessen und die letzten Konsequenzen ziehen.

Nachdem wir unsere Pässe in Ordnung gebracht hatten, hielt ich mich zwei Tage vorwiegend in Wilhelmshöhe auf, dann gab meine Frau in richtiger Voraussicht den Ausschlag und wir entschieden uns für Straßburg. In der Frühe des 25. März 1933 fuhr ich via Frankfurt gen Westen. Meine Frau sollte in aller Eile den Umzug bewerkstelligen und in drei Tagen mit dem kleinen Kind nachfolgen. Die Würfel waren für uns gefallen.

In den Märztagen des Schicksalsjahres 1933 ging es unruhig zu in Deutschland. Die NSDAP zeigte ihren Gegnern, wie sie ihre Macht hätten ausnutzen sollen, als es noch Zeit war. Schon in Frankfurt brodelte es gefährlich: Zusammenrottungen von braun- und schwarzuniformierten Haufen, erzwungene Geschäftsschließungen, Anbringung diffamierender Inschriften an gewissen großen Geschäften, das ließ nichts Gutes ahnen. Nach ein paar Stunden unge-

83

mütlichen Aufenthalts fuhr ich in den Wormser Vorort, in dem mein Schwiegervater wohnte, und nahm Abschied von dem alten Mann.

Am anderen Morgen schlenderte ich durch Mannheim. Etwas erstaunt blickte ich die breite, um diese Zeit ungewöhnlich belebte Hauptstraße der alten kurpfälzischen Residenz hinab. Die Luft war plötzlich wieder dick geworden. Vor den Augen der Passanten spielten sich merkwürdige Szenen ab. SS- und SA-Leute riegelten, natürlich gänzlich unbehelligt von der Polizei, die Straße ab, stellten sich vor die jüdischen Geschäfte und Warenhäuser, brachten Plakate an und hinderten die Kundschaft am Betreten der Geschäfte. Um mich herum rasselten Rolläden herab, ertönten vergebliche, rasch abgewiesene Protestrufe der Ladeninhaber. Das war nur eine Art von Generalprobe, denn zur gleichen Zeit wurde der «schlagartig einsetzende» Boykott gegen alle diese Geschäfte für den kommenden 1. April verkündet. Als Antwort auf angebliche «Gräuelmärchen», die im Ausland erzählt würden! Welch schöne heuchlerische Wortprägung jenes bedenkenlosen Meisters neudeutscher Propagandakunst. Warum bekannte man sich nicht ehrlich zu diesen durch Tatsachen belegten blutigen Akten, wie sie die Revolutionen aller Völker und Zeiten leider überall mit sich gebracht haben?

Plötzlich klopfte mir jemand auf die Schulter, ein hagerer junger Mann von kaum 23 Jahren sprach mich an: «Hallo, alte Junge, woher und wohin? Wie sagte doch Goethe nach der Kanonade von Valmy: Von hier und heute geht eine neue Epoche der Weltgeschichte aus und Ihr könnt sagen, Ihr seid dabei gewesen!» «Ich werde nicht mehr lange dabei sein, lieber Exkollege», sagte ich mit melancholischem Lächeln. «Ich verdufte!» «Und wohin?», fragte halb mitleidig, halb neugierig der junge Redakteur. «Das werde ich Dir nicht gerade auf die Nase binden, mein Lieber. Du bist mir zu anpassungsfähig. Über ein Kurzes und Du wirst den braunen Rock und die Hakenkreuzbinde tragen und Dich den Teufel um Deine demokratischen Ahnen scheren.» «Kann sein, immer feste mit dem Strom, Gesinnung wird heut' schlecht bezahlt. Ich kann mir denken, wohin es Dich zieht. Lass Dir's gut gehen drüben!» Ein kurzer Händedruck, und leise zwischen den Zähnen «O Straßburg...» pfeifend zog der junge Mann ab.

Die Sonne stand strahlend über dem Rheintal. ‹Eine halbe Stunde Autobusfahrt, und du bist in Heidelberg›, dachte ich mir. ‹Was tust du noch hier in der aufgewühlten Stadt?› Erinnerungen an schöne Jugendtage im Neckartal tauchten auf; schon saß ich im Autobus. Heidelberg, die Fremdenstadt, bot ein ruhigeres Bild als die Großstadt am Oberrhein. Noch 40 Stunden, und ich würde wieder mit Frau und Kind zusammen sein. Mit der Frau, mit der ich vor sechs Jahren in ebendiesem Heidelberg die erste Rast auf der Hochzeitsreise gemacht hatte. Sechs Jahre, reich an Arbeit, aber auch überreich an Genuss, geistiger Anregung, fröhlicher Gesellschaft und schönen Reisen, wie sie Beruf und Neigung mit sich brachten. Und nun der Sprung ins Ungewisse, über die Grenze! In diesen Gedanken schritt ich vorbei an Grünanlagen und Hotelpalästen, dem Schlossberg zu. Vertrauter Weg, vertraute Umwelt. Eines Tages hatte ich hier im Kreise fröhlicher Schlaraffen aus ganz Deutschland bei einem Versturnier dem genius loci, dem alten Victor von Scheffel, gehuldigt.

Mein Poem, das dem wein- und sangesfrohen Gaudeamusdichter galt, hatte mir ein galvanisiertes Efeublatt, das man am schwarz-rot-goldenen Band trug, als Anerkennung eingebracht. «Das Band ist zerschnitten, / War schwarz, rot und gold/ Und Gott hat es gelitten / Wer weiß, was er gewollt?» So klang mir ein altes, vormärzliches Burschenlied in den Ohren. Zerrissen und verklungen wie die feuchtfröhlichen Lieder der Schlaraffen. Sie ist nicht gerade in Schönheit gestorben, die Schlaraffia, der ich in Kassel noch bis 1932 angehörte. Ich trat aus, als die ersten Schwingungen der «Gleichschaltung» die Flügel des Uhus, des Sinnbildes des Bundes, umrauschten. Andere blieben drin, bis man sie sanft und höflich hinaustat, weil man ihnen die Treue nicht halten konnte oder wollte (wie es zum Beispiel im Gegensatz hierzu die oft geschmähten deutschen Corps taten, die sich lieber auflösen ließen, als Mitglieder fallen zu lassen, die sie einmal für würdig erachtet hatten). Diese den Nazis entgegenkommende Haltung bewahrte übrigens die Schlaraffia später doch nicht vor dem Schicksal aller Logen und Bünde, die den Herren des neuen Regimes nicht gefielen.


Als ich zehn Jahre alt war, beschlossen meine Eltern, dass ich die Gesellschaft von Gleichaltrigen bräuchte, und vielleicht auch irgendeinen institutionellen Rahmen, um mehr Disziplin zu bekommen, an der bei mir offenbar ein gewisser Mangel bestand – vielleicht infolge der Umstände meiner Erziehung. Da die allgemeinen Pfadfinder für «zu katholisch» befunden wurden und die jüdischen Pfadfinder für «zu religiös», einigten sich meine Eltern auf die Bewegung der unionistischen Pfadfinder, wo Angehörige verschiedener Religionen ihren Platz fanden. Ein weiterer Vorteil war, dass sich die Ortsgruppe dieser Bewegung ganz in der Nähe unseres Hauses befand. Nachdem die erforderliche Ausstattung einschließlich der khakifarbenen Uniform, des breitkrempigen Australierhuts und eines vorschriftsgerechten Wanderstabs mit Metallknauf erworben worden war, erklärte man mich bereit, Brauchtum und Vorschriften dieser Bewegung in mich aufzunehmen, deren Wurzeln bekanntlich auf eine Mischung aus indianischem Brauchtum unter Zugabe einiger Akzente des britischen Kolonialismus zurückgehen, eine Mitgift ihres Gründungsvaters Lord Baden-Powell.


Plötzlich stand ich vor dem ehernen Standbild des Ekkehard-Poeten und sah weit hinein ins fränkische und pfälzische Land. Mein Blick trank sich noch einmal satt am Grün des Odenwaldes, an den Gipfeln und Schlössern der Bergstraße, abschiednehmend von einem der schönsten Gebiete des deutschen Landes. Gen Westen verglühte in dämmeriger Ferne die Rheinebene; ich suchte die Stadt mit dem ragenden Münster, in deren Mauern ich die fünf sorglosesten Jahre meines Lebens verbracht hatte. Morgen um diese Zeit würden wir in Straßburg sein. In der Spätnachmittagssonne leuchtete der rote Sandstein des Ottheinrichsbaus auf, ein Blick von der Terrasse auf «Alt Heidelberg, Du feine» und dann abwärts von schillernder Romantik in graue Wirklichkeit. Dort oben im Efeu des Schlossgrabens, am umgestürzten Turm, dem Sinnbild zerstörter Hoffnung, hätte man eigentlich seine Besuchskarte niederlegen sollen: Abschied vom deutschen Land und deutscher Kultur, «pour prendre congé», wie der Franzose sagt.

Die bewegenden Worte der blonden Kati in dem bekannten deutschen Bühnenstück, in dem die Liebesidylle plötzlich wegen politischer Erwägungen unterbrochen wurde, kamen mir in den Sinn: «Du kommst nit wieder, Karlheinz, Du kommst nicht wieder!»

## Zum zweiten Mal Straßburg

Im Frankfurt-Baseler Schnellzug hatte ich Frau und Kind wiedergetroffen – die Frau abgehetzt und müde von den Mühen des Umzugs und den Aufregungen der letzten Tage, den lieben blonden Buben in sein künftiges Schicksal ahnungslos hineinschlafend. Ein hastiger gegenseitiger Bericht, dann Baden-Baden, die Schwarzwald-Höhenkette, Appenweiher. Nun ging es der Grenze zu. Verstört, auf irgendwelche Hindernisse gefasst, passiert man die Zollschranken, lässt allerlei Fragen über sich ergehen, wird weitergeschoben in ein anderes Zollbüro. Dann ertönt plötzlich eine freundlich-beruhigende Stimme: «Sie brauchen sich nicht mehr aufzuregen, sie befinden sich jetzt unter dem Schutz der französischen Gesetze!» «Ihre Papiere bitte!» Wortlos sehen wir uns an und blicken noch einmal hinüber in das Land, das uns zu Parias gemacht hat, das uns von sich stößt, obwohl wir ihm im Innersten unserer Seele immer noch tief verbunden sind.

Der Zug rattert über die Kehler Brücke, umfährt im großen Bogen die wunderschöne Stadt und hält in der rauchgeschwärzten Bahnhofshalle. Wird Straßburg unsere neue Heimat werden? Wir wissen es noch nicht, aber wir atmen beglückt die freie Luft, sehen keine Braunjacken, keine Hakenkreuze, keine hochgereckten Arme, keine aufreizenden Plakate mehr. Aber es ist nicht mehr das Straßburg von 1910, es schreibt sich jetzt Strasbourg. Aus der aufblühenden, südwestdeutschen Metropole mit ihren «deux cultures» ist eine französische Departementshauptstadt mit elsässisch-alemannischem Einschlag geworden. Im November 1918 schien das Land endgültig für Frankreich optiert zu haben, nachdem man dem gut katholischen Land gewisse Sonderstellungen in der französischen Kirchengesetzgebung zugesichert hatte. Das Militär, die obere Beamtenschaft und der begüterte Mittelstand waren nun fast ganz französisch geworden; im kleinen Bürgertum, der mittleren und unteren Beamtenschaft und der Arbeiterschaft sprach man nach wie vor «Elsässerditsch», eine mit französischen Brocken gemischte, für den Fremden schwer verständliche Mundart.

Das alles war für uns Neugekommene nichts Überraschendes, wir hatten es schon bei früheren Besuchen feststellen können. Die hochdeutsche Sprache hörte man fast nur noch von den Emigranten, denn Straßburg war, vorerst wenigstens, eine Emigrantenstadt geworden.

Nachdenklich ging ich über den Münsterplatz und blickte hinauf zu Meister Erwin von Steinbachs Wunderwerk, das stolz und erhaben den Wechsel der Zeiten und der politischen Machtverhältnisse überdauert hatte. Ich bog in eines der stillen, engen Gässchen ein, die sich nach der Ill zu öffnen. War es richtig, seine Zelte hier an Frankreichs Ostgrenze aufzuschlagen? Würde Straßburg nicht nur eine Etappe auf der eben einsetzenden Jagd nach Ruhe, Frieden und Existenzmöglichkeit bedeuten? Was war von meinen früheren Beziehungen übrig geblieben? Wenig genug! Ein paar bekannte Familien, Elsässer, von denen nur eine oder zwei freundschaftliche Herzlichkeit gezeigt hatten, die anderen blieben höflich reserviert.

Bald hatten wir eine nette kleine Wohnung und versuchten, auch auf kaufmännischem Gebiet zu debütieren. Da kam die erste Enttäuschung in Gestalt eines Schreibens der Präfektur, in dem wir sehr höflich aufgefordert wurden («invité» hieß die überzuckerte Form der bittere Pille), unseren Wohnsitz im Inneren Frankreichs zu nehmen. Die drei östlichen Grenzdepartements waren von jetzt ab nur in ganz wenigen Ausnahmefällen als Domizil für Emigranten zugelassen. Das war ein schwer zu verwindender Schlag, er bedeutete vielleicht ein neues Nomadenschicksal. Vorerst jedoch versuchten wir einen Aufschub zu erreichen. Einige hilfsbereite Freunde fanden sich.

## Aus Mutters Tagebuch

Straßburg, 20. Dezember 1933 – vor neun Monaten, am 28. März, haben wir fluchtartig Kassel verlassen. Papa war schon vorgefahren, in Mannheim trafen wir uns im Zug und fuhren nachmittags über die Kehler Rheinbrücke. Zuerst wohnten wir bei Tante Gretel, dann vorübergehend in einer Pension. Ende April ließen wir unsere Möbel hierherschicken und mieteten eine Dreizimmerwohnung in Rue Wimpelfing 13. Häsi, heute Jean genannt, hat sich schwer an das hiesige Klima gewöhnt, er lag anfangs fast jede Woche zwei bis drei Tage. Während des Sommers hat er sich akklimatisiert; seit den sehr kalten Dezemberwochen hat er oft Schnupfen und Husten, aber keinen Rachenkatarrh. Anfangs und lange Zeit hatte er viel Sehnsucht nach Kassel, der Wohnung am Roten Kreuz, seinem Kinderzimmer, dem Balkon und vor allem nach Oma. Im April brachte ich ihn öfter zu Ulla Cohn in den Kindergarten; es ist dies eine Art Kinderschule und das Kind weinte täglich beim Kommen sehr lange. Nach Ostern kam er in einen anderen Kindergarten.

Auch da gab es anfangs oft Tränen. Heute geht er gern und selbstverständlich hin, freut sich aber auf jeden freien Donnerstag und Sonntag. Er lernt französische Liedchen und macht hübsche Klebarbeiten. Die Kinder hätten ihn alle gern, er sei folgsam und immer vergnügt dort; sehr lebhaft. Weniger folgsam ist er zuhause, aber besonders selbstständig. Dagegen beim Essen und Anziehen trödlerisch …

Strasbourg 20. Dezember 33.

Vor 9 Monaten 28. IV. haben wir fluchtartig Karel verlassen. Papa war schon vorgefahren in Mannheim trafen wir uns im Zug und fuhren nachmittags über die Kehler Rheinbrücke. Zuerst wohnten wir bei Tante Bertel, dann vorübergehend in Pension Guilleron, Ruelle. April. Da liessen wir unsere Möbel hinüberbringen und ... eine 3 Zimmerwohnung in Rue Wimpfeling 13. Mai, heute Jean gewöhnt hat sich schwer an das lange kleine ... gewöhnt, er lag anfangs fast

jede Woche 2–3 Tage. Während des Sommers hat er sich ziemlich abhin - friert; seit der sehr kalten Dez.-Wochen hat er oft Schnupfen und Husten aber keinen Rachenkatarrh. Anfangs hatte er viel Lehrerleid und Karel ... der Wohnung ... im Roten Kreuz, einem Zimmer mit Balkon, Morgens, dem Balken und vor allem nach Oura ... nach Villa Colm in den öfter zu den Kindergarten; es ist eine Art Kinderschule und das Kind reinte ... sehr lange. Nach Ostern kam

Faksimile aus dem Tagebuch von Mutter Blanche Dispeker

Mit Carla, die er sehr gern hat, tobt er unschön und laut beim Spiel; nett spielte er mit Susi Sauer.

Gleichaltrige scheinen ihm zu viel nachzugeben. Für Französisch scheint er eine gute Aussprache zu bekommen. Er spricht ein besonders gutes Schriftdeutsch. Im Sommer (Juli) war ich mit ihm in Pfeddersheim. Opa und er lieben sich herzlich. Mit Lothar hat er sehr schön gespielt. An einem Sonntag trafen wir uns mit Oma (und Tante Heddy) in Frankfurt. Er stellte sich im Kaisersgarten vor die Musik, sang ihr einen Teil der Marseillaise vor, mit der Aufforderung: «Spielt ihr sie nun mal ganz.»

Eine nebelhafte, aber von Zeit zu Zeit hartnäckig wiederkehrende Erinnerung aus jenen Tagen: Mutter und ich sind mit dem Bus irgendwohin unterwegs. Das war etwas, was wir wegen meiner Neigung zur Übelkeit im Allgemeinen zu vermeiden suchten. Kaum waren wir aus dem behäbigen, schwer beweglichen Fahrzeug ausgestiegen und hatten uns einige Meter entfernt, als aus dessen Richtung eine laute Explosion zu hören war. Wir konnten sehen, wie die wenigen verbliebenen Fahrgäste in Panik flohen, einige sprangen aus den Fenstern. Sekunden später schossen Stichflammen aus allen Öffnungen des Fahrzeugs, von dem wenige Minuten später nur noch ein verkohlter Blechhaufen zurückblieb. Dieses erschütternde Bild prägte sich tief in mein Gedächtnis ein, und noch lange Zeit später war ich nicht dazu zu bewegen, in irgendeinen Bus zu steigen, bis man mich davon überzeugen konnte, dass die neuen Modelle sicher seien.

## Defilee der Zeittypen

Besuche kamen und gingen. Emigranten aus ganz Deutschland in wachsender Zahl, die Rat und Hilfe suchten oder uns auf der Durchreise wenigstens guten Tag sagen wollten, meldeten sich. Teils niedergedrückt über die zusehends trostloser werdende Lage in Deutschland, über die fortgesetzten Erniedrigungen und den Wandel der Anschauungen, teils hoffnungsfreudig und zu neuem Anstieg bereit. «Der Weg nach Paris und Palästina scheint direkt durch unser Wohnzimmer zu führen», sagte ich melancholisch zu meiner Frau.

Ein Film menschlicher, oft allzu menschlicher Gestalten und Typen, eine wilde Jagd nach Erwerb und Ruhepunkten rollte in dieser Grenz- und Durchgangsstadt ab, manchmal erschütternd, manchmal erheiternd, immer aber die Nerven des stillen Beobachters erregend. Eine ganze Armee von Ruhelosen und Suchenden, eine stets rotierende Kette von Einzelschicksalen. Da war das hübsche, süddeutsche Mädel, aus der beruflichen Bahn geworfen und nun von Kopf bis zum Fuß auf Liebe eingestellt. Arbeit erschien nur Vorwand und Notbehelf, die Suche nach Genuss jeder Art drängte moralische Hemmungen zurück. Versorgt sein, um genießen zu können, hieß ihre Parole: Wenn es sein muss, sich als Frau einem älteren Mann vielleicht nur als Freundin verkaufen, aber arrivieren um jeden Preis.

Nach ihr kam eine Berlinerin, ein schlankes Ding von 22 Jahren, die abrasierten Augenbrauen über den etwas geschlitzten, wissenden Augen kunstvoll mit dem Stift nachgezogen. Müde und halb gelangweilt sprechend und wie das Titelbild zu Marcel Prévosts Roman *Les demi-vierges* wirkend. Bei ihrer Halbbildung konnte sie es mit positiver Arbeit nicht weit bringen; auch mit ihren musikalischen Fähigkeiten wusste sie nicht allzu viel anzufangen. In der bewussten Absicht, sich für die Entbehrungen der letzten Monate schadlos zu halten, stürzte auch sie sich gierig in den Strudel der Begebenheiten. Und sie fand rasch, was sie suchte: Freunde, Kavaliere mit eleganten Wagen, Flirt jeder Art, Betäubung für ihre schwer zu verwindende Deklassierung. Bald hieß sie in den Kreisen, in denen sie verkehrte, «Prinzessin Emigrantia».

Aber nicht alle waren von diesem Schlag. Da war eine Frankfurter Ärztin, nicht mehr jung, tüchtig, mit durchaus männlicher Energie und viel geschäftlichem Spürsinn begabt. Seit Jahren kannten wir sie als mit Hinz und Kunz vertraut, hilfsbereit gegen ihre Freunde, gefährlich und von bedenkenloser Rücksichtslosigkeit gegen die, die sie für ihre Feinde hielt, immer eine Art explosiver Atmosphäre um sich verbreitend, Meisterin im Aufbauschen unbedeutender Nebensächlichkeiten. Ihre eminente berufliche Tüchtigkeit hat ihr nichts genutzt, nach Entzug der Krankenkassenpraxis saß sie auf dem Trockenen. Jetzt spukte sie wie ein weiblicher Ahasver in der Welt herum, suchte und verhandelte, knüpfte Beziehungen mit wildfremden Menschen an, denen sie mit unnachahmlicher Grazie Würmer aus der Nase zog. Heute konferierte sie in Straßburg, morgen hatte sie eine Konferenz in Lyon, dann graste sie die Pariser Emigrantenkolonie ab, riskierte plötzlich einen Abstecher nach Marokko und Tunis. Schließlich machte sie eine Reise um die halbe Erde, drang von Kairo aus bis zu den Pyramiden von Gizeh vor, machte dann wie ihre Vorfahren eine Rekognoszierungsfahrt nach dem Gelobten Land und landete schließlich in einer New Yorker Klinik.

Nicht alle waren so wagemutig. Es gab auch schlichte, anspruchslose Naturen, die sich, in ihrer Art nicht ohne einen gewissen Heroismus, mit dem Schicksal abfanden. Da war in Straßburg der frühere Redakteur des dortigen sozialistischen Blattes, der mit seiner Frau und einem frischen 15-jährigen Jungen mit knapper Not aus einem der gefürchtetsten Nazizentren Süddeutschlands der Hölle des Konzentrationslagers entronnen war. Jetzt stand er an der Drehbank einer Fabrik, der Bub war als Setzerlehrling beim alten Blatt und die rührige Frau setzte ihre kunstgewerblichen Fähigkeiten in die Praxis um. Diese drei tapferen Menschen ließen sich auch nicht unterkriegen, als der Mann infolge der verschärften Fremdengesetzgebung plötzlich seine Arbeitsstelle wieder verlor. An dem fröhlichen Gleichmut, mit dem die drei, die drüben eine gesicherte Existenz besessen hatten, sich in ihr Proletarierlos fanden, richteten wir uns oft auf.

Wir sahen junge Mädchen und Männer, denen es mit etwas Glück und Ausdauer gelang, sich eine bescheidene Existenz zu schaffen; wir sahen Ehepaare, die tapfer zusammenhielten und mit vereinter Energie auf ihr Ziel zusteuerten. Wir sahen aber auch solche, deren Ehen zu zerbrechen drohten, weil der Mann Opfer von der Frau verlangte, die er selbst nicht zu bringen bereit war, nachdem er dem Zauber der Pariser Boulevards erlegen war.

Auch die wenig sympathische Gattung der Leute, die trotz der Diffamierung und Drangsalierung ihrer Glaubensgenossen aus Deutschland zu Besuch kamen und dort alles gar nicht so schlimm fanden, entsandte einige Vertreter. «Uns ist nichts geschehen», sagten sie, weil sie sich vorläufig noch im ungestörten Besitz ihrer Einkünfte befanden oder infolge der Art ihres Geschäftes noch gut verdienten. Dass tausende ihrer Freunde und Bekannten rechtlos gemacht und wirtschaftlich ausgehungert worden waren, dafür ging ihnen jedes Gefühl ab. Im Gegenteil: Sie schoben die Verschlimmerung des Schicksals der deutschen Juden der Haltung der Emigranten zu. Alle diese Leute mussten früher oder später erkennen, dass ihnen in Deutschland durchaus keine Extrawurst gebraten wurde.

Die interessantesten und abenteuerlichsten Gestalten nicht nur der Emigration, sondern auch der ausländischen Bohème, lernten wir in einem kuriosen Lokal kennen, dass wir von selbst nie und nimmer gefunden hätten. Nicht weit vom Universitäts- und Kasernenviertel gibt es eine enge, auf die Ill mündende Gasse, die zu deutschen Zeiten nur von konzessionierten Priesterinnen der Venus bewohnt war. Die Häuschen mit ihren auffallend großen Hausnummern und mit grünen Läden geziert, waren früher ausschließlich Bordelle. Abends von neun Uhr an standen Militärposten vor dem mit Ketten versperrten Eingang und Ausgang der Straße und verhinderten jegliche Konstellation zwischen Mars und Venus. Unter französischer Verwaltung wurde dem galanten Spuk an dieser Stelle der Stadt ein Ende gemacht.

Eines dieser «maisons fermées» wurde nun später in ein Heim für ausländische Studenten umgewandelt. In den Parterreräumen, in denen man pietätvoll die prunkhaften Spiegel mit den dick vergoldeten Rahmen hatte hängen lassen, war von einem betriebsamen Bulgaren eine Speisewirtschaft für Studenten und Studentinnen aufgemacht worden. Denkbar primitiv, sehr billig, aber verhältnismäßig sauber und behaglich. Das Hauptkontingent der Besucher schien dem buntfarbigen Völkergemisch des Balkans zu entstammen, aber selbst Japaner und Malaien waren dort häufig zu Gast. Niemals wurde nach der Studentenkarte gefragt, akademische Allüren genügten als Visitenkarte; kein Trinkzwang, kein Trinkgeld, flinke Werkstudenten aus Russland, Bulgarien und Rumänien bedienten ihre Kommilitonen. Die Speisekarte wurde mit farbiger Kreide auf das Glas der geduldigen Spiegel geschrieben. Zur Dejeuner-Zeit versammelte sich eine Auswahl der Universitätsbohème und intellektuellen Emigration friedlich vereint. Man trank unheimliche Mengen Wasser zu den scharf gewürzten Speisen und debattierte unter ausgiebiger Benutzung der Hände und mit erheblichem Stimmaufwand in all den Sprachen, die mehr Konsonanten als Vokale aufweisen. Ab und zu hier vorzusprechen war weder

Mutter Blanche mit Zwillingen und Joel in Boersch/Vogesen, 1934

ein Luxus noch ein verlorener Mittag, sondern eine Art Vergnügen. So ähnlich muss es beim Turmbau von Babylon zugegangen sein.

Alle Démarchen und Bemühungen, in der wunderschönen Stadt bleiben zu dürfen, waren leider vergeblich. Wir hatten gerade begonnen, im Zusammenwirken mit einem Sägewerk im Breuschtal Holzspielwaren zu fabrizieren und im Elsass abzusetzen, da machte ein nicht sehr fairer Vorstoß eines Konkurrenten alle unsere Arbeit zunichte. Unser Zusammenleben wurde für einige Zeit unterbrochen. Während meine Frau vorläufig in einem kleinen, am Fuß des sagenumwobenen Ottilienbergs gelegenen Vogesenstädtchen blieb, um weiter Spielwaren herzustellen, sollte ich mich in Paris um den Verkauf kümmern und meine Mitarbeit an dem Straßburger Blatt fortsetzen, die in der Übersetzung von Zeitungsromanen bestand.

**Woran erinnert sich ein vierjähriges Kind,** das als Nomade in der Fremde lebt? Wie sich zeigt, an ziemlich viel: die Fahrt im veralteten, lärmenden Vorstadtzug, erste Eindrücke einer Kleinstadt dörflichen Charakters; die vertraute Umgangssprache, das Deutsche – aber in fremdem Dialekt, der ein wenig an das Jiddische erinnerte; den steingepflasterten Stadtplatz mit seinem Brunnen in der Mitte und der Kirche an der Seite; den Glockenturm, auf dessen Spitze ein Storchenpaar sein sommerliches Nest gebaut hatte; den Kindergarten mit seinen schwarzgekleideten Nonnen und ihren fächerartigen weißen Hauben, die sich meinethalber mit der delikaten Frage auseinandersetzen mussten, ob man mich am gewohnten Morgengebet beteiligen solle. Weiter erinnere ich mich auch an unseren vorübergehenden Aufenthalt in einer örtlichen Herberge und meine freundschaftliche Beziehung zu einem Viehhirten und seinen Ziegen, der mir zu Mutters großem Verdruss erlaubte, auf dem Rücken der Tiere zu reiten. Später, als wir bereits in das obere Stockwerk des Hauses der Familie Stahl umgezogen waren, erinnere ich mich an meine gemeinsamen Streifzüge mit deren Kindern, von denen ich zerkratzt, verdreckt und glücklich zurückkam, um meiner Mutter im inzwischen bereits unverfälschten Elsässisch zu verkünden: «Ch'bin in einen Scheißdreck getretn.» Natürlich begleitete mich dabei auch ein entsprechendes Aroma.

Wie sich zeigte, gewöhnte ich mich sehr schnell an den Ort, die Menschen und die neuen Bräuche. Nach einiger Zeit stieß auch Vater zu uns und es entwickelte sich eine neue Alltagsroutine, zu der auch gelegentliche Besuche in einem großen, lauten Sägewerk gehörten, wo man Mutter eine kleine Ecke zur Herstellung von Holzspielzeug zugestanden hatte. Dabei verstand sie es, auch die Abfälle der Fabrik sinnvoll zu verwerten. Ich liebte es, Mutter dort zu besuchen und zuzusehen, wie Autos, Straßenbahnen und Züge entstanden – oder einfach nur Klötzchen, aus denen man Häuser und meine Traumschlösser bauen konnte. Mutter liebte diese Stippvisiten weniger, da die Fabrik voll gefährlicher Geräte und Maschinen war. Ganz nach meiner gewohnten Art maß ich ihrer Meinung nicht allzu viel Bedeutung bei.

In jenen Tagen beschloss Mutter auch, dass es an der Zeit sei, mich vom Daumenlutschen zu entwöhnen, einer Angewohnheit, die ich mir während unserer häufigen Migrationen zugelegt hatte, um mich zu beruhigen und einschlafen zu können. In Übereinstimmung mit den neuesten pädagogischen Doktrinen der Zeit wurde mir ein Preis meiner Wahl vorgeschlagen, falls es mir gelingen sollte, eine Woche lang nicht mehr am Daumen zu lutschen.

Ich wünschte mir einen großen Straßenbahnwaggon, der mir «auf Bewährung» ausgehändigt wurde, wobei man mir versicherte, dass er jedes Mal wieder verschwinden würde, sobald ich einen Finger in den Mund steckte. Ich versuchte zu schwindeln, steckte meinen Kopf unter ein Kissen und hopp! den Finger in den Mund.

Aber als ich aufstand, war der Waggon nicht mehr zu finden und all mein Suchen und Betteln waren vergeblich. Erst Jahre später entdeckte ich bei einem Besuch in diesem Haus das wohlgehütete Geheimnis: Die Wohnung besaß einen alten Dachboden und dorthin war der Gegenstand meiner Strafe verschwunden. Wie dem auch sei, die Entziehungskur wirkte und mein Daumen diente fortan anderen Zwecken.

## Aus Mutters Tagebuch

Anfang 1934 wurden wir aufgefordert, Straßburg zu verlassen. Wir siedelten nach Borsch Vosges, unweit Rosheim in Richtung Obernai über. Dort richteten wir im Sägewerk der Firma Weil eine Abteilung für Fabrikation von Holzspielwaren ein. Jean kam in die Kinderschule zu den Schwestern. Wir wohnten im Gasthaus Reibel. Dort hatte er die gleichaltrigen Zwillinge zu Spielkameraden. Netter war unsere Mansardenwohnung bei Familie Stahl. Bald war er mit den beiden Buben herzlich angefreundet. Morgens erschien der Jüngere im Türrahmen: «S'isch Zitt for d'r Ecole» – woraufhin beide abtrotteten. Jean sprach bald Elsässer Dialekt, glich sich schnell den Landkindern an, bekam dicke runde Backen und war vergnügt beim Spiel in der Baracke und auf der Straße. Die zehn Minuten, die wir ihn während des Brandes im Sägewerk suchten, wurden zur Ewigkeit. Dann flogen mir die Ärmchen um den Hals.

Ganz deutlich erinnere ich mich noch an jenen Brand. Es geschah während einer meiner besagten Stippvisiten bei Mutter. Ich ging durch den Haupteingang und fand mich plötzlich von Flammen und dichtem Rauch umgeben. Soweit ich mich erinnere, weinte ich nicht, sondern versuchte nur, zu Mutters Werkstatt zu gelangen. Aber das sich rasch ausbreitende Feuer versperrte mir den Weg. Ratlos stand ich da, als plötzlich eine der Sekretärinnen der Fabrik auftauchte, mich an der Hand fasste und ungeachtet meiner Proteste ins Freie zerrte: «Ich will zu Mutter!» Inzwischen kam die Feuerwehr und der Tumult wurde immer größer. Da erblickte ich plötzlich aus der Ferne Mutters vertraute Gestalt. Sie lief umher und rief mit erstickter und verzweifelter Stimme meinen Namen. Schnell rannte ich zu ihr und umklammerte sie fest, so fest.

## In Paris

Wieder einmal überfiel mich der wunderbare Zauber, der von dieser liebenswerten Metropole ausgeht. Strahlenden Auges stand ich als Heimatloser einsam im Herzen von Paris. Das Hupen der in dreifachen Reihen fahrenden Autos, die Rufe der Straßenverkäufer, das vielseitige Stimmengewirr einer geschäftig vorwärtsdrängenden Menge, das unterirdische Summen der Metrozüge, das war die Musik der Weltstadt. Planlos ließ ich mich vom Strom mitreißen am Verkehrs-Hexenkessel der Oper vorbei, die Boulevards entlang, an der Madeleine links einbiegend, dann lag das abendliche Wunder des Place de la Concorde vor mir. Wieder einmal entzündete mich das städtebauliche Meisterstück der Straßenlinie, die vom Arc de Triomphe hinunter zum Louvre führt, und ich gedachte des Mannes, der von hier aus Weltgeschichte gemacht, meine Vorfahren der Enge des Ghettos entrissen hatte und jetzt unter dem riesigen Marmorblock im Invalidendom schlummerte. Waren wirklich nur wenig mehr als 100 Jahre seit seinem Tod vergangen, war der Traum der Gleichberechtigung aller Menschen schon wieder ausgeträumt, sollte das Rad des kulturellen Fortschritts schon wieder rückwärtsgedreht werden? Heinrich Heine hatte einmal, als von Jägern und den Freuden der Jagd die Rede war, geschrieben: «Mir scheint, dass meine Vorfahren weniger der Rasse der Jäger als vielmehr der der Gejagten entstammten.»

Diese Gejagten traf man nun allzu häufig in den Straßen der Weltstadt. Sie kannten in ihrer Mehrzahl nur die Kehrseite der Ville Lumière. Die meisten von ihnen konnte man mittags und abends in den billigen deutschen Restaurants finden, die seit 1933 wie Pilze aus dem Pariser Pflaster geschossen waren. Zwischen dem Gare du Nord und Place de la République waren zwei dieser Restaurants – zu Heines Zeiten hätte man sie Garküchen genannt – besonders frequentiert. Hier traf man die wenig oder gar nicht bemittelte Emigration in Reinkultur an. Für fünf Francs erhielt man dort ein Menü, wie es in Deutschland unter dem etwas dehnbaren Begriff «gutbürgerlich» registriert worden wäre: Suppe, ein Stück Fleisch mit Gemüse oder Salat, eventuell Pudding, hier Flan genannt, oder Kompott als Dessert.

Entwurzelte Existenzen aller Art, die vielgestaltigen Opfer des Arierparagrafen, gaben sich hier ein Rendezvous – kurz gesagt, alles, was drüben nicht mehr leben konnte und nicht sterben wollte.

In den Mundarten aller deutschen Gaue unterhielt man sich; kaum dass einmal ein paar Worte Französisch dazwischen ertönten. «Ist noch jemand ohne *Pariser Tagblatt*?» rief im gut nachgeahmten Tonfall der Straßenverkäufer ein Mann, dessen nervöses Gesichtszucken die Nachwirkung des Konzentrationslagers verriet, in das Speisezimmer. Hier entstanden neue Freundschaften, geschäftliche Assoziationen öffneten sich, Tauschanerbieten wurden akzeptiert, hilfsbereit warf man sich gegenseitig die Bälle kommerzieller «occasions» zu, und einzelne der hier zwischen Männlein und Weiblein entstandenen Liaisons entwickelten sich sogar zu Dauerverbindungen. Mit einem Wort, diese Gaststätten waren nicht nur Speiseräume, sondern auch im wahrsten Sinne des Wortes «Emigrantenbörsen». Manche edle und sehr viele niedere menschliche Leidenschaften fanden hier üppigen Nährboden. Die Gesichter wechselten oft, die Gespräche passten sich den Tagesereignissen an, das Barometer der Hoffnungen und Enttäuschungen fiel und stieg an; der einzige ruhende Punkt in der Erscheinung Flucht war das stets gleichbleibende Wochenprogramm der Menüs.

Schlimm war das Los derer, die sich aus Mangel an Mitteln auch diese bescheidenen Genüsse nicht mehr leisten konnten und sich kümmerlich als Hausierer durch die große Stadt schlugen. Überall konnte man solche verzweifelten Existenzen mit Postkarten, Hosenträgern, Seife oder Krawatten antreffen. Sie waren einer fast hoffnungslosen Proletarisierung verfallen.

In schreiendem Gegensatz dazu gab es Emigrantenkreise, die mehr oder weniger legal einen Teil ihrer großen Vermögen nach Frankreich hinübergebracht hatten. Sie glaubten, das Leben von früher fortführen zu können, bevölkerten die Terrassen der Luxuscafés an den Champs-Elysées, fuhren in ihren Limousinen im Bois spazieren, waren bei jedem gesellschaftlichen Ereignis zu finden, das «tout Paris» vereinte, und sprachen ein etwas lärmendes Deutsch wie ehedem auf dem Kurfürstendamm.

Pfingsten 1934 erhielt ich Besuch aus dem Elsass. Meine Frau, auf deren neuen Wirkungskreis ich noch später zurückkomme, hatte ihre Ankunft mit dem Jungen angekündigt. Als ich ihnen am Gare de L'Est aus dem Coupé half, war ich entsetzt über das verstörte Aussehen meiner Lebensgefährtin. Bleich und übernächtigt, mit Spuren überstandener Aufregung, sank sie mir halb in die Arme. In einer Sturzflut von hastigen Worten erzählten mir beide, dass morgens eine halbe Stunde vor der Abreise in dem Sägewerk in Börsch ein Brand ausgebrochen war. Das rasch um sich greifende Feuer hatte einen Teil des Werks niedergelegt und in dem Wirrwarr der Rettungsarbeiten war einige Zeit unser Kind nicht aufzufinden gewesen, Nachbarn hatten es in Sicherheit gebracht. Es dauerte noch einen ganzen Tag, bis die Eindrücke dieser dramatischen Stunden einigermaßen verwunden waren. Bei der Abfahrt hatte das Werk noch in hellen Flammen gestanden und man kannte noch nicht Umfang und Ausgang der Katastrophe. War die Abteilung, in der die Spielwaren herge-stellt werden sollten, mitverbrannt, dann ade Fabrikation. Erst am nächsten Morgen erfuhren wir auf Rückfrage am Telefon, dass nur das eigentliche Sä-gewerk völlig abgebrannt war, der Schaden sollte sich auf eine Million Francs belaufen. Also konnte wenigstens die geplante Arbeit fortgeführt werden. Von dieser Sorge befreit genossen wir ein paar Tage Paris gemeinsam, und unser noch nicht fünfjähriger Bub riss die Augen gewaltig auf über diesen neuen gro-ßen Eindruck seines Wanderlebens. Bald schlug die Abschiedsstunde und für uns beide begann von neuem der Alltag.

Fast 30 Jahre später kehrte ich nach Börsch zurück. Vater war bereits verstorben. Den Großteil seines bescheidenen Nachlasses hatte ich dem Kibbuz vermacht (un-ter heftigem Protest von Sarah und meinen Verwandten, die in Vaters Testament zu Treuhändern ernannt worden waren). Den kleinen Anteil meiner Frau investier-ten wir in eine Reise nach Europa, natürlich mit dem Schiff. Von Flügen hatte man damals noch nichts gehört. Überhaupt galten Auslandsreisen als unvorstellbarer Luxus. Mit Hilfe von Tante Ella, die allein in Marseille zurückgeblieben war, buchten wir unseren «Traumwagen», einen Fiat 600 Multipla, ein süßes kleines Auto, das uns während der ganzen sechs Wochen sowohl als Fortbewegungsmittel als auch zur Übernachtung diente. Es war eine nostalgische Reise durch ganz Europa, auf den Spuren meiner etwas vagabundenhaften Jugendzeit. Einer der Vorteile unseres Fiats war die Möglichkeit, seine Sitze herunterzuklappen und dadurch eine sehr bequeme Schlaffläche für zwei Personen zu schaffen.

Unsere Koffer dienten uns anstelle von Vorhängen zum Schutz vor fremden Bli-cken, das An- und Auskleiden wurde zu einem von ziemlich gewagten akrobatischen Verrenkungen begleiteten Unternehmen. Alle zwei bis drei Tage erlaubten wir uns eine Übernachtung in einem bescheidenen Hotel am Weg, um zu duschen und uns zu organisieren. Einen der Nachteile unseres Fiats entdeckten wir erst, als wir uns auf die großen Autobahnen begaben. Jedes Mal, wenn wir von einem dicken Merce-des überholt wurden, der, wie dort üblich, mit 200 bis 250 Stundenkilometern über die Straße jagte, wurden wir fast von der Fahrbahn geschleudert, denn der Multipla war eigentlich für gemütliche Stadtfahrten vorgesehen und nicht für lange Reisen auf Schnellstraßen. So erreichten wir an einem etwas trüben Tag die Außenbezirke von Börsch, das meine Eltern und ich bekanntlich fast 30 Jahre zuvor verlassen hat-ten. Ich war damals fünf Jahre alt gewesen, und natürlich hatte sich dort seither so manches verändert. «Wie willst du euer Haus finden», fragte meine Gattin mit ihrem üblichen Misstrauen in meine Fähigkeiten. Aber ich fuhr einfach weiter, als habe ich den Ort erst gestern verlassen, fuhr durch verschlungene Straßen, bis wir uns vor dem so wohlvertrauten zweistöckigen Domizil wiederfanden, auf dessen Schwelle gerade ein Mann und eine Frau standen.

Ich stieg aus dem Wagen, ging auf die beiden zu und vernahm, als ich nahe genug war, den freudigen Ausruf: «S'iss doch der Jean!» Verblüfft blieb ich stehen:

Wie hatten sie das Kind wiedererkannt, das drei Jahrzehnte zuvor bei ihnen unter-
gekommen war? Bis mir einfiel, dass ich meinem Vater stark ähnelte, und dass es
daher nicht allzu schwer war, eine Verbindung herzustellen. Ich muss gestehen, dass
ich mich kaum an Einzelheiten des freundschaftlichen Gesprächs erinnern kann,
das nun mit Leichtigkeit hin- und herfloss. Wahrscheinlich habe ich ihnen erzählt,
wie es mit uns weiterging, nachdem wir Richtung Süden aufgebrochen waren, und
welches Schicksal uns wahrscheinlich ereilt hätte, wenn wir damals nicht fortge-
gangen wären. Sie haben mir sicher über die Tage des Krieges und danach erzählt,
über die Herrschaft der Nazis, über Familienereignisse und darüber, was aus ihren
Kindern geworden war. Ich schilderte unsere Flucht über die Pyrenäen, erzählte,
wie wir von der spanischen Grenzwache aufgegriffen und ich in ein Waisenhaus
geschickt wurde, und vieles mehr, bis zu unserer Auswanderung nach Eretz Israel.

Als ich mich von der liebenswürdigen Familie Stahl verabschiedete, hatte ich
das Gefühl, ein weiteres Stück jenes riesigen Puzzles des Werdegangs unserer Familie, der Dorkams, abgeschlossen zu haben – allerdings nicht, ohne wiederholt
über offengebliebene Fragen nachzugrübeln, die wohl niemals eine Antwort finden
werden.

## In den Vogesen

Die Hoffnung, in Paris selbst eine Existenz zu gründen, wurde für mich immer
geringer. Eine Möglichkeit des Aufbaus aber zeigte sich in Ostfrankreich, wo
meine Frau mit Geschick und bewundernswerter Ausdauer die Vorarbeiten für
eine Fabrikation von Holzspielwaren in die Hand genommen hatte. In dem
alten, landschaftlich herrlich gelegenen Vogesenstädtchen Börsch befand sich
ein großes Sägewerk. Es war ein geräumiges Etablissement, das Bauhölzer
zuschnitt und in einer besonderen Abteilung Bürstenhölzer herstellte. Diese
Abteilung eignete sich dank ihrer Produktionsart und der vorhandenen Maschinen besonders zu dem genannten Zweck. Schon bei unserem Zusammen-
sein in Paris hatten wir den Entschluss gefasst, recht bald den kostspieligen
doppelten Haushalt aufzulösen und gemeinsam das begonnene Aufbauwerk
fortzusetzen.

Es war ein ganz neues, ungewohntes Milieu, in das ich nun hineinblickte.
Wie oft hatte ich mir schon zur Abwechslung ein ruhiges, beschauliches Leben
in rein ländlicher Umgebung, inmitten von Bergen und Wäldern gewünscht,
mit dem Ozon der Tannen, aber auch mit dem Odeur des Kuhstalls, glocken-
läutenden Ziegenherden, kernig fluchenden Bauern, kurzum, die Romantik
des Landlebens! Jetzt hatte ich das alles sogar im Übermaß, und bald sah ich
es sogar als Vorzug an, dass die Großstadt Straßburg nur 30 Kilometer entfernt war.

Das kleine Landstädtchen mit seinen knapp 12.000 Bewohnern war sympathisch, brav und gut katholisch. Ein kräftiger, mit seiner Gemeinde enge

Fühlung haltender junger Pfarrer hatte seine Schäflein gut im Zug. Das altertümliche schöne Rathaus, mit einem interessanten Renaissance-Ziehbrunnen davor, war mit einem Storchennest geziert, dessen Bewohner sich da oben sehr wohl fühlten. Nebenan befand sich die Schule, von einer Schulschwester und zwei Frères geleitet. Dann gab es noch ein gleichfalls von Schwestern betreutes Spital mit Altersheim, das auch drei gut eingerichtete Badezellen besaß. Leider funktionierte diese ländliche Badeanstalt nur periodisch in den Monaten April und Mai und dann vielleicht noch im September und Oktober. Im Sommer gab es nämlich kein Wasser und im Winter konnten die Zellen nicht geheizt werden. Einige begüterte Bauern, die sich hübsche Häuser gebaut hatten, vermieteten im Sommer an ruhe- und erholungsbedürftige Fremde. Im Übrigen lebten die Ortsbewohner meist von Ackerbau, Viehzucht und dem Verkauf des prächtigen Obstes. Auch ein annehmbarer Wein gedieh auf den besonnten Hügeln um den Ort.

Unser Jean hatte sich der neuen Umgebung schnell und sicher angepasst. Er war in den Weinbergen und Obstgärten ebenso zuhause wie in den Kuhställen der Nachbarschaft. Er hatte sich diesem Milieu völlig angepasst und konnte sich perfekt im «Elsässerditsch» verständigen, wozu auch der Besuch der Gemeindeschule beitrug. «Er spricht wie einer von uns», sagte ein biederer Bauer. Inzwischen hatten wir auch eine behaglichere Wohnung gefunden, zwei Zimmer im Obergeschoss des Landhauses einer braven kleinen Beamtenfamilie, mit der wir in guter Hausgenossenschaft lebten. Weniger gut entwickelte sich das geschäftliche und private Verhältnis zu unseren Associés im Sägewerk. Die Muster und ersten Verkäufe der Spielwaren ließen sich nicht schlecht an; der Absatz ging bis nach Paris und Marseille hin, aber der Patron des Werks besaß keinerlei geschäftlichen Wagemut und wehrte sich als konservativer Geschäftsmann gegen alle Neuerungen. Außerdem waren ihm die Fracht-Portosätze der schweren Holzspielwaren für weite Entfernungen zu hoch. Als Hauptgrund kam aber hinzu, dass wir auf die Dauer doch kaum im Grenzdepartement bleiben konnten.

Nicht ganz leicht fiel uns der Abschied von der schönen, fruchtbaren Gebirgslandschaft mit ihren herrlichen Tannen-, Buchen- und Kastanienwäldern und den lohnenden Ausflügen zum nahen Odilienberg und anderen schönen Punkten. Blieb noch die Wahl unseres künftigen Aufenthaltsortes. Fest stand für uns, dass Paris mit seiner Fülle von Emigranten nicht in Betracht kam. Die Provence war ein gutes Absatzgebiet für unsere Waren gewesen, also richteten sich unsere Blicke gen Süden und blieben auf Frankreichs größtem Überseehafen am Mittelmeer haften. Man hatte uns in hygienischer und moralischer Hinsicht zwar schon allerlei Schauergeschichten von Marseille erzählt, aber wir wollten uns unser Urteil selbst bilden, und so entschlossen wir uns kurzerhand, unser Bündel wieder einmal zu schnüren und den Weg vom Rhein zur Rhônemündung zu machen. Im Hintergrund lockte verführerisch die von uns noch nicht betretene «gute Stube Europas», die Côte d'Azur.

## Aus Mutters Tagebuch

Im Februar 1935 fuhren wir über Lyon nach Marseille. Der Anblick des Meeres war ein bedeutendes Erlebnis. Ein Jahr wohnten wir in zwei Räumen bei Mme. Cado, 74, Rue Jaubert. Nach dem Aufwachsen in ländlicher Freiheit war es schwer für Jean, an der Hand spazieren zu gehen. Er kam in eine Privatschule zu Mme. Sicard, Rue St. Savournin, wo er gründlich Französisch lernte. Oft ging er morgens mit seinem Essenstöpfchen in der Hand zur Schule, wo wir ihn erst gegen Abend abholen konnten, da wir uns mühsam einen Spielwarenverkauf aufbauten.

Wirklich, Mutter? So leicht war das? Mich einmal alle zwei Jahre von allem zu lösen, was lieb und vertraut geworden war, von Freunden und Bekannten, von all meinen Spielsachen und Möbeln? An einen anderen Ort umzuziehen, zu einer von Grund auf anderen Sprache und Kultur? Die «Schule» von Madame Sicard war nichts als ein kellerartiger Raum, wo wir an langen, abgenutzten Tischen saßen, denen man ansehen konnte, dass sie entweder gespendet beziehungsweise aus zweiter oder gar dritter Hand erworben worden waren. Soweit ich mich erinnere, gab es dort nicht mehr als vier oder fünf Schüler. Sie saßen auf einer der sechs Bänke, eingestuft nach Körpergröße, Alter, ihrer Fähigkeit, die von der sauertöpfischen Madame unterrichtete Materie aufzunehmen, sowie dem Störpotenzial dieser Ansammlung von Frechdachsen, die dort beisammen war. Ausnahmslos alle zeigten jedoch enormen Respekt vor Madame Sicard und vor allem vor dem Lineal in ihrer Hand, von dem sie nötigenfalls großzügig Gebrauch machte – das heißt, jedes Mal, wenn jemand den Unterricht störte. Zu meiner Schande muss ich gestehen, dass auch ich mich angesichts seiner Schläge als kein großer Held erwies und mich ihm zumeist beschämt fügte. Wenn eines der Kinder dennoch bei einer wiederholten Sündentat erwischt wurde, standen Madame noch die vier Ecken des Raums zur Verfügung, und tatsächlich verbrachte auch ich dort einige äußerst unangenehme Stunden mit dem Gesicht zur Wand. Bei meiner Einschulung in die Grundschule sollte sich zum Glück erweisen, dass ich bereits fundierte Grundkenntnisse der französischen Sprache sowie ziemlich stabile Lerngewohnheiten besaß, und das trotz meiner natürlichen Neigung, meine Aufmerksamkeit in alle möglichen Richtungen zu verstreuen und nicht unbedingt auf die schwarze Tafel zu richten. Ungern gebe ich zu, dass ich diese Gewohnheiten der verhassten Madame Sicard und ihrem Lineal verdanke, und möchte die beiden an dieser Stelle um Entschuldigung und Vergebung bitten – für all meine Untaten und den Kummer, den wir, meine Freunde und ich, ihnen zugefügt haben.

Anfang Februar 1935 rollte unser Zug südwärts durch das Unter- und Oberelsass über Belfort nach Lyon. Hier nahmen wir einen eintägigen Orientierungsaufenthalt und anderntags ging es weiter. Bei Valence, Napoleons erster Garnisonsstadt, spürten wir den ersten Hauch des Midi, in Montélimar bot

Fischerdorf Martigues, bei Marseille, wo die Familie häufig ihr Wochenende verbrachte Dort fiel Joel auch einmal ins Wasser!

man uns Nougat an, in Avignon sahen wir schon Palmen. Dem Lauf der Rhône folgend, an Olivenpflanzungen und Weinbergen vorbei ging es weiter. Plötzlich hörten wir den Namen Tarascon, sahen das alte Schloss des «guten König René», ahnten die Abenteuer des tapferen Tartarin und hielten in Arles auf den Spuren der Legionen Cäsars. Noch eine Stunde, und eine große Wasserfläche täuschte uns das Mittelmeer vor. Es war aber vorerst nur der «Étang de Berre». Dann durchfuhren wir einen endlosen Tunnel und sahen nun wirklich das unwahrscheinlich blaue Meer, lasen in großen Buchstaben längs der Geleise das Wort «Marseille» und hielten nach wenigen Minuten am Bahnhof St. Charles. Wir waren am Ziel. Die Sonne des Midi durchstrahlte uns warm, ein kleiner Mistral bewegte die warme Luft und wir staunten, im Februar Menschen ohne Mäntel und Hüte einhergehen zu sehen. Beim Austritt aus dem Bahnhof fiel unser Blick auf die hochgebaute, hügelige Stadt, auf die vergoldete Jungfrau Maria von «Nôtre Dame de la Garde», auf die alten Hafenviertel mit den Forts und der Kathedrale. Mit einem Male fühlten wir uns an der Grenzscheide einer anderen Welt, wir kamen uns vor, als ob wir schon mit einem Fuß in Afrika stünden.

Wir waren gerade zur Mittagszeit angekommen und fanden nach kurzer Autobusfahrt ein Restaurant nahe der Präfektur. Erste Eindrücke: Die Menschen des Midi erschienen leichter, temperamentvoller, gutmütiger, unkomplizierter und vielleicht weniger arbeitswütig als die des Nordens und Ostens, dafür aber desto mehr zum Plaudern und zu schneller Bekanntschaft neigend. Diese Impressionen vertieften und bestätigten sich später im Laufe der Jahre unseres Marseiller Aufenthalts.

Nun ging es mit Hilfe eines früheren Vertreters unseres Elsässer Werks auf die Wohnungssuche. Ein bescheidenes Hotelzimmer für die ersten Tage war schnell gefunden, dann sahen wir uns die weitgedehnte Stadt mit Hafen von einer hochgelegenen Anlage aus an, durchschritten staunend die mehr pittoresken als sauberen Gäßchen im Hafenviertel, promenierten auf der ebenso beliebten wie durch ihr buntes Völkergemisch interessanten Canebière und merkten immer mehr, dass wir im Begriff standen, uns ein neues Leben in einer gänzlich neuen Welt aufzubauen. Der nächste Tag, ein Sonntag, gehörte dem Meer. Wir passierten die Prunkstraße der Stadt, den Prado, mit seinen prächtigen Villen, Gärten und Neubauten und standen plötzlich vor der weiten, gerade etwas bewegten, im Sonnenschein glitzernden, azurblauen Fläche des Mittelmeers. Ein unbeschreibliches Vergnügen für unseren Jungen, der noch nie die See oder gar die Wellen geschaut hatte. Marseille gefiel uns; wir fingen schon an, es zu lieben. Der Straßenlärm, der exotische Charakter einzelner Straßenzüge, die Beweglichkeit und Buntfarbigkeit der Bevölkerung, das «Laissez faire, laissez passer», ja sogar die hier und da zu Tage tretende Schlamperei hatte etwas Belustigendes und beinahe Erfrischendes an sich. Der Vergleich mit dem berühmten, hier heimischen Gericht der Bouillabaisse schien nicht ganz unangebracht, wenn man bedenkt, was in der Riesenterrine der Stadt alles herumschwamm. Wir ruhten nicht, bis wir die vielmaschige Seele der zweitgrößten Stadt Frankreichs einigermaßen ergründet hatten.

Nach einigen Tagen hatten wir ein möbliertes Zimmer mit Küche und Abstellraum bei einer älteren Dame, nicht weit vom Zentrum der Stadt, gefunden. Nun begann schrittweise der Aufbau unserer neuen Existenz. Diesmal sollte alles systematisch und mit genauester Abwägung aller Möglichkeiten vor sich gehen. Zunächst wollten wir den Verkauf der Holzspielwaren noch fortsetzen, und zwar kommissionsweise für das elsässische Haus. Da wir in Marseille schon eingeführt waren, glückte der Absatz auch. Da wir aber gleichzeitig merkten, dass von allen Basaren und Galerien vor allem deutsche Metallspielwaren, möglichst mechanischer Art, sowie Puppen und Schiffe verlangt wurden, kamen wir gar nicht darum herum, uns mit den entsprechenden Häusern in Thüringen und Nürnberg in Verbindung zu setzen und den Import in die Wege zu leiten. Es dauerte nicht lange, bis solche Waren unsere Hauptartikel wurden. Verhältnismäßig schnell erhielten wir die Eintragung in das Handelsregister, das Steuerpatent für den Spielwarenhandel und später auch die Carte d'Identité. So waren die Wege geebnet, unsere noch in Straßburg lagernden Möbel kommen zu lassen und uns eine Wohnung einzurichten. Wir fanden im Parterre eines Hauses in der Rue Jaubert drei Zimmer mit Küche und einem kleinen freundlichen Hofraum und installierten uns dort. In Marseille fühlten wir uns mehr oder weniger heimisch, und bald hatten wir auch familiären Anschluss gefunden. Ich selbst konnte sogar schon daran denken, für die Firma Dispeker auf Reisen zu gehen, während meine Frau einen großen Teil der geschäftlichen Innenarbeit, daneben aber auch noch Haushalt und Kind besorgte – gewiss keine kleine Last!

Ein liebeswertes Gärtchen wäre die Kurzbeschreibung meines Reiches in den folgenden Jahren. Dort verbrachte ich den Großteil meiner frühen Kindheit. Dort empfand ich mich als unangefochtener Herrscher und konnte meiner Fantasie und meinen Talenten freien Lauf lassen. Das ganze Gärtchen war knapp zehn gepflasterte Quadratmeter groß. Hinzu kam ein schmaler Streifen Erde an der Seite, die dem Haus gegenüberlag, und Mauern, die unseren Hof links und rechts von dem der Nachbarn abgrenzten. Fast täglich pflegte ich meine Hausaufgaben nach der Schule irgendwie «hinzuschmieren» – was mich übrigens nicht daran hinderte, zu den besten Schülern der Klasse zu zählen – und lief in den Hof hinaus, wo ich mir aus alten, an einem Wäscheseil befestigten Stoffbahnen eine Art Zelt gebaut hatte. In dieser Höhle fühlte ich mich geschützt, sicher vor der grausamen Außenwelt und den forschenden Augen meiner Mutter und Frau Jacobs, der Kinderfrau, die sie als Hilfe eingestellt hatte. Meist spielte ich allein oder las Bücher, die ich mir aus der Schulbibliothek geliehen hatte.

An dieser Stelle müssen meine damaligen literarischen Erstversuche erwähnt werden, ebenso wie die Lektüre von Büchern, die zum Besten der französischen Literatur zählen. Beide Gewohnheiten verdanke ich meiner Lehrerin in der dritten Klasse der Jungengrundschule unseres Wohnviertels. Diese Lehrerin, Madame Armand, erkannte sehr bald meinen Hunger nach Büchern und sorgte dafür, ihn großzügig zu stillen. Es ist wohl ihr Verdienst, dass ich gern zur Schule ging, trotz meiner Abneigung gegen jeden Rahmen und jede Autorität. Am Ende des Jahres beriet man sich mit meinen Eltern und beschloss, mich direkt in die vierte Klasse «springen» zu lassen, wo ich zum jüngsten Schüler wurde. Aber kehren wir noch einen kurzen Augenblick in meinen geliebten Hof zurück. Abgesehen von meinen Holzspielsachen, Bauklötzen, Zügen und der Straßenbahn beschäftigte ich mich dort noch mit einer weiteren Art von Spiel – in Kooperation mit einem Mädchen aus dem dritten Stock unseres Hauses, das offenbar gern damit einverstanden war, mir als «Patientin» zu dienen und sich von mir gründlich untersuchen zu lassen. Vorläufig beschränkten wir uns auf den visuellen Aspekt. Da ich keine Schwester hatte, war es dieses Nachbarsmädchen, dem ich meine ersten Einblicke in die anatomischen Besonderheiten des anderen Geschlechts verdankte. Und wenn wir schon von diesem heiklen Thema reden, hier noch eine Episode:

Mein zwei Jahre älterer Cousin L., der 1939 mit meiner Tante Ella nach Frankreich gekommen war, machte es sich zur Gewohnheit, sehnsüchtig die junge Frau vom zweiten Stock zu beobachten, wenn diese mit gespreizten Beinen entspannt auf ihrem Balkon saß, wie ich annehme, um gelegentlich ein wenig auszulüften. Auf meine Frage, was es dort zu sehen gäbe – ich vergaß zu erwähnen, dass besagtes Fräulein die Existenz von Unterhosen völlig ignorierte –, antwortete mein Cousin mit einer wegwerfenden Handbewegung: «Was verstehst du schon?»

Weiter erinnere ich mich noch deutlich an diverse Auseinandersetzungen mit meiner Mutter. Bei der ersten ging es um das Thema Ernährung. Wie viele andere Mütter war auch die meine der Ansicht, dass die Haut auf der Milch einen besonderen gesundheitlichen Nährwert besäße. Mich hingegen ekelte es vor dem fettigen

Zeug und ich weigerte mich ganz einfach, es zu schlucken. Mutter versuchte, mich zu «überzeugen». Daraufhin verkündete ich einen Hungerstreik, der drei Tage dauerte. Schließlich gab Mutter nach – von nun an durfte ich meine Milch filtern. Nur hatte ich in der Zwischenzeit bereits eine solche Allergie gegen das ganze Thema entwickelt, dass ich viele Jahre lang nicht nur die Milch selbst nicht mochte, sondern auch einen Großteil der daraus gewonnenen Produkte.

Dieser Disput basierte auf etwas ganz Konkretem. Beim nächsten Vorfall handelte es sich um ein grundsätzlich-ideologisches Thema, das ernsthaft erwogen werden musste und eine tiefere Bedeutung besaß. Es begann damit, dass ich mit Lehm spielte, eine meiner Lieblingsbeschäftigungen. Ich knetete das Material und formte daraus die verschiedensten Erzeugnisse, zum Beispiel Nahrungsmittel oder Tierfiguren. Eines Tages, als ein nicht ganz genutzter Klumpen übrig blieb, kam ich auf die Idee, mit diesem ein Loch in einer der Mauern zu stopfen, die unseren Hof von dem der Nachbarn trennten. Selbstverständlich wurde diese Dichtung auch «künstlerisch veredelt» und sogar mit meiner Unterschrift versehen. Gleich darauf verspürte ich das Bedürfnis, mein Erfolgserlebnis mit Mutter zu teilen, die sich die Mühe machte, ihre Beschäftigung einen Augenblick zu unterbrechen und mitzukommen, um meiner Hände Arbeit zu bestaunen und auch mit lobenden Worten für die gelungene Arbeit nicht sparte. Alles war in bester Ordnung, bis ich einen Fehler an meinem Werk entdeckte und beschloss, dieses zu zerstören und das Loch aufs Neue zu verstopfen.

Aus unerfindlichem Grund beschloss ich, Mutter darüber zu informieren. Diese dachte, dass ich sie um Erlaubnis gebeten hätte und war dagegen, die Dichtung wieder zu öffnen. Schließlich artete das Gespräch in höhere Töne aus, wobei ich mit Nachdruck argumentierte, Künstler hätten das Recht, selbst über das Schicksal ihrer Werke zu bestimmen.

Jahre später, als ich Ayn Rands Buch *Der Ursprung* las, verstand ich, dass unsere Debatte die Ansätze einer sehr grundsätzlichen philosophischen Frage berührt hatte, die mit widersprüchlichen Weltanschauungen verbunden ist. Wie dem auch sei, ich beharrte unnachgiebig auf meinem Recht, bis Mutter mir mit einer schweren Strafe drohte. Natürlich öffnete ich das Loch «aus Protest».

Ich bekam eine Woche Hausarrest (*nach* der Schule, versteht sich), aber es entstand ein sehr viel größerer Bruch als der in der Wand, nämlich in Mutters Autorität und ihrer Fähigkeit, mir ihren Willen aufzuzwingen.

Ich selbst hatte das Gefühl, einen ersten Schritt in die richtige Richtung getan zu haben: meine Unabhängigkeit abzustecken und mich vom Druck meiner Eltern zu befreien. Von jenem Tag an sollte ich selbst bestimmen, was ich aß und was nicht. Anzumerken wäre noch, dass meine Mutter es seit diesem Vorfall tunlichst vermied, mir Speisen aufzuzwingen, die ich nicht essen wollte.

Meine Reisen führten mich durch viele französische Städte und Ortschaften, und ich habe, ohne meine geschäftlichen Pflichten zu vernachlässigen, die reichen kulturellen und landschaftlichen Schönheiten all dieser durch Geschichte und Lage berühmten Städte in mich aufgenommen, ebenso wie ich mich auch für ihre kulinarischen Eigenheiten stets interessiert habe.

Nach einem Jahr schon hatten wir einen treuen Stamm fester Kunden von der Côte d'Azur bis zum Roussillon und nach Norden bis in die Gegend von Lyon und zu den Bergen der Auvergne. Von der einfachen Markthändlerin bis zur Leitung des eleganten Kaufhauses hinauf bewahrten sie uns jahrelang die Treue. In den von mir frequentierten Hotels war ich ebenso bekannt und wurde ebenso aufmerksam bedient wie jeder zwei- bis dreimal im Jahr wiederkehrende Reisende. Und als ich endlich auch noch die Insel Korsika in mein Reiseprogramm aufgenommen und dort in allen größeren Städten eine überraschend gute und zuverlässige Kundschaft gefunden hatte, da war ich von den Schönheiten und der Eigenart von Land und Leuten so begeistert, dass wir diese «große Tour» einmal im Jahr zu zweit machten. Wir genossen Ajaccio und Corte, Ile Rousse, Calvi und Bastia, bestaunten die Schneegipfel des Monte d'Oro, das purpurne Farbenspiel der Felsen von Piana und ruhten uns einige Tage unter den Riesentannen des herrlichen Hochwalds von Vizzavona in 1200 Meter Höhe aus. Die abwechslungsreichen Weine des Landes mundeten uns ebenso wie die landesüblichen Langusten und der würzige einheimische Ziegenkäse. Und wenn wir nach Hause kamen, holten wir aus unserer Bibliothek Prosper Mérimées *Colomba* oder Alfred Kerrs *Korsika* hervor und verglichen Schilderung und Wirklichkeit. Ab und zu mussten wir unsere Reisefreude mit einigen Stunden Seekrankheit bezahlen, aber wir brachten Neptun gern dieses Opfer für die Schönheiten der Zauberbucht von Ajaccio oder den Reiz einer Autofahrt quer durch das Eiland, das einen der größten Menschen der Weltgeschichte geboren hat. Ich kann es begreifen, dass Napoleon noch auf St. Helena schrieb, er werde nie den Duft seiner Heimatinsel vergessen.

Und wo vergnügte ich mich in der großen Hitze der Sommertage, während meine teuren Eltern ihre Urlaube mit herrlichen Ausflügen verbrachten? Nun, dazu fanden sich in den Vororten von Marseille Bauern, die für ein bescheidenes Entgelt gern bereit waren, Kinder ein paar Wochen lang bei sich aufzunehmen, damit deren Eltern sich erholen konnten. Man hatte jedoch nicht damit gerechnet, dass ein kleiner Junge wie ich, ein Einzelkind, etwas verwöhnt und sehr selbstständig, imstande war, seine Gastgeber ordentlich zu ärgern, nicht zuletzt, weil er das Gefühl hatte, von seinen Eltern verlassen worden zu sein. Ich selbst gewöhnte mich sehr schnell an meine neue Situation und beschloss, sämtliche mir bis dato unbekannten Phänomene zu entdecken, die sich meinen neugierigen Augen enthüllten.

Ein Teil davon hat sich tief in meine Erinnerung eingeprägt, wie zum Beispiel jene Begebenheit, als ich mich aufmachte, um einige meiner kleinen Freunde zu suchen. Es war ein strahlender Sonnentag, die Luft angefüllt vom aufgeregten Gezwitscher der Vögel und den Botschaften anderer Tiere, die sich über die Gegenwart schwatzhafter und lautstarker Zweibeiner sorgten. Energisch marschiere ich den

Pfad entlang, den die Füße hunderter von Freunden und Gästen im Laufe der Jahre geebnet haben.

Mein Blick fällt auf ein wunderschönes Spinnennetz, das quer über den Pfad gespannt wurde, und kurz darauf entdecke ich auch den echten Hausherrn des Ortes: eine riesige Spinne mit einem Durchmesser von 25 Zentimetern, gelb mit schwarzen Streifen. Panikerfüllt laufe ich zurück nach Hause, wo es mir natürlich nicht gelingt, meinen Gastgebern den Grund meiner Erschütterung zu erklären. Seit jenem Tag erfüllt mich der Anblick von Spinnen nahezu jeder Größe und Sorte mit Abscheu und Angst.

Und hier noch eine weitere Erinnerung anderer Art: Wie man weiß, hegen die Franzosen eine Vorliebe für seltsame Speisen, darunter Muscheln, Frösche und Schnecken. Letztere zeichnen sich unter anderem durch die Schleimspur aus, die sie hinterlassen. Wie also kann man aus so etwas eine Mahlzeit zubereiten? Während meiner zweiten Sommerfrische irgendwo auf dem Weg nach Aubagne sollte ich auf diese Frage eine Antwort bekommen. In der Nähe des Hauses, in dem ich wohnte, gab es einen kleinen Brunnen, der normalerweise leer war. Eines Tages stellte ich fest, dass er sich mit Wasser gefüllt hatte. Darin schwammen Schnecken mit und ohne Schneckenhaus herum, die auf diese Weise ihr Erdendasein als Weichtiere beenden sollten, um dann einer der nahenden Festmahlzeiten zu dienen. Zunächst aber starben diese armen Kreaturen für die Gaumenfreuden der wartenden Feinschmecker einen entsetzlich qualvollen Tod.

Erschüttert und zornentbrannt rannte ich zu der Bäuerin und pochte auf das Existenzrecht der gefolterten Tiere. Zunächst verstand sie überhaupt nicht, wovon ich sprach. Nachdem sie es aber begriffen hatte, versuchte sie mir zu erklären, dass das in dieser Gegend seit Generationen Brauch sei – was meinen Zorn nur vermehrte. Ich fuhr solange fort, ihr auf die Nerven zu gehen, bis ihre Geduld sich völlig erschöpft hatte, ihr Gesicht rot anlief und sie mir als Finale eine ordentliche Ohrfeige verabreichte. Letztere setzte sowohl meinen Ferien ein jähes Ende als auch denen meiner eiligst herbeizitierten Eltern, die ihr Goldstück nun abholen mussten.

So vergingen die Jahre und ich war unter den französischen Kindern immer noch ein fremdes Element, obwohl ich «einer von ihnen» sein wollte. Das wünschte ich mir so sehr, dass ich mir sogar die leichte Verfügbarkeit von Vaters Brieftasche zunutze machte und mir daraus ab und zu ein paar Münzen «borgte» – zum Erwerb von Süßigkeiten, die ich dann großzügig an meine Schulfreunde verteilte.

Natürlich dauerte es nicht lange, bis meine Eltern merkten, dass mit der Brieftasche etwas nicht in Ordnung war. Ich wurde auf frischer Tat ertappt und bestraft. Zur selben Zeit empfahl man meinen Eltern auch, mich die sechste Klasse überspringen zu lassen und auf ein Gymnasium zu schicken. So kam ich als Klassenjüngster auf das renommierte Marseiller Lycée Thiers. Ich war, soweit ich weiß, der einzige Jude unter den etwas mehr als 20 Schülern, alles Jungen und, wie sich später herausstellen sollte, zum Teil auch mit mehr oder weniger stark ausgeprägten rechtsorientierten Anschauungen.

Dennoch kann ich mich an keine Vorfälle von Rassismus oder Antisemitismus erinnern. Den Ausdruck «sale juif» hörte ich zum ersten Mal an einem ganz anderen Ort. Insgesamt waren es, abgesehen von dem einen oder anderen Zwischenfall, ziemlich glückliche Jahre – bis der Zweite Weltkrieg ausbrach.

Marseille war nach und nach wirklich unsere zweite Heimat geworden. Wir hatten etwas geselligen Verkehr gefunden, einige Emigrantenkreise und auch eine schweizerische und eine französische Familie, gerade so viel, wie wir bei unserer starken Absorbierung durch das Geschäft verkraften konnten. Als wir nach Marseille kamen, war die deutsche Emigrantenkolonie noch sehr klein; es waren wohl kaum 200 Seelen, und das spielte in einer Millionenstadt keinerlei Rolle. Wohl gab es hunderttausende von Italienern, Griechen, Rumänien, Russen und Fremden anderer europäischer Staaten, aber der Zug der deutschen Emigration war vorerst wenig über Lyon nach Süden vorgedrungen. Der Zufluss war auch in den Jahren 1935 bis 1939, abgesehen von einigen saarländischen Familien, nicht sehr stark. Erst die Kriegsereignisse brachten den großen Umschwung.

Die paar hundert deutschen Emigranten hatten nach gutem germanischen Brauch natürlich einen Verein gegründet, der unter der Leitung eines Saarbrückener Arztes stand.

Etwas anderer Art war der von einer französischen Professorengattin deutscher Herkunft gegründete Cercle Franco-Allemand. Er sollte dem gegenseitigen Kulturaustausch und dem Erlernen und der Pflege der deutschen Sprache innerhalb der Marseiller Jugend dienen. Hier fanden sich auf neutralem Boden französische Akademikerkreise, gebildete deutsche Emigranten, aber auch einige «gleichgeschaltete» deutsche Elemente zusammen.

Die Jahre flogen in rühriger, mit der Zeit auch erfolgreicher Arbeit dahin. Man schätzte uns in unserem Berufsleben. Die Eigenheiten der «Drehscheibe der Welt» kannten wir nun von der Bouillabaisse bis zur Negerboîte im Hafenviertel. Wir machten Ausflüge an der Küste entlang zu den netten Fischerdörfern der Umgebung, spülten unsere müden Glieder in den vielseitigen «bains de mer» und gewöhnten uns an die mannigfaltigen «fruits de mer», nicht ohne dass ich mir in Gesellschaft einer amerikanischen, zu Besuch bei uns weilenden Tante die ortsübliche Muschelvergiftung holte, eine wenig angenehme und nicht ungefährliche Angelegenheit.

Ich selbst liebte unsere Wochenendausflüge in die nähere Umgebung sehr, obwohl mir die Fahrten im Autobus weniger zuträglich waren. Einen Teil unsere Ziele, vor allem Allauch, Aubagne, l'Estaque und andere – erstaunlich, mit welcher Leichtigkeit diese Namen aus meiner Kindheit zu mir zurückkehren – konnte man auch mit der Straßenbahn erreichen, die damals noch als «Elektrische» bezeichnet wurde.

Mutter sorgte dafür, dass ich Schwimmunterricht bekam, von einem Lehrer, den ich in unguter Erinnerung habe, weil er meinen etwas vorsichtigen, zaghaften Charakter nicht erkannte. Ganz nach der damals üblichen Methode warf er mich nach einigen Stunden einfach ins tiefe Wasser. Ich war wie gelähmt, und ganz gewiss habe ich dabei nicht schwimmen gelernt.

Das erinnert mich an einen weiteren Vorfall im Zusammenhang mit Tante Marie aus Amerika, die in Gesellschaft meines Vaters im Alten Hafen Muscheln aß, die ihr nicht bekamen und zu unangenehmen Folgen führten.

Und das war so: Eines Tages nahm Mutter sich Urlaub und wir fuhren mit besagter Tante Richtung Westen zu einem unserer liebsten Fischteiche. Tante Marie und Mutter machten es sich in einem nahen Kaffeehaus bequem und ich ging zur Bootsanlegestelle hinunter. Es

Wer sagt, ich sei wasserscheu? Das Wasser ist nur so nass!

war ein nahezu windstiller Tag, kleine Wellen tanzten auf der Wasseroberfläche und ich erfand ein unterhaltsames Spiel: Ich packte den Strick, der eines der Boote mit dem Steg verband, zog das Boot an mich heran, und ließ dann wieder locker, zog und ließ locker, wieder und wieder. Bis ich abermals zog – und zu spät losließ.

Ich fiel in den Teich, in meinen «guten» Anziehsachen, mit Schuhen und allem Drum und Dran. Ich erinnere mich nicht, ob es mir gelang zu schwimmen. Ein paar Fischer, die sich in der Nähe aufhielten, kamen sowieso herbeigelaufen und zogen mich tropfnass, nicht sehr sauber und gehörig erschrocken aus dem Wasser. So brachten sie mich auch zu Mutter und Tante Marie, die die Gelegenheit wahrnahmen, mir ein wenig die Leviten zu lesen. Dann befasste sich Mutter mit der Frage, wie man mich trocknen und nach Hause schaffen könne. Wir fanden einen kleinen Basar – das war noch zu der Zeit, als wir jeden Groschen zweimal umdrehen mussten – und Mutter kaufte zwei Handtücher und zwei Komplets Damenunterwäsche, deren Erwerb sowieso geplant war.

Ich flehte sie an, ein Taxi zu bestellen, um nicht in diesem Aufzug allen Blicken preisgegeben in der Straßenbahn fahren zu müssen. Aber Mutters Maß an Mitleid war vor Nässe eingefroren. Außerdem wollte sie vermutlich auch der Tante ihre pädagogische Immunität beweisen. Und so wurde ich respektlos in die Trambahn geschafft, begleitet von den erstaunten Blicken und dem verstohlenen Lächeln – kann es sein, dass hier und da auch ein Lachen zu hören war? – der übrigen Fahrgäste, die sich wunderten, dass ein achtjähriger Junge Damenunterwäsche trug.

Ich rollte mich auf meinem Sitzplatz zusammen, nass, erbärmlich und voller Gefühle des Schams und Zorns, die ich bis heute noch spüren kann. Aber meine Lehre habe ich bestens verinnerlicht und gelernt, bei meinen Taten und auch Gedanken mehr Vorsicht walten zu lassen. Tatsächlich kann ich mich über Jahre hinweg an keine weiteren Geschehnisse dieser Art erinnern, mit Ausnahme von einigen «Beinahe»-Vorfällen, von denen noch die Rede sein wird.

Im Jahre 1936 gelang es meiner Frau, aufgrund ihrer Ahnen mütterlicherseits, die Reintegrierung in die französische Nationalität zu erhalten, allerdings nur auf ihren Mädchennamen bezogen. Dieser Umstand hätte uns vielleicht, ohne das Hindernis des Zweiten Weltkriegs, die Naturalisation ermöglicht, nach der wir strebten. Im Frühjahr 1939 siedelte die Schwester meiner Frau mit ihrem fast erwachsenen Sohn nach dem plötzlichen Tod ihres Mannes nach Marseille über. Unser Familienkreis hatte also eine Vergrößerung erfahren. Im Sommer 1939 hatte sich unser Geschäft so günstig entwickelt, dass unsere Wohnräume, die zugleich als Lager dienen mussten, zu klein geworden waren. Wir suchten und fanden ein größeres Appartement im Erdgeschoss eines großen Wohnhauses in der Nähe des Hauptbahnhofs. Dieses Lokal enthielt auch genügend Lagerraum. Meine Frau hatte, nachdem der Import deutscher Spielwaren einerseits durch die Devisenbestimmungen erschwert und andererseits in vielen Kundenkreisen nicht mehr erwünscht war, in ihrem Spürsinn richtig erkannt, dass jetzt die Zeit für einen neuen Geschäftszweig gekommen sei, nämlich für die Fabrikation von Puppen. Gerade der in Frankreich bevorzugte Typ des «bébé-bourré», der ausgestopften Stoffpuppe, wurde fast ausschließlich in Deutschland hergestellt. Hier war eine Chance, sich vom ausländischen Import unabhängig zu machen. Die Vorarbeiten wurden sofort energisch in Angriff genommen. Als Übergangsfabrikation stellten wir einstweilen Soldatenpuppen her, das heißt, wir bekleideten fertige Zelluloidpuppen mit Uniformen. So hatten wir einen khakibraunen Poilu, einen Chasseur Alpin, einen bunten Zuaven, einen Matrosen, einen Flieger und einen Schotten herausgebracht. Der Absatz gestaltete sich ab Sommer 1939 und auch noch im nächsten Jahr recht gut, nur mussten wir aus begreiflichen Gründen vom Herbst 1940 an den Schotten ausrangieren. Die ersten großen Puppenmodelle unserer eigenen Fabrikation gefielen nicht nur unseren Kunden, sondern auch prominenten Vertretern und sogar unseren bisherigen Lieferanten in Paris. Mit einem Schlag stand uns nun plötzlich der für Geschäfte unserer Art fast unzugängliche Weg ins Engros offen. Doch es fiel ein Reif in der Frühlingsnacht, und das war der zwar längst geahnte, aber nun doch ganz plötzlich einsetzende Zweite Weltkrieg.

Ich kann mich sehr deutlich erinnern, ab wann der Krieg und seine Folgen für mich greifbar wurden. Als wir in die Wohnung am Boulevard de la Liberté umzogen, lernte ich ein äußerst französisches Phänomen kennen – die Concierge, eine Mischung aus Hausmeisterin, Torhüterin und Aufpasserin, die in einer kleinen Wohnung nahe des Hauseingangs lebte und die Aufgabe hatte, im Gebäude für Sauberkeit und Ordnung zu sorgen. Das war bei Witwen, alleinerziehenden Müttern und amtlich erfassten Sozialfällen ein beliebter Job. Unsere Torhüterin, Madame Gontrand, bekam die Stelle dank ihres Mannes, eines Invaliden des Ersten Weltkriegs, der von dem Giftgas, das die Deutschen auf dem Schlachtfeld gegen die Franzosen eingesetzt hatten, schwer verletzt worden war. Uns behandelte diese Concierge mit Zurückhaltung und einem Hauch von Argwohn, da wir ja schließlich deutscher Herkunft waren … Im Laufe der Zeit aber gelang es uns, ihr Vertrauen zu erwerben. Den Mann sahen wir nur selten. Er war blass, schwach und kränklich, hustete viel und wirkte leidend. Eines Nachts wachten wir erschreckt auf, als es stürmisch an unserer Tür klingelte. Es war Madame Gontrand, die verzweifelt rufend unsere Hilfe erflehte: «Mein Mann stirbt, mein Mann stirbt!» Mich packte die Neugier, und noch bevor Mutter mich aufhalten konnte, lief ich in die kleine Wohnung nebenan, um dort ein schreckliches Bild zu erblicken: Mit bizarr verrenkten Gliedern erbrach der arme Mann in einem letzten, aussichtslosen Kampf gegen den Todesengel alles, was er im Magen hatte. Später erklärten mir meine Eltern, dass das die Spätfolgen des von der kaiserlichen Armee eingesetzten Senfgases gewesen seien, das viele Soldaten verätzt hatte. Der Großteil von ihnen war bereits vor Ort unter schrecklichen Qualen gestorben, andere stotterten den Preis in Raten ab.

Am nächsten Tag wurde über unseren Hauseingang ein silbern bestickter, schwarzer Trauerflor gehängt und ein «Beileidsbuch» ausgelegt, in dem Freunde und Nachbarn ihr Mitgefühl bekunden konnten. Am Nachmittag erschien eine schwarze Kutsche, gezogen von zwei schwarzen Pferden und begleitet von zwei schwarz gekleideten Gestalten. Sie luden den Sarg auf und fuhren fort. Auf diese Weise gestaltete sich in meinem Bewusstsein die Vorstellung vom Krieg und seinen Opfern: der «Fall Gontard», auf unserer Seite wie auf der des Feindes tausend-, abertausend- oder sogar millionenfach multipliziert.

Ich versuche, mich an weitere Eindrücke aus dieser Vorkriegszeit zu erinnern. Inzwischen war bereits klar, was das deutsche Monster beabsichtigte – angesichts der Invasionen, Judenverfolgungen und Gräueltaten in Spanien –, während in Frankreich noch eine linke Regierung unter Führung des Juden Leon Blum amtierte, der es nicht wagte, seiner Meinung Nachdruck zu verleihen. Hinzu kam die endlose Flüchtlingswelle aus Spanien, die sehr zum Missfallen der Regierung nach Frankreich strömte.

Großmutter Klara, die nach Tante Annis Auswanderung nach Palästina allein in Kassel zurückgeblieben war, erblindete und wurde in ein Heim gebracht. Die heiß geliebten monatlichen Pakete trafen nicht länger ein. Onkel Karl, Vaters jüngster Bruder, der wegen einer Denunziation in das berühmt-berüchtigte Konzentrationslager Dachau gesteckt worden war, kam nach intensiven Bemühungen frei, unter der Bedingung, Deutschland unverzüglich zu verlassen.

Zu jener Zeit fanden sich nicht viele Staaten, die bereit waren, jüdische Flüchtlinge aufzunehmen. In Ermangelung einer Alternative beschloss Onkel Karl, nach Nationalchina auszuwandern, nach Shanghai, von wo noch einige seltene Briefe eintrafen, bis auch diese ausblieben. Im Laufe der Zeit sollten wir erfahren, dass der arme Karl, unfähig zurechtzukommen, an Hunger und Krankheiten gestorben war.

New York, November 2. 1939
Dear Blanche, I wrote to you about four weeks ago
and was hoping to get a few lines from you, to let
me know how you and your family are. You may write
to us in French. I feel so uneasy about you. Is there
anything I may send to you food or clothing for you
or anyone in the family or money to buy these things
Please write if only a few lines.
My cousin lives now with me, and I live much nearer
to Helene. Yesterday I was at Justins he had his
fourtieth birthday, no his 39. He is still in the
same business, it is not so easy to sell.
I hope to hear from you soon.

yours as ever,
aunt Marie.

(42)

Vorder- und Rückseite einer
Postkarte von Tante Marie aus
New York, 2.11.1939

50 Jahre später, als ich mich damit befasste, unseren Familienstammbaum zu
erstellen, entdeckte ich einen weiteren Zweig der Dispekers, der ostwärts gewandert war. Eine der Familien hatte sich in Shanghai niedergelassen. Dazu gehörte
auch Cousine Chaviva, die uns in Israel besuchte. Wenn wir das damals nur gewusst
hätten...

Soweit ich mich erinnere und so seltsam das erscheinen mag, befürchtete man
in dieser Vorkriegszeit wie auch während des ersten, von den Franzosen als «drôle
de guerre» bezeichneten Kriegsjahrs keine französische Niederlage. Aber das Lachen blieb den Franzosen im Hals stecken, als die deutschen Panzer die berühmte
Maginot-Linie durchbrachen, oder richtiger, diese via Holland und Belgien plan- und
erwartungsgemäß umgingen, und zwei Drittel des französischen Territoriums besetzt wurden, während Südfrankreich in den Händen von Hitlers Kollaborateuren
blieb: Marschall Petains, eines halbsenilen Kriegshelden aus dem Ersten Weltkrieg,
und eines faschistischen französischen Politikers namens Pierre Laval.

Nun wurde die Lage ernst. Meine Eltern verkauften ihr Geschäft an eine französische Familie, für eine lächerliche Summe. Wir zogen in die kleinere Wohnung um,
die ich oben bereits geschildert habe, in einem Vorort der Stadt namens La Rose. Ein
französisches Sprichwort sagt: «A quelque chose malheur est bon», was bedeutet:
«Auch eine Katastrophe hat etwas Gutes».

In jener «dornigen Rose» also verbrachte ich meinen nächsten Lebensabschnitt,
in ländlicher Atmosphäre, diesmal mit meinen Eltern zusammen. Ich durchstreifte
die Natur und schloss mich eine Zeit lang einer Gruppe ziemlich wilder einheimi-

scher Kinder an, die mich, halb liebevoll, halb spöttisch, als «le parigot» bezeichneten – den Pariser. Warum? Vielleicht, weil mein Französisch frei war von dem
für die Marseiller so typischen Akzent. So vergingen einige Monate, in denen die
internationalen Entwicklungen nichts Gutes verhießen. Vorläufig sah es so aus, als
hätten die Deutschen die Oberhand und marschierten fast mühelos von einem Sieg
zum anderen.

Während dieser ganzen Zeit lernte ich weiter am Gymnasium und nahm natürlich auch an den nationalistischen Aktivitäten teil, die inzwischen an den Schulen
eingeführt worden waren. Diese drückten sich unter anderem durch Exerzierübun-
gen und zahlreiche Appelle aus und durch das Tragen eines Baretts mit einem Abzeichen, an dessen Bedeutung ich mich nicht mehr erinnern kann.

Rückblickend kommt es mir seltsam vor, dass ich mich von diesen Tendenzen
nicht distanziert habe, aber die beschämende Wahrheit ist, dass ich mich vom Strom
mitreißen ließ. Auch meine Eltern hatten mir dringend geraten, mich «anzugleichen»
und mich nicht von meinen Klassenkameraden abzuheben, unter denen es übrigens
nicht selten zu Debatten zwischen den Anhängern der Vichy-Regierung und denen
von General de Gaulle kam, der ins englische Exil ging und dort die Regierung und
das Militär des «Freien Frankreichs» gründete.

Später sollten diese an Frankreichs Befreiung von der Besatzung mitwirken.


## Die Welt in Flammen

Es kann nicht meine Aufgabe sein, an dieser Stelle Geschichte zu schreiben.
Ich will nur persönliche Schicksale im Spiegel der Zeitgeschichte schildern.
Nachdem Frankreich notgedrungen Deutschland den Krieg erklärt hatte, fielen wir Emigranten ebenso tragischer- wie lächerlicherweise unter den Begriff
der «feindlichen Ausländer». Unser altes Vaterland hatte uns entrechtet und
verstoßen, den weitaus größten Teil unseres Besitzes eingezogen und uns offiziell die Eigenschaft als Deutsche abgesprochen. Man konnte uns zwar nicht
unsere Gefühle für die Vergangenheit rauben, aber nur ein Idiot konnte argwöhnen, dass wir diesem uns todfeindlichen Regime die Treue hielten, die sie
uns vorher so schändlich gebrochen hatte. Trotzdem vermochten die Franzosen die Grenzlinie zwischen deutschen Staatsbürgern und Emigranten nicht
zu ziehen.

Zunächst wurden wir in ein «camp de rassemblement» gesteckt. Wir Marseiller kamen in das große Lager «Les Milles», etwa 30 Kilometer von der
Stadt entfernt, nahe von Aix. Die Gerechtigkeit gebietet zu sagen, dass wir
gut behandelt und auch gut verpflegt wurden. Das Lager befand sich in den
Räumen einer ausgedienten Ziegelei und war durch Stacheldraht und Wachen
gesichert. Nach kurzer Zeit ging man dazu über, die Insassen zu sieben und
teilweise zu entlassen. Man hatte allmählich doch eingesehen, dass die Emigranten im Allgemeinen keinerlei Gefahr für den französischen Staat bedeu-

Postkarte von Vater Dispeker
aus dem Lager in Spanien an
seine Frau Blanche

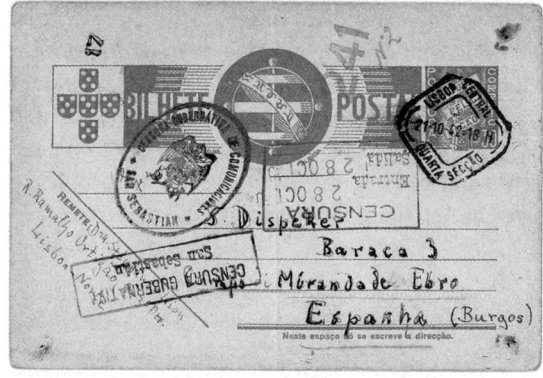

Postkarte eines Freundes aus
Lissabon an Vater Dispeker
im Lager

teten. Inzwischen hatten wir uns mit dem Lagerleben einigermaßen vertraut
gemacht. Wir waren in Gruppen eingeteilt und schliefen auf frisch aufgeschüttetem Stroh. Die Offiziere behandelten uns anständig, mit den Wachmannschaften standen wir in einem beinahe vertraulichen Verhältnis, das Essen war
gut und reichlich, wir bekamen sogar täglich eine Ration Wein. Nur die Versorgung mit Wasch- und Badewasser war etwas knapp bemessen. Die Belegschaft
des Lagers war bunt zusammengesetzt. Unter den Emigranten waren alle
Stände und Berufe vertreten, vom Schriftsteller von Weltruf, Arzt, Gelehrten,
Juristen bis zum ärmsten Tagelöhner. Bald bildeten sich Freundschaften und
Zirkel heraus; eine Sport- und Fußballabteilung wurde gebildet, es gab sogar
Wettkämpfe Deutschland gegen Österreich, mit allerlei komischen Effekten,
wenn beispielsweise der Ball in hohem Bogen in die nahe Latrine flog und die
duftende Brühe hoch aufspritzte.

Unter den Insassen des Lagers bildeten die Tschechen eine eigene kleine
Gruppe. Auch die «gleichgeschalteten» Deutschen, mit anderen Worten die
Nazis, waren in einer besonderen Gruppe untergebracht; um die Person eines
hochgewachsenen, blonden Jünglings, angeblich früher Mitglied der «Leibstandarte» Hitlers, schwirrte eine ganze Serie sensationeller Gerüchte. Die

lebhafteste und in jedem Mitglied den echten Landsknechtstyp verratende Abteilung war die der 30 bis 40 ehemaligen Mitglieder der Fremdenlegion, kurzerhand die «Legion» genannt. Hier herrschte ein weniger herzlicher als rauer Ton, und bei abendlichen kleinen Gelagen – die Herrschaften kannten stets Mittel und Wege, sich Alkohol zu verschaffen – gab es ab und zu recht lebhafte Auseinandersetzungen.

Unter den zahlreichen Intellektuellen des Lagers befanden sich mehrere vielgenannte und vielgelesene Schriftsteller, unter anderem auch Lion Feuchtwanger, der auch schon nach 14 Tagen wieder entlassen wurde. Ihm hatten die schnell begeisterten Österreicher gleich nach seinem Eintreffen ein «Ehrennachtlager» gebaut. Überhaupt die Österreicher! Sie verstanden nicht nur mit den wenigen erhältlichen Rohstoffen erstaunliche Gerichte herzustellen, sie huldigten auch in graziöser Weise Apollo und den Musen. Mit einem kleinen Hausorchester à la Schrammelmusik fing es an. Auf einmal war ein geschultes, vierstimmiges Doppelquartett da, das sich mit allerlei lustigen nächtlichen Serenaden den Geist der Trübsal zu bannen suchte. Daraus entstand allmählich unter Hinzuziehung geeigneter ehemals «reichsdeutscher» Kräfte ein richtiggehendes Kabarett, das die Sonntagnachmittage angenehm ausfüllte, und schließlich war ein veritables Lagertheater auf der Bildfläche erschienen, in dem sogar ein echter, fast allzu echter, Damendarsteller seine Rollen spielte.

In überraschender Anpassungsfähigkeit an die Bedürfnisse des Lagers hatten sich Schuster, Schneider, Friseure, Stiefelputzer und Wäschereien gefunden, die mit hoher Erlaubnis der Kommandantur gegen entsprechende Vergütung ihr Handwerk ausübten. Ein unheimlicher Tausch- und heimlicher Schwarzhandel wurden mit aller Raffinesse von hierzu besonders begabten Individuen ausgeübt. Französische Zeitungen waren in den ersten sechs Monaten einfach, später nur unter großen Schwierigkeiten zu haben. In den ersten Wochen waren auch kurze Besuche der Frauen bei ihren Männern im Lager stillschweigend gestattet. Später wurde das verboten und sogar bestraft, und es entwickelten sich tragikomische Szenen, wenn die Marseiller Frauen mehr oder weniger geglückte Versuche machten, über den Stacheldrahtzaun oder an besonders exponierten Stellen des Lagers mit ihren Männern zu plaudern oder ihnen kleine Fresspakete zuzustecken.

Für viele, aber längst nicht für alle, schlug nach einigen Wochen die Stunde der Befreiung. Dank der Reintegrierung meiner Frau durfte ich schon nach drei Wochen meinen ersten Lageraufenthalt beenden. Am 8. Oktober, unserem Hochzeitstag, war ich wieder zuhause; ich hatte auch diesmal den Tag nicht vergessen. Die erzwungene Ruhe und die gesunde Luft – außer dem Stubendienst und einigen Stunden Kartoffel- und Rübenschälen hatten wir keinerlei «Dienst» gehabt – waren mir gesundheitlich gut bekommen. In Marseille nahm ich, nach Erfüllung einiger vorgeschriebener Formalitäten, meine geschäftliche Tätigkeit wieder auf, nur Geschäftsreisen außerhalb des Departementsbereichs waren für Fremde unmöglich geworden. Immer mehr wurde jetzt die Puppenfabrikation forciert; wir bekamen bald die behördliche Genehmigung, hatten einige geschickte Heimarbeiterinnen herangebildet und uns mit Rohstoffen eingedeckt, kurz und gut: Der Laden fing an zu laufen.

Einen Moment, lieber Vater, soweit ich mich erinnere, war das nicht ganz so einfach. Sehr bald schon entstand ein Mangel an notwendigen Rohmaterialien, und auch ich wurde für die Produktion «rekrutiert».

Ich fuhr mit meinem «Trottinett» umher und später auf einem Fahrrad. Letzteres war ein Geschenk von Tante Marianne (Pseudonym), mit der ich einen kurzen Sommerurlaub in Juan-les-Pins an der Côte d'Azur verbracht hatte, von dem nicht gerade die besten Erinnerungen zurückgeblieben waren. Rückblickend hege ich den Verdacht, dass diese Tante beabsichtigte, mich in die Geheimnisse der Liebe einzuweihen, bei mir jedoch auf mangelnde Kooperationsbereitschaft gestoßen war, oder, präziser ausgedrückt: Ich entwickelte fast vom ersten Augenblick an eine heftige Allergie gegen diese Frau. Das mag an ihrer Manieriertheit gelegen haben, die mir nicht gefiel, vielleicht aber auch an der großen Schar ihrer Verehrer, die um sie herumschwirrten wie Bienen um den Blütenstaub und den Großteil ihrer Zeit und Aufmerksamkeit beanspruchten. Anzunehmen, dass ich auf diese Ärmsten schlicht und einfach eifersüchtig war, weshalb ich auch in Ungnade fiel und vorzeitig heimgeschickt wurde – und damit beinah das heiß begehrte Fahrrad verlor, das man mir für gutes Benehmen versprochen hatte.

Wie sich zeigte, ließ sich die Tante jedoch am Schluss etwas erweichen, sodass das Objekt meiner Träume im letzten Augenblick auf den Zug geladen wurde, der mich nach Hause brachte. Ich habe Tante Marianne seit damals nie wiedergesehen. Wenn ich mir ihr Bild in Erinnerung rufe, erscheint vor mir eine Art Hexe in Verpackung einer schönen Frau. Liebe Leser, ihr dürft dabei nicht vergessen, dass wir unmittelbar vor Ausbruch des Zweiten Weltkriegs stehen!

Nun fuhr ich also mit meinem neuen «Fahrzeug» im Geschäftsviertel umher, und fragte überall nach, ob man zufällig noch Reste von Kapok zum Ausstopfen der Puppenkörper, Taft für deren Arme und Beine und Organza für deren Prunkgewänder übrig habe. Dabei muss betont werden, dass man mich in den meisten Fällen freundlich empfing und weiterleitete, mit einem leisen Lächeln in Anerkennung der Initiative und/oder der Unverschämtheit dieses seltsamen Jünglings.

Allmählich aber erschöpften sich auch diese Reste, und die Suche nach ihnen blieb fruchtlos und frustrierend. Uns blieb keine Wahl. Wenn wir unsere Produktion aufrechterhalten wollten, mussten wir uns an den blühenden Schwarzmarkt wenden, wo gegen entsprechende Bezahlung fast alles zu bekommen war. Und das erinnert mich an die «Hamsterfahrten», die Mutter und ich unternahmen, als die laufende, vorwiegend durch Rationierung geregelte Lebensmittelversorgung infolge des Krieges mehr als knapp wurde und kritische Dimensionen annahm. Mutter befürchtete, dass dieser Mangel meine ordentliche Entwicklung beeinträchtigen könne und begann zu meiner Freude, an Wochenenden mit mir durch Konditoreien zu streifen, wo man immer noch rationiertes Gebäck bekommen konnte. Wer mich und meine Leidenschaft für Süßes kennt, mag sich mit mir zusammen den Kopf über Huhn und Ei zerbrechen, das heißt: War das nun die Ursache oder die Folge meiner Schwäche für Naschereien? Ich für meinen Teil liebte diese «Nahrungsergänzungsmittel» sehr, obwohl der dahinter stehende Grundgedanke rückblickend etwas fragwürdig scheint.

Der Winter 1939/40 brachte an der Westfront noch das gegenseitige Belauern und nur schwache Gefechtstätigkeit, was man in Frankreich etwas oberflächlich mit «drôle de guerre» zu bezeichnen pflegte. In Wirklichkeit hatte die eine Seite hinter dem Schleier ihres Festungswalls die ungeheuerlichsten Offensivvorbereitungen getroffen, die die Welt je gesehen, während sich die andere Seite in einer falschen Sicherheit wiegte. Im Frühjahr 1940 brach das Unwetter nach der völligen Niederwerfung Polens zunächst im hohen Norden los. Norwegen und das schwache Dänemark waren die Opfer. Der Gegenschlag Frankreichs und Englands erfolgte zu spät und nicht wuchtig genug. Und dann kam am 10. Mai 1940 jene Katastrophe des «Blitzkriegs», jene gigantische Ausweitung des alten Schlieffenschen Kriegsplans, die Luxemburg einfach überrannte, Belgien und Holland in wenigen Tagen erledigte und die tapferen französischen Truppen und die paar englischen Divisionen Schritt für Schritt zurückdrängte, dank riesiger Überlegenheit an technischem Material, aber auch an Zahl der Truppen. Das «Wunder an der Marne» konnte sich diesmal nicht wiederholen; nach dem Drama von Dünkirchen sah Frankreich mit Trauer und Entsetzen die Niederlage greifbar vor sich. Es kommt mir nicht zu, mich über die Frage von Schuld und Verantwortung, die übrigens bis heute erst teilweise geklärt ist, zu äußern.

Bedauerlicherweise entluden sich die ersten Reaktionen der nationalen Enttäuschung und Verzweiflung auf die Häupter aller Fremden, insbesondere aber auf die der schon schwer geprüften Emigranten. Alle, die freigelassen worden waren und die gewiss inzwischen nichts begangen hatten, was den Interessen Frankreichs schaden konnte, wurden auf Geheiß des inzwischen an die Macht gelangten Innenministers George Mandel wieder in die Lager gesperrt, diesmal aber in bedeutend schärferer Form.

Nach und nach füllte sich der Raum immer mehr, und bald merkten wir, in welche illustre Gesellschaft wir geraten waren. Landstreicher, allerlei Kriminelle und auch die Zunft der Zuhälter waren vertreten. Es folgte ein trostloser Nachmittag. Ab und zu rief man die Namen auf, deren Träger weitertransportiert wurden. An Schlaf war wegen des Lärms, der Luft und nicht zuletzt des quälenden Ungeziefers nicht zu denken. Alle paar Stunden erhielten wir ein Stück trockenes Brot, am anderen Morgen gegen Bezahlung eine kaffeeähnliche Flüssigkeit. Mir war nicht wohl zu Mute, als nachmittags gegen drei Uhr mein Name immer noch nicht aufgerufen worden war, fürchtete ich, eine zweite solche Nacht nicht mehr ertragen zu können. Gegen vier Uhr überfiel mich wieder ein Schwindelanfall, einer meiner Zellengenossen meldete mich dem Wärter als krank, man brachte mich auf den Gang. Innerhalb von zehn Minuten hatte der Inspektor meine Überführung in ein Krankenhaus angeordnet, das weiße Auto der «police-secours» fuhr vor und brachte mich in die Aufnahme. Aber nicht als gewöhnlicher Kranker wurde ich eingeliefert, sondern als Polizeigefangener, der in einer geschlossenen Abteilung unterzubringen war.

Am nächsten Vormittag gab es eine andere traurige Überraschung. Deutsche Luftgeschwader überflogen die Stadt und bombardierten die Hafengegend und die Kaianlagen. Wir sahen von unseren Fenstern aus die Rauchwölkchen und die Abwehrbatterien und hörten jeden Bombeneinschlag. Obendrein erzählte mir der Wärter, dass alle internierten Emigranten nach Nordafrika abtransportiert würden. Alle diese Vorfälle trugen nicht gerade dazu bei, meine Stimmung, die ohnehin schon auf dem Hund war, zu heben. Ich war von der Außenwelt völlig abgeschnitten, meine Angehörigen wussten nicht, wo ich war, mein Schicksal war absolut ungewiss, mein Befinden wenig zufriedenstellend. Jeden Tag wurde zweimal unsere Temperatur gemessen, alle zwei bis drei Tage kam die Chefärztin mit ihrem Stab. Bei ihrem nächsten Besuch sprach ich sie an: Ich fühlte mich besser und hätte nur einen Wunsch, in das Lager «Les Milles» zu kommen, wo sich alle meine Schicksalsgenossen schon befänden. Am nächsten Morgen um neun Uhr erschienen zwei Gendarmen in meinem Krankensaal, befahlen mir, mich anzukleiden und führten mich im geschlossenen Auto wieder in das Polizeigebäude, wo ich noch eine wenig schöne Nacht, diesmal allerdings in einer ungezieferfreien Zelle, verbrachte. Am anderen Morgen wurde ich endlich aufgerufen, mit zwei Genossen in einem Gendarmerieauto verstaut, wo man uns Handfesseln anlegte. Dann ging es in schnellstem Tempo fort. Mit banger Sorge verfolgte ich den Weg des Wagens und atmete auf, als ich den mir wohlbekannten Weg nach dem Lager «Les Milles» erkannte. Dort wurde ich mit großem Hallo von den vielen Bekannten empfangen, denen ich meine Schicksale berichten musste.

Das Lager vom Juni 1940 war nicht mehr dasselbe wie im September 1939. Alles war strenger und ungemütlicher, die Belegschaft ungeheuer gewachsen. Es mochten wohl 2500 bis 2600 Insassen sein. Ich wurde einer der zuletzt angekommenen Gruppen zugeteilt, und man erwies mir die Ehre, mich zum Gruppenführer zu wählen. Das war eine zweifelhafte Anerkennung, denn sie brachte mehr Verantwortung, Arbeit und Ärger mit sich als Vorteile. In meiner Gruppe befanden sich übrigens mehrere interessante Leute, unter anderem ein älterer süddeutscher Arzt, mit dem ich schnell eine die Lagerzeit überdauernde Freundschaft schloss. Unglücklicherweise hatten die Aufregungen und die mangelhafte Kost der letzten Tage meinen Gesundheitszustand ungünstig beeinflusst. Ich litt an einem unangenehmen Gesichtsödem, auf das eine Furunkulose folgte. Im Lager wurde es von Tag zu Tag ungemütlicher; die Stimmung verschlechterte sich sowohl bei den Offizieren wie bei den Bewachungstruppen mit der zunehmenden Gewissheit der Niederlage Frankreichs. Das steigerte natürlich auch die Nervosität und die Besorgnisse der Internierten, von denen viele fürchteten, eventuell in deutsche Hände zu fallen. Es kam zu Démarchen und Verhandlungen mit der Kommandantur des Lagers. Schließlich, als die deutschen Truppen schon in Lyon standen und der bewegende Aufruf des greisen Marschalls Pétain die Franzosen zur Niederlegung der Waffen aufforderte, stellte man es den Lagerinsassen frei, sich nach einem sicheren Ort abtransportieren zu lassen. Etwas mehr als die Hälfte der Lagerinsassen meldete sich zur Fahrt ins Ungewisse, darunter auch ich.

## Die Fahrt ins Blaue

Am 23. Juni morgens stand im nahen Bahnhof ein Zug von riesigen Dimensionen, je zur Hälfte aus Güter- und Personenwagen bestehend. Da auch aus den Nachbarlagern Transporte angemeldet waren, ergab sich eine Transportstärke von rund 2500 Mann. Das Reiseziel wusste niemand außer dem Transportführer, die tollsten Gerüchte zirkulierten schon vorher. Was war aus unseren Familien geworden? Niemand wusste es; man munkelte, Marseille sei von den Frauen und Kinder der Emigranten geräumt und diese seien nach den Pyrenäen abtransportiert worden; Genaues war nicht zu erfahren. Nach vieler Mühe und unendlichen Vorbereitungen gelang es, meine Gruppe in zwei Personenabteilen des Sonderzugs unterzubringen. Die Coupés waren überfüllt, ich fand, noch mit einem dicken Furunkel mitten auf der Stirn, einen Platz auf meinem Gepäck vor der Tür der Toilette. Unendlich langsam und schwerfällig setzte sich gegen elf Uhr vormittags der Zug-Bandwurm in Bewegung, alle Viertelstunde auf freier Strecke haltend. Merkwürdigerweise ging die Fahrt nicht direkt nach Südosten, wie die meisten geglaubt hatten, sondern zunächst über Aix nach Marseille. Ein gefundenes Fressen für die Unglückspropheten, die eine Fahrt nach Afrika geweissagt hatten! Um die Mittagsstunde hielten wir vor dem Eingang des Bahnhof St. Charles ungefähr eine halbe Stunde lang, die Ausgänge waren von Soldaten mit aufgepflanztem Bajonett bewacht. Meine Gefühle kann sich jeder vorstellen, der weiß, dass meine Wohnung und meine Familie nur zwei Minuten vom Bahnhof entfernt waren. Eine Postkarte, die ich einem Bahnangestellten übergab, ist niemals angekommen.

Dann setzte sich der Zug wieder in Bewegung, und zwar ging es jetzt in Richtung Arles. Diese Strecke kannte ich zur Genüge. In Arles rangierte man uns über die Rhônebrücke auf das Gleis der Nebenbahn, die durch die Camargue nach Nîmes führte. Nach einem Mittagsaufenthalt zockelten wir weiter über Montpellier nach Narbonne, von hier weiter über Carcassonne gen Toulouse. Mitten in der Nacht lagen wir etwa sechs Stunden lang auf dem Güterbahnhof, unterwegs war Verpflegung ausgegeben wurden. Bei der Überfüllung war an Schlaf kaum zu denken, noch viel weniger konnte ich mein Furunkel pflegen. Morgens kroch der Zug weiter bergan in Richtung Tarbes und Lourdes. Meine Gedanken (und meine Sehnsucht) umfassten die wundervolle Pyrenäenlandschaft und die Gnadenstätte der Mutter Gottes mit ihrer berühmten Wundergrotte. Leider fing es in Strömen an zu regnen. Bei Tarbes hatten wir die Höhe des Gebirges erreicht und rollten abwärts auf Pau zu. Im Zug kursierten neue Gerüchte, es hieß, die Deutschen seien von Bordeaux aus im Anmarsch auf die spanische Grenze. Angenehme Aussichten, schon trug sich eine Anzahl Fahrtgenossen mit Fluchtgedanken. Immer deutlicher wurde jetzt das Reiseziel: Bayonne beziehungsweise die spanische Grenze. Am späten Nachmittag rollten wir, völlig erschöpft von der 30-stündigen Fahrt, im Gare Maritime von Bayonne ein, wo uns ein wohlverdientes Mittagsmahl in Aussicht gestellt war. Aber was war das? Der Bahnhofsvorsteher gab unserem Transportführer ein Zeichen und flüsterte ihm hastig einige Worte zu. Niemand durfte aussteigen, die Lokomotive wurde abgehängt, setzte sich vor den hintersten Wagen der Zugschlange und plötzlich hieß die Parole, um im Stil des Nachbarlandes zu reden: «Rückwärts, rückwärts, Don Rodrigo!»

Was war geschehen? Schon zwischen Pau und Bayonne hatten wir vom Zug aus Dutzende von komfortablen Autos nach Nordosten flüchten sehen, zum Teil mit allerlei Hausrat bepackt. Waren die Deutschen schon an der spanischen Grenze? Es war kaum noch daran zu zweifeln! Eine Art Panik entstand in unserem Zug, zu Dutzenden stiegen Passagiere, diesmal ungehindert von den Posten, aus und kamen nicht wieder. Man sagte, die Parole «Rette sich, wer kann!» sei ausgegeben worden, und ein Teil folgte ihr. In Wirklichkeit hatte sich etwas geradezu Tragikomisches ereignet. Unser Transportführer hatte, ich glaube von Nîmes aus, ein Telegramm an den Bahnhofsvorstand von Bayonne gerichtet: «Ersuche für morgen mittag Verpflegung für 2500 Deutsche». Der Beamte glaubte die deutschen Truppen im Anmarsch – dass es sich um deutsche Emigranten handelte, war vergessen worden zu bemerken. Die Wirkung in der Hauptstadt des Bearn kann man sich denken, und die Folge war gewissermaßen, dass wir vor uns selbst die Flucht ergreifen mussten. Tatsächlich wurde fünf oder sechs Tage später Bayonne von den deutschen Truppen besetzt, aber an jenem Tag war die Panik zumindest verfrüht.

Ich versuche, mich an Impressionen und Gefühle aus jener Zeit zu erinnern. Mir scheint, das Leben nahm mehr oder weniger seinen gewohnten Lauf, abgesehen von der Sorge um das Schicksal von Vater, der im Lager inhaftiert war. Unsere Informationen darüber, wo und in welchem Zustand er sich befand, waren fast aktuell. Mutter lief zwischen den Behörden hin und her, um ihn auf Basis eines Ausweises namens «Reintegration dans la nationalité française» freizubekommen, also durch eine Rückerstattung der französischen Staatsbürgerschaft, auf die er wegen Mutters lothringischer Herkunft Anspruch hatte. Ich lernte weiter auf dem Gymnasium, trotz eines schleichenden Gefühls des Unbehagens, das zunehmend mächtiger wurde, je mehr sich die Position der Kollaborateure der Deutschen in der französischen Regierung stärkte. In unserer Klasse war die Aufspaltung in die einzelnen Lager bald schon deutlich zu erkennen. Die Kinder ausländischer Herkunft – also die Mehrheit in einer Hafenstadt wie Marseille, die ganze Generationen von Flüchtlingen aus Italien, Frankreich, Rumänien, der Türkei und Nordafrika aufgenommen hatte – unterstützten entweder laut vernehmlich oder insgeheim Charles de Gaulle. Die Söhne der alteingesessenen französischen Familien hingegen unterteilten sich je nach Weltanschauung ihrer Eltern. Die als «les Boches» bezeichneten Deutschen, mit denen jahrhundertealte blutige Rechnungen offenstanden, konnte keiner leiden. Damals dachte man noch, dass diese Rechnungen nie bereinigt werden könnten, aber siehe da, weniger als 50 Jahre später war die Vereinigung Europas eine mehr oder weniger vollendete Tatsache und basierte auf einer mutigen Kooperation zwischen Frankreich und Deutschland.

Zurück zu den Anfangstagen des Zweiten Weltkriegs. Die ständige Spannung, die uns alle, Schüler wie Lehrer, begleitete, begann nun in Form von mangelnder Disziplin und Schwätzen während des Unterrichts ihre Zeichen zu geben. Manche Lehrer zogen es vor, nicht zu reagieren, andere bedienten sich des Mittels der sogenannten «permanence». Das war ein großer Saal, in den die Widerspenstigen aller Klassen geschickt wurden. Dort mussten sie mehrere Stunden in absolutem Schweigen verharren, bis der Schultag zu Ende war. Über diese Totenstille wachte Monsieur Arnould, ein breitschultriger Gnom, dessen Kopf aussah, als sei er hastig auf seinem Körper aufmontiert worden, ohne sich mit Bagatellen wie einem Hals aufzuhalten. Ich vermutete, dass er früher einmal Oberfähnrich einer Kompanie des Söldnerheers gewesen war. Er glich eher einem Boxer als einem Pädagogen. Wie dem auch sei, er jagte allen Schülern tödliche Angst ein und war für viele von uns Gegenstand ihrer Albträume. Ich selbst träumte einmal, ich sei der Fahrer eines Busses, zu dessen Passagieren er zählte, und habe «vergessen», an seiner Haltestelle zu stoppen, um ihn aussteigen zu lassen. Ich fuhr weiter und tat so, als hörte ich seine Proteste nicht. Dann hielt ich schließlich an, irgendwo im Niemandsland, weil der Motor bereits kochte und Rauchsäulen aus ihm aufstiegen.

Eines meiner Lieblingsfächer war das Verfassen von Aufsätzen, die mir im Allgemeinen recht gut gelangen und gute Noten einbrachten. Unser Französischlehrer, Monsieur Pujot, war einer der wenigen, die meine Achtung genossen. Als Hausaufgabe überraschte er uns gern mit Aufsätzen über die unterschiedlichsten Themen. Einmal mussten wir zum Beispiel erklären, welchen Beruf wir später ausüben wollten und warum. Natürlich entschied sich der Großteil meiner Klassenkameraden für die freien Berufe – Juristen, Ärzte, Geschäftsleute – oder für eine militärische beziehungsweise diplomatische Karriere. Nur ich gab meine Absicht kund, Bus- oder doch zumindest Lkw-Fahrer zu werden und scheute auch nicht die Mühe, meine Wahl ausführlich zu begründen, mit Argumenten, die in meinen Augen ziemlich überzeugend erschienen: einem Gefühl der Kontrolle, Bewegungsfreiheit, Arbeit im öffentlichen Dienst und dergleichen mehr. Mein Lehrer aber, der dachte, ich wolle mich lustig machen, erteilte mir ein ausdrückliches Ungenügend und schickte mich einige Stunden lang in die «permanence».

Meist litt ich unter dieser Bestrafung nicht allzu sehr, da sie mir ermöglichte, das eine oder andere Buch zu lesen. Dieses Mal jedoch wurde ich an der empfindlichsten Stelle meiner Seele verletzt: meinem Sinn für Ehrlichkeit und Gerechtigkeit. Ich empfand brennenden Zorn. In dieser Nacht träumte ich, dass ich am Steuer eines kleinen

Autobusses säße – sogar im Traum bewahrte ich meinen Sinn für ausgewogene Dimensionen. Da tauchten in letzter Sekunde vor der Abfahrt plötzlich mein Lehrer und Monsieur Arnould auf. Eiligst (ihr erinnert euch doch: das alles geschah im Traum) schloss ich die Einstiegstür und setzte das Fahrzeug in Bewegung, während meine beiden Quälgeister daneben einherliefen und Gesten machten, von denen nicht klar war, ob sie flehend oder drohend gemeint waren. Nach drei langen, köstlichen Minuten hielt ich den Bus an und ließ die beiden einsteigen. Schwer atmend und zornerfüllt setzten sie sich und ließen während der ganzen Fahrt nach Aix-en-Provence keinen Pieps verlauten. Am nächsten Morgen empfand ich zu meiner Überraschung eine gewisse Anerkennung in den rügenden Worten, die mir natürlich nicht einmal im Traum erspart geblieben waren.

Wir fuhren also trüben Sinnes von der Ebene wieder zurück ins Gebirge, auf der Suche nach einem passenden Lager. In Pau gab es wieder einen Halt, Erkundigungen und Entweichungen. Als wir im strömenden Regen gegen Abend in einem Vorortbahnhof von Tarbes Halt machten und ich eben ein bisschen eingenickt war, hörte ich im Halbschlaf meinen Namen rufen. Eine bekannte Stimme ertönte: «Dispeker, unsere Frauen und Kinder sind auf dem dritten Gleis!» Ich fuhr empor und sah tatsächlich, von einem beladenen Kohlen- und Munitionszug verdeckt, einen Zug mit Frauen und Kindern stehen. Sofort ertönten Soldatenstimmen: «Das Betreten des dritten Bahnsteigs ist streng verboten!» Keine zehn Pferde hätten mich abgehalten, dieses Verbot glatt zu übertreten. Schmutzig vom Bahnruß, durch meine Krankheit und die Entbehrungen der letzten Tage abgemagert, kam es mir nicht darauf an, einen Kohlenwaggon zu überklettern, um zu dem ersehnten Gleis zu kommen. Zwei Gendarmen riefen mir zu: «Retour!» und erhoben drohend ihre Waffen, eine Geste, die von dem empörten Geheul der auf dem Bahnsteig versammelten Leute unseres Zuges begleitet wurde.

Nachdem ich mich durchgefragt hatte, stand ich schließlich vor dem Coupé, in dem sich mein Junge mit bekannten Familien befand; meine Frau musste erst aus einem benachbarten Abteil geholt werden. Als sie mich sah, war sie zunächst von meiner äußeren Erscheinung entsetzt. Nach und nach beruhigte sie sich, und wir konnten uns etwa zehn Minuten lang gegenseitig unsere Erlebnisse erzählen. Danach hatte man von Marseille aus die Frauen und Kinder in einer ähnlichen Tournee wie uns abtransportiert, um sie in dem großen Lager von Gurs unterzubringen. Wie sich später herausstellte, wurde dort nur ein Teil der Frauen untergebracht, diejenigen mit Kindern aber wieder nach Marseille zurückgeschickt. Als wir uns schweren Herzens in voller Ungewissheit über unser Geschick wieder trennen mussten, war unsere beiderseitige Odyssee noch längst nicht beendet. Unser Zug hielt die Nacht über bei Tarbes, und am Morgen war der Frauenzug fort. In dieser Nacht erhielten wir die Nachricht vom Abschluss des Waffenstillstands, der aber an unserem Schicksal nichts änderte.

Wir fuhren zurück, wie wir gekommen waren, versuchten vergeblich in dem Lager von Agde bei Sète angenommen zu werden und landeten am späten Abend im Güterbahnhof von Nîmes, wo der Zug stehenblieb. Die dritte Nacht verbrachten wir in den Waggons, dann hieß es: «Alles aussteigen!» Unser großes Gepäck wurde verladen, die kleineren Stücke mussten wir schleppen, und dann ging es bei glühender Hitze acht Kilometer bergan, an einem Schießplatz vorbei zu einem am Waldrand gelegenen Gutshof, der Ferme St. Nicolas. Auf einer großen Waldwiese vor dem Gutshof lagerten wir uns; eine schnell improvisierte Küche bereitete eine Art Suppe als Dejeuner. Im Übrigen hieß es, wir würden Zelte bekommen, aber mit Wasser müssten wir sehr sparsam umgehen, da es in einem Wagen vom nahen Fluss geholt werden sollte. Am Nachmittag kamen die Zelte und wurden unter großem Hallo und vielen Schwierigkeiten, je eines für 20 Mann, aufgeschlagen. Die Luft war gut hier oben, aber alles andere mehr als primitiv. Die Tage heiß, die Nächte sehr abgekühlt, das Essen mangels richtiger Kochvorrichtungen und genügender Vorräte nicht sehr verlockend; Latrinen gab es zunächst überhaupt nicht. Unser Dienst bestand nur aus Holzhohlen im nahen Wald und zahlreichen Appellen. Die Lagerkontrolle war wenig scharf, man konnte ein- und ausgehen, Spaziergänge machen, im Fluss baden und sich aus Nîmes Proviant besorgen lassen. Aber immer schwebte das Gespenst eines Besuchs der deutschen Kommission über uns.

In den Lagergassen hatte sich inzwischen eine regelrechte Messe aufgetan. Es gab nichts, mit dem nicht gehandelt wurde, sogar kleine Restaurants wurden von findigen Köpfen aufgemacht. Als im Lager eine Art von Ruhrepidemie ausbrach, die immer mehr um sich zu greifen drohte, wurde die Situation ungemütlich. Unsere Zurückhaltung unter den jetzigen Umständen erschien uns immer mehr sinn- und zwecklos, und einige von uns beschlossen, einfach nach Marseille zurückzukehren. Das erschien zwar etwas gewagt, aber durchaus ausführbar. Nachdem mich ein Marseiller Freund zu Rate gezogen hatte, beschlossen wir die Sache zu riskieren. Am nächsten Nachmittag gegen drei Uhr hatten wir unser Bündel geschnallt, uns von den Kameraden, die uns mit guten Ratschlägen und Warnungen überschütteten, verabschiedet und auf den Weg gemacht.

Der Torposten ließ uns, nachdem wir vorher das Gepäck im Walde verstaut hatten, glatt passieren, und wir tippelten beide los. Wenn uns ein Militärauto oder ein Gendarm begegnete, schlugen wir uns seitwärts in die Büsche, umgingen auf unserem strategischen Rückzug den großen Artillerieschießplatz mit seinen Baracken und kamen gegen Abend durstig und sonnengeröstet in Nîmes an. In einem uns aus Vorkriegszeiten vertrauten Hotel fanden wir zwar ein opulentes Diner, an dem wir uns nach so langer Enthaltsamkeit gütlich taten, aber an ein Nachtquartier war nicht zu denken, da das Hotel bis unter das Dach vom Militär besetzt war. In ganz Nîmes war kein Zimmer zu haben, auch ein Versuch bei Privaten schlug fehl. Es blieb uns nichts anderes übrig, als wie die Landstreicher bei Mutter Grün zu schlafen. Auf einer mit Hecken bestandenen Wiese vor den Toren betteten wir unser müdes Haupt und schliefen recht und schlecht in den Morgen hinein. Früh um sechs Uhr wuschen wir uns an einem Brunnen, tranken einen Kaffee und nahmen ein Autocar nach Avignon, weil wir uns der Eisenbahn nicht anvertrauen wollten. Kurz vor Avignon wurden wir von einem Gendarmen kontrolliert. Als wir das Lager von Les Milles als Ziel nannten, ließ er uns passieren, während zwei andere Reisegenossen, die nach Lyon wollten, zurückbleiben mussten. In Avignon trafen wir einen Kameraden aus Marseille, der uns Botschaft von unseren Familien brachte. Dann ging die Reise per Autocar nach Aix weiter, von da mit der Trambahn nach Marseille.

Die freudige Überraschung meiner Frau machte bald der Vorbereitung einiger Vorsichtsmaßnahmen Platz. Man hielt es für gut, mich für einige Tage dem stillen Veilchen gleich im Verborgenen blühen zu lassen. Aber es erfolgte nichts, kein Hahn krähte nach mir, und bald war ich mit meinen Aufenthaltspapieren wieder «en règle». Vom Lager hörte man wenig Erfreuliches. Die Ruhrepidemie hatte stark um sich gegriffen, die gefürchtete deutsche Kommission war dagewesen, hatte aber nur für «Arier» Interesse gezeigt, die bald darauf freigelassen wurden. Im Übrigen fanden in langsamem Tempo Entlassungen statt. Ich konnte jetzt in Ruhe meine Zeit abwarten. Nach vier Wochen war es so weit, wir «Ausreißer» fuhren wieder in das Lager bei Nîmes zurück, blieben dort noch ganze vier Tage und kamen dann mit ordnungsmäßigen Entlassungspapieren, bei denen die Nationalität meiner Frau zum zweiten Mal eine Rolle spielte, zufrieden nach Marseille zurück.


## Verfolgung und Idylle

Nun konnte ich mich mit ganzer Kraft wieder dem Geschäft widmen. Wir hatten mit Fabrikation und Verkauf ordentlich zu tun, nur die Reisetätigkeit blieb mir verschlossen. Natürlich machte sich nach und nach der Rohstoffmangel immer mehr fühlbar, auch die Lebenshaltung fing an, teurer und schwieriger zu werden. Aber das Jahr 1940 schloss trotzdem nicht schlecht ab. Im Frühjahr 1941 waren wir fast ganz auf Fabrikation umgestellt; durch die Abschnürung der besetzten Zone war die Pariser Konkurrenz so gut wie ausgeschaltet, was unserem Umsatz zugute kam. Aber diese sich anbahnende Prosperität wurde durch starke Schattenseiten getrübt. Die Fremdengesetzgebung verschärfte sich zusehends, der deutsche Druck verursachte immer deutlichere Maßnahmen, deren Spitze sich nach bekanntem Muster gegen die «nichtarischen Elemente» richtete. Die «arische» Abstammung musste bis in die dritte zurückliegende Generation nachgewiesen werden und eine Registrierung wurde angeordnet, der sich auch die französischen Juden zu unterwerfen hatten. Von da bis zur Sperrung einer großen Anzahl von Berufen und der systematischen Sequestrierung von Geschäftsunternehmungen war es nur ein Schritt. Mit dieser Eventualität hatten wir nunmehr früher oder später zu rechnen.

Schade um unseren Aufbau, doppelt schade um die enorme Arbeit, die hart an unseren Nerven und unserer Gesundheit gezerrt hatte. Die Fabrikation mit allem Drum und Dran hatte unsere Wohnung zu einer Art Bienenhaus gemacht. Fast täglich kamen und gingen die Heimarbeiterinnen, holten und brachten die Arbeit, die Stopferinnen versahen sich bei uns mit Quantitäten von Kapok und Holzwolle, die oft recht schwierig zu beschaffen waren und stetig im Preis anzogen. Die Beschaffung der notwendigen Textilien war geradezu eine Art Zauberkunststück geworden, bei dessen Durchführung Findigkeit, Geschicklichkeit, Ausdauer und vor allem der Begriff «occasion» eine große Rolle spielten. Das schwierigste Exempel blieb aber die Auftreibung der nötigen Puppenköpfe und Masken. Bisher hatten wir uns noch immer durchlavieren können. Aber die äußeren Verhältnisse und die politische Entwicklung legten uns mehr und mehr die nochmalige Auswanderung, diesmal über See, nahe. Dies sehr contre coeur, denn wir hatten Frankreich, Marseille und unsere neue Arbeit recht liebgewonnen. Im Herbst 1941 hatten wir fast alle Formalitäten für die Emigration nach USA abgeschlossen, nur das Visum, für das unsere amerikanischen Verwandten die Garantie übernommen hatten, fehlte noch.

Wir mussten also allen Ernstes daran denken, das Geschäft zu verkaufen. Im November fanden wir mit Hilfe einer Agentur einen ernstlichen Interessenten, der das chancenreiche Unternehmen für seine junge Frau zu kaufen bereit war. Die Schwierigkeiten bestanden in der Verlängerung des Mietvertrags, der am 1. Oktober 1942 ablief und den die Hausbesitzerin zwecks vorteilhafterer Verwertung der Wohnung nicht verlängern wollte, und in der neuen Judengesetzgebung, die den Verkauf nichtarischer Geschäfte ohne Genehmigung des «commissariat pour les questions juives» untersagte. Die Verhandlungen zogen sich wochenlang hin, ohne dass diese beiden Punkte zur Erledigung kamen. Schließlich teilte das Käuferehepaar der Präfektur mit, dass es entschlossen sei, das Unternehmen zu kaufen, ohne die sich fortwährend verzögernde Entscheidung des Kommissariats abzuwarten. Am 5. Januar 1942 wurde der Kaufvertrag abgeschlossen; wir hatten uns das Recht vorbehalten, zwei Zimmer unserer Wohnung noch bis zum 1. April zu behalten.

Inzwischen hatten unsere Bemühungen, nach Amerika auszuwandern, einen schweren Schlag erhalten. Am 7. Dezember vormittags erhielten wir zu unserer Freude ein Telegramm unserer Verwandten, dass das Visum genehmigt und die Zustimmung an das Konsulat in Marseille gekabelt werde. Am Nachmittag desselben Tages erfolgte die Kriegserklärung Japans an Amerika und vier Tage später diejenige Deutschlands und Italiens. Die Folge davon war, dass alle bisher erteilten Visa an Deutschgeborene, die noch nicht ausgehändigt waren, vorläufig gesperrt wurden. Die Skala unserer Gefühle, von himmelhoch jauchzend bis zu Tode betrübt, kann man sich ausmalen. Wir setzten zwar unsere Auswanderungsbemühungen energisch fort, aber das Barometer unserer Hoffnungen war fast auf den Nullpunkt gesunken.

Während wir noch mit dem Übergang unseres Betriebs in die neuen Hände beschäftigt waren, erhielten wir am 22. Januar plötzlich Besuch zweier Herren, von denen sich der eine als «administrateur provisoire» vorstellte. Eine recht unangenehme Überraschung, mit der die Blockierung unseres flüssigen Kapitals verbunden war. Zugleich wurden wir verpflichtet, jede Mitarbeit in unserem alten Betrieb sofort einzustellen und unsere Wohnung innerhalb kürzester Frist zu verlassen.

Eine Wohnung zu finden war im Jahre 1942 ein überaus schwieriges Unternehmen. Nach einer Reihe vergeblicher Versuche in allen Teilen der Stadt fanden wir endlich, fast durch Zufall, ein bescheidenes kleines Landhäuschen mit hübschem Gartengelände etwa sieben Kilometer vom Zentrum der Stadt, im Stadtteil La Rose. Das einfache Gartenhaus enthielt nur zwei ineinandergehende Zimmer mit kleiner Küche. Ein Vorgarten mit Blumen und einer Pergola und ein hinterer Garten für Gemüsebau nebst einigen jungen Obstbäumen gehörten dazu. Das alles mitten im Grünen, ein plätschernder Bach zur Seite, in würziger und reiner Luft. Der Mietpreis war nicht gering, aber trotzdem griffen wir zu.


Während ich diese Zeilen verfasse, im Juli 2006, befindet sich unser Staat wieder einmal in einer Art Kriegszustand, dem zehnten seit Israels Unabhängigkeitserklärung. Schon eine ganze Woche lang regnen Raketen verschiedenster Art auf die Städte und Ortschaften im Norden des Landes herab. Der Hisbollah-Anführer Scheich Nasrallah hat diese Eskalation ausgelöst, als seine Milizen eine IDF-Patrouille angriffen, dabei acht Soldaten verletzten oder töteten und zwei von ihnen in den Libanon verschleppten. Ein ernstes Problem. Diesmal ist eine bewaffnete Auseinandersetzung unvermeidlich, aber der Zeitpunkt ist entschieden ungünstig. Über diesen Krieg wird live Bericht erstattet, rund um die Uhr, wobei unsere Sender nicht nur untereinander wetteifern, sondern auch mit ihren ausländischen Kollegen. Was wir befürchteten, hat sich bewahrheitet: Die Hisbollah hat sich über Jahre hinweg mit modernsten Raketen gerüstet und sorgfältig entlang unserer Grenze vergraben. Jeder Versuch, sie aus ihren Bunkern herauszuholen, hat einen schmerzhaften Preis, kostet Menschenleben. Und wieder zeigt sich, dass man den Feind mit Luftangriffen allein nicht bezwingen kann. Dieses Mal gibt es weder Marschmusik noch hochtrabende Parolen. Bedrängnis, Hilflosigkeit und Ungewissheit bezüglich der Zukunft herrschen vor. Ein Spruch von Mutter Blanche echot in meiner Erinnerung: «Ich würde mir wünschen, fünf Minuten vor dem nächsten Krieg zu sterben.» Inzwischen aber verändert der Krieg sein Antlitz und entflammt aufs Neue. Und ich warte auf die Einladung, teilzunehmen und meine Fähigkeiten beizusteuern. Vorläufig halten sich die Opferzahlen noch in einem Rahmen, den wir von Verkehrsunfällen gewohnt sind und inzwischen fast als eine Art von «Mautgebühr» oder auch als «Opfer an den Moloch» betrachten. Tief im Herzen verborgen aber herrscht eine Furcht, die keiner laut aussprechen will, nämlich dass Nasrallahs Versprechungen im Hinblick auf «Überraschungen» doch eine reelle Basis haben könnten, eine chemische, biologische oder noch schlimmer, gar radioaktive? Ihm würde es vielleicht nicht so viel ausmachen, wenn gemeinsam mit dem «zionistischen Feind» auch die arabischen Israelis getroffen werden und wahrscheinlich sogar Bürger benachbarter Staaten – schließlich haben die besagten Stoffe die Eigenschaft, nicht unbedingt vor den Schlagbäumen von Staatsgrenzen haltzumachen und brauchen auch keinen Reisepass.

Im Inneren nagen Gefühle der Ungewissheit und dienen als Nährboden trauriger Zweifel, die nur mit großer Anstrengung in die dunkle Nische der Erinnerung an die große Katastrophe verdrängt werden, ebenso wie an die Ereignisse, die dieser vorausgingen und als Warnzeichen vor dem Kommenden hätten dienen können. 1936 zum Beispiel, als Hitler das arme Spanien in ein Versuchsfeld für seine neuen Waffen und Kampfsysteme verwandelte und der Großteil der Völkergemeinschaft das braune Ungeheuer ignorierte, abwartete und dafür nur wenige Jahre später, während des Zweiten Weltkriegs und der Shoah, mit 74 Millionen Opfern, der Zerstörung ihrer Länder und unvorstellbarem Leid bezahlen musste.

Diesmal sind es der Iran und extreme Islamisten, die den Ehrgeiz haben, sich der ganzen Welt zu bemächtigen und in ihren Mitteln nicht wählerisch sind. Wir nehmen die Verfolgung auf, vielleicht etwas halbherzig, zaudernd und durch unsere so überaus bittere vergangene Erfahrung gereift, aber ... was tun? Sie greifen uns an, und das erinnert an die Worte jenes Warnschilds im Zoo:

«Dieses Tier ist sehr gefährlich, wenn es angegriffen wird, zögert es nicht, sich zu verteidigen!»

Außerdem sind wir schließlich auch das «Gewissen der Welt» und können das unterdrückte libanesische Volk nicht im Stich lassen, ausgeliefert seinem Schicksal in Händen der infamen Hisbollah; und abgesehen von unseren Selbstwarnungen, nicht «abermals im libanesischen Treibsand zu versinken», versinken wir sehr schnell darin, und wie!

Soweit meine paar Worte zum «libanesischen Intermezzo», doch nun zurück zu den Erinnerungen.


Und nun waren wir seit 1. April wieder auf dem Land und alles wäre für den Moment erträglich und angenehm gewesen, wenn sich nicht plötzlich eine neue Tücke des Schicksals fühlbar gemacht hätte. Eine mich mehrere Wochen am Gehen hindernde Kniegelenkentzündung war eben verheilt, als sich Schmerzen im linken Fußgelenk bemerkbar machten. Ich nahm die Sache nicht allzu ernst und versuchte, dem Übel mit Bandagen und feuchten Umschlägen beizukommen. Als ich schließlich den Arzt konsultierte, konnte ich kaum noch gehen. Eine Röntgenaufnahme ließ eine Fußgelenkentzündung mit Kalkabsonderung erkennen und der Fuß musste für mindestens acht Wochen in Gips gelegt werden. Statt meiner Frau bei den nicht unerheblichen Gartenarbeiten und Besorgungen in der Stadt zu helfen, musste ich im Liegestuhl Gemüse putzen.

Waren wir im Haus zu dritt etwas beengt, so machte uns der Garten desto mehr Freude. Es wurde gesät, gepflanzt, gegossen und geerntet. Eine gute Kirschen- und eine spärliche Aprikosenernte, ziemlich viel Gemüse aller Art und Mengen von Salat waren die ersten Früchte unseres «retour à la terre». Mit einiger Besorgnis sahen wir bei der schwierigen Beschaffung von Heizmaterial dem Winter entgegen. Auch diese Frage wurde nach und nach einigermaßen zufriedenstellend gelöst. Ich konnte mich während meines Beinleidens nur wenig aktiv an der Gartenarbeit beteiligen, während Frau und Kind immer mehr in die Gärtnerrolle hineinwuchsen. Der höchste Grad der Vollkommenheit war wohl erreicht, wenn sich beide abends mit einem leeren Eimer auf die Landstraße begaben und das Gefäß wohlgefüllt zurückbrachten. Der Inhalt bestand in jenem von alters her berühmten Düngestoff, den die edlen Rosse liebenswürdigerweise von sich zu geben pflegen. Leider waren diese Erdäpfel, die «pommes de chevaux», nicht so gehaltreich wie zu Friedenszeiten.

Unser «otium cum dignitate» bewahrte uns keineswegs davor, von den Stürmen der Zeit gebeutelt zu werden. Je mehr sich das Kriegsglück auf die Seite der Achsenmächte neigte, desto nachgiebiger musste die Regierung unseres Gastlandes gegenüber den Forderungen dieser Mächte werden. Dazu gehörte auch die Auslieferung eines mehr oder weniger großen Teils der nach Frankreich gekommenen Emigranten zu Arbeits- oder sonstigen unbekannten Zwecken. Anfang August rollten die ersten Züge aus den Arbeits- und Sammellagern mit unbekanntem Ziel gen Osten. Szenen des Jammers und der Verzweiflung spielten sich ab, eine Art Panikstimmung griff unter den Emigranten um sich, weil man die getroffenen Maßnahmen nur als einen Anfang betrachtete. Das ewige Gehetztsein begann wieder.

Die polizeilichen Razzien auf den Straßen griffen auf die Häuser und Wohnungen über. Da die Ausreisegenehmigungen für das Ausland längst gesperrt waren, gab es keinerlei Möglichkeit des Entrinnens mehr, wenigstens nicht auf legale Art. Die Schreckensnachrichten häuften sich.

Einige Tage später stand eines Morgens bleich und verzweifelt meine Schwägerin mit ihrem 17-jährigen Jungen vor unserer Tür und erzählte, dass am frühen Morgen um vier Uhr die Polizei an ihrer Wohnung geläutet und gerüttelt habe. Nur dem Umstand, dass die beiden nicht antworteten und die Nachbarn den Polizisten die Wahrscheinlichkeit der Abwesenheit suggerierten, verdankten sie ihre Rettung. Beide hatten nur die notwendigsten Papiere und Wertgegenstände zusammenraffen können. An ein Betreten ihrer Wohnung war nicht mehr zu denken; sie suchten und fanden ein Versteck in einem der nördlichen Vororte von Marseille, wo sie für einige Zeit sicher waren. Später begaben sie sich, nachdem wir mit viel Mühe noch einen Teil ihres Gepäcks retten konnten, zu ihren Verwandten in einem kleinen Ort in der Dordogne, wo sie bis zum Kriegsende dem teutonischen Zugriff entzogen zu sein hofften. Glücklicherweise gelang ihnen das.

Nach diesen Vorgängen war auch für uns die Stunde gekommen, wo wir an unsere Sicherheit denken mussten. Zunächst galt es, sich einige Zeit zu verbergen, bis sich die erste Welle des Razziensturms verlaufen hatte. Die Hilfsbereitschaft so vieler Franzosen bewährte sich auch hier. Unsere beste frühere Puppenschneiderin, die Mutter zweier hübscher Töchter und Frau eines sehr tüchtigen und kreuzbraven Mannes, stellte uns ihr bescheidenes Sommerhäuschen, zwölf Kilometer von Marseille entfernt und tief im Wald versteckt, als Asyl zur Verfügung. Wir verschlossen unsere Wohnung, packten die notwendigsten Dinge in einen Rucksack und machten uns auf den Weg. Nach einer Straßenbahnfahrt und einstündigem Marsch erreichten wir unser Ziel, ein niedliches Häuschen mit etwas Gartenland, von dichten Kieferwaldungen umgeben.

«La campagne qui pique» prangte als Willkommensgruß am Eingang des Grundstücks. Zwei einfach, aber praktisch eingerichtete Zimmer und eine kleine Küche standen zu unserer Verfügung. Dankbar installierten wir uns, suchten Brennholz im nahen Wäldchen, setzten den Herd in Brand und bereiteten unsere erste Mahlzeit. Bald fanden sich auch die Nachbarn ein, beschnüffelten uns misstrauisch und beruhigten sich erst, nachdem wir ihnen genügende Garantien für unsere Bekanntschaft mit den Besitzern des Grundstücks gegeben hatten. In der Nacht bemerkten wir, dass die Bezeichnung vom «pieksenden Landleben» kein leerer Wahn war, aber trotzdem waren wir überfroh, eine solche Zuflucht gefunden zu haben. Die notwendigen Wege in die Stadt gestalteten sich angesichts der «dicken Luft» zu wahren Martyrien, aber sie waren im Interesse der Verpflegung und der Orientierung unbedingt notwendig.


Und was war mit mir? Nachdem ich mich ein wenig organisiert hatte, begann ich, nach irgendeiner Beschäftigung zu suchen, um die Zeit totzuschlagen. Ich verstand, dass ich mein Studium am Gymnasium nicht fortsetzen konnte und verspürte dazu auch keinen allzu starken Drang. Schließlich hatte ich schon im Alter von zwölf Jahren ohne sonderliche Anstrengung die neunte Klasse erreicht, mit einer starken Vorliebe für die humanistischen Fächer und einer Abneigung gegen Mathematik, Chemie und Physik. Später entdeckte ich, dass das Problem eigentlich an den Lehrern gelegen hatte, genauer gesagt daran, wie sie uns den Stoff präsentierten. Auch im Kunstunterricht glänzte ich nicht besonders, um es milde auszudrücken. Man hatte uns einen jungen Lehrer zugeteilt, einen verbitterten und frustrierten Künstler, keine Ahnung, was aus ihm geworden ist. Nur ein Zwischenfall ist mir in Erinnerung geblieben: Als ich ihn eines Tages vollkommen zur Weißglut brachte und er mir durch das ganze Studio nachjagte, schön langsam, ohne mich zu fassen – natürlich zur großen Erheiterung meiner Klassenkameraden, die das Ereignis mit Gelächter und begeistertem Applaus begleiteten.

In derartige Grübeleien versunken, verließ ich unsere temporäre Unterkunft und legte ein Stück Weg auf dem Pfad zurück, der uns mit der Zivilisation verband. Schon bei unserer Ankunft am Vortag hatte ich bemerkt, dass die Steine am Wegrand willkürlich und ohne Logik verstreut herumlagen. Unverzüglich machte ich mich daran, diesem Missstand abzuhelfen. Ich organisierte mir Werkzeug und widmete mich hingebungsvoll meiner neuen Aufgabe. Gegen Abend, als meine Eltern von ihrer Fahrt in die Stadt zurückkehrten, blickten sie überrascht auf die veränderte Landschaft und äußerten Zweifel darüber, ob diese den Hausbesitzern gefallen werde. Ich selbst war angesichts dieser mangelnden Anerkennung schwer gekränkt.

Am Sonntag erhielten wir Besuch von unseren Gastgebern, und es gab noch einige gemütliche Stunden in engster Gemeinschaft. Nach fünf Tagen glaubten wir, wieder in unsere Behausung in La Rose zurückkehren zu können.

Niemand hatte nach uns gefragt, aber trotzdem wussten wir, dass unsere Tage in Marseille gezählt waren. Die Situation war mehr als ungemütlich. Die meisten Bekannten hatten Frankreich schon verlassen; wir begannen in aller Hast den Rest unseres Mobiliars zu veräußern, unsere Koffer zu packen und Möglichkeiten zu suchen, um la France zu verlassen, das jetzt alles andere als «douce» war. Überall waren Agenturen entstanden, die für viel Geld und mit nicht allzu großer Chance Menschenschmuggel nach Spanien, Portugal und der Schweiz, den einzigen noch möglichen Ländern, betrieben. Es wurde ein schwunghafter Handel mit falschen Pässen und Identitätskarten von mehr oder weniger zweifelhaften Leuten betrieben, und allergrößte Vorsicht war am Platze.

## Flucht über die Pyrenäen

Schneller als wir dachten nahte die Entscheidung. Nachdem wir die Frage, ob wir das Land Wilhelm Tells oder das Don Quichotes als neues Exil wählen sollten, zu Gunsten Spaniens als Durchgangsland nach Portugal entschieden hatten, boten sich uns durch Vermittlung eines jungen Ingenieurs, den wir zufällig kennenlernten, zwei Spanier an, die uns für eine für unsere Begriffe enorme Summe über die Pyrenäen zunächst nach Barcelona und von da nach Lissabon spedieren wollten, alles per Auto und mit garantiert 100 Prozent Erfolg. Nach allem, was vorausgegangen war, hatten wir keinerlei Möglichkeit, uns lange zu besinnen und die Seriosität der Männer nachzuprüfen. Wir mussten uns schnell entschließen, machten eine erste Anzahlung, die einem der beiden Spanier die Reise nach Perpignan ermöglichen sollte, um dort alle Vorbereitungen zu treffen, und warteten ab. Am zweiten Tag schon traf das verabredete Telegramm ein, das uns an die spanische Grenze rief.

Hals über Kopf wurde alles abgewickelt, so gut es in der Eile möglich war, die Koffer gepackt und die Wohnung geräumt. Am Abend standen zwei große

Koffer und neun mittlere verschlossen und verschnürt im Hof. Sie wurden auf Abruf beim Nachbarn untergebracht, einem Bauern, der sich bisher stets als hilfsbereit erwiesen hatte und dem wir ein uneingeschränktes Vertrauen entgegenbrachten. Leider stellte sich später heraus, dass wir seine Zuverlässigkeit überschätzt hatten. Wir selbst nahmen auf Anraten für den Grenzübertritt ein Minimum von Gepäck mit; ein Rucksack, eine Aktenmappe und eine größere Handtasche, das war alles. Die letzte Nacht verbrachten wir in der Stadtwohnung unserer französischen Freunde, die sich auch hier wieder von der besten und liebenswürdigsten Seite zeigten.

Am frühen Morgen des 14. September 1942 gaben sie uns das Geleit zum Bahnhof, wo der Expresszug nach Toulouse schon bereitstand. Wehmütigen Herzens nahmen wir Abschied von der alten Hafenstadt, warfen noch einen letzten Blick auf Notre-Dame de la Garde und fuhren dann die mir wohlvertraute Strecke Nîmes – Montpellier – Narbonne, wo wir in den Triebwagen umstiegen, der uns in einer knappen Stunde nach Perpignan bringen sollte. Unterwegs stiegen plötzlich zwei französische Grenzpolizisten ein, die den überfüllten Waggon, in dem sich zahlreiche Flüchtlinge befanden, mit kritischen Augen musterten. Schon sahen wir bangen Herzens eine Revision unserer Papiere nahen, da stiegen die beiden Beamten in Rivesaltes aus, und wir waren nicht die einzigen, die aufatmeten. Langsam fuhr der Zug in die Bahnhofshalle von Perpignan ein, das mir von meinen Reisen her lieb geworden war.

Auf dem Bahnsteig stand unser spanischer Quartiermacher, gab uns ein Zeichen und führte uns geheimnisvoll in das Bahnhofscafé, wo er uns mitteilte, dass die Konstellation der Gestirne ungünstiger geworden sei. Wir müssten unmittelbar im Auto zur Grenze fahren und außerhalb der Stadt schon den sehr beträchtlichen Betrag vorlegen, dessen Zahlung erst nach Erreichung der Stadt Barcelona vorgesehen war. Jeder Aufenthalt in Perpignan sei zur Zeit für uns höchst gefährlich. Was blieb uns anderes übrig, als mit einem misstrauischen Achselzucken zu zahlen. Das Auto fuhr uns vor die Stadt, aber schon nach halbstündiger Fahrt stoppte der Chauffeur und erklärte, nicht weiterzufahren, da ihm die Grenzkontrolle zu scharf sei und die ganze Gegend von Gendarmen wimmele. Aller Widerspruch nutzte nichts, und so saßen wir auf der Landstraße mit unserer vorausbezahlten Fahrt und hatten die angenehme Aussicht auf 25 bis 30 Kilometer beschwerlichen Weg bis zum Grenzkamm des Gebirges. Für mich, der ich noch auf meine zwei Stöcke angewiesen war, eine besonders unerfreuliche Perspektive. Nun ging ein toller Marsch in den heißen Nachmittagsstunden vor sich; querfeldein mit Umgehung der Ortschaften, dann schmale, steinige, immer mehr ansteigende Gebirgspfade, ohne Aussicht auf Unterkunft und Verpflegung. Unser schmaler Mundvorrat war schnell aufgezehrt, und bei Einbruch der Dunkelheit sahen wir das Talbecken von Perpignan bereits tief unter uns. An einen Nachtmarsch war angesichts unserer Ermüdung und meines stark angegriffenen Fußes nicht zu denken.

Wir suchten und fanden schließlich eine Art Holzhackerhütte, in der wir drei nebst unserem Führer, anscheinend einem spanischen Schmuggler, unser müdes Haupt betteten.

Ich weiß nicht, ob ich die ganze Tragweite unserer Expedition damals schon begriffen habe. Ich glaube, dass ich diese schon während unseres Aufenthalts in La Rose als eine Art herrliches Abenteuer betrachtete, das uns schließlich in das ferne, heiß ersehnte Amerika führen sollte. Das Gefühl des Geheimnisvollen und der Gefahr, von dem die ganze Angelegenheit begleitet war, verlieh dieser nur einen noch mysteriöseren Hauch. Schon im Zug nach Perpignan, genau in dem Augenblick, als die beiden Gendarmen zustiegen, hatte ich meine Mutter ziemlich laut gefragt: «Wo ist unser Wegführer?», und dafür einen scharfen Verweis geerntet, ohne zu verstehen, warum.

Danach verfolgte ich neugierig die Diskussionen, die in unserer Gesellschaft von illegalen Grenzgängern immer wieder entbrannten. Auf dem Höhepunkt einer solchen Wortschlacht wollte auch ich eine Bemerkung anbringen und wurde von Mutter aufs Neue zum Schweigen gebracht, mit einer Schärfe, die für sie ungewöhnlich war. Überhaupt bemerkte ich, dass alle nervös und angespannt waren, also trennte ich mich von ihnen und ging allein voraus, wobei ich allerdings auf ständigen Augenkontakt achtete. Am meisten sorgte ich mich um Vater, der sich auf seine beiden Stöcke gestützt hinter uns herschleppte und ab und zu ein Stöhnen oder einen Seufzer von sich gab.

An einer besonders schwer zu erklimmenden Stelle verließen ihn seine Kräfte. Er bat darum, ihn zurückzulassen und ohne ihn weiterzugehen. Also packte unser Führer ihn auf seinen Rücken und trug ihn bis zur nächsten Station. Auf unsere Frage erklärte er, er sei es gewöhnt, Säcke zu schleppen, weil er in der Vergangenheit Tabak und andere hoch besteuerte Waren aus Spanien nach Frankreich geschmuggelt hätte. Wir entnahmen seinen Worten, dass es im Moment einträglicher war, eine andere Art von Ware zu schmuggeln, die sich normalerweise aus eigener Kraft fortbewegte: Juden.

Bei dieser Gelegenheit ließ Pedro – mit dem Namen hatte er sich vorgestellt – uns schwören, kein Wort über unsere Verbindung mit ihm zu verraten, falls wir von der spanischen Grenzpolizei aufgegriffen werden sollten. Flüchtlingsschmuggel galt in Francos Spanien als schweres Verbrechen und wurde mit langjährigen Haftstrafen geahndet. Übrigens passte Pedro überhaupt nicht in die gängige Vorstellung von einem Schmuggler. Er war klein gewachsen, schlank, mit blassem, faltendurchfurchten Gesicht, ordentlich gekämmt und rasiert. Wäre er mir auf der Straße begegnet, hätte ich ihn ohne Weiteres dem Beamtenstatus zugeordnet. Durchaus möglich, dass das in der Vergangenheit auch gestimmt hatte, bevor ideologisch-politische Auseinandersetzungen zum Zusammenbruch der spanischen Gesellschaft führten und dieses bedauernswerte Land als Vorgeschmack auf den Zweiten Weltkrieg in ein Versuchsfeld für Waffen verwandelten.

Morgens früh um fünf Katzenwäsche, einen Schluck Cognac und die letzten Bissen Brot und Käse, dann ging es weiter scharf bergan. Die Gegend wurde immer bizarrer und felsiger; wir kamen uns vor wie die Schmuggler im dritten Akt von *Carmen* und hätten auch wie sie vor uns hinsingen können: «Ein falscher Tritt zum Abgrund führt!» Nach einigen Zickzacktouren unseres alles andere als wegkundigen Führers umkreisten wir eine Bergkuppe und gelangten bei teils regnerischem, teils sonnigem Herbstwetter in einen herrlichen Buchenwald, dessen Passage uns für manche Strapazen entschädigte. Nach stundenlanger Wanderung vernahm man plötzlich Kuhglocken und menschliche Stimmen. Wir standen vor einem eingezäunten Gelände mit Holzbaracken, und zu unserem nicht gelinden Entsetzen stellte sich heraus, dass wir uns mitten in einem Lager der «jeunesse française» befanden. Wir machten schleunigst, dass wir weiterkamen, nicht ohne von den misstrauischen Blicken zweier uniformierter Jünglinge verfolgt worden zu sein. Ein Telefonanruf bei der Gendarmerie hätte genügt, um unserem Ausflug ein vorzeitiges Ende zu bereiten. Noch eine halbe Stunde Marsch, dann hatten wir einen kahlen Gebirgssattel erreicht. Erschöpft ließen wir uns auf Felsblöcken in Wind und brennender Sonne nieder. Unser Führer ging zu einem in einiger Entfernung seine Herde hütenden Schäfer und kam mit der Freudenbotschaft zurück, dass die Grenze nur 200 Meter entfernt sei.

Jetzt kam der gefährlichste Teil der Reise. Wir befanden uns in etwa 1250 Meter Höhe und mussten es unter allen Umständen vermeiden, noch irgendeinem französischen Grenzpolizisten zu begegnen. Die Sorge, etwa auch der spanischen Gendarmerie zu begegnen, kam erst in zweiter Linie. Nach einem durch einige Franc-Scheine unterstützten Abkommen mit obengenanntem Schäfer wurde ein raffinierter Abstieg vom Gebirgskamm eingeleitet, der erst durch spanisches, dann noch einmal eine kurze Strecke über französisches Gebiet führte. Im Abendsonnenschein sahen wir die katalonische Ebene, ein herrlicher Ausblick, der allerdings durch das Bild einer spanischen Guardia Civil – das heißt Gendarmerie-Kaserne – getrübt wurde. Über Stock und Stein kamen wir todmüde, abgehetzt und hungrig vor einem spanischen Gutshof an. Der sehr ängstliche Besitzer konnte uns keinen Bissen zu essen geben, überließ uns aber doch gutmütig eine Scheune als Nachtquartier unter der Bedingung, dass wir bei Tagesanbruch weiterzögen. Wir machten es uns auf der Tenne bequem, wühlten uns ins Heu und ließen uns weder durch allerlei Nagetiere noch durch eine drohende Gendarmeriekontrolle schrecken. Gleich nach Sonnenaufgang wuschen wir uns am Brunnen und zogen weiter in das Land des Weins und der Gesänge.

Unser Reiseziel war die spanische Grenzstadt Figueras, vorher mussten wir noch das Dorf San Clemente passieren. Wir wanderten durch Wald und Feld, passierten ein Dörfchen und waren noch etwa eine dreiviertel Stunde von San Clemente entfernt, als sich gebieterisch der Hunger meldete. Nach einem kurzen Kriegsrat wurde unser Führer vorausgeschickt, um Proviant zu besorgen und uns am Dorfeingang zu erwarten. Leider hatte ich ihm meine wohlgefüllte Aktenmappe mitgegeben, was ich später bitter bereuen sollte. Schon auf dem Weg hatten uns Bauarbeiter warnend mitgeteilt, dass sich in San Clemente eine Guardia-Civil-Station mit neun Gendarmen befinde, wir sollten das Dorf lieber umgehen. Es war zu spät, das Unheil nahm seinen Lauf. Der Führer ließ sich am verabredeten Punkt nicht blicken. Als wir, auf die Mittagsruhe der Gendarmen vertrauend, unseren Einzug in das Dorf halten wollten, kamen uns vier Gendarmen mit gefälltem Karabiner im Laufschritt entgegen und nahmen uns drei liebevoll in ihre Mitte. Als wir die Gendarmeriestation bleich, aber gefasst betraten, saß dort schon unser Führer wie ein Häufchen Unglück, und vor ihm auf dem Tisch lag säuberlich ausgepackt meine Aktentasche. Der Mann hatte uns schon vorher himmelhoch gebeten, ihn gegebenenfalls ja nicht zu verraten, da auf Führungen über die Grenze durch Spanier besonders hohe Strafen stünden. Er legte auch jetzt heimlich beschwörend seinen Finger auf den Mund, und wir taten so, als ob uns der Mann völlig fremd wäre. Blutenden Herzens mussten wir mitansehen, wie dieser Spanier mit unnachahmlicher Grandezza einen Teil – und nicht den schlechtesten – des Inhalts meiner Aktentasche verschenkte, lauter Dinge, die Gnade vor den Augen der Herren Gendarmen gefunden hatten.

Bevor man unsere Personalien aufnahm, mussten wir uns darüber klar sein, welche Nationalität wir angeben sollten. Die deutsche hatte man uns einseitig genommen, und schon im französischen Lager hatten wir uns als «apatride», das heißt, ohne Nationalität, erklärt. Noch in letzter Stunde, in Frankreich und auf dem Weg über die Grenze, war uns nahegelegt worden, uns als Belgier oder Kanadier zu bezeichnen, da dann die Möglichkeit eines diplomatischen Schutzes und einer schnelleren Befreiung aus der Gefangenschaft gegeben sei. Da wir lose verwandtschaftliche Beziehungen zu Belgien hatten, wählten wir dieses Land als angebliches Vaterland und hielten diese Fiktion so lange aufrecht, als es möglich war, und das waren rund sechs Monate. Wir waren nicht die einzigen, die sich dieser Notlüge bedienten. Noch viel zahlreicher tauchten später die Kanadier auf, und es war eines Tages an einer ausschließlich von solchen Neukanadiern bewohnten Lagerbaracke die schöne, frei nach Marx formulierte Inschrift zu lesen: «Kanadier aller Länder vereinigt Euch!»

Während des Zweiten Weltkriegs diente die spanische Hauptstadt Madrid als Drehscheibe der geheimen Aktivitäten beider Kriegsparteien. Unter anderem gab es dort eine diplomatische Vertretung des «Freien Belgien», die nicht etwa vom von den Nazis besetzten Brüssel ermächtigt wurde, sondern von London, wo die «Belgische Exilregierung» saß. Abgesehen vom Konsul und seinen Mitarbeitern wurde angesichts der Flüchtlingswelle aus Frankreich, die sowohl echte als auch Scheinbelgier umfasste, 1942 auch der Pfarrer L. von dort herübergeschickt, mit dem Auftrag, die Spreu vom Weizen zu trennen.

Vater war immer noch im Lager Miranda del Ebro interniert, während Mutter und ich in Madrid saßen. Eines Tages wurden wir aufgefordert, in der Kanzlei des Pfarrers vorzusprechen, der auf uns den Eindruck eines höflichen und wohlgesonnenen Zeitgenossen machte. In freundschaftlichem Ton bemühte er sich, Mutter zu erklären, dass sie besser daran täte, die Wahrheit zu sagen, um Vaters Entlassung zu beschleunigen – er selbst jedenfalls würde sich auch weiterhin ohne Unterschied um unseren Fall kümmern. Er bot ihr sogar einige Tage Bedenkzeit an, dann sollte sie zu ihm zurückkommen und die Angelegenheit abschließen.

Nun befand sich Mutter in einem schweren Zwiespalt. Ich spürte, dass sie hin- und hergerissen war zwischen ihrer Tendenz, die Wahrheit zu sagen, und der Befürchtung, damit der Bearbeitung von Vaters Fall zu schaden. Schließlich beschloss sie, sich mit mir zu beraten, was bislang nicht oft geschehen war. Ich sagte ihr, dass Pfarrer L. auf mich nicht vertrauenswürdig wirkte und bei mir bereits bei der ersten Begegnung ein rotes Warnlicht ausgelöst habe. Es sei somit besser, bis zu Vaters Entlassung an unserer belgischen Version festzuhalten.

Mutter ließ sich jedoch nicht überzeugen und gestand L. schließlich, dass wir keine Belgier waren. Das führte zu einer schlagartigen Veränderung seines Verhaltens und dem Verlust unserer letzten Rückendeckung. Es dauerte noch zwei weitere Monate, bis Vater zu uns zurückkehrte. Der Großteil der anderen echten und falschen «Belgier» war bereits früher entlassen worden und Mutter konnte sich ihren Fehler nicht verzeihen. Ich hingegen lernte, mich immer stärker auf meinen Instinkt zu verlassen und intuitive Entscheidungen zu treffen.


Kurz und gut, als die Leute der Guardia Civil zu unserer Vernehmung schritten, waren wir plötzlich Belgier aus Lüttich geworden. Wir mussten unser Geld abliefern, wurden ziemlich gründlich durchsucht und es blieb uns auch nicht erspart, einige Opfer darzubringen, damit unsere durchaus liebenswürdigen Wirte bei guter Laune blieben. Der späte Nachmittag und der Abend verliefen übrigens gemütlich. Die Gendarmen luden uns zu ihrer Abendmahlzeit ein, bewirteten uns chevaleresk und versuchten sogar, uns die Sitte des Weintrinkens aus ihren bockslederen Spritzflaschen beizubringen. Der Abend verlief noch sehr heiter; unsere Wirte führten uns mittels einer Gitarre in den reichen Schatz spanischer Lieder und Tänze ein, und spät abends gingen wir, statt im sonst für derartige Fälle vorgesehenen Spritzenhaus, im Schlafraum der wackeren Grenzwächter zur Ruhe! Es sollte für lange Zeit der letzte nette Abend sein, den wir gemeinsam verbringen konnten.

Am nächsten Morgen schnürten wir unsere noch schmaler gewordenen Bündel und wurde per Triebwagen nach der Bezirksstadt Figueras transportiert. Als sich das Gefängnistor hinter uns geschlossen hatte, verabschiedeten sich die Gendarmen von uns, und es begann eine lange Kette von Leid und Demütigungen. Wir kamen sofort in getrennte Zellen, erhielten die übliche Gefängnissuppe in einem Blechnapf und schritten von Vernehmung zur Vernehmung. Am Nachmittag eröffnete man uns ziemlich brutal, dass wir alle drei auseinandergerissen und getrennt untergebracht würden. Wir wehrten uns bis zuletzt, dass unser Junge fortgenommen werden sollte, und es kam zu dramatischen Szenen. Als man sah, dass man so nicht zum Ziel kam, versuchte man es mit List. Unter dem Vorwand, mich zum Konsulat bringen zu wollen, transportierte man mich in eine alte Kaserne. Dort fand ich in einem scharf bewachten Raum schon eine Anzahl Leidensgefährten vor. Von Frau und Kind hörte ich nichts mehr, mein Gepäck wurde mir nachgeschickt und gerüchteweise verlautete, mein Junge sei in ein Hospiz im benachbarten Gerona gebracht worden. Nach und nach fanden sich in dem nicht allzu großen Raum etwa 20 Männer aller Altersklassen und Nationen zusammen, und die Nacht verlief durchaus ungemütlich. Als wir nach zwei Tagen hörten, dass wir nach Barcelona abtransportiert werden sollten, atmeten wir auf. In zweistündiger Fahrt erreichten wir in Fesseln die Hauptstadt Kataloniens.

## Vorzeitig unabhängig

Es gibt im Leben eines Kindes Augenblicke – ich weiß nicht, ob das für alle gilt oder nur für bestimmte Kinder –, die sich tief ins Gedächtnis eingraben und zu Signalzeichen für den Übergang zwischen Kindheit und Erwachsensein werden. Für mich war einer dieser Momente, als ich in der Polizeistation von Figueras von meinen Eltern getrennt wurde. Man versuche, das nachzuvollziehen: Ein zwölfjähriger Junge in einem fremden Land, umgeben von Polizisten, deren Sprache er nicht versteht, sich an all die gehörten Gräuelgeschichten über die Grausamkeiten des Bürgerkriegs erinnernd, bleibt nun ohne Eltern zurück, mit dem Gefühl, diese niemals wiederzusehen.

Als man versuchte, uns voneinander zu trennen, veranstalteten wir einen mittleren Aufruhr, klammerten uns aneinander fest und schrien die Not des Augenblicks laut hinaus. Schließlich sahen sich die Polizisten gezwungen, uns unter erheblichem Kraftaufwand auseinanderzureißen und mich in eine kleine Einzelzelle zu stecken, in der es nichts gab außer einer steinernen Bank. Ganz deutlich kann ich mich noch an diese erinnern. Sie hatte eine runde Einbuchtung, die der Form eines sitzenden Körpers entsprach. Ich jedoch legte mich darauf hin und rollte mich wie ein Embryo zusammen, um möglichst viel von meiner eigenen Körperwärme abzubekommen. Die Mulde sorgte dafür, dass ich nicht herunterfiel.

Ich besaß keinerlei Gepäck, nur die Kleidung, die ich trug, und natürlich sorgte auch keiner für mich, und sei es nur mit einer schäbigen Decke. Ich fragte mich, wie es möglich sei, dass man ein Kind unter solchen Bedingungen allein ließ, aber je mehr Stunden verstrichen, desto mehr verflogen auch meine Hoffnungen.

Ein Gefühl der Verlassenheit und Verzweiflung machte sich allmählich in mir breit. Weinend fiel ich in den Schlaf, einen gehetzten Schlaf, aus dem ich immer wieder hochschreckte in meiner eiskalten, von einer schwachen Glühbirne beleuchteten Zelle. Vergeblich versuchte ich, mich so eng wie möglich zusammenzurollen, um meinem schmerzenden Körper etwas Wärme abzugewinnen. Noch Jahre nach jener Schreckensnacht genügte die Erinnerung an die steinerne Bank in der Zelle, um meinen Hals zuzuschnüren und mir Tränen in die Augen zu treiben.

Irgendwie ging auch diese Nacht vorbei. In der Früh wurde ich aus der Zelle geholt und bekam etwas Frühstückähnliches zu essen, in Gesellschaft einiger anderer Häftlinge von der Art, der ich auf keinen Fall in einer finsteren Nacht in einer abgelegenen Ecke begegnen wollte, von ihrem Geruch ganz zu schweigen.

In holprigem Französisch informierte mich einer der Polizisten, dass ich in ein Waisenhaus in die benachbarte Stadt Gerona überführt werden solle. Es versteht sich von selbst, dass die Nennung eines solchen Ziels meine Stimmung nicht gerade verbesserte.

Und so kam ich an einem Herbsttag an den Ort, der für die kommenden Monate mein Heim werden sollte – ein etwas altertümliches Gebäude in einem Außenbezirk von Gerona, wo es einige Jahrhunderte zuvor eine blühende jüdische Gemeinde gegeben hatte. Wurde dieses Waisenhaus von ihr errichtet?

Inzwischen handelte es sich jedenfalls um eine rein christliche Institution, deren Belegschaft vor allem aus Nonnen bestand. Die meisten Kinder waren zwischen zehn und 17 Jahre alt, darunter auch jugendliche Kriminelle. Auch ein paar jüdische Kinder begegneten mir, Flüchtlinge wie ich selbst, die aber aus religiösen Familien kamen und sich vor allem darum sorgten, wie sie sich vor Konvertierungsversuchen schützen sollten – vermeintlichen oder echten.

Ich fand die christlichen Bräuche sehr interessant und hatte nichts dagegen, zum Morgengebet zu erscheinen, an dem alle Insassen der Institution teilnehmen mussten. Daher freute es mich auch, als ich vom örtlichen «Hauspfarrer» auf Französisch angesprochen und nach den Einzelheiten meiner Herkunft und des Weges gefragt wurde, der mich an diesen Ort geführt hatte. Das gehörte sicher zu seinen Aufgaben, aber ich spürte darüber hinaus seine echte Empathie und den aufrichtigen Wunsch, mir zu helfen. So entwickelte sich zwischen uns eine zarte Freundschaft, die über lange Jahre halten sollte, auch nach unserem Umzug nach Madrid und sogar nach unserer Auswanderung nach Israel.

Abgesehen von dem ständigen Hunger, der von der «Diät» unseres Speiseplans herrührte – das Frühstück zum Beispiel bestand aus einer einzigen Scheibe Brot mit einer winzigen Sardine, einem faden, undefinierbaren Brei und einem Becher mit einem Getränk, das vorgab, Kakao zu sein –, galt meine größte Sorge dem Schicksal meiner Eltern und der Frage, wo sie wohl sein mochten. Wie sich herausstellte, war Vater in ein Internierungslager im Baskenland verschickt worden, an einen Ort namens Miranda del Ebro.

Jean-Juanito Dispeker in der Jacke, in die seine Mutter für Notfälle Dollarnoten eingenäht hatte

Mutter hingegen befand sich ganz in meiner Nähe, im Frauengefängnis von Gerona. Mit Hilfe von Pater Fernando durfte ich sie schließlich besuchen. Ich fand sie krank und entkräftet vor. Wie sich herausstellte, litt sie an Dysenterie und konnte die Gefängniskost nicht vertragen. Andererseits besaß sie aber nicht genügend Geld, um selbst etwas zu kaufen, da unser gesamtes Barvermögen bei der Verhaftung konfisziert worden war.

Bald schon fiel mir ein, dass man vor unserer Abreise aus Frankreich in den Ärmel meines Mantels ein paar Dollarscheine für Notfälle eingenäht hatte. Ich bat den Pater darum, diese in Pesetos zu wechseln und Mutter zu überbringen, was übrigens, wie ich später erfahren sollte, unter Francos Regime ein schweres, mit beträchtlichen Gefahren verbundenes Vergehen war. Mit ziemlicher Sicherheit darf man aber davon ausgehen, dass dieses Geld ihr das Leben gerettet hat, da es ihr ermöglichte, für ihren Zustand geeignete Nahrung zu kaufen.


## Transit-Gefängnisse

Barcelona, das war früher eines meiner Wunschziele. Man hatte mir von der berauschend schönen Lage der Stadt, von dem finsteren Justizfelsen Montjuich, von dem Zauberberg Tibidabo und von der berühmten Flanierstraße, der Rambla, erzählt. Als wir vom Hauptbahnhof in einem separaten Straßenbahnwagen gefesselt den Weg zum Gefängnis am anderen Ende der Stadt machten, sahen wir die beiden genannten Berge von weitem liegen, bekamen auch im Vorbeifahren einen unklaren Begriff von der Stadt. Einen desto klareren später vom Hauptgefängnis, dem «cárcel model», was ungefähr so viel wie Mustergefängnis bedeutet. Von außen mochte der stattliche Riesenbau diese Bezeichnung annähernd verdienen, von innen erschien er uns bald weniger musterhaft. Als uns die Guardia Civil mit den üblichen Formalitäten eingeliefert hatte, wurden wir vom «chef de réception» gebührend willkommen geheißen, das heißt, unsere Personalien wurden aufgenommen. Je acht bis zehn Mann kamen in eine Zelle, die sonst für vier berechnet war, und zwar in die «Transit-Abteilung». Wer in diese, nur für vorübergehenden Aufenthalt bestimmte Zellen eingesperrt wurde, hatte noch nicht die Rechte der permanenten Gefangenen wie täglich eine Stunde Aufenthalt im Hof, die Möglichkeit, sich Zusatzlebensmittel zu kaufen, Besuche und Pakete zu empfangen, Briefe zu schreiben und anderes mehr.

Als sich die Zellentüre hinter uns schloss, merkten wir bald, dass die moderne Fassade des Baues gewisse Übelstände nicht ausschloss, mit denen wohl die meisten Gefängnisse West- und Südeuropas behaftet sind. Die verdächtigen Löcher in den Wänden belebten sich bald und spien ganze Gruppen jener übelduftenden Tierchen aus, die den Menschen eine Sommer- oder Herbstnacht unerträglich machen können. Eine sofort einsetzende Treibjagd vermochte da nicht viel zu helfen. Die Verpflegung bestand aus der vorgeschriebenen Brotration und, mittags wie abends, aus einer Kohlsuppe, die zwar nicht unschmackhaft, aber wenig fetthaltig war. Morgens gab es eine undefinierbare Brühe, bei deren Analyse unser Zellenchemiker sich den Kopf zerbrach, ob man sie als Kaffee oder Tee anzusprechen habe.

Bald merkten wir auch, dass der gesamte Gefängnisdienst in Spanien militärisch durchorganisiert war. Die oberen Stellen waren durchweg mit Falangisten besetzt. Die spanische Falange entspricht ungefähr der deutschen SS oder SA. Die unteren Organe, das heißt, die Zellenwärter und niederen Aufseher waren fast ausschließlich mit alten politischen Gefangenen, mit sogenannten «Gebesserten» besetzt, die natürlich einer strengen Aufsicht unterstanden. Gar manchem von ihnen entschlüpfte aber doch, wenn er sich unbeobachtet fühlte, hier und da eine Äußerung, die erkennen ließ, dass er von den Segnungen des von Franco errichteten faschistischen Systems doch nicht voll und ganz überzeugt war.

Übrigens war er fast der einzige rechtsextremistische Tyrann, der in seinem Bett sterben durfte, nachdem er dafür gesorgt hatte, die Monarchie in seinem Heimatland zu rekonstituieren.

Im Allgemeinen hatte man in allen spanischen Gefängnissen, in denen «Politische» inhaftiert waren, das sogenannte Umschulungssystem eingeführt, das heißt, die Gefangenen wurden systematisch in die faschistische Gedankenwelt eingeführt. Ein stramm militärisch aufgezogener Sport- und Exerzierdienst bewies uns das; jeden Tag hörten wir Kommandos und Hornsignale, und abends erklangen in straffgeschultem Chor die neue Nationalhymne «Arriba España» und das Falangelied. Einzelnen der geläuterten und gesiebten Gefangenen gestattete man sogar, ihre Zellen wohnlicher auszustatten und in ihrer freien Zeit Berufsstudien zu betreiben, deren Wesen natürlich sorgfältig kontrolliert wurde.

Aber es gab auch schlimmere und sogar recht tragische Fälle von Leuten, denen man mehr oder weniger schwere Vergehen während des Bürgerkriegs zur Last legte, über die die Akten noch nicht geschlossen waren. Bekanntlich werden während jeden Bürgerkriegs auf beiden Seiten Untaten und Unmenschlichkeiten begangen, in Spanien war das von 1936 bis 1939 nicht anders gewesen. Die siegreichen Franco-Anhänger konnten natürlich ihren Rache- und Vergeltungsgefühlen einseitig ungehemmten Lauf lassen, und es soll noch bis in das Jahr 1942 Exekutionen in den Gefängnissen gegeben haben. In dem links und liberal gesinnten Barcelona scheinen die berüchtigten Gräben des Montjuich noch besonders zahlreiche Hinrichtungen gesehen zu haben.

Unser Aufenthalt in Barcelonas Hauptgefängnis dauerte nur fünf Tage. Wir hatten das Pech, gerade am Tag des Schutzpatrons der Gefangenen, der in allen Kerkern Spaniens als hoher Festtag gefeiert wird, abtransportiert zu werden. Von dem festlichen Menü dieses Tages konnten wir am frühen Morgen leider nur einen Milchkaffee erhaschen, der uns wie ein Göttertrank mundete.

Die Fahrt ging nach Zaragoza, der altberühmten Stadt jüdischer Gelehrsamkeit. Für uns war der Aufenthalt im dortigen Gefängnis eine Folge schmerzlicher Entbehrungen und Enttäuschungen. Aus einem vorgesehenen Aufenthalt von höchstens zwölf Stunden wurden elf lange Tage und noch längere Nächte.

Die Strafanstalt war furchtbar überfüllt, in der großen Empfangshalle schliefen nachts hunderte von Gefangenen auf Decken, die über dem Steinboden ausgebreitet waren. Zu 14 Mann steckte man uns in eine Zelle; Nacht für Nacht stritten wir um jeden Zentimeter Raum, auf dem wir die Beine ausstrecken konnten. Die Nahrung war unzureichend. Infolge der Überfüllung gab es keine Löffel – wohl dem, der ein solches Instrument in der Tasche mit sich führte! Die Übrigen mussten mit ausgehöhlten Brotrinden die Suppe löffeln. Unser Geld hatten wir bis auf die letzte Pesete abliefern müssen, wir konnten uns weder Obst noch Brot zukaufen. Schließlich kamen einige unserer Zellengenossen auf die Idee, den Wärtern Uhren, Ringe, Krawatten oder Lederartikel zum Kauf anzubieten. Die Sachen wurden natürlich verschleudert, aber der Erlös reichte doch aus, um einige bescheidene Lebensmittel besorgen zu lassen. Ungeziefer gab es auch hier genug, aber der Gipfel des Vergnügens wurde erreicht, als man uns eines Nachts einen zerlumpten und völlig verwahrlosten Zigeuner als 15. Zellengenossen zuschob, dem wir alle respektvoll Platz machten. Wir hatten auch allen Grund dazu, und in jener glücklicherweise einzigen Nacht, die wir mit dem Neuankömmling verbringen mussten, war an Schlaf überhaupt nicht zu denken.

Als wir nach weiteren acht qualvollen Tagen immer noch am gleichen Platz saßen, obwohl uns sofortiger Weitertransport versprochen war, machten wir eine Eingabe an die Gefängnisleitung, die von einem gewissen Erfolg begleitet war. Wir erhielten den Besuch eines Offiziers, der auf unsere Beschwerde erwiderte, hier liege offenbar ein Versehen vor, und zwar habe die Gendarmerie vergessen, unsere Liste weiterzuleiten. Er versprach uns Abtransport in spätestens drei Tagen und gab uns die Erlaubnis, die in unserem Besitz befindlichen Wertgegenstände gegen Nahrungsmittel zu verkaufen. Leider besaßen wir nichts mehr, was irgendwie verkaufsfähig war. Aber im Übrigen hielt der Mann Wort; in der Frühe des dritten Tages wurden wir aus den Zellen zum Abtransport in das Lager Miranda geführt. Man brachte uns zum Bahnhof, und in achtstündiger Fahrt rollten wir, entlang dem im Bürgerkrieg so heiß umkämpften Ebrofluss, dem großen Sammellager für die nach Spanien geflüchteten Emigranten zu.

## Alltag im Waisenhaus

Frühmorgens aufstehen, in einem großen Saal, mit Dutzenden anderer, völlig fremder Kinder. Es ist kalt, man fröstelt; zur Toilette gehen, in der Schlange warten, man friert, und die Blase drückt. Waschen mit kaltem Wasser; zurück in den Saal: Wie zieht man sich an, in Windeseile, ohne dabei intime Körperteile zu entblößen? Zur Kirche gehen, mitbeten muss man nicht (was soll ein Jude in der Kirche?), aber aufstehen und sich hinsetzen wie alle anderen. Niemanden ärgern und niemanden verletzen, wie? Im Magen nagender Hunger, er knurrt, es ist peinlich. Endlich, das Gebet ist zu Ende, schnell in den Speisesaal, genauer gesagt, in den Saal der ungenügenden Speise – und was liegt dort auf dem Teller des anderen?

Dann zur Arbeit – ja, ja. Hier wird entweder gelernt oder gearbeitet. Mich schicken sie in die Elektrowerkstatt: Werkzeug, unbekannte Geräte, Angst davor, sich zu elektrisieren. Ich werde einem der Arbeiter zugeteilt, der kein Französisch spricht, macht nichts, man kommt zurecht. Werkzeug einpacken und ins nahe gelegene Krankenhaus gehen, dort muss etwas repariert werden – man repariert. Die Treppe hinunter gehen, in eine dunkle Halle mit seltsamem Geruch, süß-säuerlich.

Das Werkzeug auf den Tisch stellen und mit der Hand etwas Störendes beiseite schieben. Und dann, als die Lampe angeht, entdecken, dass dieses Etwas ein toter Säugling ist, auf einem Tisch im Leichenraum. Bis heute empfinde ich noch mein Entsetzen angesichts des Todes, dieses Todes mit seiner milchig-weißen, durchsichtigen Farbe und den für immer aufgerissenen, starren Augen.

Nachmittags mit den älteren Jungen auf die umliegenden Felder hinausgehen, um Maiskolben zu pflücken, quälende Erntearbeit, der wunderbare Geschmack von frisch gegrilltem Mais, das Gefühl des sich füllenden Magens nach langer Entbehrung.

Pater Fernando bei seinen Rundgängen durch die Stadt begleiten, mit ihm die Menschen in ihren Häusern besuchen – «Was ist passiert, Pedra? Wächst in dir ein heimliches Kind?» Von gutherzigen Menschen Süßigkeiten geschenkt bekommen, vor allem die Cremetorten in der Konditorei von Senor Vidal, einem der vielen Freunde des Paters. Und manchmal, nicht allzu oft, bitterlich zu weinen, aus Sehnsucht nach den Eltern, wobei nicht klar ist, ob und wann ich diese wiedersehen darf.

Eines Tages nahm der Pater mich zu einem Besuch beim Bischof von Barcelona mit, der sein Vorgesetzter war. Ihm war es auch zu verdanken, dass ich diese schöne Stadt besichtigen, und, was noch wichtiger war, im Kloster des Bischofs eine königliche Mahlzeit genießen durfte.

Nach einer Weile – das Zeitgefühl geriet damals ein wenig durcheinander – erlaubte man mir, Mutter im Gefängnis zu besuchen. Der Pater brachte mich zu ihr, so oft er Zeit hatte. Dann teilte man uns mit, dass alle Frauen in Kürze mit ihren Kindern zusammen nach Madrid gebracht werden sollten, in Spaniens Hauptstadt. Und tatsächlich kam der große Tag. Man sagte uns, dass die Reise in zwei Etappen verlaufen werde, mit einer Übernachtung in Barcelona.

Irgendwann während dieser Zeit wurde ich 13 und verpasste somit meine Bar Mitzwa einschließlich der damit verbundenen traditionellen Buchgeschenke. Erst viele Jahre später beschwerte ich mich über dieses Versäumnis meiner jüdischen Erziehung, ging jedoch nicht auf die Empfehlung von Freunden ein, die mir leicht amüsiert vorschlugen, die Sache nachzuholen, wenngleich mit gewisser Verspätung...

Seltsam, aber ich kann mich an keinerlei Einzelheiten meines Abschieds von Gerona erinnern, von dem Pater, der mir zum echten Seelenfreund geworden war. Alles ist wie ausgelöscht und vielleicht ist das auch gut so – es war wahrscheinlich keine angenehme Erfahrung, Lebewohl zu sagen ohne zu wissen, wohin mein weiterer

Weg mich führen werde. Mit meinen zwölf Lebensjahren von damals hatte ich bereits eine beachtliche Reihe solcher Ortswechsel erlebt. Tatsächlich waren mir Abschiede immer schon verhasst, da sie im Allgemeinen aus einer Reihe abgegriffener, bedeutungs- und wertloser Klischees bestehen. Trotzdem tat es mir später leid, dass ich diese bewegenden Augenblicke nicht in den Erinnerungszellen meines Kopfes und meines Herzens gespeichert habe.

Jedenfalls führten wir unsere Korrespondenz noch Jahre nach unserer Einwanderung in Israel fort. Mit der Zeit wurden die Abstände zwischen den Briefen immer länger, bis eines Tages eine Nachricht in fremder Handschrift eintraf, in der mir mitgeteilt wurde, dass Pater Fernando seine wunderbare Seele dem Schöpfer zurückgegeben habe. Zwei Jahrzehnte später, als Sarah und ich zum ersten, und wie wir damals glaubten, auch zum letzten Mal ins Ausland fuhren, planten wir eine ausgedehnte Reise, die in Spanien enden sollte. Letztlich wurde uns das jedoch zu viel und wir waren gezwungen, auf den spanischen Abschnitt zu verzichten. Erst weitere zwei Jahrzehnte später nutzten wir eine Zwischenlandung auf einem Flug in die Vereinigten Staaten, um meinen Fluchtweg von damals nachzuvollziehen. Die meisten Orte fand ich mühelos, trotz der Veränderungen, die sie im Laufe der Jahre erfahren hatten.

Schon unterwegs malte ich mir aus, wie es sein werde, zum Waisenhaus zu kommen und vor dem Eingang eine der Nonnen von damals anzutreffen, die sich an den Jungen erinnern würde, den der Pater damals unter seine Fittiche genommen hatte. Deutlich stand mir das Bild des großen und finsteren Baus vor Augen, der einsam neben einem kleineren Gebäude, dem Krankenhaus, gestanden hatte, umgeben von weiten unbebauten Flächen, Maisfeldern und leeren Grundstücken. Ich beharrte darauf, keine Passanten nach dem Weg zu fragen, um das Erlebnis nicht zu verderben. Schließlich fanden wir den Bau, der inzwischen in ein Kultur- und Jugendzentrum umgewandelt und offenbar gründlich renoviert worden war, von Neubauten umgeben. An die Nonnen erinnerte dort gar nichts mehr und meine Versuche, dem Pförtner zu erklären, dass ich an diesem Ort einen wichtigen Abschnitt meiner Jugend verbracht hatte, stießen auf skeptische Höflichkeit.


## Kosmopolis Miranda

In Spanien hatte ich nun die längste und letzte Lagerzeit meiner Emigrationsjahre zu überstehen. Sie war reich an wechselvollen Eindrücken und, besonders in der zweiten Hälfte der sechs Monate, auch an schweren seelischen Depressionen.

An einem Sonntagnachmittag kamen wir an dem wichtigen Eisenbahnknotenpunkt am oberen Ebro an. Er liegt auf einer an drei Seiten von Bergen umsäumten Hochebene, ungefähr 600 Meter über dem Meeresspiegel. Durch ein Spalier von Soldaten machten wir den Weg zum Lager, das etwa einen Kilometer vor der Stadt Miranda lag. Es war ein ehemaliges Militärlager, das während und nach dem Bürgerkrieg zur Aufnahme von Gefangenen diente.

Um die Verwaltungs- und Kasernengebäude waren in regelmäßigen Abständen ungefähr 20 Steinbaracken gruppiert, jede zur Aufnahme von 150 bis 200 Mann bestimmt. Wir wurden nach Nationen gruppiert; es herrschte in dem Lager ein internationales Tohuwabohu, das an die Zeiten des Turmbaus zu Babel erinnerte.

Es gab einen alten Stamm von einigen hundert spanischen Insassen, darunter ehemalige Soldaten der Roten Armee und Mitglieder der «Internationalen Brigaden», die noch härtere und schwerere Zeiten in diesem Lager mitgemacht hatten. Der Großteil der Belegschaft bestand aber aus Flüchtlingen, die alle mehr oder weniger illegal das Land betreten hatten, darunter viele Polen, Tschechoslowaken, Belgier, Holländer, Deutsche, Österreicher, Engländer, neuerdings auch in immer größeren Mengen Franzosen und sogenannte Apatriden, also solche, denen in den letzten Jahren die Staatsbürgerschaft aberkannt worden war, in der Hauptsache waren das Juden. Nicht jeder hatte seine Nationalität richtig angegeben. Wenn es ihm gelang, Glauben mit seinen Angaben zu finden, hatte er den Schutz und die Geldunterstützung der betreffenden Konsulate sowie Aussicht auf schnellere Befreiung. Außer den Belgiern waren besonders die Kanadier eine sehr erstrebte, als «Franco-Kanadier» leicht zu tarnende Nationalität.

Bald hielt uns des Dienstes ewig gleichgestellte Uhr im Geleise. Es war alles militärisch organisiert. Wir, die 3000 Insassen des Lagers, erhielten die Kost und Löhnung der Soldaten, konnten uns innerhalb des geräumigen Lagers vom Wecken bis zum Zapfenstreich frei bewegen, waren aber durch Stacheldraht und Militärposten, die alle 100 Meter mit scharf geladenen Gewehren standen, in unserer sonstigen Freiheit gehemmt.

Morgens um sieben Uhr, im Sommer früher, wurde durch Hornsignal geweckt. Jedermann holte sich nach dem Waschen seine Schale gesüßten Kaffee. Dann marschierte man in geschlossenen Gruppen zur «bandera», dem Flaggengruß. Auf dem großen Lagerplatz standen auf einem Podium vor dem Flaggenmast der diensttuende Leutnant und die etwa 15 Mann starke, aus Internierten bestehende Lagerkapelle nebst einem Zug Infanterie. Wenn der Aufmarsch vollendet war, ertönte nach kurzen Kommandos die Nationalhymne, die seitens der Truppe unter präsentiertem Gewehr, seitens der Lagerinsassen mit dem Faschistengruß angehört wurde. Die straff erhobenen Arme waren aber nur in den vordersten Gliedern die Regel. Weiter hinten nahm man es mit dem Gruß nicht so genau, obwohl eigentlich nichts dagegen einzuwenden war, dass man als, wenn auch ungebetene, Gäste eines Landes sich den offiziellen Ehrenbezeugungen anpasste.

Abends, bei Einbruch der Dämmerung, wiederholte sich dieselbe Zeremonie des Appells, die zugleich auch der Kontrolle des Lagerbestands diente, nur dass sich an die Hymne auch noch das von der Kapelle gedämpft gespielte Gebet anschloss, das merkwürdigerweise von der Truppe nur mit «Gewehr über» honoriert wurde. Man gab also in diesem Fall Gott weniger als dem Cäsar.

Im Übrigen gebietet die Gerechtigkeit zu sagen, dass, abgesehen von dem überall zu spürenden Lagerbürokratismus, die Behandlung seitens der spanischen Militärbehörden durchaus anständig war. Wir galten zwar als vorwiegend linksgerichtete Elemente, aber das war in den Augen der Franco-Leute nur ein Fehler, aber kein Verbrechen. Man verpflegte uns anständig, wenn auch die meisten ohne Zusatznahrung nicht auskamen; Brot war ein begehrter Schwarzhandelsartikel. Nach und nach boten die wöchentlichen Pakete der Konsulate und Hilfsorganisationen, schließlich auch Privatpakete eine willkommene Ergänzung, die um die Weihnachtszeit besonders reichhaltig ausfiel. Sehr anerkannt wurde, dass sogar die Spanier uns zu Weihnachten eine Art Wundertüte präsentierten, die Äpfel, Nüsse, Feigen, Mandeln und Rosinen enthielt. Mit der Einförmigkeit der Suppen musste man sich eben abfinden. Zur entsprechenden Jahreszeit gab es oft tagelang Früchte, als Dessert auch ab und zu ein Stückchen Schokolade.

Unzureichend waren die Wasserverhältnisse. Wegen morgendlichen Wasch- und Trinkwassers gab es meist lange Schlangen und unangenehme Streitereien. Eine Dusche konnte man nur in kalter Form haben, was im Winter ein zweifelhaftes Vergnügen war. Kein Wunder, dass Hautkrankheiten und Ungeziefer an der Tagesordnung waren, worunter besonders ältere Leute litten. Einen Desinfektionswagen gab es erst am Ende meiner Lagerzeit.

Stark frequentiert wurde die große Lagerkantine, doch waren die begehrten Artikel sehr schnell ausverkauft oder vielmehr aufgekauft. Sie tauchten dann wieder bei den zahlreichen Privathändlern auf, die in bestimmten Baracken enorm verdienten. Alle Versuche der Spanier, diesen Schleichhandel zu unterdrücken, misslangen. Selbstverständlich gab es auch Schuster, Schneider, Friseure und zahlreiche Schuhputzer, die alle ihr gutes Auskommen hatten, auch kleine Kaffee- und Teebuden und sogar einige Leihbibliotheken. An Arbeit wurde weiter nichts von uns verlangt als die Sauberhaltung der Baracken, Auslüftung der Matratzen und wöchentlich ungefähr einmal einige Stunden Kartoffelschälen.

Aus irgendeinem Grund scheint mir, Vater habe seine Memoiren ein wenig beschönigt. Ich selbst habe nämlich seine Briefe und die Geschichten, die er uns nach seiner Rückkehr erzählte, etwas anders in Erinnerung. Wahrscheinlich hat das Gedächtnis einen Teil der unerfreulichen Erlebnisse, die wirklich besser in der Versenkung verschwinden, in einer Art von seelischem Entrümpelungsprozess verwischt oder gelöscht.

Auf dem Weg nach Madrid wurde den Müttern mitgeteilt, dass sie sich nicht mehr von ihren Kindern trennen müssten, sondern mit diesen zusammen in ein Frauengefängnis der Stadt geschickt würden. Da vor allem von Mädchen die Rede war, blieb nur ein kleines Problem: wohin mit Mutter und mir?

20 Frauen und drei Mädchen wurden in zwei großen Sälen untergebracht, der eine sollte mit auf dem Boden ausgebreiteten Matratzen als Schlafraum dienen,

der andere für die Tagesstunden. Gegen Abend wurden Mutter und ich von einer Gefangenen in einen separaten Raum geführt, am Morgen brachte man uns in den Gemeinschaftssaal zurück. Bald schon entwickelten wir zu dieser Gefangenen, die Rosita hieß, eine freundschaftliche Beziehung. Sie sprach ein wenig Französisch und erzählte uns, dass sie ohne Gerichtsverhandlung verhaftet und ins Gefängnis gesteckt worden sei, da ihre Nachbarn sie kommunistischer Umtriebe bezichtigt hätten. Auf dem Weg zwischen unseren beiden Unterkünften zeigte Rosita auf zwei Zellen. Dort wurden die zum Tode Verurteilten festgehalten und warteten auf ihre Hinrichtung, wegen Verbrechen, die sie angeblich während des Bürgerkriegs begangen hatten. Dabei muss ich daran erinnern, dass seit Ende des besagten Krieges bereits drei Jahre vergangen waren, wir dachten, Rosita fantasiere. Aber in den Nächten darauf hörten wir mehrmals Schüsse, und als wir am Morgen wieder an den Zellen vorbeikamen, hatten sich diese von ihren Insassinnen geleert.

Ein kleines Problem ergab sich aus der Tatsache, dass ich, abgesehen vom Priester, zwischen den Mauern dieses mit Frauen allen Alters überfüllten Gefängnisses der einzige Vertreter des männlichen Geschlechts war. Nicht selten wurde ich von hungrigen Blicken verfolgt und vereinzelt gab es sogar Versuche, mit mir «anzubandeln». Aber Mutter hielt ein wachsames Auge auf mich und ich selbst begriff erst einige Jahre später, wie viel mir da entgangen war…

Inzwischen erfuhr der Joint, dass sich eine Gruppe jüdischer Frauen und Kinder im Gefängnis von Madrid befand, und begann, uns Pakete mit Nahrungsmitteln, Süßigkeiten und anderen Bedarfsartikeln zu schicken, zur Ergänzung der spärlichen Versorgung, die uns von der Gefängnisleitung zugeteilt wurde. Äußerst begehrte Artikel waren frische Zwiebeln, die wir als Mittel gegen Würmer in Unmengen verzehrten. Kein Wunder, dass wir alle auch ein entsprechendes Aroma ausdünsteten.

Auch mit Decken, Reinigungs- und Hygieneartikeln wurden wir großzügig versorgt. Es hätte eigentlich ganz nett sein können, wenn da nicht die Langeweile, die Sehnsucht nach den Vätern und die Streitereien gewesen wären, die immer wieder unter den jüdischen Insassinnen ausbrachen, meist wegen unterschiedlicher Bräuche und Kulturen und nicht selten begleitet von Diffamierungen und Beleidigungen, die die Vorurteile dieser aus verschiedenen Ländern stammenden Frauen ans Tageslicht brachten.

Dann kam schließlich der Tag der Entlassung. Wir wurden von Vertretern der verschiedenen Konsulate und Hilfsorganisationen abgeholt und in ein kleines Hotel gebracht. Nach allem, was wir in den vorausgegangenen drei Monaten kennengelernt hatten, erschien uns dieser alte Bau wie ein Palast.

Von nun an durften wir uns auch frei in der Stadt bewegen. Der Joint sorgte für unseren Unterhalt und gewährte uns sogar ein Taschengeld für kleinere Ausgaben. Eine Erwerbstätigkeit auszuüben, war natürlich verboten, Spanien litt damals ohnehin schon an einer schweren Arbeitslosigkeit.

Somit begann also das zweite Kapitel des spanischen Exils unserer Familie, die zu diesem Zeitpunkt nur aus Mutter und mir bestand. Erst drei Monate später wurden wir mit Vater vereint und unser Trio war wieder komplett.

## Entlassungsbemühungen

Mit der Einigkeit und der Kameradschaft der verschiedenen Nationen war es nicht weit her. Es gab nationale Spannungen und Antipathien, die sich manchmal in Schlägereien Luft machten. Recht wenig angenehm war zum Beispiel das Verhältnis zwischen Polen und Franzosen; auch den jüdischen Lagerinsassen gegenüber zeigten einige Nationen wenig angenehme Umgangsformen. Auch hier marschierten die Polen und leider auch ein Teil der Belgier an der Spitze. Eines Nachts kam es sogar zu einem regelrechten Überfall auf eine vorwiegend mit Juden belegte Baracke durch einen mit Stöcken und Eisenstangen bewaffneten Belgiertrupp. Er wurde durch energische Gegenwehr zurückgewiesen, aber der Trubel war doch so stark, dass die Lagerwache eingreifen musste und durch einige in die Luft abgegebene Salven die Ordnung wiederherstellte. Fluchtversuche ereigneten sich mehrfach; nur wenige hatten Erfolg, es soll dabei auch einige Todesopfer gegeben haben. Die beliebteste Fluchtmethode war das Graben unterirdischer Gänge unter den Baracken bis zum Drahtverhau, die Mehrzahl dieser Maulwurfsarbeiten wurde aber entdeckt.

Den nachhaltigsten Eindruck meines sechsmonatigen Lageraufenthalts hinterließ ein siebentägiger Hungerstreik. Als trotz aller Versprechungen der Konsulate kein Ernst mit irgendwie nennenswerten Entlassungen gemacht wurde, gab es angesichts des wachsenden Unwillens Beratungen und Zusammenkünfte in den einzelnen Baracken. Die Initiative ergriffen auch hier die auf allen Gebieten äußerst rührigen Polen. In großen Zügen wurde eine Art Feldzugsplan entworfen. Als eines Tages das hoch mit Lebensmittelpaketen beladene Lastauto des polnischen Konsulats an der Lagerpforte eintraf, wurde dem Lenker des Wagens erklärt, dass man die Annahme der Pakete verweigere. Tatsächlich fuhr der Wagen nach Madrid zurück, und die Polen erklärten ihrerseits, bis zur Bewilligung größerer Entlassungen keinerlei Nahrung von der Lagerleitung anzunehmen. Nur bei der Krankenbaracke wurde eine Ausnahme gemacht und der Konsum von Tee allgemein gestattet. Nach längeren Konferenzen griff dieser Streik am zweiten Tag auf das ganze Lager über. Man erklärte, dass er sich nicht gegen die spanische Lagerkommandantur, sondern lediglich gegen die Konsulate richte. Alle Baracken wurden nach etwaigen Vorräten durchsucht, die rücksichtslos von der Streikleitung beschlagnahmt wurden. Und nun wurde es ernst mit dem Hungerstreik! Obwohl hier und da einige Vorräte der Aufmerksamkeit der Streikleitung entgangen waren und sich hier und da heimliche Kochgenossenschaften bildeten, wurde im Großen und Ganzen die Streikparole gut befolgt.

Tee war in genügender Menge vorhanden, das war aber auch für das Gros der Insassen die einzige Nahrung für Tage. Hier und da teilte man sich brüderlich noch einige Brotreste oder Tafeln Schokolade. Die drei Mahlzeiten der Lagerverwaltung wurden glatt zurückgewiesen, und die Wachtruppen konnten sich doppelte und dreifache Portionen holen. Jeder Streikbrecher riskierte Prügel. Die Lagerverwaltung sah mit Erstaunen und wachsender Unruhe diesem Verhalten zu; der Kommandant fürchtete unliebsames Aufsehen in der Öffentlichkeit und suchte zu vermitteln, ohne Erfolg, da er keine bindenden Versprechungen abgeben konnte. Es fand kein Flaggenappell statt, weil die Leute zusehends schwächer wurden. Vom dritten Tag an mehrten sich die Krankheitsfälle, die Krankenbaracken waren schnell überfüllt. Ein Versuch, durch in den Lagergassen aufgestellte Lebensmittelkörbe die Leute zum Zugreifen zu verführen, scheiterte. In fast allen Baracken lagen die Internierten tagsüber auf den Betten; es sah aus wie in einer belagerten Festung, der die Lebensmittel ausgegangen sind. Jetzt griffen auch die Konsulate ein und schickten Delegierte, aber erst am siebten Tag kam es zu einer befriedigenden Abmachung und der Streik wurde abgeblasen. Er kostete «nur» ein Todesopfer, aber manche brauchten Tage, um sich von ihrer Schwäche wieder zu erholen.

Die Polen, die Anstifter des Streiks, hatten auch die ersten Vorteile davon. Nach einigen Tagen wurden 200 bis 300 von ihnen plötzlich entlassen. Sie kamen zuerst in andere größere Städte Spaniens und wurden dann, nach einigen Wochen Aufenthalt in Nordafrika, via Gibraltar nach England abtransportiert und dort den polnischen Truppenteilen eingegliedert. Andere Konsulate folgten diesem Beispiel, und schließlich wurde auch dem Joint, der die Staatenlosen, also in der Praxis die Juden, betreute, das Recht einer konsularischen Vertretung zugebilligt – man wählte dafür die Form des «Portugiesischen Roten Kreuzes», hinter dem in Wirklichkeit die amerikanischen Quäker standen.

Nach mancherlei vergeblichen Hoffnungen und Enttäuschungen schlug schließlich auch mir die Befreiungsstunde. Am 16. März 1943, nach genau sechs Monaten Aufenthalt im Lager Miranda, holte mich mit 25 Kameraden der ebenso warmherzige wie unermüdliche Leiter der Madrider Quäker- und Joint-Organisation, Mr. Blickenstaff, ab und brachte uns nach Erledigung der üblichen Entlassungsformalitäten gegen Mittag in das Städtchen Miranda, wo in einem Restaurant an sauber gedeckten Tischen ein für unsere Begriffe opulentes Mittagsmahl aufgetischt wurde. Nach einer kalten, zwölfstündigen Nachtfahrt erreichten wir am frühen Morgen den Madrider Nordbahnhof. Das Wiedersehen mit Frau und Kind nach soviel Abenteuern und Erlebnissen brauche ich wohl nicht zu schildern.

## Frei im Reich Francos

Und nun kamen aller Erwartung zuwider noch zehn Monate Aufenthalt im Lande des Weins und der Gesänge, zehn Monate Freiheit und verhältnismäßige Sorglosigkeit, in denen nur der Zwang einer wöchentlichen Meldung auf der Polizei uns in Erinnerung brachte, dass wir uns nicht ungehemmt dem Zauber des unbekannten Landes hingeben konnten. Was wussten wir von Spanien? Wir kannten aus Kindheitstagen den *Don Quichotte* des Cervantes, später hörten wir vom «Cid», wussten auch, dass große Opern wie der *Barbier von Sevilla*,

*Figaros Hochzeit*, *Fidelio*, *Carmen* und Webers Ouvertüre *Preciosa* in Spanien spielten.

Auch von der Romantik und Brutalität der Stierkämpfe erfuhren wir mancherlei Dichtung und Wahrheit. Von der großen Epoche der spanischen Malerei war uns nur wenig zu Gesicht gekommen, einige Kopien nach Velázquez, von Murillo sogar Originalbilder, aber El Greco und Goya kannten wir nur vom Hörensagen. Nun saßen wir in der spanischen Hauptstadt an der Quelle und konnten aus dem Vollen schöpfen.

Wer sich als Flüchtling einbildete, in Madrid oder überhaupt in Spanien Arbeit und Brot finden zu können, sah sich schwer enttäuscht. Uns Emigranten war jede Annahme bezahlter Arbeit auf das Strengste untersagt. Schon die bloße Einreichung eines Gesuchs genügte unter Umständen, um den Betreffenden wieder ins Lager zu bringen. Die Verpflegung und Unterbringung der tausenden von Flüchtlingen aller Nationen musste daher zu Lasten der Konsulate und Hilfsorganisationen geschehen. Und da muss dankbar anerkannt werden, dass dies mit einer Großzügigkeit und Generosität geschah, die in der Geschichte der Emigration aller Zeiten wohl ohne Beispiel ist. Jeder Emigrant wurde mit seiner Familie bis zu seinem Abtransport in einem anständigen, sauberen Hotel oder in einer Pension, auf Wunsch auch in Privatquartieren untergebracht und brauchte sich um Unterkunft, Essen und ärztliche Behandlung nicht zu sorgen. Sogar die Wäsche und in gewissen Fällen dringend nötige Anschaffungen an Kleidern und Schuhwerk wurden bezahlt. Am großzügigsten erwiesen sich die englischen und amerikanischen Konsulate, die über die größten Mittel verfügten; aber auch die anderen alliierten Vertretungen inklusive der französischen De-Gaulle-Institutionen und der Joint taten ihr Bestes für die von ihnen Betreuten.

So gab man sich einem allerdings erzwungenen «dolce far niente» hin; die einzige Sorge blieb, dass der Krieg vielleicht über die Pyrenäen auf Spanien übergreifen könnte. Man mag zu Franco stehen wie man will, aber dass der Diktator das Gespenst des Krieges von seinem allerdings noch ziemlich ausgebluteten Land fernzuhalten wusste, muss man ihm als Verdienst anrechnen.

## Unroutinierte Routine

Während meine Eltern sich nun sozusagen dem Müßiggang hingaben und das gesamte kulturelle Angebot wahrnahmen, das Madrid zu bieten hatte, fand ich selbst Beschäftigungen, die nicht weniger interessant waren. Zunächst einmal freundete ich mich mit dem Portier unseres Hotels an, einem jungen, deutlich linkspolitisch orientierten Studenten namens Gregorio. Schnell fand ich mit ihm eine «gemeinsame Sprache», das heißt, wir führten lange Gespräche in einer Mischung aus Französisch und Spanisch. Das resultierte schon nach einigen Wochen darin, dass ich nun, abgesehen von meinen früher erworbenen Kenntnissen, noch eine weitere Sprache mehr oder weniger beherrschte. Ich konnte Deutsch, meine Muttersprache, in der ich mit meinen Eltern kommunizierte; Französisch, meine wichtigste Schulsprache, in der ich mich auch mit meinen wenigen Freunden unterhielt; und Englisch, das ich als Fremdsprache in der Schule sowie durch das Lesen von Büchern und Artikeln erlernt hatte. Der Übergang von Französisch zu Spanisch fiel mir ziemlich leicht, weil es sich um verwandte Sprachen handelt, die sich aus dem alten Latein entwickelt hatten.

Eine andere, nicht weniger interessante Beschäftigung war Folge unserer beengten Wohnverhältnisse und der vielen Stunden, die ich ohne Aufsicht verbrachte. Im Zimmer neben uns wohnte Frau B. mit ihrem Sohn Paul, ungefähr in meinem Alter, und ihrer Tochter Sabrina. Man darf sagen, dass ich in ihrer Gesellschaft zum ersten Mal den Geheimnissen der Liebe begegnete, mit all ihren Annehmlichkeiten und Qualen. Sabrina war ein aufgewecktes, schlaues junges Mädchen, dessen Libido ihrem Alter weit voraus war, und hatte in den meisten Lebensbereichen, inklusive «Körpersprache», bereits nicht wenig Erfahrung gesammelt. Während ich auf meinem erotischen Entwicklungsweg noch beim ABC war, hatte sie die Strecke vom Penis zur Sünde bereits mit Bravour hinter sich gebracht und war bestens mit den Regeln jener Spiele vertraut, mit denen Kinder sich fern vom Blick der Erwachsenen zu vergnügen pflegen. Wenn unsere beiden Mütter – natürlich nicht zusammen – das Haus verließen, um ihre Erledigungen zu machen oder anderen Zeitvertreiben nachzugehen, blieben wir drei allein in Sabrinas Zimmer zurück und vergnügten uns dort mit den üblichen Spielen – Verstecken, Gedächtnisspielen, Rätselraten und Baukästen. Allmählich wurden wir schläfrig. Rücklings, mit halb geschlossenen Augen lag ich dösend auf einem der Betten, die das Herzstück des Mobiliars der Zimmer ausmachten, die die Delegierten des amerikanischen Joint für uns gemietet hatten. Nicht etwa, dass wir uns beklagt hätten, die Unterkunft war sauber und ordentlich, das Essen passabel und die Behandlung anständig. Mehr hätten wir uns kaum wünschen können, wo doch sogar unser Überleben nur kurze Zeit davor noch an einem seidenen Faden gehangen hatte.

Nach wenigen Augenblicken war ich bereits in einen Dämmerschlaf versunken, unterwegs ins Land der Träume – da spürte ich plötzlich, wie ein paar flinke Finger eifrig damit beschäftigt waren, meinen Hosenlatz aufzuknöpfen, jenen Teil also, den der Volksmund als «Geschäft» bezeichnet – und das, ohne den «Ladenbesitzer» um Erlaubnis zu bitten. Anfangs war mir nicht ganz klar, ob das nun Traum oder Wirklichkeit war, aber die Berührung von Sabrinas zarten Händen an dieser so empfindlichen Stelle fühlte sich überaus realistisch an und überflutete mich mit seltsamen, bislang unbekannten Gefühlen: einer Mischung aus tiefem, brennendem Genuss, begleitet von zunehmender Kurzatmigkeit und dem dringenden Bedürfnis, meine Glückseligkeit laut und ungehemmt in die Öffentlichkeit hinauszuschreien. Bald schon begriff ich, dass ich im Hinblick auf dieses geheimnisvolle Thema kaum mehr als ein ABC-Schüler war, während meine geliebte Sabrina in allem – sage und schreibe: allem! – was damit zusammenhing, bereits mindestens ihren Magister gemacht und noch eine vielversprechende Karriere vor sich hatte!

In der Zwischenzeit hatte es mein Mädchen bereits geschafft, die erste Phase des Projekts zum Abschluss zu bringen: die Entblößung meiner Intimitäten. Nun ging sie

Die Abbildung von Amadeo Modiglianis Ölbild (1884–1920) «Mädchen im Hemd» hat Joel viele Jahre begleitet und erfreut

unverzüglich zur nächsten, etwas komplizierteren Stufe über: der Befreiung meines anschwellenden, härter werdenden, protestierenden, sich aufrichtenden und stolz hochgereckten Glieds, das sie aus der dafür vorgesehenen Öffnung meiner engen Unterhose zog. All das vor den Augen ihres neugierigen Bruders, der das Geschehen in der Rolle eines Lehrlings und zukünftigen Praktikanten beobachtete.

Keinerlei Zweifel bestanden bezüglich der Erfahrung seiner Schwester, die das Werk ihrer Hände mit fröhlichen und saftigen Bemerkungen über die einzigartigen Dimensionen und Charakteristika des neuen Freundes begleitete.

Was mich anbelangte, so wurden meine himmlischen Gefühle immer stärker und waren schließlich so überwältigend, dass sie in Worten nicht zu schildern sind. Dabei gingen mir originelle Gedanken durch den Kopf: Man müsste eine neue Schrift erfinden, ähnlich den Noten der Musik, die die Gewalt des «Crescendo» und «Fortissimo» jener Symphonie der Gefühle, die mein Herz wie auch jedes andere Organ meines Körpers erfüllte, zum Ausdruck bringen könnte. Ich weiß nicht mehr, ob ich bei dieser ersten erotischen Erfahrung bereits einen vollständigen Höhepunkt erlebte.

Sicher ist Folgendes: Als Sabrina sich über meinen Körper beugte, während ich, immer noch in fernen Sphären schwebend, mit halb geschlossenen Augen dalag, und einen leichten Kuss auf die dunkelrote, prall mit meinem jungen Blut gefüllte Krone hauchte, schoss das Barometer meines Entzückens noch einen weiteren Grad in die Höhe, dessen Existenz allein schon im krassen Widerspruch zu sämtlichen bekannten Regeln der Physik stand. Gleichzeitig stießen Sabrina und ich einen Seufzer höchster Wonne aus, und nun war es den Fingern meiner freien Hand endlich erlaubt, sich vorsichtig zwischen ihre gespreizten Beine zu schieben, wo sie auf ihrer Forschungsreise auf jene weichen, glattfeuchten Polster trafen, die sich am oberen Innenende der Beine von Mädchen befinden, offenbar ein Geschenk der Natur, das das gelegentliche Eindringen erleichtern soll.

Sabrina beabsichtigte jedoch keineswegs, fremden Fingern den Eintritt in ihr Allerheiligstes zu gestatten, das sie, wie ich den etwas wirren Ausführungen entnehmen konnte, die meinem Besuch folgten, sorgfältig für den Prinzen ihrer Träume aufbewahren wollte.

Dabei war so klar wie die Mittagssonne an einem Sommertag in Eilat, dass ich ganz gewiss nicht dieser erhabenen Kategorie angehörte. Dennoch unternahm ich um der Selbstachtung willen noch einen weiteren Versuch, in den befestigten Palast einzudringen und ein wenig von dessen Annehmlichkeiten zu kosten. Mit Leichtigkeit wehrte Sabrina dieses zaudernde Tasten ab und schlug vor, einen nächtlichen Spaziergang durch die Korridore des Hotels zu unternehmen, in der Hoffnung, einem der anderen Flüchtlingskinder zu begegnen, die dort wohnten. Damit fand mein erstes «Date» sein Ende. Auch der Kontakt zu Sabrina riss nach jenem Vorfall ab, und falls diese Zeilen dich, Sabrina, zufällig erreichen sollten, so bist du eingeladen, diesen zu erneuern!

Aber halt, noch ist der Vorhang nicht gefallen. Die Geschichte hat noch eine Fortsetzung und auch eine Lehre. Als ich an jenem Abend in unser Zimmer zurückkehrte, trug ich ein idiotisches Lächeln auf meinem Gesicht. Ich hatte das Gefühl, Gott beim Barte gepackt zu haben, das Gefühl, dass sich mir sämtliche Tore des Paradieses fortan jederzeit auf Wunsch öffnen würden.

Tatsächlich hatte ich auch jenen tonnenschweren Satz der freundlichen Kassiererin des CINEAC längst aus meinem Gedächtnis gelöscht: «Ja, aber einmal bedeutet noch keine Dauergewohnheit.» Nun will mir scheinen, ich habe im Laufe meines Lebens denselben Fehler mehrmals wiederholt, und jedes Mal den Preis dafür bezahlt, schon bald darauf und mit Zinsen.

Am nächsten Tag kam es zwischen Sabrina und ihrem Bruder zu einem ziemlich gewöhnlichen geschwisterlichen Streit. Nachdem der kleine Gauner unser Treiben von Anfang bis Ende beobachtet und genau verstanden hatte, welch ungeheuer wertvolle Waffe ihm da in die Hände gefallen war, versuchte er nun, seine Schwester zu bedrohen. Diese reagierte mit Anwendung von Gewalt.

Lange Rede, kurzer Sinn: Schon nach wenigen Augenblicken wurde die ganze Geschichte bis ins kleinste Detail vor der Mutter der beiden ausgebreitet, mit den entsprechenden Veranschaulichungen. Eine sofortige Untersuchung des Palastes ergab, dass dieser keinerlei irreversiblen Schaden erlitten hatte. Das launische Schicksal aber wollte, dass Frau B. beim Verlassen ihres Zimmers auf meine Mutter stieß und mit dieser nun ein pädagogisches Gespräch eröffnete, in dem es auch um Fragen der Sexualerziehung von Töchtern ging.

Mutter, die von den stürmischen Ereignissen der Vornacht keine Ahnung hatte, lauschte Frau B.'s Ausführungen höflich, bis diese sich zuckersüß erkundigte, ob es bei den «Yekkes» vielleicht üblich sei, ihren Söhnen und vor allem ihren Töchtern «echte Beziehungen» vorzuführen? Nach einem kurzen Augenblick der Verblüffung verabreichte Mutter Frau B. eine saftige Ohrfeige, deren Echo durch das ganze kleine Hotel hallte. Dann packte sie mich an der Hand und stürmte in unser Zimmer, wo sie sogleich die Tür verriegelte.

Mir war klar, dass es diesmal um ein besonders empfindliches Thema ging. Ihr zornesblasses Gesicht und die zusammengepressten Lippen erweckten in mir eine Art Urangst, und zum ersten Mal in meinem Leben fürchtete ich mich geradezu tödlich vor meiner Mutter.

Es wird sicher nicht überraschen, wenn ich anmerke, dass Mutter aus Zorn und Kränkung so weiß geworden war. Sie ging zum Schrank. Mit zitternden Händen zog sie einen freien Kleiderbügel hervor – einen hölzernen mit Metallhaken. Mutters Bewegungen waren fahrig und mir war klar, was sie beabsichtigte. Für gewöhnlich schickte sie ihren Taten eine Erklärung voraus, wenn sie der Ansicht war, dass ein bestimmtes Thema mir wohl schneller und besser durch das Hinterteil einzubläuen sei. Dieses Mal jedoch folgten die Worte der Tat und sie begann, mit einer Heftigkeit auf mich einzudreschen, die mir den Ernst der Angelegenheit verdeutlichte. Und während sie zuschlug, zischte sie Sätze wie diese: «Ich werde dir schon beibringen, keine jungen Mädchen anzurühren» oder «Du wirst es lernen, das andere Geschlecht respektvoll zu behandeln!»

Ich muss gestehen, dass ich die Ursache von Mutters heiligem Zorn damals nicht verstanden habe. Meist vermied sie physische Bestrafungen, und wenn sie schon darauf zurückgriff, dann handelte es sich kaum um Schläge, die einen nachhaltigen Eindruck hinterlassen konnten.

Diesmal jedoch war es anders, aber der Groschen fiel bei mir erst Jahre später, als ich nach Mutters Tod ihr Tagebuch las und die wahre Bedeutung jedes einzelnen ihrer Hiebe verstand. Sie hatten ihrer enttäuschten Liebe zu dem «Roten Wächter» gegolten; ihrer unerwiderten Zuneigung zu ihrem verehrten Jugendleiter beim «Blauweiß»; ihrer Sehnsucht nach einem gewissen Medizinstudenten – dem späteren Urologen, der nicht diagnostizieren sollte, was schließlich zur Ursache ihres vorzeitigen Todes wurde. Die Schläge galten auch dem Geiger mit der amputierten Hand, dem sie ihre blütenreine Jungfräulichkeit geschenkt hatte, das Teuerste, was sie besaß, und der sie im wahrsten Sinn dieses abgedroschenen Begriffs wehklagend verließ; sie galten einem Teil ihrer Freundinnen, die ihr ins Gesicht lächelten, um sich hinter ihrem Rücken über sie lustig zu machen; und sie galten vor allem ihrem Ehemann, mit dem sie einen Bund fürs Leben geschlossen und dafür auf einen erheblichen Teil ihrer Werte und Ambitionen verzichtet hatte und der ihr seinerseits Treue geschworen hatte, später jedoch nicht stark genug gewesen war, seine Schwüre zu halten und sehr bald schon in die Gewohnheiten seiner Junggesellenjahre verfiel, obwohl er nach jeder Affäre zurückkehrte, zu ihr, der er in tiefer und aufrichtiger Liebe verbunden war.

Mit einem Wort: Mutter war wild entschlossen, bei mir die ersten zarten Knospen jener Begierden im Keim zu ersticken, von denen sie eines übers andere Mal verletzt worden war, und es ist durchaus möglich, dass ihr das auf gewisse Zeit sogar gelungen ist. Die Erinnerung an den rachsüchtigen Kleiderbügel prägte sich tief in mein Unterbewusstsein ein, und jedes Mal, wenn ich einem Mädchen begegnete, mit dem ich gern eine Beziehung natürlicher Nähe anknüpfen wollte, wurde ich von einer Art Panikgefühl ergriffen. Oh ja, ich habe viele bereichernde Erfahrungen versäumt, in mir hatten sich Bremsen gebildet, von denen ich mich erst nach langen Bemühungen im fortgeschritteneren Alter befreien konnte.

Ja, liebe Mutter, du hast es geschafft, deine guten Absichten über alle Maßen hinaus zu verwirklichen, und ich musste einen Teil des Preises für das Leiden deiner

Jugendjahre zahlen. Daher genügt es nicht, wenn nur ich dir verzeihe, wir sollten vielleicht auch all die jungen Mädchen um Vergebung bitten, die an den Folgen der von dir gesäten Hemmungen zu leiden hatten und sich verwundert fragen mussten, warum um alles in der Welt unsere aufblühenden Beziehungen ohne plausiblen Grund so jäh abgebrochen wurden?

Einige Zeit später wurde ich ins französische Gymnasium von Madrid eingeschult und nahm somit meinen alten Bildungsweg wieder auf, eine Art völlig unroutinemäßiger Routine. Die Schule war ziemlich weit von unserem Wohnviertel entfernt – wir waren inzwischen in ein anderes, etwas geräumigeres Hotel umgezogen. Zu Fuß gehen kam nicht in Frage, die Metro war teuer, blieb also nur die Straßenbahn, wo es üblich war, beim Schaffner zu bezahlen. Wer diese Bezahlung umgehen wollte, hielt möglichst großen Abstand vom Kartenverkäufer, der seinerseits natürlich ehrgeizig nach genau solchen Fahrgästen suchte.

Ich selbst entwickelte dabei ein verblüffend einfaches System. Ich dängelte mich so dicht wie möglich an den Kartenverkäufer heran, der natürlich nicht ahnen konnte, wie unverschämt ich war. Der Nachteil dieses Systems wurde deutlich, wenn der Kontrolleur kam, aber meist hatte ich noch genügend Zeit, um auch diesem zu entschlüpfen.

Die Schüler unseres Gymnasiums waren eine ziemlich bunt gemischte Gruppe aus Kindern von Diplomaten, Flüchtlingen oder auch einfach nur von Snobs, die ihren Sprösslingen eine besondere exklusive Erziehung angedei-

Visitenkarte des Hotel Alcazar in Madrid, 1943/44

Rückseite der Visitenkarte mit Joels Schrift

hen lassen wollten. In jeder Klasse saßen zwischen zehn bis 20 Schüler und – man höre und staune – Schülerinnen. Wie sich zeigte, schaffen die Umstände manchmal sogar den Fortschritt, wenngleich nicht mit Absicht. Dazu ließe sich noch so manches sagen, klar war jedenfalls, dass es sich um kleine Klassen handelte, was bedeutete, dass auch die Distanz zwischen Schülern und Lehrern geringer war.

Nach einer kurzen Prüfung wurde ich der zehnten Klasse zugeteilt, die bereits im zweiten Halbjahr war. Ich integrierte mich mühelos und gehörte zu meiner Überraschung sogar im Spanischunterricht zu den Klassenbesten!

Bald entwickelte sich eine Art Freundschaft zwischen mir und einem etwas ungewöhnlichen Jungen aus Holland, aber genau genommen waren alle Schüler in dieser Klasse ziemlich ungewöhnlich. Und natürlich gab es auch die Klassenkönigin, eine gertenschlanke Spanierin, die ihr Näschen meist hochmütig in die Luft streckte. Sie kam vermutlich aus einer angesehenen Familie, da auch die Lehrer sie nur mit «Mademoiselle Topete» ansprachen, ein Name, der Anlass zu nicht wenigen Spekulationen und witzigen Bemerkungen gab. Ich habe mit ihr nie auch nur ein einziges Wort gewechselt, sondern mich darauf beschränkt, ihr bewundernde Blicke zuzuwerfen, in der vergeblichen Hoffnung, eine Reaktion zu bekommen.

Ab und zu ging Mutter mit mir in das große und langweilige Museo del Prado, wo sie lange vor irgendeinem Gemälde stehenblieb, um dieses unter den verschiedensten Blickwinkeln zu begutachten. Ich schlenderte unterdessen durch die Räume und fand zumindest etwas Unterhaltung darin, mir die dicken, zum Teil nackten Frauen anzusehen, die von Künstlern mit so komischen Namen wie Tizian, Modigliani, Rubens, Goya und Murillo gemalt worden waren. Danach gingen wir in einem riesigen Park namens Retiro spazieren, wo es die unterschiedlichsten, sorgfältig gepflegten Bäume und Pflanzen gab.

Im Spanien des Caudillo herrschte die erzwungene Ordnung eines Militär- und Polizeistaates. Ein flüchtiger Blick auf das Straßenbild Madrids zeigte, dass so ziemlich jeder dritte Mann auf der Straße ein Soldat, Polizist oder zum mindesten ein Falangist war. Alle öffentlichen Gebäude, Banken, Postanstalten, ja sogar die Bahnhöfe der Metro wurden scharf bewacht.

Eine rigorose Ernährungskontrolle rationierte die hauptsächlichen Lebensmittel, aber wer Geld hatte, konnte sich kaufen, was er wollte. Es gab viel Armut und Proletariat, keinen eigentlichen Mittelstand, dafür aber eine gewisse wohlhabende und wohlgenährte Großbourgeoisie. Diesen Schichtungen entsprechend waren auch die Sympathien für oder gegen das autoritär-faschistische System verteilt. Unbedingte Anhänger Francos waren die Großgrundbesitzer, die weitaus große Mehrzahl des allmächtigen katholischen Klerus, das Offizierskorps und das gutsituierte Bürgertum.

Das Stadtbild Madrids ist wesentlich anders, als man es sich in der Fantasie vorstellt. Die Renaissancestadt Karls V. und Philipps II. ist bis auf geringe Reste verschwunden; ein ganz kleiner Teil um die Plaza Mayor herum erinnert noch an diese grandiose Vergangenheit. Man muss sich mit dem Gedanken abfinden, dass Madrid eine durchaus moderne Stadt geworden ist. Große Zementsteinbauten, ja sogar Wolkenkratzer, breite, gutgepflegte Straßen, zahlreiche Schmuckplätze und Parkanlagen geben der spanischen Hauptstadt das Gepräge. Viele, fast allzu viele Monumente begegnen dem Passanten auf Schritt und Tritt, nur wenige davon haben künstlerischen Wert. Im Schatten eines riesenhaft protzigen Cervantes-Denkmals steht das ausgezeichnet und scharf charakterisierende Denkmal Don Quichotes und seines wackeren Sancho Pansa. Man ist fast versucht, die magere Rosinante zu streicheln, auf der der Ritter von der traurigen Gestalt dem Reich der Abenteuer zustrebt. Sehr schön, großzügig angelegt, gut gepflegt und ein schattiger Aufenthalt für tausende von Madrilenen während der Sommerhitze ist der Retiro, der kilometerlange Park der Hauptstadt, eine Mischung aus dem Stil des Englischen Gartens in München und des Berliner Tiergartens.

Eine große Überraschung war für uns das Prado-Museum, der geistige und künstlerische Mittelpunkt Madrids. Man mag über die Dynastien Habsburg und Bourbon denken wie man will, aber wenn von ihren Verdiensten nichts übrig bliebe als das Zusammentragen dieser großartigen Kunstsammlung nicht nur spanischer Meister, sondern fast aller Zeiten und Länder, so wäre ihre Existenz schon gerechtfertigt. Ich stehe nicht an zu behaupten, dass kaum eine europäische Galerie sich mit dem Prado, wenn man ausschließlich die Werke der Malerei berücksichtigt, an Reichhaltigkeit und Kostbarkeit messen kann.

Meine Frau, die besonders gern und häufig in den Sälen dieser unvergleichlichen Kunstsammlung verweilte, behauptete, die Prado-Galerie allein sei diese vorausgegangenen drei Monate Gefängnis wert. Überflüssig zu sagen, dass ich mir auch eine Corrida ansah. Die Stierkämpfe, in riesigen Arenen, die bis zu 60.000 Menschen fassen können, sind noch immer, weit mehr als Theater, ja selbst die Kinos, das nationale Volksbelustigungsmittel in Spanien. Sie sind genau so, wie sie in Büchern und Bildern hundertfach dargestellt wurden: eine Konzentration sportlich geschulter Kraft und Gewandtheit im Kampf gegen die künstlich entfesselten Urkräfte der Bestie. Das farbige Drum und Dran verdeckt nur provisorisch den Kern von Brutalität und Roheit, der in diesen Spielen nun einmal steckt, ebenso wie er im spanischen Volkscharakter schlummert. Mag sein, dass der häufige Besuch dieser Schauspiele auch die innere Anteilnahme und das Verständnis skeptischer Mitteleuropäer erhöht, mein persönlicher Bedarf und meine Neugierde waren jedenfalls mit einem einmaligen Besuch gedeckt, und ich zog es vor, die geringen mir für derartige Zwecke zur Verfügung stehenden Mittel lieber zum Studium des nationalen spanischen Tanzes zu verwenden, nachdem einige hervorragende Vertreterinnen dieser Kunst mein helles Entzücken erregt hatten. Auch gute Musik, von großen Orchestern reproduziert, kann man an Sonntagvormittagen für verhältnismäßig geringes Entgelt hören.

Da ich den Großteil von Hemingways Büchern gelesen hatte, war auch ich darauf neugierig, einmal eine echte Corrida zu sehen, und verlieh Vater dadurch einen Anstrich von elterlicher Würde. Und tatsächlich begleitete ich ihn schon kurz nach unserer Ankunft zu einem Stierkampf, trotz der heftigen Proteste meiner Mutter.

Ich will nicht leugnen, dass auch ich dabei immer wieder von der allgemeinen Begeisterung mitgerissen wurde, vor allem in den Momenten, wenn das gesamte Publikum entflammt in ein überwältigendes «Olé» ausbrach, nachdem der Matador sein Schwert in den Nacken des Stiers gestoßen hatte. Das Bild jedoch, das sich meiner Erinnerung am stärksten eingeprägt hat, ist der Augenblick, in dem das Tier am Ende des Spektakels von zwei traurigen Gäulen gezogen aus der Arena geschafft wurde. Ich empfand eine Art Solidarität mit der Beschämung dieses edlen Wesens, das mutig gekämpft und seinen Bezwinger nur kurz zuvor noch dazu gebracht hatte, erschreckt vor seinen spitzen Hörnern zu fliehen.

Und wenn wir schon von Würde sprechen, erinnert mich das an ein gescheitertes Experiment: Aus irgendeinem Grund beschlossen meine Eltern, dass es notwendig sei, meine Kenntnisse der christlichen Religion zu vertiefen.

Zu diesem Zweck fanden sie eine äußerst respektable Dame, die so aufrecht ging, als habe sie einen Stock verschluckt, und bei mir sofort heftigste Antipathien erweckte. Meine Lehrerin hingegen war äußerst motiviert, wobei erwähnt werden muss, dass sie ihre Dienstleistungen völlig ehrenamtlich gewährte.

Als sie schließlich meine negative Haltung erkannte, beschloss sie, ihr schwerstes Geschütz aufzufahren und verkündete mir mit ernster Miene, dass ich dereinst im Höllenfeuer braten müsse, falls ich die Grundprinzipien des Christentums nicht annehmen und meinen Glauben an den christlichen Messias erklären sollte. Das war der Tropfen, der das Fass zum Überlaufen brachte. Ohne Bedauern (meinerseits) trennte ich mich von der honorigen Dame und blieb mit einem schalen Geschmack zurück.

Inzwischen waren die Sommerferien herangenaht und mein Priester, Pater Fernando, hatte seinen Besuch angekündigt. Er wollte mich zu einem Besuch in Toledo mitnehmen, einer Stadt, die überaus reich war an Zeichen ihrer stolzen jüdischen Vergangenheit. Nur die sommerliche Hitze Spaniens vermochte das Erlebnis dieser Begegnung mit unserer Geschichte ein wenig zu beeinträchtigen. Zutiefst bewegt wies mich der Pater auch in der Alhambra, einem der wenigen mittelalterlichen Bauten, die die Kämpfe des Bürgerkriegs überdauert hatten, auf Symbole aus der Vergangenheit hin.


Verstärkt wird die Anmut des Bildes und der Trägerinnen noch durch farbigen Blumenschmuck, meist glut- oder dunkelrote große Nelken. Dazu kommen noch bei Tag und Nacht die großen Prozessionen, in denen allerlei wundertätige Heiligen- und Madonnenstatuen, oft überlebensgroß, gefahren oder getragen werden.

Der Klerus, Militär mit Musik in Paradeuniform, Mönche und Nonnen mit brennenden Kerzen und Fackeln, eine ungeheure Menge von gläubigen Frauen und Männern aller Gesellschaftsschichten, dazu die altertümlichen Prunkkutschen des Erzbischofs und die mittelalterlich kostümierten Trabanten des Magistrats, das alles vereint sich zu einem eindrucksvoll fesselnden Bild.

Um etwas Geld für die notwendigsten Bedürfnisse erübrigen zu können, entschlossen wir uns, in den Wintermonaten noch einmal den Versuch mit einer Privatwohnung zu machen, der diesmal glückte. Wir fanden bei einer Witwe mit Sohn und Töchterchen zwei annehmbar saubere Zimmer mit Küchenbenutzung, wo wir, abgesehen von kleinen unausbleiblichen Reibungen in der Küche, in leidlichem Einvernehmen bis zu unserer Abreise blieben.


Gegen Kriegsende begann uns die Frage nach unserem weiteren Weg immer stärker zu beschäftigen. Wir hatten die Wahl zwischen mehreren Alternativen: nach Frankreich zurückzukehren und alles von vorne zu beginnen, wobei nicht auszuschließen war, dass sich das Erlebte in einer zweiten Runde wiederholen würde; oder in ein anderes Land auszuwandern, das an uns interessiert war und uns die Chance einer anständigen Existenz bot. Letztlich beschränkte sich die Auswahl auf drei Staaten, von denen jeder seine Vorteile hatte: die USA, Belgisch-Kongo (das heutige Zaire) und Eretz Israel.

Bei Mutter erwachten plötzlich schlafende Sehnsüchte nach Zion, die noch aus ihrer Jugendzeit stammten, vermischt mit dem Wunsch, meine etwas schwache Beziehung zum Judentum zu stärken. Wir wussten, dass wir uns in Eretz Israel auf die Hilfe von Vaters Schwester Anni und ihrer Tochter Ruth stützen konnten, die noch vor dem Krieg dorthin ausgewandert waren. Außerdem hatten wir das Gefühl, dass es in Israel leichter sein werde, ein Einkommen zu finden, obwohl auch Afrika in dieser Hinsicht optimale Aussichten bot.

Mit einem Wort: kein einfaches Dilemma angesichts solch schicksalsträchtiger Entscheidungen. Schließlich fiel die Entscheidung zugunsten Israels, dieses jungen, vielversprechenden Landes, in der Hoffnung, dass wir uns dort mehr oder weniger integrieren könnten.

An dieser Stelle sollte man vielleicht daran erinnern, dass mein Wissen über das Judentum, vom Zionismus ganz zu schweigen, mehr als dürftig war. Das lag an einer Vereinbarung zwischen Vater und Mutter, die mir freie Wahl lassen wollten, sobald ich älter wäre. Meine Kenntnisse der hebräischen Sprache beschränkten sich auf das «Schma-Israel«-Gebet, das mir Mutter bereits in früher Kindheit beigebracht hatte und das ich jeden Abend sagte. Aber ich verließ mich auf mein Sprachtalent und ahnte nicht, was auf mich zukam.


Noch ein Wort über die Spanier. Da ich gar nicht, meine Frau nur wenig ihre Sprache beherrschte und nur unser Junge, der das französische Lyzeum in Madrid besuchte, sich geläufig in der Landessprache ausdrücken konnte, kamen wir nur mit einem sehr kleinen Teil der Bevölkerung in Berührung. Die gebildeten und vornehmen Spanier schieden für uns Flüchtlinge ganz aus; es blieben außer unseren jeweiligen Wirten kleine Kaufleute, Handwerker und Kleinbürger. So ist es schwer, ein einigermaßen zutreffendes Urteil über die ziemlich komplizierte Mentalität der Spanier zu fällen.

Nach unseren Beobachtungen scheint in der Bevölkerung eine ziemliche Dosis bis zur Kindlichkeit gehender Gutmütigkeit, ab und zu mit plötzlich auftauchender Brutalität gemischt, zu liegen. Der Hang zum Spiel in jeder Form, besonders zum Lotteriespiel, erscheint groß; keine Tätigkeit darf allzu sehr in Arbeit ausarten. Das Sprichwort «Verschiebe nicht auf morgen, was du heute kannst besorgen» existiert hierzulande nicht. Im Gegenteil: Beim Beamten, Geschäftsmann und Handwerker wird man allzu häufig mit dem Wort «mañana» also auf «morgen» vertröstet – in Wirklichkeit ist dies eine Vertröstung auf unbestimmte Zeit.

Unter der katholischen Geistlichkeit gibt es eine ganze Reihe geistig und moralisch bedeutender Persönlichkeiten. Wir lernten einen Priester kennen, der unseren Jungen im Hospiz von Gerona betreut hatte und sich während unseres ganzen Aufenthalts als ein warmherziger, menschenfreundlicher Berater und Freund und als geistig bedeutender Mensch erwies. Die etwas gespreizte Würde, die viele spanische Männer und Frauen in Gang, Haltung und Manieren kennzeichnet, ist ein Überbleibsel des alten spanischen Nationalcharakters. Man bezeichnet sie mit dem treffenden Wort «Grandezza», was eine Mischung von Grazie, zur Schau getragener Größe und zeremonieller Haltung bedeutet. Die vielgerühmte spanische Gastfreundschaft haben wir leider nur im Lager und im Gefängnis, also in stark gemilderter Form kennengelernt, sie existiert aber in normalen Zeiten sicher.

Wir hatten uns, da unsere Versuche, nach den USA zu gelangen, endgültig gescheitert waren, mit unseren Verwandten in Haifa, in Palästina, in Verbindung gesetzt. Wir wurden schon im Frühjahr 1943 von dort angefordert, hätten aber vielleicht das «Zertifikat», die begehrte britische Einwanderungsgenehmigung, doch nicht bekommen, wenn nicht Anfang Mai Herr Israel als Delegierter der Jewish Agency aus London mit einem Paket Blanko-Zertifikaten eingetroffen wäre. Dieser warmherzige und unermüdliche Menschenfreund, der leider beim Rückflug nach London einem deutschen Luftüberfall zum Opfer fiel, gab uns und etwa 600 Schicksalsgefährten in Madrid und Barcelona das Einwanderungszertifikat für Eretz, das «Land» Israel. Am 14. Mai fertigte das englische Generalkonsulat in Madrid unsere Pässe aus. Aber es sollte noch volle acht Monate dauern, bis wir den Fuß auf das Schiff setzen konnten, das uns in das Gelobte Land brachte.

Die stetig wachsenden Fortschritte der Alliierten ließen das Ende des Kriegs in absehbarer Ferne erscheinen und zeigten zugleich das langsame Abrücken Francos und seiner Leute von ihrer bisherigen Vorliebe für Hitlerdeutschland. Es gab eine ebenso zahlreiche wie einflussreiche Nazikolonie in Madrid, die sich um die deutsche Botschaft, das Konsulat und die versteckt, aber unermüdlich arbeitenden Gestapozellen sowie um wirtschaftlich-kulturelle Institutionen gruppierte. Sie alle trugen nach und nach ihren Nazismus weniger prätentiös zur Schau.

Mitte November 1943 erfuhren wir, dass voraussichtlich in den letzten Tagen des Januars ein Schiff von Lissabon abgehen und die Flüchtlinge mit Palästina-Zertifikaten an ihren Bestimmungsort bringen werde. Allmählich lüftete sich der Schleier des Geheimnisses um dieses Schiff. Es handelte sich um den 9000 Tonnen großen portugiesischen Dampfer «Njassa», früher Bestandteil der Flotte des Norddeutschen Lloyd, der zwecks Austausches gefangener Diplomaten durch den Suezkanal nach Indien fuhr. Das Schiff sollte in Cádiz anlegen und dort die 600 Flüchtlinge aus Madrid und Barcelona aufnehmen, während 200 weitere schon in Lissabon an Bord gingen. Wir sollten mit «navycerts» (Geleitbriefen) aller kriegführenden Nationen, also in relativer Sicherheit, fahren. Am 19. Januar stand ein endlos langer, leider aus recht ehrwürdigen Wagen bestehender Extrazug im Atocha-Bahnhof zu Madrid, bereits zu zwei Dritteln mit unseren Barcelonaer Schicksalsgefährten gefüllt. Es gab ein langes Abschiednehmen von unseren Madrider Bekannten, dann ging es «gekeilt in drangvoll fürchterliche Enge» in 22-stündiger Fahrt gen Süden.

Eine ebenso angenehme wie interessante Unterbrechung erhielt unsere Reise in der kulturhistorisch so fesselnden andalusischen Stadt Córdoba. Zwei und eine halbe Stunde Aufenthalt genügten, um uns nicht nur ein Mittagessen einnehmen zu lassen, sondern auch die Bekanntschaft mit dem überwältigendsten Denkmal maurischer Baukunst neben der Alhambra, der altberühmten wundervollen Mezquita, einer in einen Dom umgewandelten prachtvollen Moschee zu vermitteln. Daneben sahen wir noch eine uralte Synagoge mit dem Denkmal für den aus Córdoba stammenden jüdischen Schriftgelehrten Rabbi Maimonides.

Bei Nacht kamen wir im Hafenbahnhof von Cádiz an und traten die Fahrt in unsere Hotels an. In der schmucken südspanischen Stadt, der Eingangspforte zu Spanisch-Marokko, verbrachten wir noch einige Tage, bis am 26. Januar der mächtige Rumpf der «Njassa» im Hafen auftauchte. Anderentags wurden wir eingeschifft, nicht ohne dass wir noch eine Enttäuschung bezüglich der uns zugesagten Kabine erlebten. Statt in einer Dreibett-Kabine wurden wir getrennt in zwei Kabinen, der Junge im Zwischendeck untergebracht, doch konnten wir wenigstens gemeinsam die Mahlzeiten einnehmen. Die Fahrt ging bei anfänglich gutem Wetter über Gibraltar, zwischen Sizilien und der nordafrikanischen Küste hindurch gen Südosten. Bald erhob sich eine Brise und statt der erwartungsvoll munteren, singenden und tanzenden Reisegesellschaft sah man bald bleiche und schwankende Gestalten ihren Schlafstätten zuwanken. Trotz aller möglichen Medikamente wurden dem Gott Neptun zahlreiche Opfer gebracht, und mindestens vier unserer sieben Tage währenden Seefahrt waren dadurch stark beeinträchtigt. Ich selbst blieb von der Krankheit verschont, aber Frau und Kind hatten darunter zu leiden.

Ich habe schon immer empfindlich auf Reisen reagiert, und es genügte, wenn ein Auto oder ein Autobus jener Tage etwas schaukelte, um mir Übelkeit zu verursachen. Dieses Mal war ich wild entschlossen, die ärgerliche Erscheinung zu überwinden, und tatsächlich ist mir das während der ersten Reisetage sogar gelungen. Abgesehen von einigen Austauschdiplomaten, offenbar Japanern, die wir überhaupt nicht zu Gesicht bekamen, gab es auf dem Schiff auch Gruppen verschiedener Jugendbewegungen, durch die ich meine erste Einführung in die israelische Politik bekam. Eine Gruppe des Hechalutz wurde von einem im Land geborenen Palmachnik begleitet, einem schlanken, dunkelhäutigen Burschen, der aussah, als könne er keiner Fliege etwas zuleid tun, die Jugendgruppe des Betar hingegen hatte einen dicklichen, bebrillten Reisebegleiter, der nicht aufhörte, den Palmachnik zu provozieren.

Irgendwann kam es zu einem Austausch diverser «Komplimente» und der Betarist beschloss, dass es an der Zeit sei, seinem Kontrahenten eine Lektion zu erteilen. Gemächlich nahm er seine Brille ab und versetzte Letzterem einen Faustschlag, der jedoch im Nichts landete. Der Palmachnik hingegen legte ihn mit einer flinken Judobewegung flach und sorgte dabei auch für eine leichte Veränderung seines aufgedunsenen Gesichts. Der Betarist schien den Wink verstanden zu haben, denn von diesem Augenblick an herrschte an Bord Ruhe.

Die restlichen Tage waren für mich reinste Tortur, ich wollte nur noch sterben. Zu meiner Übelkeit gesellten sich Backgerüche einer Art von Reismehlbroten und Dünste von gekochtem Fisch. Noch Jahre später sollte ich unfähig sein, Weißbrot jeder Sorte zu kosten, und auch keinen gekochten Fisch. Sämtliche Bemühungen meiner selbst nicht wenig mitgenommenen Mutter, mir mit Pillen und Atemübungen zu helfen, blieben erfolglos und mir scheint sogar, dass sie meine Seekrankheit nur verstärkt haben. Erst, als sich die Silhouette des Karmelbergs am Horizont abzeichnete, überall Freudenrufe zu hören waren, verschwand meine Übelkeit und mir ward endlich leichter. Nun bedrückte mich nur noch folgende Frage: ob dies unsere letzte Station sein würde?


Irgendwelche Gefahrenmomente zeigten sich nicht. Auf hoher See begegneten wir einem stark gesicherten britischen Konvoi, sonst sahen wir kein Schiff. Am sechsten Tag tauchten, zum Teil schneebedeckt, die Berge des Karmel auf. Das Heilige Land Palästina lag vor uns. Am Vormittag des 3. Februar 1944 landete unsere «Njassa», von Fischerbooten umschwärmt und begrüßt, im Hafen von Haifa. Wir 800 Flüchtlinge gingen an Land in bereitgestellte Autobusse, wurden von den Hafenarbeitern mit Orangen und Schokolade bewillkommnet und traten, ehe wir noch Verwandte und Freunde begrüßen durften, die Fahrt nach dem Lager Atlit an, wo wir noch eine Woche zur Erledigung der üblichen Quarantäne- und Zollformalitäten bleiben mussten. Dann konnten wir in Haifa einziehen. Unsere fast elf Jahre dauernde Emigration war beendet. «Zu neuen Ufern lockt ein neuer Tag.» Wie er sich für uns drei gestalten wird, bleibt der Zukunft vorbehalten.

Ein neues Kapitel, und nicht gerade das einfachste unserer so facettenreichen Geschichte, sollte beginnen.

## Das Gelobte Land

Erste Eindrücke: ein erdfarbenes, enges, nervöses Land ohne Feinheiten. Die Menschen sind einheitlich khakifarben gekleidet, in allen Nuancen. Die Autobusse sind khakifarben. Das Lager in Atlit ist khakifarben, die Wächter tragen Khaki, die Soldaten tragen Khaki, die Gebäude tragen Khaki. Sogar die Sprache klang irgendwie khakifarben.

Es ist eng, Wohnungen sind nicht zu finden. Bei Tante Anni, der Schwester meines Vaters, lebten schon vor unserer Ankunft fünf Personen: Anni, ihre Tochter Ruth (meine Cousine), deren Mann Shmuel, der aus irgendeinem Grund Peter genannt wurde, und die beiden Töchter Tami und Ilana, in drei Zimmern, die drei mal drei Meter maßen. Uns zu Ehren drängte sich die Familie nun in zwei Zimmern zusammen und räumte uns das dritte, zuzüglich einer kleinen Vorratskammer, die uns als Küche diente. Dabei ist eine gewisse Spannung zu spüren, Mutter und Anni kommen noch aus Kasseler Tagen nicht besonders gut miteinander zurecht, beide lieben es, ihre Umgebung zu dominieren. Aber zu unserem Glück gibt es Ruth als Vermittlerin. Sie versteht sich sehr gut mit Vater und Mutter, und vor allem mit mir, seit ich ein Baby war.

Ich lernte die engen Straßen Haifas kennen, die Gässchen und Treppen dieser Stadt, die am Hang des Karmelbergs liegt. Später, nachdem ich auch Tel Aviv und Jerusalem kennengelernt hatte, liebte ich das «rote» Haifa – so genannt wegen seiner stark sozialistischen Orientierung in der Vergangenheit – mit seinen umgänglichen Einwohnern, die sich in der Warteschlange zum Autobus nur selten vordrängeln und ihre Stadt, im Vergleich zu den meisten anderen Städten des Landes, sauber halten.

Wir hatten gerade damit begonnen, uns etwas einzurichten, als uns erklärt wurde, dass wir uns ein weiteres Mal «aufspalten» müssten, zumindest für die erste Zeit. Mutter bekam eine Anstellung als Hausmutter an der von der berühmten Hanna Meisel geleiteten Landwirtschaftsschule von Nahalal und dadurch auch die Gelegenheit, ihre Hebräischkenntnisse aufzufrischen, eine unablässige Vorbedingung für jede zukünftige Initiative.

Ich wurde an der Ludwig-Tietz-Berufsschule im Kibbuz Yagur aufgenommen, eine Schule der Jugend-Alija, wo die Schüler von der zehnten bis zur zwölften Klasse, abgesehen vom normalen Curriculum, auch Schreinern und Schlossern lernten. Diese Institution war 1936 gegründet worden, im Rahmen einer Rettungsaktion für Kinder aus Deutschland, die ohne ihre Eltern ins Land gekommen waren. Daher bestand der Großteil des Personals, einschließlich der beiden Direktoren, der meisten Lehrer und der beiden Betreuerinnen aus reinen Yekkes, mit denen ich keine Kommunikationsprobleme hatte.

Mit den Schülern verhielt es sich anders. Die Einwanderung aus Deutschland hatte nahezu vollständig aufgehört. Da man die Schule am Leben erhalten wollte, wurden nun im Land geborene Kinder aufgenommen, und zwar von der schwierigeren Sorte, solche, deren Eltern sich eine Weile von ihnen erholen mussten. Natürlich zeigten sich diese Sabras gegen den kleinen, ziemlich frechen Yekke, der weder ihre

Sprache noch ihre Gewohnheiten kannte, nicht besonders rücksichtsvoll. Ich war ziemlich isoliert und voller Wut. Zu meinem Glück hatten wir in diesem Kibbuz ferne Verwandte, mit denen ich eine gewisse Beziehung anknüpfte.

Yagur, das über viele Jahre hinweg mit Givat Brenner um den Titel des «weltweit größten Kibbuz» wetteiferte, war von ehemaligen Mitgliedern des Hechalutz aus Polen und einer Handvoll deutschstämmiger Juden gegründet worden und galt als stabiler Kibbuz, wenngleich wirtschaftlich gesehen nicht als großer Held.

Seine Produktionszweige basierten vorwiegend auf Agrarerzeugnissen, hinzu kam eine Flotte von Lastkraftwagen zur Verteilung von Tnuva-Produkten (vor allem Milch und Milchprodukte) in Haifa. Weiter gab es dort eine Gruppe von Hafenarbeitern, die sogenannten «Außenarbeiter». Das entsprach der Ideologie einer «integrativen Wirtschaftsform» des Kibbuz Hame'uchad, war aber auch ein Überrest des Experiments, urbane Kibbuzim zu schaffen, wo Konsum und Erziehung gemeinschaftlich sein sollten, die Arbeit jedoch individuell unter der persönlichen oder familiären Verantwortung des Genossen. Dieser Versuch gelang zunächst auch, konnte jedoch den Prüfungen der Zeit nicht standhalten.

Wie dem auch sei, Yagur war 1944 zum Zeitpunkt meiner Ankunft im Land bereits 20 Jahre alt und im Hinblick auf materielle Dinge wie Nahrung, Kleidung und Unterkunft sehr asketisch, aber gemessen an den Standards jener Zeit in den Bereichen Kultur und Erziehung außerordentlich großzügig.

Ein konkreter Ausdruck dafür war der Komponist und Dichter Yehuda Sharett (Shertok), der die Eltern und Erzieher von Yagur jedes Jahr wegen der Vorbereitungen zu seinen einzigartigen Seder-Abenden fast zum Wahnsinn trieb. Dennoch wurden diese später zum leuchtenden Vorbild sämtlicher Pessach-Zeremonien der Kibbuzbewegung und des ganzen Landes.

Bis heute steht mir das Bild des Speisesaals von Yagur vor Augen – in seiner gewöhnlichen Form und an meinem ersten Seder-Abend im Land.

Der Raum war feierlich geschmückt und alle Anwesenden, Genossen, Kinder und private wie offizielle Gäste, waren feierlich gekleidet und hatten ihre Probleme und Nöte zuhause gelassen.

Man hatte den Eindruck, dass keine Stecknadel mehr in den Raum passte, jedes freie Eckchen war besetzt, einschließlich der Fensterbretter. Nur in der Mitte gab es eine schmale Freifläche für die Schlaginstrumente des Kinderorchesters, einen Teil der Sänger und Sprecher und den Chor. Dann hob Yehuda seine Arme und gab das Zeichen für das hebräische Lied «Wie schön ist der Frühling».

Ich verstand kein einziges Wort von all den Texten und Gesängen aus der Haggada, die ich an diesem Abend hörte, aber die Klänge stahlen sich mir tief ins Herz, drangen in mein Innerstes vor und brachten die Barrieren der Exiljahre in meiner Seele zum Schmelzen.

Ich glaube, an diesem magischen, so eindrucksstarken Abend im Speisesaal von Yagur hat mein Integrationsprozess im Land begonnen, die Erneuerung meiner Bindung an das Judentum, dessen Feste, Traditionen und Zeremonien.

Ein Jahrzehnt später, nachdem ich bereits meinem Kibbuz Palmach-Tzuba bei-
getreten war und dort einen völlig glanzlosen Seder-Abend erlebt hatte, übernahm
ich selbst diese Aufgabe und gestaltete gemeinsam mit einem engagierten Team
einen Pessach-Seder, der von den Erinnerungen an dieses erste Erlebnis in Yagur
inspiriert war.

Die Mitglieder von Yagur wohnten damals noch in Hütten mit zwei kleinen Räumen. Nur den Kindern wurde ein fester Bau nahe der Kibbuzeinfahrt zugestanden.
Dort befand sich auch unser Internat.

Wie groß die finanzielle Not jener Tage war, bringt der aus Yagur stammende
Dichter Yoram Taharlev in seinem Gedicht «Grundversorgung» aus dem Band *Kibbuz
Yagur – Entwurf* zum Ausdruck:

«In der Grundversorgung sitzt Mannsbach / gibt Zahnpasta / im Austausch für
eine leere Tube / schneidet Seife zu / nach Augenmaß / und Zigaretten der Marke
Matussian. / Nimmt man einen Schnürsenkel, schreibt er auf / Streichhölzer – er
schreibt auf / Schuhcreme – er schreibt auf. / Eine Schuhbürste? Hast du doch erst
vor einem Jahr genommen! / Eine Zahnbürste? / «Näxte Woche!» / Einen neuen
Docht für die Öllampe – Sag deinem Vater, er soll dir so spät nachts nicht mehr
vorlesen!»

Aber im Gegensatz zum materiellen Mangel gab es in Yagur wie gesagt Kultur
aller Art im Überfluss.

Mein erstes tiefgehendes Erlebnis im Land war dieser Seder-Abend. Er erweckte
nicht zuletzt den Zorn der Eltern, deren Sprösslinge während der Zeit der Proben
und Vorbereitungen rotäugig und völlig übermüdet in die Schule kamen. Auch davon
berichtet Taharlev in einem anderen Gedicht.

«Yehuda Shertok, Yehuda Shertok / wenn ich sang, hob warnend er den Stock. /
Aufnehmen wollte er mich nicht im Flötenunterricht / denn schließlich könnte ich /
womöglich den Gott von Yavne in Galiläa / in einen Stein im Jammertal verwandeln …»


## Das Land der Verheißung

Die Umstellung von europäischen auf asiatische und speziell jüdische Begriffe
ist nicht leicht, für viele ist sie mit schweren inneren Kämpfen und mit einer
ganzen Reihe äußerer Schwierigkeiten verbunden, die sich besonders den aus
Deutschland zugewanderten, hierzulande mit dem etwas spöttisch gemeinten
Spitznamen «Yekkes» betitelt, fühlbar machen. Dazu kommt noch die, auch
nicht gerade einfache, Anpassung an das Klima des Landes, dessen sommerliche Hitzegrade noch durch den trockenheißen Wüstenwind, den Chamsin, oft
bis zur Unerträglichkeit gesteigert werden.

Den ganzen Umstellungsprozess pflegt man im jiddischen Jargon mit
dem hübschen Wort «zugewöhnen» (eingewöhnen) zu benennen. Im Unterbewusstsein der Leute, die dieses Wort gern im Munde führen, ist dabei der

Wunsch vorhanden, dass man sich ihren Eigenheiten und Anschauungen nach Möglichkeit anpassen sollte. Das ist nicht immer jedermanns Sache und es geht auch meist nicht ohne Reibungen ab.

Vater Sigmund Dispeker als Neueinwanderer in Israel, 1945

Manchmal fragen mich Neueinwanderer, wie lange es gedauert habe, bis ich meine Sprachen erlernt hätte. Nun, meine Muttersprache, das Deutsche, brachte ich von zuhause mit und davon, dass ich bereits in sehr jungen Jahren begonnen hatte, Bücher zu lesen, weil Vater meist nicht zuhause und Mutter sehr beschäftigt war. Ich sehe mich schon im Alter von vier bis fünf Jahren mit dem dicken Band der Grimmschen Märchen in der Hand mit den gotischen Buchstaben kämpfen, der verräterischen Ziege zürnen, die die Vertreibung der drei Söhne verursacht hatte, den kleinen Schneider bewundern, der Sieben auf einen Streich erledigt hatte, und mich über die verbrannte Hexe freuen. Französisch erlernte ich mit Leichtigkeit durch die Teilnahme am Schulunterricht, meine Streifzüge durch die Straßen von Marseille oder auch die Lektüre meiner Lieblingsbücher.

Diese beiden Sprachen stellten die Grundlage für den Erwerb des Englischen dar, das, wie man weiß, deutsche und lateinische Elemente enthält.

Auch Spanisch ist eine vorwiegend aus dem Lateinischen kommende Sprache und eröffnete sich mir während meiner «Integration» in Spanien relativ leicht. Überhaupt ist es empfehlenswert, Sprachen in den Ländern zu lernen, wo sie gesprochen werden. Das Hebräische erschloss sich mir, wie ich gestehen muss, nicht mit solcher Leichtigkeit. Es dauerte mehrere Monate, bis ich zu verstehen begann, vor allem die etwas disharmonische Sprechweise der Sabras. Erst nach einem Jahr fühlte ich

Die Kopie von Rembrandts «Saskia mit der roten Blume», in Öl gemalt, aus dem Kasseler, elterlichen Wohnzimmer, das Vater Dispeker sehr liebte, ist bis heute verschollen

Familie Dispeker nach der Ankunft in Israel

mich mit meinen Landes- und Sprachkenntnissen sicher genug, um mich an einem hebräischen Gespräch zu beteiligen. Was das Jiddische anbelangt, das ich nur zum Teil verstehe und spreche, so handelt es sich um eine Beute, die ich aus dem Unabhängigkeitskrieg mit nach Hause gebracht habe. Dort befehligte ich auch einige aus Osteuropa eingewanderte Soldaten, die direkt von den Einwandererschiffen rekrutiert worden waren. Um mit ihnen zu kommunizieren, bog ich mein Deutsch einfach ein wenig «zurecht». Das Ergebnis hatte eine gewisse Ähnlichkeit mit dem Jiddischen, das ich daher als meine «fünfeinhalbte» Sprache bezeichne.

Neun Monate sind jetzt verflossen, seit wir nach dem Passieren der Straße von Gibraltar endgültig Abschied von «Europas übertünchter Höflichkeit», von der heutzutage nicht einmal mehr im Seumeschen Sinn gesprochen werden kann, genommen haben. Ich will den Vergleich des bekannten Gedichts nicht fortspinnen, aber ich muss bekennen, dass ich noch mitten im Umlernprozess stecke. Für uns, die wir einer Generation angehören, deren Jugend vor der Jahrhundertwende lag, ist es doppelt schwer, sich in einem neuen Erdteil, einer neuen oder eigentlich sehr alten Kultur und mit einem neuen Menschheitsbegriff zurechtzufinden. Aber man möge mir den ehrlichen, guten Willen hierzu zugestehen.

Ich kann nicht sagen, wann genau die Wende bei mir stattgefunden hat. Es war ein langsamer, schleichender, aber beständiger Prozess. Meine Sommerferien verbrachte ich zum Teil mit Erntearbeiten, dem Pflücken von Maiskolben – bei der glühenden Hitze eine nervtötende und quälende Beschäftigung – und der Traubenlese in den Weinbergen. Frühmorgens wurden wir auf einem Karren, der hinter einen asthmatischen Traktor gespannt war, auf ein Feld am westlichen Rand des Kibbuz hinausgefahren, nahe dem kleinen Friedhof, der damals schon von den Opfern der Kämpfe mit den arabischen Nachbarn, der Malaria und diverser anderer Plagen und Heimsuchungen bevölkert war. Wir saßen auf Kisten und pflückten genüsslich die nassen Reben, und so sehr wir auch aufpassten, dauerte es nicht lang, bis auch unsere Kleidung völlig durchnässt war. Das größte Vergnügen war das Frühstück unter einem schattigen Sonnendach. Dort brachte man uns Delikatessen, die im Speisesaal der Genossen nicht zu finden waren: frischen Rahm und süßen türkischen Honig, unverdünnte Marmelade und ofenwarmes Brot aus der Kibbuzbäckerei. Mit den Freunden und Kibbuzgenossen, die uns «Tietzler» normalerweise keines Blickes würdigten, saßen wir in trautem Miteinander unter der Plane, und plötzlich empfand ich ein Zugehörigkeitsgefühl zu dieser Gesellschaft, die versuchte, einen neuen, gemeinschaftlichen und egalitären Menschen zu schaffen, den «Homo Kibbuznicus», im naiven Glauben an Schlagworte wie «Gestern nichts, morgen alles».

Den Rest der Ferien verbrachte ich mit der Lektüre von Büchern, die ich mir aus dem Zimmer von Direktor Hans Gärtner, später Chanan Ginat, ausgeliehen hatte. Ich glaube, ich habe in diesem Sommer die gesamten Shakespeareschen Werke gelesen, natürlich im englischen Original, und einen Großteil von Schillers Dramen. Abends besuchte ich meine Verwandten, Cousins dritten Grades meiner Mutter, die mich freundlich aufnahmen und mir eine Art von Heimatgefühl gaben. Erst Jahre später erfuhr ich während eines Besuchs bei ihrer Tochter, dass das gute Verhältnis, das ich in dieser Familie zu erkennen glaubte, in Wahrheit völlig zerstörte Beziehungen übertünchte.

Weiter freundete ich mich mit dem Fotografen des Kibbuz an, Chanan Mor. Ihm ist es zu verdanken, dass ich auch dem Chor von Yagur beitrat. Ich muss gestehen, dass ich in den ersten Monaten noch keine Ahnung hatte, was die Worte bedeuteten, die ich voller Begeisterung sang.

Ja, fast hätte ich es vergessen: Mir wurde auch eine Aufgabe von größter Wichtigkeit auferlegt, für die sich keine Konkurrenten fanden – ich war für die Reparatur der Arbeitsschuhe meiner gesamten Altersschicht zuständig. Zwar gab es im Kibbuz einen Schuster und sogar eine Schusterin, aber beide waren völlig überlastet, sodass man beschloss, die treuen Dienste von K. aus Kfar Chassidim in Anspruch zu nehmen. Also stieg ich einmal alle zwei Wochen in den Bus, mit einem ziemlich schweren Sack Schuhe auf dem Rücken, und freute mich auf die Begegnung mit K. und seinem reizenden Töchterchen Sarahle – die erste einer Reihe von Sarahs, die mein Herz eroberte. K. war ein typischer Schuster, mit Brille, Halbglatze, Lederschürze und zwei bis drei Nägeln im Mund. Er empfing mich freundlich, erkundigte sich, was es in Yagur Neues gäbe und prüfte mit kritisch-professionellem Blick, was ich gebracht hatte. Über einen Teil davon urteilte er, sie seien keiner weiteren Behandlung wert.

Inzwischen erschien Sarahle, ein sommersprossiges Mädchen meines Alters mit zwei Zöpfen und einem schüchternen Lächeln, das leicht seinen Weg zu mir fand. Da ich nicht auf den nächsten Bus warten wollte, forderte ich sie auf, mich einen

Teil des Weges zu begleiten, bis zur Brücke über den Kishon-Fluss, dessen Wasser in jenen Tagen noch verhältnismäßig klar war. Unter dieser Brücke entfaltete sich nun eine unschuldige kleine Romanze, die der mangelnden Erfahrung von Dreizehnjährigen entspricht. Ehrlich gesagt war ich damals hin- und hergerissen zwischen der Schustertochter aus Kfar Chassidim und einem Mädchen aus Yagur, mit dem ich kein einziges Wort zu sprechen wagte – sie repräsentierte in meinen Augen etwas völlig Unerreichbares: eine gebürtige Kibbuznikit!

Während dieser Zeit in Yagur trug sich mehr als ein Geschehnis zu, das mich nachhaltig beeindruckte. Eines Tages erblickte ich ein riesiges Zelt, das im Westteil des Kibbuz errichtet worden war. Wie sich herausstellte, sollte dort eine Gipfelkonferenz des Kibbuz Hame'uchad stattfinden, die dem Aufstand im Warschauer Ghetto gewidmet war.

Ich verstand damals kein Wort von den historischen Vorträgen, oder präziser, den tragischen Geschichten der ehemaligen Ghettokämpfer Zvia Luftkin und Antek Zuckermann, war aber von deren Auftreten und ihrer außergewöhnlichen Persönlichkeit zutiefst beeindruckt.

Zur selben Zeit kam auch eine Gruppe der Jugendbewegung Dror nach Yagur. Sie bestand aus Kindern, die den Holocaust überlebt hatten – jedes davon mit seiner eigenen Geschichte und seinen eigenen Narben. Ich freundete mich mit Sarah an, einem blonden Mädchen, das später eine Beziehung zu meinem guten Freund A.G. aufnehmen sollte, der auch nach meinem Fortgehen in Yagur weiterlernte.

Abendelang saßen wir da und ich hörte ihrer leidensreichen Geschichte zu, hörte von den Tagen im Ghetto und später bei einer Partisanengruppe, die systematisch Bahngleise sprengte, um den Versorgungs- und Rüstungsnachschub für die Wehrmachtsoldaten aufzuhalten. Leider waren auch große Teile dieser polnischen Partisaneneinheiten vom klassischen, religiösen Antisemitismus des Volkes infiziert.

In jenen Tagen entdeckte ich noch eine Liebe anderer Art, die mich ein Leben lang begleiten sollte: die Fotografie. Mutter überließ mir unsere Familienkamera, eine «Voigtländer», die schon damals ziemlich betagt war und einen faltbaren, akkordeonartigen Verschluss besaß. Ich bat meinen Freund Chanan um ein wenig gern gewährte Anleitung, erfasste rasch «das Prinzip» und entwickelte mich zum leidenschaftlichen Fotografen.

Ich begann, auf Veranstaltungen und Ausflügen zu fotografieren. Schon bald erwarb ich mir in diesem Bereich eine gewisse Erfahrung und wurde zum «Hoffotografen» unserer Klasse. Kreuz und quer durchforsteten wir das Land und man darf sagen, dass ich dieses gründlich «per pedes» kennengelernt habe, wobei ich damals allerdings noch nicht verstand, wie wichtig das war. Irgendwann begann mich die Frage meines zukünftigen Berufs zu beschäftigen. Obwohl ich meine Schlosserausbildung ziemlich mochte, hatte ich das Gefühl, dass das für mich keine Dauerbeschäftigung werden würde.

Nach Mutters Tod fand ich ihr Tagebuch, in dem sie in den Tagen ihres Pädagogikstudiums ihre Betrachtungen festgehalten hatte. Zu meiner Überraschung lag dort

Mutter Blanche betreute eine Ganztages-Kindergruppe in Tel Aviv in der eigenen Einzimmerwohnung

auch ein Brief, den ich ihr aus Yagur geschickt hatte, während einer der Krisen, die mich ab und zu heimsuchten. Es sieht so aus, als habe er Mutter besonders beeindruckt, ebenso wie mich, wenn ich ihn heute, sechs Jahrzehnte später, wiederlese. Der Inhalt dieses auf Deutsch verfassten Schreibens vom 22. Februar 1946 lautet wie folgt:

Liebe Mama!
Heute erhielt ich deinen Brief vom 19/2. Die Überdecken habe ich noch nicht bestellt, also hast du freie Hand. Schade, dass du die Stelle bei den Zwillingen nicht bekamst. Na, es findet sich schon noch etwas.

Ich bin mal wieder in einer komischen Stimmung, wie es öfters vorkommt, bei irgendeinem Anlass. Diesmal habe ich ein Buch fertig gelesen, *Lord Graff* von Hans von Hofmannsthal [sic!]. Wahrscheinlich kennst du es nicht, nichts außergewöhnlich Gutes, trotzdem habe ich manches darin gefunden und manches gelernt. Aber als ich am Schluss noch seinen sogenannten «Abschied» las, bekam ich einen Schlag. Da stand, so ganz selbstverständlich, dass er zwei Jahre an dem Buch geschrieben hatte.

Zwei Jahre!
Nun wirst du sagen: «Siehst du, das ist es, was ich dir gesagt hatte.» Richtig. Das ist es. Aber was ändert sich dadurch?

Das eben ist ja das Schlimme: Wenn ich irgendeinen Weg vor mir sähe, irgendeinen, sei er noch so schwierig, das würde mir nichts ausmachen: ich bin bereit, zu kämpfen. Aber wie soll ich denn kämpfen, wenn ich ja gar nicht weiß, wo der Weg ist?

Da liegt nun die Antwort nahe: verzichten, oder irgendetwas Zweitklassiges zu wählen. Das kommt aber für mich schon mal gar nicht in Frage. Du weißt es, ich habe eben einen Dickkopf. Und es geht wirklich nicht anders. Ich fühle in mir, tagtäglich, immer stärker, immer öfters, den Drang zum Schreiben. Dauernd. Bei jeder Gelegenheit. Beim Essen. In der Klasse. In der Dusche. Auf dem Wege. Abends, morgens, mittags: Plötzlich kommt es über mich und lässt mich nicht. Und wenn ich mich dann selbst betrachte, meine Lage untersuche, die Bedingungen, unter denen ich lebe; meine Umgebung, meine Kameraden, alles und jedes, dann bin ich nahe am Verzweifeln.

Nahe. Denn ganz gebe ich nie nach. Immer lebt dann noch ein Flämmchen von Hoffnung in mir, das geht nie aus. Ich bin ja auch noch jung. Und dann gibt es wieder schönere Stunden, oder nein, nicht Stunden, nur Augenblicke, dann lodert die Flamme hoch auf, und Begeisterung ist in mir: Alles färbt sich in Rosa, und nichts scheint unmöglich. Nur für Augenblicke, dann bin ich wieder «normal», ich hasse es: Es ist nämlich das, was ich verachte, was ich vermeiden will, der Durchschnitt: to be or not to be, und das heißt bei mir: to write or not to write.

Ja, was drängt mich denn, sogar, was quält mich denn so sehr? Ich selbst stelle mir oft die Frage. Und dann ist es Verschiedenes. Die Freude daran, etwas Schönes, etwas was Gefallen erweckt, geschaffen zu haben. Und dann – aber lache nicht – andere Menschen zu belehren, was sie für dumme, für grobe Fehler machen. Das Gefühl, mit dem, was ich schreibe, ihnen die Wahrheit zeigen zu können und sie davor zu behüten, sich selbst und anderen wehzutun.

Das alles, und noch vieles anderes, das ich nicht sagen kann. Denn es ist schwer, Gefühle, besonders die eigenen, zu analysieren. Und wieder sehe ich die Schwierigkeiten vor mir, wie eine böse Macht, die mich zurückhalten will: Ich sehe mich, der ich doch noch nicht einmal fehlerlos Deutsch schreibe, und doch Bücher schreiben will auf Deutsch, in einer Zeit, wo das Zentrum deutscher Kultur zertrümmert daliegt und gerade erst versucht, seine Glieder zusammenzuraffen und wieder aufzustehen, nach einem entsetzlichen Fall. Ich sehe mich als jüdisches Emigrationskind, in einer judenfeindlichen Welt, und ich will als Jude, als überzeugter Zionist, auftreten, nachdem ich vorher Palästina verlassen und mich vor meiner eigentlichen Pflicht, die mich wie jeden anderen zum Schutz meines Volkes, unter Einsatz meines Lebens, ruft, gedrückt habe – und warum? Nur weil ich, ich alleine, denke, dass ich zu etwas Anderem, Wichtigerem berufen bin. Und dann noch sehe ich mich, mittellos auf mich selbst angewiesen, um früh schon mein Leben zu verdienen und euch zu helfen – und ich will einen Beruf ergreifen, der eigentlich noch nicht einmal ein Beruf ist und der mich nur in einem gewissen Maße, gegebenenfalls, ernähren kann. Ja. Das alles sehe ich. Glaube nicht, ich sei blind. Ich sehe die vielen Hindernisse auf meinem Weg, ebenso gut, wie ich das Ziel sehe.

Und trotzdem: Ich gebe die Hoffnung nicht auf. Nicht, dass ich auf ein Wunder hoffe, ich hoffe höchstens auf einen Zufall, hauptsächlich aber verlasse ich mich auf meinen starken Willen, der mich nicht verlassen wird.

Qui vivra verra!

Und ich will die Wahrheit sagen, nicht, um dir weh zu tun, sondern um der Wahrheit willen: Hätte ich jetzt eine gleichaltrige, nette Freundin – du würdest wahrscheinlich

Mutter Blanche in Israel, zusammen mit ihrem Mann dankbare Bewohnerin einer Eigentumswohnung in Tel Aviv

diesen Brief nicht bekommen haben. Denn du hast deine eigenen, ganz anderen Probleme und kannst mich wahrscheinlich nur schwer verstehen. Auch das, dieser Mangel an Freundin, an einer Freundin meines Alters, stört mich sehr, und doch komme ich darüber hinweg, und manchmal denke ich: Vielleicht ist das alles, all das Schwierige und Unangenehme, gut und bildend für mich, so schmerzvoll es auch sein mag. Ist doch die allerbeste Schulung und der beste Weg, etwas zu verstehen und kennenzulernen, es am eigenen Leib zu fühlen.

Morgen fahre ich vielleicht zu Papa. Lass es dir gutgehen und schreib mir bald mal einen ordentlichen Brief, viele Küsse von deinem Joel

**60 Jahre sind vergangen,** seit ich Mutter diesen Brief als 16-jähriger Heranwachsender schrieb. Heute, während ich ihn ins Hebräische übersetze, habe ich das Gefühl einer aufwühlenden Wiederbegegnung mit mir selbst. Alles kommt zurück, der Zorn, die Frustration und die Quälereien, die dieser Übergangsprozess von der Diaspora ins Heimatland mit sich brachte, der von zahlreichen Kämpfen begleitet war – mit der neuen Sprache und Umgebung, dem Klima, der Mentalität und den Normen, die so anders waren. Wochentags war ich mit meiner Ausbildung, den Hausaufgaben und Aktivitäten im Rahmen von Schule und Kibbuz ziemlich beschäftigt. Die Einsamkeit überkam mich vor allem an den Samstagen, am Schabbat. Manchmal ging ich hinaus zur Straße, die ins Jezreel-Tal führte, und suchte – sämtlichen Verboten zum Trotz – eine Mitfahrgelegenheit, nicht selten mit einem britischen Militärfahrzeug. So besuchte ich Mutter, die wie gesagt als Hausmutter an der Hanna-Meisel-Landwirtschaftsschule für Mädchen in Nahalal arbeitete. Ihre Berühmtheit verdankt die Siedlung Nahalal vor allem einem besonders «erfolgreichen» Ex-Einwohner – Mosche Dayan.

Anfangs wiegte ich mich noch in süßen Illusionen: Hier stünde mir ein ganzes Sammelsurium von Mädchen ohne Freund zur Verfügung und ich müsste lediglich die Nettesten darunter auswählen. Aber meine Annäherungsversuche ernteten vor allem Gekicher und Spöttelei, daher zog ich mich zurück und merkte mir, dass Mädchen in einer Gruppe schwer zu knackende Nüsse sind.

Auch Mutter hatte es nicht leicht mit der konservativen Haltung von Hanna Meisel, die den Schülerinnen zum Beispiel nicht erlaubte, kurze Hosen zu tragen! Einmal begleitete ich die Mädchen auf einem Ausflug. Nachdem wir einen Weg von etwa fünf Minuten zurückgelegt hatten und uns in sicherer Entfernung von der Schule befanden, wurde das Signal erteilt: Alle Mädchen zogen ihre Röcke aus. Darunter trugen sie ganz nach der damaligen Mode Shorts, mit Gummizug am unteren Saum, als «strategische Sperre» vor unerwünschten Eindringlingen. Die übermütigeren Mädchen, die diese Sperre entfernten, galten mehr oder weniger als «leichtfertig».

Im zweiten Jahr begannen wir im Rahmen der paramilitärischen Gadna bereits mit Feld- und Nahkampfübungen. Schon nach kurzer Zeit nahmen wir an zwei besonders aufregenden Geschehnissen teil: der Nacht der illegalen Einwanderer und dem «Schwarzen Schabbat».

Das Lager von Atlit, wo wir unsere erste Woche im Land verbracht hatten, wurde nach Ende des Zweiten Weltkriegs in ein Flüchtlingscamp verwandelt. Dort internierten die britischen Militärs illegale Einwanderer, also Menschen, die von der Haganah ohne Zertifikat ins Land gebracht wurden, auf Schiffen, die es geschafft hatten, die Blockade der Flotte seiner Majestät zu durchbrechen. Einer der größten Erfolge wurde am Weihnachtsabend des Jahres 1946 verzeichnet, als das Einwandererschiff «Hanna Szenes» die Küste vor Nahariya erreichte. Völlig richtig hatte die Führung des Palmach vermutet, dass die Briten an diesem Abend mit Tanz und Alkohol beschäftigt sein würden. Eilig wurden die Immigranten ans Ufer geschafft und auf die umliegenden Kibbuzim verteilt. Einige von ihnen, darunter auch die Crew des Schiffes, kamen nach Yagur. In jener Nacht schlief keiner. Die gesamte Einwohnerschaft, einschließlich der Schüler von «Tietz», strömte zum Speisesaal, in dessen Mitte ein paar Gäste saßen. Ich war selbst noch relativ neu und verstand vom Gesagten kaum mehr als ein paar Worte, fühlte ich mich aber durch die einzigartige, feierliche Atmosphäre, die damals in dem überfüllten Raum herrschte, zum ersten Mal als Teil der Geschehens.

Plötzlich bemerkte ich in der Mitte des Saals einen Gast mit einer Flasche Wein, die er ab und zu an seine durstigen Lippen hob. Er saß da und kritzelte irgendetwas auf ein Stück Papier, schrieb und radierte, radierte und schrieb. «Das ist Nathan Alterman», flüsterte mir jemand zu, und sogar ich kannte dessen «Siebte Kolumne», die wöchentlich in der Tageszeitung *Davar* veröffentlicht wurde. In diesem Augenblick erhob sich der Dichter von seinem Stuhl und gab sein neuestes Gedicht zum Besten, das er soeben erst verfasst hatte – zu Ehren des italienischen Kapitäns:

«Wolken über unseren Häuptern, der Wind stabil / die Arbeit ist getan, es lebe der Himmel. / Erhebe dein Glas, Kapitän, des Segens, Kapitän, / wir werden noch wiederkehren, uns noch begegnen, auf dem Wasser!» Und sofort fand sich auch jemand, der aufstand und das Gedicht für Kapitän und Crew der «Hanna Szenes» übersetzte.

Vieles ist über den «Schwarzen Schabbat» am 29. Juni des Jahres 1946 erzählt und geschrieben worden. Natürlich war jeder, der sich dazu in Wort und Schrift äußerte, mit dem Hintergrund und den Zusammenhängen dieses Vorfalls vertraut, der die gesamte jüdische Öffentlichkeit im Land und auf der ganzen Welt zutiefst erschütterte, schließlich aber mit relativ wenig Opfern zu Ende ging, nicht zuletzt dank der Zurückhaltung der britischen Soldaten. Trotzdem waren wir auf das Schlimmste gefasst, als wir an jenem Abend in den Speisesaal gerufen wurde, wo man uns mitteilte, dass am nächsten Tag eine Razzia stattfinden sollte. Und als die Glocke früh-morgens ertönte und wir zu unseren zugewiesenen Plätzen liefen, hatten wir noch keine Ahnung, wie und wo diese Aktion enden würde. Unmengen von Soldaten in Kampfuniform, gerüstet mit Panzerfahrzeugen und Gewehren, drangen in den Hof des Kibbuz ein und nahmen in einer Reihe vor uns Stellung. In unserer Nähe stan-den Kinder der Jugendorganisation «Dror». Sie hatten bereits Kampferfahrung und waren mit Ketten bewaffnet, die sie drohend vor den Soldaten herumschwenkten. Ich entdeckte meine Freundin Sarah und versuchte mir vorzustellen, was sie wohl in diesem Augenblick fühlen mochte. Bestimmt öffnete er die Wunden der Erinnerung, die gerade erst zu verkrusten begonnen hatten.

Ich für meinen Teil beschloss, mich meiner englischen Sprachkenntnisse zu be-dienen. Ich trat an einen der Offiziere heran und erläuterte ihm ausführlich die po-litische Situation, wobei ich vor allem die Ungerechtigkeit und fehlende Logik einer solchen Aktion betonte. Dabei war deutlich zu erkennen, dass meine Überzeugungs-versuche fruchtlos blieben – er machte sich nicht einmal die Mühe, mir zu antwor-ten. Unterdessen wurden wir langsam in Richtung Speisesaal gedrängt. Dort befand sich bereits eine ganze Menge von Kibbuzgenossen, die auf einer Seite des Raums konzentriert waren. Ihnen gegenüber stand eine Reihe von Kommandanten. In die-sem Moment bemerkte ich, dass Sarah Feifel, eine kleine, für ihre Entschlossenheit bekannte Frau, auf einen der ranghöchsten Offizier der Gruppe zutrat, mit einem der Pfefferstreuer in der Hand. Mühsam näherte sie sich ihm auf ihren kurzen Beinen und schleuderte ihm dann mit einer jähen Bewegung eine gehörige Portion des scharfen Gewürzes in die Augen. Dann kehrte sie zu ihren Freunden zurück, wo sie mit Beifall empfangen wurde.

Und wieder erteile ich das Wort einem Sohn Yagurs, dem wunderbaren Yoram Taharlev, der über den «Schwarzen Schabbat» Folgendes schrieb:

«Um vier Uhr morgens läutete die Glocke / und die Betreuerinnen weckten uns auf. / Um fünf begannen Menschen mit Spitzharken umherzulaufen / wie Mäuse, vom Berg zur Straße und von der Straße zum Berg. / Um acht sahen wir einige von ihnen mit verbundenen Köpfen / um zehn schon durchbrachen Panzer das Tor / und machten vor dem Lehrerzimmer halt. / Um 10:15 Uhr hämmerte Sarah Feifel auf einen Panzer / und rief: ‹So behandelt man seine Freunde nicht!› / Mittags war alles vorbei / ohne Eltern blieben wir im Kibbuz zurück / und ein strenger Geruch von Tränengas hing in der Luft.»

Die meisten Genossen, darunter auch Taharlevs Vater Chaim, der Bäcker des Kib-buz, wurden in das Lager von Raffah geschickt.

«Drei Monate war Vater in Raffah inhaftiert. / Als er zurückkehrte, brachte er eine geschnitzte steinerne Dose mit / auf der ein Löwe saß / angefertigt allein aus einem Ziegel / mit einem Nagel.»

Die Frauen, Kinder und Jugendlichen, darunter auch ich, kamen nach Atlit, wo wir einige Tage mit nervtötendem Nichtstun verbrachten. Mutter erschrak sehr und ließ gewisse Beziehungen spielen, um mich so schnell wie möglich zu befreien. Zu-sammen mit ein paar Freunden kehrte ich ins Internat zurück. Dort mussten wir feststellen, dass man unsere Zimmer durchwühlt hatte und dass so manches Besitz-stück abhanden gekommen war. Unter anderem hatte man meine Kamera gestoh-len, dazu das Fotoalbum meines Schuljahrgangs; und auch mein kurbelbetriebener Plattenspieler war weg, zusammen mit ein paar Schallplatten, die ich mir irgendwie zusammengeschnorrt hatte. Mit Müh und Not gelang es unserem Direktor, acht Pfund aufzutreiben, um für mich eine Ersatzkamera zu kaufen, gebraucht, aber in gutem Zustand, von einem ähnlichen Modell wie die, die man mir gestohlen hatte – Hauptsache, Mutter würde nichts merken.

Das Schuljahr ging zu Ende und Mutter beschloss, dass es nun genug sei mit dem praktischen Wissen, das ich zwei Jahre lang erworben hatte. Höchste Zeit, die Familie wieder zu vereinen, diesmal in Tel Aviv.

Und somit zählte ich nun zum «Arbeitsmarkt», als Lehrling in der Chevrolet-Werkstatt des Herrn Leon Goldberg in der Petach-Tikva-Straße.


Es kann natürlich nicht Aufgabe dieser Aufzeichnungen sein, Land und Leute Palästinas, Kultur und Mentalität der beiden in Betracht kommenden Völker, das Aufbauwerk des Zionismus und das Werden und Entstehen der Siedlungen und Städte zu schildern. Das ist bereits in hunderten, zum Teil sehr guten Büchern geschehen. Nur einige persönliche Eindrücke und eigenes Erleben will ich nachstehend schildern. Die Existenzbedingungen in dem klei-nen Land sind hart, die Entlohnung ist in Anbetracht der hohen Lebenshal-tungskosten bescheiden. Junge Leute und Kapitalisten, gelernte Handwerker, Arbeiter und vor allem Landwirte haben gute Chancen. Für ältere Leute ist es recht schwer, einen Platz im Erwerbsleben zu finden; die Aussichten der Frau-en sind im Allgemeinen hier viel besser als die der Männer. Der Versuch, unsere Puppenfabrikation hier wieder aufzubauen, blieb in der Entwicklung stecken. Er musste scheitern wegen der Schwierigkeiten der Materialbeschaffung, der ungenügenden Absatzmöglichkeiten und der allzu hohen Heimarbeiterlöhne. Meine Frau fand in Jerusalem in einem Kinderheim und später an der großen Wizo-Haushalts- und Landwirtschaftsschule in Nahalal befriedigende und ihrer Vorbildung entsprechende Arbeit, unser Junge wurde von der Jugend-Alija an der Ludwig-Tietz-Schule in Yagur in der Schlosserei untergebracht. Ich selbst blieb in Haifa bei mager bezahlter und oft wochenlang aussetzender, primitiver Gelegenheitsarbeit. So waren wir zwar räumlich nicht weit getrennt (Yagur liegt etwa zwölf, Nahalal 25 Kilometer von Haifa entfernt), aber doch auseinandergerissen. Meist konnten wir uns nur zum Wochenende sehen.

In kurzen Zügen möchte ich noch meine ersten Eindrücke in Palästina wie-dergeben. Ich will sagen, was mir im Lande gefällt und was ich zu begreifen versuche, aber noch nicht verstehen kann. Mag sein, dass ich mit den Augen des Neulings noch manches schief und voreingenommen sehe.

Kein Wort des Lobes kann zu viel gesagt werden über das, was in 40 Jahren zäher, aber lohnender Aufbauarbeit in «Eretz» geleistet worden ist. Berufenere Federn haben Werden und Entstehen der drei großen Städte des Landes geschildert, denn was waren Jerusalem und Haifa vor jener Zeit, von der im amerikanischen Tempo emporgeschossenen Wunderstadt Tel Aviv gar nicht zu reden! Erstaunlicher und wunderbarer noch ist der landwirtschaftliche Aufbau. In den Mescheks und Kibbuzim, die aus dem Nichts entstanden, die in zähester, aufopfernder Pionierarbeit dem steinigen, sandigen, malariaverseuchten, zunächst wasserarmen Boden abgerungen wurden, liegt die wahre Zukunft des Landes, seine wirtschaftliche Grundlage. Hier immer wieder junges, begeisterungsfähiges und frisches Blut zuzuführen, wird die Aufgabe verantwortungsbewusster Wirtschaftsführer sein müssen. Ohne einen gesunden Stamm von Siedlern und Bauern wird der Handelsstand nicht gedeihen, werden die politischen Träume der Weiterblickenden nie verwirklicht werden können.

Zum Zweiten: Palästina wirkt als ein Kinderland. Es ist eine Freude und ein Genuss, hier eine gesunde, frohe, und man darf wohl sagen schöne Jugend heranwachsen zu sehen. Was hier schon rein äußerlich für Pflege und Fürsorge des heranwachsenden Geschlechts getan wird, darf als vorbildlich bezeichnet werden. Resultat: eine physisch und moralisch von allen grauenvollen Erinnerungen an das Ghetto und den Antisemitismus freie Jugend, gut gewachsen, körperlich gepflegt, von unbeschwerter Heiterkeit; äußerlich in nichts an das erinnernd, was man dem jüdischen Nachwuchs früher mit mehr oder weniger Berechtigung anzuhängen versuchte. Ob nicht dieser äußerlich so gut geratenen Jugend noch eine besser durchorganisierte Erziehung für Schule und Leben und damit auch etwas mehr Disziplin, Achtung und Respekt vor den Erwachsenen nottäte, darüber ließe sich nachdenken. Das Problem liegt hier wohl in dem noch unvollkommenen Lehrernachwuchs und schulischen Aufbau.

## Tel Aviv, erstes Kapitel

Mein erstes Tel Aviver Kapitel dauerte etwa 24 Monate, bis zu meiner vollen Rekrutierung vor dem Unabhängigkeitskrieg. Mit meinen engen Beziehungen zum Kibbuz fühlte ich mich nach zwei Jahren im geschützten Treibhaus der Berufsschule von Yagur wie einer, der aus einem warmen Bad in die Kälte hinausgeht. Ganz nach ihrer Art versuchte Mutter, mich mit den Söhnen und Töchtern ihrer Bekannten «zu verkuppeln», aber ich hatte bereits einen anderen Geschmack und andere Kerninteressen entwickelt. Sehr bald schon setzte ich mich mit dem sogenannten «professionellen Sektor» der Arbeiterjugend in Verbindung, einer Art Berufsverband für Jungen und Mädchen, der sich um deren Rechte am Arbeitsplatz kümmerte und von Kibbuzdelegierten geleitet wurde. Als «Zögling von Yagur» ordnete ich mich dem extremsten linkspolitischen Flügel zu, der sich mit der Partei Achdut Ha'avoda und dem Kibbuz Hame'uchad identifizierte. Die Jugendbewegung Noar Ha'oved stand damals am Vorabend ihrer Spaltung. Beide Parteien kämpften um die Seelen dieser

Jugendlichen, und nicht selten arteten ihre echten wie ihre eingebildeten Differenzen in handfeste Schlägereien aus.

Nach kurzer Zeit wurde ich in den Betriebsrat der jungen Arbeiter unserer Kfz-Werkstatt gewählt und musste mich nun mit deren Leitung über das Thema Sicherheit am Arbeitsplatz auseinandersetzen. Auf einer der Sitzungen wurde über ein hydraulisches Podest abgestimmt, das den darunter stehenden Mechanikern zum Ölwechsel diente und eine gefährliche Neigungstendenz zeigte. Wir forderten den Einbau einer Sicherheitsvorrichtung. Die lakonische Antwort des Werkstattbesitzers lautete: «Ich bin versichert.» Diese Reaktion ließ bei mir sämtliche Sicherungen durchbrennen, was ich auch deutlich zum Ausdruck brachte. Von dem Augenblick an war mir klar, dass meine Tage in der Werkstatt Leo Goldberg gezählt waren. Und tatsächlich wurde mir am Ende des laufenden Monats eine rechtlich hieb- und stichfeste Kündigungsmitteilung gemacht. Ich war aber weder reif noch erwachsen genug, um aus diesem Vorfall zu lernen und meine Lebenshaltung entsprechend zu verändern.

Kurz nach meiner Ankunft in Tel Aviv schloss ich mich auch der dortigen Gadna (dem Jugendbataillon der Haganah) an und wurde an einer Reihe scharfer Waffen ausgebildet, darunter einer deutschen «Mauser» und einem Maschinengewehr namens «Satan», das zum Großteil im Inland hergestellt wurde. Wir lernten, es innerhalb weniger Minuten auseinanderzunehmen und wieder zusammenzubauen. Hinzu kamen Handgranaten, die uns größten Respekt einflößten, schließlich kursierten unter den Kameraden nicht wenige Geschichten über Unfälle und Fehler. Diese Ausbildungs- und Exerzierstunden fanden in der Nacht statt, in Schulen und anderen öffentlichen Einrichtungen, und waren natürlich von einer geheimnisvollen, verschwörerischen Atmosphäre umgeben.

Je häufiger die Zusammenstöße und Fälle von Schusswechsel wurden, desto strenger kontrollierten die Briten und suchten nach illegalen Waffen und Munition. Dennoch muss man das Maß an Zurückhaltung und Kaltblütigkeit bewundern, das die «Tyrannen» an den Tag legten – so bezeichneten sie die Flugblätter, die in den Nächten in der ganzen Stadt an Hauswände und Schaufenster geklebt wurden. Dabei ist unschwer zu erraten, was geschehen wäre, wenn unsere Mandatsherren die Franzosen gewesen wären oder, schlimmer noch, die Deutschen.

Irgendwann im Laufe des Jahres 1946 wurde ich zu einem Kurs für Patrouille-Kommandanten nach Jo'ara geschickt, in die Berge von Ephraim. Die Ausbilder, die man zum Großteil vom Palmach geholt hatte, nahmen die Sache ausgesprochen ernst und brachten uns gehörig zum Schwitzen.

An zwei Vorfälle kann ich mich noch deutlich erinnern, einer betrifft den Sprung von einem 30 Meter hohen Turm auf eine Plane. Da ich unter schwerer Höhenangst leide, bedeutete allein schon das Erklimmen des Turms auf einer wackeligen Leiter für mich eine erhebliche Folter.

Mit letzter Kraft kroch ich auf das Dach und warf einen Blick auf das vorgesehene Ziel meines Sprungs. Tief, tief unter mir sah ich die von meinen Freunden festgehaltene Plane, die in meinen Augen die Größe einer Münze zu haben schien. Meiner Einschätzung nach tendierte die Chance, genau auf dieses Ziel zu fallen, gegen Null, sodass ich endgültig beschloss, *nicht* zu springen. Aber ich hatte meine Rechnung ohne den Wirt gemacht, will heißen, ohne unsere Ausbilder, die offenbar die Unterrichtsstunde über Individualrechte versäumt hatten, ebenso wie die Vorlesung des Chefpsychologen zum Thema Verursachung von Traumata. Nach einem weiteren fruchtlosen Überredungsversuch packten sie mich respektlos, hoben mich hoch wie einen Kartoffelsack und warfen mich über das Geländer. Nach endlos langen Sekunden lag ich, aller Logik zum Trotz, genau auf dieser winzigen Plane und musste mir eine Reihe von Spötteleien anhören, die auf meine Kosten gingen.

Der Abschluss des Kurses fand in Form eines Marathons statt, bei dem wir sämtliche Ausbildungsthemen zur Anwendung bringen sollten, von Feldnavigationsübungen bis zu Nahkampf und Judo. Die Übung «Hüte deinen Kopf» hatte ich offenbar nur unzulänglich verinnerlicht, da ich mit quälenden Kopfschmerzen und zu meiner Schande auch mit einer zwei Zentimeter großen Beule aufwachte, einem eindeutigen Beweis dafür, dass mein Schopf allein nicht ausreichte, um meine Blackbox zu beschützen.

Ein weiterer «Vorfall», der sich während dieses Kurses zutrug: Eines schönen Tages lief auf der Kommandantur die dringende Meldung ein, dass sich eine Abteilung der britischen Armee auf dem Weg zu uns befände. In Windeseile verschwanden die Waffen und jede andere Spur von Kampfmitteln, und wir wurden angewiesen, uns mit Sportübungen zu befassen. Die Soldaten wussten jedoch ganz genau, worum es ging. Bevor sie nach vergeblicher Durchsuchung des Lagers wieder in ihre Fahrzeuge stiegen, hörte ich, wie einer der Offiziere seinen enttäuschten Untergebenen erklärte: «That's the bloody Haganah children's fucking training camp!» Allerdings war dieser Kommandantenkurs der Gadna nichts im Vergleich zu der Ausbildung, die wir Anfang 1948 in Shaffiye bei Sichron Jaakov durchmachten. Diese war in jeder Hinsicht bereits echtes Militär. Wir trugen uniformähnliche Kleidung, der Ausbilder unserer Abteilung war ein erfahrener Kampfveteran des Zweiten Weltkriegs und überhaupt lag der Krieg bereits in der Luft.

Es blieb kein Pfad in der Region, den unsere Füße nicht betreten hätten, ebenso wie kein Felsen, der uns nicht als Hinterhalt gedient hätte. Wir robbten bei lästigem Regen, der die Erde in dicken, klebrigen Schlamm verwandelte, veranstalteten Flankenangriffe von links und rechts, exerzierten komplizierte Übungen im Sandkasten, und schließlich fanden wir, 13 frisch ausgebildete, höchst motivierte Patrouille-Kommandanten, uns im Artilleriekorps wieder, das zu der Zeit noch keine einzige Kanone besaß. Aber darüber habe ich bereits an anderer Stelle erzählt.

Als diese Geschütze Wochen später endlich eintrafen, übten wir in einem kleinen Eukalyptushain bei Alumot. Er diente uns als Hinterhalt vor dem Kampf um Zemach und Degania, wo es uns gelang, mit den Mörsergranaten unserer Kanonen den Vormarsch der Irakis und der Syrer ins Jordantal aufzuhalten.

Aber ich greife vor und habe noch nichts über die Beziehungen erzählt, die sich allmählich mit dem Dov-Hoz-Haus der Noar Ha'oved anbahnten, über den Chor unter Leitung von Sami Zierer, in dem ich sang, und über meine Aktivitäten im Rahmen des «professionellen Sektors» der Bewegung.

Insgesamt waren es Jahre der Sehnsucht und der Einsamkeit, mit wenig Freunden und noch weniger Mitteln und Vergnügungen. Den Großteil der Zeit verbrachte ich allein in meinem Zimmer und grübelte über das nach, was hätte sein können. Aber bevor ich mich nun in den Sog des Unabhängigkeitskriegs begebe, muss ich noch Vaters Erinnerungen fertigübersetzen.

Jedes Mal, wenn ich sein letztes, Ende 1944 bereits hier im Land verfasstes Kapitel wiederlese, bin ich aufs Neue überrascht von seiner an Prophezeiung grenzenden Voraussicht des Kommenden. Ich schließe meine Augen und mir scheint, dass Vater auch heute wieder zu mir spricht.


Bei der Eingliederung in die Wirtschaft des Landes spielt die Protektion oft eine größere Rolle als wünschenswert. Es ist eine Aufgabe für sich, Sinn und Methode der jetzigen wirtschaftlichen Struktur zu verstehen; von einer methodischen Planwirtschaft ist man noch recht weit entfernt. Sollten die großartigen, im Projekt fertigen Bewässerungs- und Kraftversorgungspläne Wirklichkeit werden, so wird zwangsläufig eine umfassende Umwälzung der gesamten Wirtschaft des Landes eintreten. Vorläufig behilft man sich im Handel, in der Industrie und im Gewerbe noch mit einer ziemlich rücksichtslosen Ellbogenpolitik.

Die Behörden verfügen über einen stark aufgeblähten Beamtenapparat mit zahlreichen, nur temporär angestellten Hilfskräften. Inwieweit die heutige Berufsgliederung wertvoll und dauerhaft ist, lässt sich zur Zeit noch schwer nachprüfen. Wahre Berufskameradschaft findet man wohl hauptsächlich auf dem Land und in einem Teil der Industriearbeiterschaft.

Die furchtbare Wohnungsnot, unter der die Bevölkerung leidet, liegt an den Umständen beziehungsweise den Kriegsverhältnissen, zum Teil wohl auch an Spekulanten.

Über die politische Zukunft des Landes hat jeder Palästinenser seine eigene Meinung. Noch haben es die Juden trotz aller bitterer Enttäuschungen nicht gelernt, Politik mit dem Verstand statt mit dem Gefühl zu machen. Der bevorstehende Kampf um die Unabhängigkeit des Landes wird von stärkeren und mächtigeren Faktoren entschieden werden als von der Stimme des Herzens und der historischen Tradition. Ohne Kompromiss, ohne Verständigungswillen wird es kaum gehen. Dazu wäre zunächst eine innere Geschlossenheit innerhalb des jüdischen Volkstums nötig.

Wo aber ist die? Vorläufig zeigt sich bei lokalen oder Landeswahlen das wenig erbauliche Schauspiel einer geradezu lächerlichen Zersplitterung. In England und in den Vereinigten Staaten kommt man mit zwei oder drei Parteien aus; in den Zeiten schlimmster Fraktionswirtschaft in Frankreich und Deutschland gab es vielleicht 18 bis 20 Parteien und Parteichen, aber die sage und schreibe 600.000 jüdischen Bewohner Palästinas tun es nicht unter 32 Listen. Wie soll das später werden, wenn man ganz unter sich ist?

Hier enden Vaters Erinnerungen, und das ist schade. Seine letzten 16 Lebensjahre waren nicht allzu glücklich, da er weder die Sprache beherrschte noch eine Arbeit hatte. Zweimal kehrte er auf Besuch in sein geliebtes Deutschland zurück, nach Kassel, beim zweiten Mal, um Abschied zu nehmen, in seinen Worten: «pour prendre congé». Nachdem seine Haifaer Freundin ihn verlassen hatte, verlor das Leben für ihn jeden Sinn und schließlich hörte sein Herz auf zu schlagen.

Ruhe in Frieden, Vater, und nimm diese Übersetzung bitte als verspäteten Liebesbeweis an, als Versuch, eine Verbindung zwischen dir und deinen Enkeln und Urenkeln zu schaffen, denen es nicht mehr vergönnt war, dich kennenzulernen. Aber auch als Verbindung zu mir, der dich in der Vergangenheit nicht gebührend zu schätzen wusste und erst jetzt, während dieser Übersetzungsarbeit, in deiner ganzen Größe entdeckt.

Doch nun zurück zum Schicksalsjahr 1948.

Der Unabhängigkeitskrieg traf mich in einer Phase des Übergangs und des Werdens. Der Übergang von der Jugend zum Erwachsenenleben und die Herauskristallisierung meiner Persönlichkeit waren ein Prozess, der im Laufe jener zwei Tel Aviver Jahre begonnen hatte und der bis heute nicht abgeschlossen ist. Der Krieg mit all seinen Erfahrungen, den guten wie den schlechten, beschleunigte diesen Prozess und hat meine Einstellung zum Leben weitgehend verändert. An Stelle meines alten, von Zweifeln und Grübeleien geprägten Charakters erwarb ich nun ein erhebliches Maß an Selbstsicherheit und Entschlossenheit. Ich begriff plötzlich, dass die guten und wichtigen Dinge des Lebens nicht von selbst per Sonderpost zu mir kommen, sondern dass ich um sie kämpfen und dafür oft auch Risiken eingehen muss. In einem Wort: Ich löste mich vom Bild des kleinen, zaghaften und schüchternen «Yekke» und nahm zumindest nach außen die Gestalt eines halben Sabras an. Halb deshalb, weil weder die Genetik noch die Erziehung zuhause und in der Umwelt, die mich 18 Jahre lang tief geprägt haben, ausgelöscht werden können. Daher bin ich bis zum heutigen Tag – diese Zeilen entstehen kurz vor meinem 77. Geburtstag – eine Art Zwitterwesen geblieben, das sogar mir selbst manchmal nur schwer verständlich ist.

Da es in jenen Tagen noch keine «feindlich gesinnte Presse» gab, mit Ausnahme von Kol Ha'am vielleicht, der «Stimme des Volkes», dem Blatt der kommunistischen Partei Maki, war ich kaum über die Entwicklungen an den diversen Frontabschnitten informiert und wusste auch nicht, wohin es gehen sollte an dem Tag, als wir unsere vier «Napoleönchen» auf Lastwagen aus den Restbeständen der britischen Armee luden und uns auf den Weg machten. Erst im letzten Moment stellte sich heraus, dass wir einen Lkw mehr hatten als es Fahrer gab. Ich meldete mich freiwillig, diese Lücke zu füllen, obwohl ich bereits einer Gruppe von Artilleristen zugeteilt worden war. So begann meine glänzende Karriere hinter dem Steuer, und das, obwohl ich damals noch gar keinen Führerschein besaß. Aber wen kümmerten in diesen Tagen schon derartige Bagatellen? Nach wenigen Kilometern hatte ich den Wagen schon ziemlich gut im Griff. Wir fuhren nordwärts, vorbei an Afula und Kfar Tabor, Richtung Javnael, wo wir für einige Minuten Halt machten. Dort wurden wir schon nach wenigen Augenblicken von den Einwohnern des Moshav umringt, die uns etwas Warmes zum Trinken brachten und anflehten: «Rettet Degania!» Erst da begriffen wir «einfachen Soldaten», wohin wir fuhren. Knapp zwei Stunden später hatten wir uns bereits beim Kibbuz Alumot verschanzt und eröffneten das Feuer auf das Tal und die feindlichen Panzer, die den Zaun der «Mutter aller Kibbuzim» zu überrollen drohten – Degania.

Wie es bei Kanonen so war, konnten die, die sie betrieben, das Ziel ihrer Schüsse nicht sehen. Dazu gab es einen Offizier, der auf einem weiter vorn gelegenen Aussichtspunkt in Stellung ging. Seine Aufgabe war es, das Feuer auf das Ziel zu lenken und die Art der Einschläge zu melden. Obwohl die Visiere unserer Geschütze irgendwo unterwegs in einem Hafen steckengeblieben und noch nicht bei uns eingetroffen waren und wir uns mit Kompassen behelfen mussten, berichtete er uns von guten Treffern und großer Panik beim Feind – «Die Juden haben eine Atombombe!» – sowie über dessen kopflosen Rückzug, bei dem er Teile seiner Ausrüstung und Fahrzeuge zurückließ.

Es war ein erster Erfolg. Von nun an wurden unsere armseligen Kanonen immer dann eiligst herbeigerufen, wenn es im nördlichen Frontabschnitt irgendwo brenzlig wurde. Im Gegensatz zum üblichen Verfahren, bei dem die Geschütze hinter der ersten Infanterielinie Stellung beziehen, standen wir nicht selten ohne Deckung da. Einmal schossen wir sogar in direkter Aufstellung vor dem Feind, der die seltene Gelegenheit, uns anzugreifen, nicht erkannte.

Nach zwei Tagen zog man zwei von unseren vier Geschützen an die Front des zentralen Landesabschnitts ab, das heißt, für den Korridor nach Jerusalem. Wir hatten inzwischen bereits eine emotionale Beziehung zu diesen «Antiquitäten» entwickelt, sodass es uns schwerfiel, uns von ihnen zu trennen. Nach ein paar weiteren Tagen bekamen wir zwei neue von derselben Art, inklusive Visieren und Spezialmunition, die auch Panzerverschalungen durchdringen und in Brand setzen konnte. Wir begannen, uns als eine Art Supermänner zu fühlen und stolzierten mit stolz geblähter Brust einher. Am selben Tag wurden wir nach Kaukav-al-Hava geschickt, dem heutigen Kochav HaYarden, das kurz zuvor erobert worden war und nun wegen der Kadaver von Mörsern getroffener Tiere bestialisch stank. Knapp eine Stunde später – noch bevor wir es geschafft hatten, uns zu organisieren und in Deckung zu gehen – tauchten zwei syrische Howard-Flugzeuge auf und begannen, uns systematisch zu bombardieren, zum Glück, ohne uns zu treffen.

Das war meine Feuertaufe, eine unangenehme Erfahrung, die in mir ein Gefühl der Furcht und Ohnmacht hinterließ. Unmittelbar nach Abdrehen der beiden Flugzeuge eröffneten wir das Feuer auf das Jordantal. Wieder sagte man uns, es habe gute Treffer gegeben, ohne weitere Details.

Erst 50 Jahre später erfuhr ich während einer Besichtigung des «alten Gesher» zufällig von einem Freund aus diesem Kibbuz, der damals Haus und Hof verteidigt hatte, wie sehr wir dazu beigetragen hatten, Gesher vor der Eroberung durch die jordanische Legion zu retten: Eines unserer Geschosse hatte das Munitionslager der Legion direkt getroffen und zahlreiche Tote wie große Verwüstung verursacht. Das hatte den Feind schließlich zum Abzug bewegt. Als der selige Shlomo Shalmon während unseres Rundgangs von dieser Begebenheit erzählte, rief ich verwundert: «Und ich gehörte damals zu den Schützen!», und wurde mit einer späten Umarmung belohnt.

Unser nächster Kampf fand, soweit ich mich erinnere, in Obergaliläa statt, während der Eroberung von Malkiya. Von dort erinnere ich mich an ein Funkgespräch, das ein Palmachnik aus einer mit uns kämpfenden Truppe führte:

«Chaimke, du hast Grüße von Nurit, Ende!»

«Wo hast du sie erwischt, Ende?»

«Kann ich mich nicht mehr erinnern. Übrigens haben sie die Unabhängigkeit des Staates ausgerufen, Ende.»

«Was du nicht sagst! Ende.»

Auf diese Weise erfuhren meine Kameraden und ich, dass wir inzwischen zu Bürgern eines alt-neuen Staates geworden waren. Sein Name lautete: Israel.

Ich bin weder willens noch fähig, die lange Reihe der Schlachten aufzuzählen, an denen wir damals in ganz Galiläa teilnahmen. Besonders deutlich erinnere ich mich an einen weiteren Angriff syrischer Flugzeuge. Wir waren gerade zwischen Yessod Hama'ale und Chulta stationiert. Einer der Flieger tauchte direkt zu uns hinab, und wir hatten das Gefühl, dass in wenigen Sekunden alles explodiert. Aber diesmal waren wir verteidigungsbereit und schossen mit unseren Maschinengewehren des Herstellers Bern auf die Flugzeuge, die auf uns zugerast kamen. Das Problem war, dass ein Teil dieser Waffen aus den unterschiedlichsten Gründen versagte und anstelle von Salven nur vereinzelte Schüsse abgab.

Bis heute wird darüber diskutiert, wer genau das Flugzeug abschoss, das in der Nähe von Ayelet Haschachar zerbarst. Wir verbuchen diesen Erfolg natürlich auf unserem Konto.

Bei der ersten Unterbrechung der Kampfhandlungen waren wir gerade auf dem Gelände dieses Kibbuz, umringt von dessen Einwohnern, die uns ihre Sympathie bekundeten, und vor allem einem Quartett reizender junger Kibbuzgenossinnen, die sich allerdings weniger für uns interessierten als für unsere Fahrzeuge, in denen sie unbedingt einmal ans Steuer wollten. Mir scheint, dass sie, abgesehen von einer flüchtigen Umarmung hier und da, so gut wie ausnahmslos ihren festen Freunden treu blieben.

Die Ruhepause ging zu Ende und wieder vagabundierten wir von einer Schlacht zur nächsten. Im Allgemeinen halte ich mich für keinen großen Helden, rückblickend aber ist mir nicht klar, wie ich diesem Wahnsinn standhalten konnte. Kanoniers ruhen während der Fahrt von einem Einsatzort zum nächsten, die Fahrer hingegen ruhen, während die Kanonen schießen. Ich aber hatte es, natürlich mit freudiger Bereitschaft, auf mich genommen, als beides zu fungieren. Und nachdem bekannt geworden war, dass ich eine Mechanikerlehre absolviert hatte, war ich in den seltenen freien Augenblicken obendrein mehr als einmal damit beschäftigt, dringende Reparaturen an den Fahrzeugen vorzunehmen. Somit entstand bei mir ein ernstes Schlafdefizit. Ihm wurde erst während der periodischen Urlaube abgeholfen, die ich normalerweise bei meinen Eltern in Tel Aviv verbrachte.

Eines der Probleme, die mir und ein paar Freunden, mit denen ich diese Kurzurlaube verbrachte, am schwersten zu schaffen machte, war unser schwerer Mangel an etwas «Kies», und sei es nur für die bescheidensten Freizeitvergnügungen, zum Beispiel Kino oder Theater.

Das Problem der Verkehrsmittel lösten wir auch dann mühelos, wenn uns gerade kein Militärfahrzeug zur Verfügung stand: Wir «borgten» uns einfach die Autos von Zivilisten. Diese wurden in der Nacht sowieso nicht gebraucht, es wäre also schade gewesen, sie so nutzlos herumstehen zu lassen! Kaum eine Zündschaltung verweigerte sich der Sachkenntnis, die wir auf diesem Gebiet inzwischen erworben hatten. Wir allerdings hatten unsere Präferenzen: Wir suchten vor allem nach Chevrolets. Die waren bequemer, sowohl zum Aufbrechen als auch zum Chauffieren. In Stunden der Not gaben wir uns natürlich auch mit einem Ford, einem Dodge oder jeder anderen Marke zufrieden, die sich unterwegs anbot.

Nachdem wir das Beförderungsproblem gelöst hatten, wurde es leichter zu finden, was unser Herz begehrte: Mädchen! Wir wussten inzwischen schon, dass das Steuer auf viele von ihnen eine magische Anziehungskraft ausübte. Ich selbst hatte zum Glück bereits eine Freundin aus der Zeit vor meiner Rekrutierung, eine reizende Jemenitin namens Rachel, die ich ab und zu aus ihrem Elternhaus im Stadtviertel Keren Hatemanim zu erlösen pflegte. Meine Kameraden unterhielten Beziehungen zu Mädchen aus den Jugendbewegungen, denen sie vor ihrer Dienstzeit angehört hatten. An den Wochenenden machten wir Ausflüge durch das ganze Land. Wenn wir hungrig wurden, suchten wir ganz einfach den nächsten Kibbuz auf. Es wäre keinem Menschen eingefallen, Soldaten in Uniform zu verwehren, nach Herzenslust zu essen. So kamen wir eines Samstags an die Kreuzung von Hartuv und meine Freunde zeigten auf einen Schotterweg, der sich durch die Anhöhen der judäischen Berge wand.

Da wir dieses Mal mit einem Command Car des Militärs unterwegs waren – heute nennt man diese 4x4 –, erklommen wir den steilen Weg mühelos. Nach einigen Minuten erreichten wir einen Straßenabschnitt, der sich über einen Bergkamm mit tiefem Abgrund schlängelte. Dieser Ort war, wie meine Freunde nur allzu gern erklärten, als «Todeswand» bekannt. Weiter ging es durch ziemlich beeindruckende Wälder mit Fichten, Eichen und natürlichen Büschen. Schließlich landeten wir in einem Kibbuz, der gerade erst dort angesiedelt worden war.

Abgesehen von einem wellblechernen «Speisesaal» gab es dort lediglich ein paar vereinzelte Wohnhütten und das Anfangsstadium eines Kuhstalls. Neben dem Speisesaal war eine viereckige Holzbank festgeschraubt. Dort saßen, lungerten und lagen etwa ein Dutzend Jungen und Mädchen herum. Sie tauschten eifrig Geschichten aus, mitunter von schallendem Gelächter begleitet, oder sangen Schlager, die gerade modern waren. Man konnte deutlich erkennen, dass eine starke gemeinsame Erfahrung die «Besatzer» dieser Bank verband. Das Schild an der Egged-Bushaltestelle auf der Straße durch die Siedlung informierte uns, dass wir uns im Kibbuz Palmach-Tzuba befanden. Die nahen Berge, die Obstgärten und Haine rings um den Ort, der alte archäologische Hügel mit den Überresten des arabischen Dorfes, das erst wenige Monate zuvor erobert worden war, und diese Gruppe junger Menschen auf der Bank – all das zog mich magnetisch an, wirkte wie eine Verheißung, die leise flüsterte: «Komm, schließ dich uns an! Hier wirst du dich wohlfühlen!» Ich habe es zwar nicht sofort verstanden, aber in jenem Augenblick verfiel ich dem Zauber dieses Ortes, an dem ich später mein Heim und meine Familie gründen, endgültig Wurzeln schlagen und den Ruhestand erreichen, wenngleich keine Ruhe finden sollte.

Vorläufig aber kehrten wir zu unserem Stützpunkt in Jalami zurück, um uns neu zu organisieren. Bislang war der Kommandant unseres Trupps Dan Klepter gewesen, ein Veteran der britischen Armee, der viele Jahre später den Namen Dan Chirem annahm. Zunächst waren unsere Beziehungen eher kühl gewesen, bis er mir eines Tages während der ersten Waffenpause gestand, dass er nicht Auto fahren konnte, sich jedoch schämte, das vor seinen Kameraden zuzugeben. Also fuhren wir ein paar Mal an einen abgelegenen Ort, und nach einigen Stunden beherrschte er die Kunst des Chauffierens. Er hat mir diese Hilfe nicht vergessen und ernannte mich, als unsere Batterie dem Bataillon 404 unter Kommando des eben erst aus Russland eingewanderten, kaum des Hebräischen mächtigen Majors Gorodetzki angegliedert wurde, zum Verantwortlichen für die Fahrzeugflotte des gesamten Bataillons – eine Aufgabe, die dem Offiziersrang entsprach, obwohl ich nur ein Feldwebel war.

Kurz darauf wurde Dan Chirem in ein anderes Bataillon versetzt und wir bekamen einen neuen Kommandanten, Hauptmann Dr. Boehm, einen der Direktoren der Ata-Fabrik, einer Herstellerin khakifarbener Kleidung, die damals als Marke galt und später allmählich an Attraktion verlor. Der Doktor war damals schon Ende 60 und besaß einen festen Körper. Seine Erfahrungen im Bereich der theoretischen Artillerie hatte er noch in den k.u.k.-Tagen der österreichisch-ungarischen Armee von Kaiser Franz Joseph erworben. Die jüngeren Offiziere unserer Batterie lächelten hinterlistig und beschlossen, diesem Alten das Leben sauer zu machen.

Einige Tage später brachen sie mit ihm zu Übungen auf und bestiegen den Karmelberg. Zwei Sunden später kamen sie zurück – schwer atmend, mit heraushängender Zunge und verblüfftem Gesicht. Der Doktor hingegen spazierte ganz gemächlich einher, ohne das geringste Zeichen von Anstrengung. Wie sich herausstellte, war er ein erfahrener Alpinist und Bergsteigen zählte zu seinen Hobbys. Offenbar spürte er, wie beschämt seine Untergebenen waren und verzieh ihnen. Einige Tage später erwarb er sich auch bei uns größten Respekt: Er sollte über einen jemenitischen Soldaten aus Kfar Ata urteilen, der aus dem Lager desertiert war – um seiner Frau, die unlängst geboren hatte, bei der Hausarbeit zu helfen. Als der Mann von unserem schnauzbärtigen Oberfeldwebel Yosske aus Makhmoret, der gern rohen Fisch aß, auf die Kommandantur gebracht wurde, erkannte Dr. Boehm in ihm einen Arbeiter aus seiner Fabrik. Er fuhr ihn an: «Gefreiter Gridi, was haben Sie zu Ihrer Verteidigung zu sagen?» Nachdem er die Antwort gehört hatte, fragte er, welche Strafe ihm, dem Soldaten selbst, unter den gegebenen Umständen angemessen schiene. Nach kurzem Zögern antwortete Gridi: «Drei Tage den Stützpunkt nicht verlassen?» Daraufhin fuhr der gute Doktor ihn an: «Dann wird man sagen, dass ich Ihnen Vorzugsbehandlung gewähre!», und verurteilte ihn zu fünf Tagen Arrest.

Und noch eine Doktorgeschichte: Zu unserer Batterie gehörte unter anderem auch ein offener Panzerwagen. Während der Waffenruhe schnappte sich unser reizender Kommandant einmal wöchentlich dessen Fahrer und ließ sich nach Kfar Ata chauffieren. An der Ortseinfahrt stand der Doktor aufrecht im Wagen und erbot jedem der zahlreichen Bekannten, die ihm begegneten, seine Ehre – mit einer knappen Verbeugung im Stil der alten Zeit. Im Gegensatz dazu, vielleicht aber auch als Folge davon, bewies unser Major-Doktor, sobald es in den Kampf ging, größte Entschlossenheit und die Schläue eines alten Fuchses. Als wir den Befehl bekamen, im Rahmen der «Aktion Chirem» das drusische Dorf Rama zu erobern, mussten wir uns unseren Weg durch eine ziemlich schmale Straße erkämpfen. Schließlich erreichten wir den Fuß des Hügels, auf dem das Dorf lag. Anstatt jedoch ein massives Bombardement zu befehlen, ließ unser Kommandant als Warnzeichen ein einziges Geschoss abschießen, schnappte sich den Panzerwagen aus der vorherigen Geschichte und fuhr damit direkt zum Mukhtar, dem Dorfältesten der Siedlung, um diesem mitzuteilen, dass er genau 30 Minuten Zeit habe, sämtliche Waffen des Dorfes auszuhändigen und von jedem der Häuser mit einer weißen Fahne zu winken. Wie von Zauberhand baute sich auf dem Dorfplatz ein Waffenhügel auf, aus dem ich selbst mir eine Pistole der Marke Beretta requirierte – aber das ist bereits eine andere Geschichte. Übrigens brach auf dem Weg ins Dorf die hintere Federhalterung eines der Lkw, auf denen die Kanonen für diese Aktion festgezurrt waren. Nur mit größter Anstrengung gelang es uns, den Schaden provisorisch zu beheben und die Rückkehr der Kanone an unseren Stützpunkt zu ermöglichen, unter Feldbedingungen auf besagter Straße, ohne geeignetes Werkzeug sowie unter dem kritischen Blick des Doktors. Hauptmann Boehm schickte seinen Vorgesetzten die Empfehlung, uns für die Erfüllung dieser Mission «unter Feindesfeuer» einen Verdienstorden zu verleihen, wurde aber, wie es scheint, nicht allzu ernst genommen, sodass ich diese Auszeichnung bis zum heutigen Tag nicht erhalten habe.

Rückblickend, vor allem aus der Perspektive mehrerer Jahrzehnte, erscheint ein Krieg stets als Reihe von mehr oder weniger dramatischen Vorfällen, wobei die graue Alltagsroutine unbewusst verdrängt wird – Tage der Hitze, des Schweißes und aller Art lästiger Insekten, Tage der Kälte und des Regens, der einen langsam bis auf die Haut durchnässt, Schlamm und eisiger Wind, Augenblicke von Furcht, Leid und Traurigkeit sowie die Sehnsucht nach daheim, danach, von der Mutter verwöhnt zu werden. Tage des Zorns, der Kränkung und unfairen Behandlung durch nicht allzu intelligente Vorgesetzte, die trunken sind von der Macht und Kontrolle, die sie über ihre Untergebenen besitzen, über Menschen, die sie im Zivilleben keines Blickes gewürdigt hätten. Jeder, der mich, meine Tendenzen und meine Weltanschauung kennt, wird gewiss verstehen, dass ein militärischer Rahmen nicht unbedingt zu mir passt, ebensowenig wie die militärische Disziplin zu dem leicht rebellischen Charakter, den mir meine Vorväter vererbt haben.

Mit den meisten Offizieren verstand ich mich gut, sei es auf Basis einer Kameradschaft unter Kämpfern und der Erinnerung an Tage gemeinsamer Schlachten, oder weil sie auf meine zuverlässigen Dienstleistungen im Transportbereich angewiesen

Ein Neujahrsgruß in Dankbarkeit für Herzls zionistische Impulse – Zeugnis eines frühen Patriotismus im September 1948

waren. Besonders gut verstand ich mich mit dem Oberfeldwebel unseres Bataillons, Yankele, einem «Moshavnik» und Veteranen des britischen Militärs, an dessen Seite ich in den Schlachten von Ober- und Westgaliläa gekämpft hatte. Abgesehen von seinen anderen Charakterzügen war er auch ein äußerst praktischer Mensch und litt an einem Problem, das uns allen zu schaffen machte: chronischer Geldnot für seine eigenen Bedürfnisse und zur Unterstützung der Familie daheim. In jenen Tagen herrschte ein schwerer Mangel an Baumitteln, und Jankele war sich des Wunsches einiger Freunde wohl bewusst, die dringend Wellblech brauchten, um Kibbuzeinrichtungen abzudecken. Daher machte er sich auf einen Streifzug durch die Umgebung und entdeckte dort eine Reihe verlassener Gebäude, abgedeckt mit Blech, das keiner brauchte. Ich organisierte einen geeigneten Lkw, und so machten wir, der Oberfeldwebel, ich und zwei unserer Untergebenen, uns als autorisiertes Abbauteam auf den Weg. Nach weniger als zwei Stunden war unser Lastwagen voll beladen.

Nun stellte sich die Frage, wie wir durch die nächste Straßensperre kommen sollten. Dazu hatte ich inzwischen bereits eine erprobte und verblüffend effektive Methode entwickelt: Ich fuhr an den Wachposten heran, ganz langsam, als beabsichtige ich, anzuhalten. Sobald ich aber nahe genug an seinem Standort war, rief ich dem diensthabenden Soldaten zu: «Das ist schon in Ordnung, ist in Ordnung!», und fuhr, diesmal mit Vollgas, weiter.

Dem verblüfften Posten blieb keine Zeit zu reagieren, und wir setzten den Weg zu den klingenden Münzen fort, die unsere laufenden Ausgaben decken sollten, ein paar Vergnügungen im Urlaub und ein bisschen Unterstützung für zuhause.

Immer, wenn mein schlechtes Gewissen in Erinnerung an diese Episode erwacht und mich mit unbequemen Fragen konfrontiert, werfe ich das ganze Gewicht meiner guten Taten auf die Waagschale, in der Hoffnung, eine Art von Balance herzustellen. Ich erinnere mich an die Geschichte des Rabbi David von Diespeck, der sich bemühte, seine Schulden trotz seiner schweren Lage auf Heller und Pfennig zurückzuzahlen.

Obwohl er in diesem Buch bereits mehrmals erwähnt wurde, habe ich Rabbi David als Schlüsselfigur der Dynastie der Dispekers aus Diespeck noch nicht gebührend vorgestellt. Er wurde 1715 als Sohn des Joel Ben Abraham geboren. Über Joel selbst ist wenig bekannt, außer, dass er wohlhabend war. Das kann man daraus entnehmen, dass er seinen Sohn David bereits in jungen Jahren zum Studium nach Fürth schickte, um aus ihm einen Thora-Gelehrten zu machen. Und tatsächlich bekam dieser bereits mit 20 Jahren eine Anstellung als Rabbiner in Bruck, einer Stadt in Nähe seines Heimatorts. Dort verbrachte er offenbar 15 Jahre und machte sich dann 1751 im Alter von 36 auf den Weg durch die deutschen Lande, um das Wort Gottes zu lehren. In dieser Zeit entstand eine Reihe von Predigten, die in seinem 1786 in Sulzbach veröffentlichten Buch *Pardes David* enthalten sind. Das oben genannte Ereignis trug sich 1767 zu, als der Rabbi 52 Jahre alt war. In seiner Folge zog er in die Gemeinde von Mühringen im Schwarzwald, wo er eine Stelle als Bezirksrabbiner bekam.

Seine dritte Frau war Chava, die er heiratete, nachdem seine beiden vorherigen Ehefrauen offenbar im Kindsbett gestorben waren. Gerüchten zufolge verstand Chava es ganz ausgezeichnet, ihren Gemahl kurz zu halten. Sieben Jahre später packte diesen erneut die Wanderlust. Diesmal wurde er von der Gemeinde von Metz aufgenommen und bekam dort als Abschiedsgeschenk einen versilberten Zinnteller, auf dem Blätter und Blumen sowie ein Porträt des Königs David eingraviert waren, der an seiner Harfe zupft. Am Innenrand steht ein Zitat aus *Genesis* 2:15: «Gott, der Herr, nahm also den Menschen und setzte ihn in den Garten von Eden, damit er ihn bebaue und hüte.» Am Außenrand des Tellers hingegen steht: «Dies aber ist die Essenz eines Geschenks: Man kann viel geben oder wenig, solange man auf eine Weise

Grabsteine auf dem Friedhof in Baiersdorf, rechts der von Rabbiner David Diespeck, links der seines Sohnes Schimeon und in der Mitte steht der seiner Frau Chava (ה נ ח)

gibt, die mit Liebe und Zufriedenheit angenommen wird», und weiter: «Ein Lobeslied auf das Haus Davids, unseres vorbildlichen Führers und Lehrers Rabbi David, den Vorsteher des Beit Din und Vorsteher des Bezirks Schwarzwald.»

Nach sechs guten Jahren in Metz zog der Rabbi 1784 als Oberrabbiner der Region nach Baiersdorf, wo er endlich Ruhe und Frieden fand und sein großes Werk, den *Pardes David* vollenden konnte – eine Sammlung von Predigten und Kommentaren zum Alten Testament, dem Talmud und zu Maimonides, ebenso wie einige seiner auf bedeutende Persönlichkeiten gehaltene Nachrufe. Er verstarb 1793 im für seine Epoche bemerkenswert hohen Alter von 78 und wurde auf dem Friedhof von Baiersdorf bestattet. Bei den Juden seiner Gemeinde galt er als wegweisender und dennoch bescheidener Mensch. Diese Bescheidenheit wird von seinen Zeitgenossen häufig erwähnt. Sein leidenschaftlicher Wunsch, Talmud und Thora zu studieren, kannte keine Grenzen. In einer seiner Predigten erklärte er, warum er sein Leben lang unermüdlich von einem Ort zum andern gewandert war. Dazu bediente er sich der Worte aus Kapitel 84 der *Psalmen*: «Sie schreiten dahin mit wachsender Kraft; dann schauen sie Gott auf dem Zion.» Und mir, einem der Letzten aus der Dynastie der Dispekers, der ich auf meinem Lebensweg selbst nicht wenig herumvagabundieren musste, fällt es nicht schwer, mich mit ihm zu identifizieren.

Das erste Mal Nach Abschluss der Kampfhandlungen war es an der Zeit, uns um unsere müden Fahrzeuge zu kümmern und unsere Ausrüstung neu zu organisieren. Die Waffenruhe nutzten wir vor allem dazu, unsere Wagen zu überholen, was mit nicht wenig Herumlauferei verbunden war. Dabei bekam ich mitunter Gelegenheit, neue, interessante Menschen kennenzulernen. An einem besonders verregneten und stürmischen Tag fuhr ich Richtung Haifa und nahm unterwegs eine reizende Anhalterin mit, bezopft und etwas rundlich. Bis wir Haifa erreichten, hatte sie mir bereits erzählt, dass sie Sprengmeisterin beim Etzel gewesen sei und an einigen sehr waghalsigen Aktionen teilgenommen habe. Derzeit sei sie als Offizierin im Italienischen Krankenhaus in Haifa stationiert, das als Militärhospital diente. Da wir uns sympathisch fanden, vereinbarten wir ein Treffen für den nächsten Tag. Ich erschien ohne besondere Erwartungen, dachte an einen Theater- oder Kinobesuch, vielleicht ein paar Umarmungen und Küsse, und damit hatte es sich. Ehrlich gesagt waren meine vorherigen Beziehungen zu Mädchen nicht allzu tief gegangen und ich hatte noch keinen vollständigen Beischlaf erlebt, vielleicht aus Angst vor Krankheiten und Schwangerschaften, vielleicht aus fehlendem Mut oder auch wegen der Spuren, die die Madrider Affäre und Mutters Wut bei mir hinterlassen hatten. Vielleicht hatte es aber auch an mangelnden Bedingungen und Gelegenheiten gelegen. Wie auch immer, wir verbrachten einen netten Abend miteinander, nach dem ich Hauptmann Lea in ihre bescheidene Unterkunft im Krankenhaus zurückbegleitete. Zu meiner Überraschung schlug sie mir vor, bei ihr zu übernachten. Ich willigte gerne ein. Noch war ich mir nicht ganz sicher, worauf sie hinauswollte, aber sie zog sich ganz einfach aus und forderte mich auf, zu ihr ins Bett zu kommen. Als ihr klar wurde, dass es sich für mich um eine Premiere handelte, brachte sie ihre ganze didaktische Fähigkeit und Erfahrung zum Einsatz und führte mich mit großem Feingefühl und ebenso großer Effektivität in die Geheimnisse der Liebe ein. Es war eine wunderbare, zauberhafte Nacht. Das einzige, was unseren Genuss ein wenig beeinträchtigte, war die Notwendigkeit, vollkommene Stille zu bewahren. Schließlich entsprach unsere Beschäftigung nicht gerade den Vorschriften der israelischen Armee, wobei es ausgerechnet eine von Leas Aufgaben war, für deren Einhaltung zu sorgen. Ich selbst fühlte mich etwas unbehaglich wegen der fehlenden Phase des Umwerbens und des seelischen Aspekts dieser entstehenden Verbindung. Ich erinnerte mich an ein Gedicht der Lyrikerin Rachel, dessen volle Bedeutung ich erst jetzt verstand:

«Und das ist es? Nur das? / Und darauf die bräutlichen Augen richten, / dafür die durstigen Lippen spitzen / und daran das Herz erwärmen / in der Kälte der Nächte? / Dafür Gott schmähen / und sich seinem Joch entziehen? Das… und damit hat es sich… hat es sich?»

Und was hätte mein Vater gesagt? «Welcome to the club!»

Schulamit lernte ich durch Michael kennen, der zu der Clique gehörte, mit der ich während des Militärdiensts den Großteil meiner Freizeit verbrachte. Unser gemeinsamer Nenner war, dass wir alle 18 bis 20 Jahre jung waren und in derselben Einheit dienten, die sonst vorwiegend aus 30- bis 60-jährigen «Senioren» bestand. Letztere unterhielten sich in einem bunten Sprachgemisch mit Schwerpunkt Englisch und Jiddisch und besaßen in der Artillerie bereits viel Wissen und Erfahrung. Wir selbst, die Jugend, also Michael, Dudi, Zwicka und ich, kamen aus der Haganah und waren dieser Waffengattung aufgrund unserer Talente zugeordnet worden: die ersten drei als Funker mit Motorraderfahrung und ich als Absolvent des Feldwebelkurses. Alles andere war Zufall und eine Frage der persönlichen Neigungen. Tatsächlich sammelten wir viele Stunden und Tage gemeinsamen Zeitvertreibs «auf Rädern» an, von Metulla bis Eilat, sowohl im Rahmen unserer dienstlichen Aufgaben als auch zur Befriedigung unserer Neugier und unseres Wandertriebs. Wie gesagt war es Michael, der mir eines Samstags während eines Ausflugs mit meinem treuen Command Car, von uns mit dem Kosenamen «Chalutza» bezeichnet, Schulamit vorstellte. Sie lernte damals in der elften Klasse des Zafon-Gymnasiums und steckte mitten in ihren Abiturvorbereitungen. Außerdem war sie Mitglied der Tnu'ah Hame'uchedet und Gruppenleiterin der jüngsten Angehörigen der Bewegung. Ich glaube, dass sie davor Michaels Freundin gewesen war, er jedoch ihren intellektuellen Ansprüchen nicht genügt hatte. Da er mir aber versicherte, dass zwischen ihnen nichts mehr sei und ich starkes Interesse an ihr hatte, begannen wir, miteinander auszugehen. Wir führten tiefe Gespräche über Literatur und Kunst, gingen ins Theater und zu anderen Veranstaltungen. In den meisten Themen hatten wir ziemlich ähnliche Ansichten – mit Ausnahme unserer politischen Tendenzen. Während Schulamit das Programm der Ben-Gurionschen Mapai-Partei vertrat, bevorzugte ich den Weg der Achdut Ha'avoda, worüber wir nicht wenig debattierten und diskutierten.

Vor allem aber ging es bei unseren Gesprächen – wie sollte dem auch anders sein – um das Wesen zwischenmenschlicher Beziehungen im Allgemeinen und de-

rer zwischen Mann und Frau im Besonderen. Schulamit hatte dazu sehr ausgepräg-
te und, ich würde sagen, auch konservative Ansichten. Von Zeit zu Zeit pflegte sie
mich wie nebenbei auf irgendeine Krise hinzuweisen, die sie durchgemacht hatte –
ohne näher auszuführen, worum es eigentlich ging. Bis heute kann ich nicht mit
Sicherheit sagen, ob sie das Opfer von Gewalt oder vielleicht auch nur in irgendeine
gescheiterte romantische Beziehung verwickelt gewesen war. Unsere Freundschaft
sollte drei Jahrzehnte halten, auch, nachdem sie Michael heiratete und ihm Kinder
gebar. Letztlich jedoch verlief sie im Sand und der Kontakt riss ab.

Ich habe mehr als einmal darüber nachgedacht, ob das Liebe war und was geschehen wäre, wenn ich Schulamit geheiratet hätte.

Wie dem auch sei, unsere Beziehung blieb platonisch. Und das, obwohl ich davon überzeugt bin, dass fast jede Zweierbeziehung unbewusst auch ein verschieden
stark ausgeprägtes Potenzial an sexueller Attraktivität enthält – dazu zählen auch
erotische Beziehungen zwischen Brüdern und Schwestern und sogar zwischen Eltern und ihren Kindern.

Als Beweis mögen die zahlreichen Inzestfälle dienen, die in jüngster Zeit an die
Öffentlichkeit dringen und nach Meinung der Experten nur die Spitze des Eisbergs
dieses Phänomens darstellen, das bis dato als selten galt, vor allem unter Juden, da
es dem jüdischen Ethos und der jüdischen Moral widerspricht. Vielleicht ist es an
der Zeit, sämtliche Ausdrücke der Sexualität neu zu untersuchen – psychologisch,
biologisch, juristisch, philosophisch und anthropologisch, und zwar auf Basis des
aktuellen Stands der Wissenschaften und Informationen.

Was unsere Beziehung betrifft, so neige ich zu der Annahme, dass Schulamit
ebenso wie ich, jeder aus seinem Blickwinkel, die in der Persönlichkeit des anderen
verborgenen Widersprüchlichkeiten gespürt hat. Diese schufen zwar in Stunden der
Krise eine gute Basis für Freundschaft und gegenseitige Unterstützung, hätten aber
wahrscheinlich jeden Versuch eines Zusammenlebens zum Scheitern gebracht.

Abschließend muss ich sagen, dass es in den Beziehungen, an denen ich mich
im Laufe der Jahre versucht habe, ziemlich oft zu ähnlichen Situationen gekommen
ist, und dass mir das nicht wenig Herzweh verursacht hat – bis ich einsah, dass das
offenbar an einer Komponente meiner Persönlichkeit lag: dem unermüdlichen Streben nach einer vollkommenen Beziehung, die es in der Realität nicht geben kann.

Unterdessen wurde unser Stützpunkt von Jalami nach Chatzor bei Gadera verlegt.
Dort befand sich ein riesiges Camp, das uns die Armee seiner Majestät vererbt hatte. Auch in unserer Kommandantur kam es zu Umwälzungen. Zu unserem alten
Kommandanten gesellte sich nun auch ein neuer Offizier in Funktion eines stellver-
tretenden Bataillonskommandanten, der beschloss, in unserem zugegebenermaßen
etwas laschen Betrieb «Ordnung zu schaffen». Dieses Bestreben führte zum Fron-
talzusammenstoß mit einem gewissen Oberfeldwebel namens Joel, der sich aufgrund seines hohen Dienstalters und seines, gelinde gesagt, etwas eigenwilligen
Charakters einen Sonderstatus erworben hatte und ohne Mütze in einem zivilen
Pullover herumlief. Mehr als das, verzichtete dieser auch auf so dumme militärische

Gepflogenheiten wie das Salutieren vor Offizieren – nun wirklich, wer hat so etwas nötig? – und der Teilnahme an Appellen – ist es nicht schade um die Zeit?

Hauptmann Linci betrachtete diesen Fall als Erziehungsprojekt par excellence und wandte dazu die Zuckerbrot- und Peitschetaktik an. Das Zuckerbrot war die Aussicht auf einen Offiziersrang ohne vorherigen Lehrgang. Das reizte mich vor allem im Hinblick auf Vaters zu erwartende Reaktion – «Sie wissen doch, mein Sohn, der Offizier...» –, ganz zu schweigen von der meiner Freunde. Ich riss mich zusammen, wechselte den Pullover und bemühte mich, mehr oder weniger so auszusehen wie ein richtiger Soldat. Im Laufe der Zeit entwickelte sich zwischen Hauptmann Linci und mir sogar ein gewisser gegenseitiger Respekt und alles wirkte ruhig und friedlich, bis es zwischen dem Bataillonskommandanten und mir wegen eines Befehls, der mir falsch erschien, zu einer lautstarken Debatte kam. Das Ergebnis – Offiziersrang Ade! Vielleicht war das auch besser so, und vielleicht war es sogar heimlicher Segen. Hauptmann Linci wurde übrigens in der Nähe von Ma'aleh Akrabim von Terroristen ermordet, als er mit der Logistikoffizierin des Bataillons ohne Begleitung nach Eilat fuhr. Friede seinem Andenken.

Nach diesem Zwischenfall wurde ich zur Brigadekommandantur versetzt, ohne eindeutig definierte Aufgabe. So saß ich also eine ganze Weile untätig herum – für mich eine unerträgliche Situation. Aber schon kurz darauf kam der Tag meiner Entlassung und mein zweijähriger Militärdienst war zu Ende.

Nun stand ich am Beginn eines neuen Lebensabschnitts sowie vor der Notwendigkeit, meinen Weg zu wählen.


## Tel Aviv, zweites Kapitel

Das Tel Aviv der 1950er-Jahre empfing mich, ebenso wie tausende anderer entlassener Soldaten, ziemlich kühl, als wolle es uns bedeuten, dass es uns zu diesem Zeitpunkt nichts zu bieten habe und dass es vielleicht besser sei, wenn wir woanders hingingen, wo wir uns eher nützlich machen könnten. Da ich sowieso nicht beabsichtigte, meinen Anker in diesem Hafen auszuwerfen, den ich nur als vorübergehende Unterkunft betrachtete, versuchte ich zunächst, zu meiner alten Arbeit in der Kfz-Werkstatt zurückzukehren, langweilte mich dort aber ganz entsetzlich. Meine Mutter, die hoffte, dass ich meinen Platz vielleicht doch noch in der Nähe der Eltern finden würde, ließ ihre Beziehungen spielen, sodass ich mich eines Tages, mit einem der mythologischen Zettel gerüstet – ja, ja das funktionierte damals tatsächlich so – bei einem Vorstellungsgespräch mit einem der Gründungsdirektoren von El Al wiederfand. Dieser war von den Empfehlungen meines Entlassungsschreibens vom Militär beeindruckt und nahm mich in die Transportabteilung auf. Fast wäre ich der Versuchung einer Beamtenlaufbahn erlegen. Dann aber rettete mich ein kleiner Zwischenfall. Eines Tages beschloss mein Vorgesetzter plötzlich, mir irgendeinen Auftrag zu erteilen, der genau auf die Stunde fiel, für die ich im Dov-Hoz-Haus ein Gruppentreffen mit meinen Zöglingen von Noar Ha'oved vereinbart hatte. Da man das Handy damals noch nicht erfunden hatte, konnte ich die Kinder auch nicht erreichen, um ihnen abzusagen. Also gab ich meinem Chef den erst kurz zuvor bekommenen, ulkig geformten kleinen Firmenwagen der Marke Skoda zurück, und damit hatte auch der öffentliche Dienst des Staates Israel eine junge, vielversprechende Arbeitskraft verloren, der noch Großes bestimmt war.

Ach, das habe ich noch gar nicht erzählt: Eines Tages, als ich meine Bekannten im Heim der Noar Ha'oved besuchte, wurde ich vom Leiter der Ortsgruppe angesprochen, einem verdienstvollen Rotschopf namens Yosske Charubi aus dem Kibbuz Alonim. Zu meiner Überraschung schlug er mir vor, mich dem lokalen Jugendleiterteam anzuschließen und die pädagogische Leitung einer der Gruppen zu übernehmen. Nach kurzem Zögern erklärte ich Yosske, dass ich in diesem Bereich überhaupt keine Erfahrung besäße, es aber auf einen Versuch ankommen lassen wolle. Yosske schmunzelte in sich hinein, wünschte mir viel Glück und versprach mir jede erforderliche Unterstützung. Nachdem er mir einige Schulungshefte ausgehändigt und mich mit zwei oder drei Kandidaten meiner Gruppe bekannt gemacht hatte, beschloss Yosske, dass es besser sei, wenn ich mich ohne den Einfluss der «Schlaumeier» aus seinem Team einarbeite, das in dieser Ortsgruppe natürlich tonangebend war und sich viel mit politischen Themen befasste. Wie gesagt waren wir damals eng mit Väterchen Stalins «Welt von Morgen» verbunden, der «Sonne der Völker». Dabei zeichneten sich allerdings bereits erste Risse ab, die schließlich zur Spaltung der Bewegung führen sollten.

Als meine Zöglinge eintrafen, das Beste vom Feinsten der Jugend der unterprivilegierten Stadtviertel Schapira und HaTikva, zuzüglich einiger Jungen und Mädchen aus dem Norden der Stadt, die nicht genau wussten, worauf sie sich da einließen, war es für einen Rückzieher schon zu spät. Ich weiß nicht, wer den Namen des mit dem Massenselbstmord jüdischer Aufständischer assoziierten alten Massada für diese Gruppe vorschlug, aber er war berechtigt. Ich suchte mir aus «1001 Spiele» ein paar Ideen aus, bereitete einige Themen für unsere Gruppenaktivitäten vor und es ging los.

Um die so heterogenen menschlichen Komponenten von Massada zusammenzuschweißen, beschloss ich, die Gruppe auf einen Ausflug mitzunehmen. Das klingt nach Routine, aber nicht mit meinen neuen Zöglingen, denen die Vorstellung eines ganzen Tags und einer ganzen Nacht in freier Natur als geradezu lächerliches Kuriosum erschien. Ich bediente mich einer Mischung aus Überredungskunst, Druck und Versprechungen, die ich selbst kaum glauben konnte. Nach einer Reihe ziemlich schwerer Gespräche, vor allem mit den Eltern der Mädchen, denen gegenüber ich meinen ganzen Charme zum Einsatz brachte, stiegen wir in einen Sammelbus nach Haifa, den wir in Cheftziba bei Chadera wieder verließen. Dort, in einem kleinen Wäldchen am Fluss, errichteten wir nach bester Pfadfindertradition zeltartige Unterkünfte.

Aus verknoteten Decken je ein Zelt
für die Jungen und für die Mädchen –
so hatten sie es sich vorgestellt.

Satt und erschöpft sitzen sie am Abend im Kreis
ums Feuer, im Lager wird es angenehm leis.
Dann werden die üblichen Schlafregelungen erklärt –
keine Trennung nach Geschlechtern.
Die ganze Gruppe debattiert aufgeregt und verstört,
bis sie schließlich einschlafen, unterm selben Dach,
und ich wünsche ihnen allen eine gute Nacht!

Ich blieb noch eine Zeit lang am erlöschenden Lagerfeuer sitzen, sicherheitshalber, um auf die Gesellschaft aufzupassen. Lauschte auf jedes Rascheln und jedes Flüstern. Nach einer Weile fiel auch ich in eine Art Halbschlaf, begleitet von Träumen mit Landschaftsbildern aus meiner Kindheit in Marseille, einschließlich des Indianer-Zeremoniells bei den Pfadfindern, wo man einem Jungen vor seiner Aufnahme im «Stamm» Brandwunden am Bauch beibrachte, um seine Standhaftigkeit gegen Schmerzen zu testen.

Plötzlich spürte ich eine leichte Berührung an meiner Schulter. Mir war nicht klar, ob es sich um Traum oder Wirklichkeit handelte. Eines der Mädchen, das nicht einschlafen konnte, lud sich zu mir ein und begann, mir ein wenig von seinen Problemen daheim im Elternhaus zu erzählen. Auch, wie es von seinen älteren Brüdern und Schwestern misshandelt wurde. Schweigend hörte ich zu, versuchte, zu beraten, empfahl die Möglichkeit, in einem der Kibbuzim der Bewegung auf Hachschara zu gehen. Möglich, dass uns jemand beobachtet hatte, als wir so eng unter einer Decke zusammengerückt am erlöschenden Lagerfeuer saßen. Auf jeden Fall verpassten mir meine Zöglinge ab jener Nacht den Spitznamen «der Mönch», was mir nicht schlecht gefiel.

Ich glaube, dass damals auch das Fundament des gegenseitigen Vertrauens zwischen mir und meinen jungen Zöglingen geschaffen wurde, das sich ständig weiterentwickelte, bis ich in den Kibbuz ging. Aber davor gab es noch ein paar bedeutungsvolle Ereignisse.

Nach meiner Kündigung bei El Al wurde ich als Eintreiber der Abonnentenbeiträge für die bewegungseigene Zeitung *Bama'ale* eingesetzt, deren Herausgeber damals Moshe Mosenson war, ein Kibbuzgenosse aus Na'an. Ich sollte versuchen, bei öffentlichen Persönlichkeiten Schulden einzutreiben, vor allem aber bei den Institutionen und Unternehmen der Histadrut, die ausnahmslos alle davon überzeugt waren, dass ihnen ein kostenloses Abonnement zustehe. Schon bald hatte ich «das Prinzip» dieser fiktiven Aufgabe begriffen und verbrachte den Großteil meiner Zeit in der Redaktion des Blattes, in Gesellschaft anderer Arbeiter, die ungefähr ebenso beschäftigt waren wie ich. Von Zeit zu Zeit schickte man mich auf irgendeinen Botengang in die Zentrale der Bewegung in der Hayarkon-Straße, in das mythologische «Rote Haus».

Wie ich meiner Frau Sarah dort zum ersten Mal begegnete, habe ich bereits erzählt. Sie war in Givatayim aufgewachsen, als engagiertes Mitglied der dortigen Ortsgruppe von Noar Ha'oved. Ihre Eltern, Zvi und Henia Langer, geborene Gilbert, waren Anfang der 1930er-Jahre ins Land gekommen, nach einer Vorbereitungspha-se auf dem bekannten Hachschara-Landwirtschaftsgut Klossowa. Der Großteil ihrer verzweigten Sippe, die im ukrainischen Rovno zuhause war, betrachtete diejenigen, die auf Alija nach Palästina gingen, als unverantwortliche Fantasten, die Heim, Fa-milie und Arbeit aufgaben, um in eine öde Wüste zu gehen, in ein Land, wo blut-rünstige Feinde auf sie lauerten. Sie hielten Nachreden auf diese Auswanderer und saßen sogar Shiva. Sie alle – hunderte von Juden jeden Alters – wurden von den Nazis ermordet. Nur einige wenige Familien, die rechtzeitig nach Eretz Israel ausge-wandert waren, überlebten.

Sarahs Vater, ein kluger und gutherziger Mann, war stets bereit, jedem Bedürfti-gen zu helfen – «ein kleiner Mann mit großem Herz» pflegte man über ihn zu sagen. Er arbeitete zunächst ein paar Jahre in einer Zigarettenfabrik und dann bei den Zementierungsarbeiten für das Redding-E-Werk. Schließlich ließ er sich als profes-sioneller Anstreicher nieder. Die Mutter ergänzte das Familieneinkommen als Haus-haltshilfe. Sie hatten drei Kinder: Sarah, die älteste, ihre Schwester Shifra und ihren Bruder Shalom, die alle zuhause aufwuchsen. 1933 erließ der Anführer der Achdut Ha'avoda, Yigal Tabenkin, die Anordnung, ein Areal in Nähe des Borochov-Viertels zu besiedeln, das zuvor einem in Ägypten lebenden Araber gehört hatte. Daher stammt auch der Spitzname dieses Stadtteils: «Chapp» («sich aneignen», das heißt man hat sich diesen Teil des Landes geschnappt). Zunächst bauten sich Zvi und Henia eine Hütte, die sich allmählich in ein festes einstöckiges Haus verwandelte. Dieses wurde später um eine weitere Etage aufgestockt. Sarahs Eltern planten, für jedes ihrer Kinder ein zusätzliches Stockwerk zu bauen, sobald dieses als Erwachsener seine eigene Familie gründen wollte.

Mich nahmen Sarahs Eltern mit gemischten Gefühlen auf, einerseits freuten sie sich darüber, dass ihre als etwas schüchtern bekannte Tochter einen Freund hat-te, andererseits waren sie über unseren Altersunterschied von fünf Jahren weniger begeistert. Als wir uns kennenlernten, war Sarah sechzehneinhalb, noch sehr naiv und unerfahren im Umgang mit Jungen. Außerdem waren ihre Eltern auch nicht besonders glücklich darüber, dass sie auf Hachschara in einen Kibbuz gehen wollte.

Tatsächlich haben wir manchmal die Tendenz, in nostalgische Sehnsucht nach den «guten alten Tagen» zu versinken. Ich selbst habe allerdings immer schon eine gewisse Skepsis hinsichtlich des menschlichen Erinnerungsvermögens gehegt, das eine starke Tendenz zur Selektivität aufweist. Die 1950er-Jahre waren in Israel von Tzena bestimmt, der Phase der Rationalisierung der Grundversorgungsgüter, und in direkter Konsequenz davon auch des Schwarzmarkts. Nur sehr wenige Menschen konnten damals noch als «unbescholten» bezeichnet werden. Die Reparationszah-lungen, deren kleinerer Teil den Überlebenden zufloss, während der Großteil in der Kasse des jungen Staates landete, verursachten ein erhebliches sozioökonomisches Gefälle, stellten jedoch insgesamt ein zentrales Element in der Entwicklung der ein-heimischen Infrastrukturen dar.

Große Gelder wurden nun, nach langen Jahren anhaltender Wohnungsnot, nicht zuletzt in die Errichtung einfacher Wohnsiedlungen investiert. Auch meine Eltern

ההסתדרות הכללית של העובדים העברים בא"י
ההסתדרות הכללית של הנוער העובד העברי
המזכירות

כרטיס  משתתף

המועצה החינוכית – תשי"א
(גבעת־ברנר י"ח-כ' באייר תשי"א)

שם המשתתף ‏_____
הסניף ‏_____

Die Einladung zu einem Treffen der Jugendbewegung, die zur Kibbuz-Bewegung gehörte. Im Anschluss an diese Begegnung teilte sich die Jugendbewegung in zwei politische Richtungen auf. Kibbuz Tsuba blieb sozialistisch ausgerichtet

bekamen einen winzigen Anteil von diesen Reparationszahlungen, mit dem sie eine bescheidene Dreizimmerwohnung in der Berman-Siedlung im Stadtteil Ezra veBizron bei Givatayim erwerben konnten. Nun durfte Vater während der Arbeitsstunden von Mutters Kindergarten zuhause bleiben, und auch ich hatte es jetzt mit meinen Übernachtungsarrangements wesentlich leichter. Je länger ich in der Stadt wohnte, desto klarer wurde mir, dass es an der Zeit war, meinen alten Wunsch zu verwirklichen und in einen Kibbuz zu gehen. Genau genommen verbrachte ich den Großteil meines Tages, Arbeit wie Freizeit, ohnehin schon unter Kibbuzniks, deren Weltanschauung der meinen ähnelte.

Bis heute weiß ich nicht, wer von meinen Zöglingen aus der Tel Aviver Ortsgruppe letztlich in einen Kibbuz ging. Soweit mir bekannt ist, wurde Massada schließlich einer anderen Gruppe angegliedert. Den Kontakt zu meinen Zöglingen hielt ich nur noch für eine kurze Weile aufrecht, da ich mit dem Wechsel in mein neues Leben beschäftigt war.

Aber noch war ich in Tel Aviv und bereitete mich darauf vor, mit meinen Zöglingen und einer weiteren Gruppe in ein Arbeitslager aufzubrechen. Ihr dürft nicht glauben, dass das so einfach war: Allein schon um einen Jungen, und vor allem ein Mädchen auf einen Ausflug mitzunehmen, bedurfte es harter Verhandlungen und meiner ganzen Überredungskunst. Sie gar in ein Arbeitslager mitnehmen zu wollen, war eine nahezu unmögliche Aufgabe. Und wenn sie schon dort waren, betrachteten die Jugendlichen dieses Lager als eine Art Ferien- und Erholungscamp, während der Vorarbeiter des Kibbuz in ihnen vor allem Arbeitskräfte sah.

Und genau zwischen diesen beiden aufeinanderprallenden Erwartungen war ich nun gefangen, ohne jegliche Vorerfahrung mit solchen Situationen. Mein Kollege Avner ließ mich den Kampf allein austragen. Am zweiten Wochenende war ich kurz vor einem Nervenzusammenbruch und erlaubte mir eine Auszeit. Ich wusste, dass Sarah in einem Arbeitslager im Kibbuz Gesher war, fand eine Mitfahrgelegenheit und fuhr sie besuchen, in einer mittelschweren bis verzweifelten Verfassung. Nun lernte ich zum ersten Mal Sarahs ungeheures Empathie- und Trostpotenzial kennen und kehrte am nächsten Tag mit frisch aufgeladenen Batterien und ein paar nützlichen Ratschlägen gerüstet zurück. So habe ich dieses Lager schließlich mehr oder weniger heil überstanden, obwohl ich nach meiner Rückkehr nach Tel Aviv ein paar Erholungstage brauchte.

Im Sommer 1951 fand in Givat Brenner eine Tagung des Pädagogikausschusses der Noar Ha'oved statt. Solche Tagungen sind meist eine Art von Schauspiel, das sich mit großer Vehemenz und starker Erregung auf der Bühne abspielt, während die meisten Delegierten die Gelegenheit zu kleinen Schäferstündchen in den Korridoren oder auf der Wiese vor dem Saal wahrnehmen. Zwischenzeitlich einigen sich eine Handvoll Funktionäre hinter den Kulissen in aller Ruhe über die Themen der Tagesordnung.

Nur selten, mit etwas Glück, kann man ihre Entscheidungen tatsächlich ernsthaft beeinflussen. Genau erinnere ich mich nicht mehr daran, was bei dieser Tagung eigentlich zur Debatte stand. Ich selbst war jedenfalls damit beschäftigt, meine Beziehung zu meiner rotschopfigen Sarah zu vertiefen, die mit einer Delegation ihrer Garin, ihrer Kerngruppe, und der ernst gemeinten Absicht zur Tagung gekommen war, den Worten der Weisen zu lauschen. Sie war aber durchaus bereit, sich ein wenig ablenken zu lassen.

Als es Nacht wurde, machten wir einen Rundgang durch die weniger beleuchteten Fleckchen dieses Kibbuz, des angeblich größten seiner Art (obwohl es darüber Jahre hinweg einen Zwist mit Yagur gab, bei dem sich der eine auf die Größe seines Geländes stützte und der andere sich auf die Zahl seiner Mitglieder berief). Aber nicht darum ging es in jener Nacht bei unserem Gespräch, sondern vielmehr um unsere Übernachtungsarrangements. Während Sarah lieber bei ihrer Garin schlafen wollte, plädierte ich natürlich für einen abgeschiedenen Ort – schließlich hatte ich mich vorsorglich mit einem besonders breiten Schlafsack gerüstet, der, wenngleich etwas beengt, auch einem Pärchen Unterschlupf bot. Dann ließ sich meine Gefährtin doch überzeugen und wir verbrachten eine kuschelige Nacht mit Streicheln und Geflüster. Bis heute behauptet Sarah mit Nachdruck, sie habe damals überhaupt nicht verstanden, was meine Ausflüge in ihre Gefilde bedeuteten und naiverweise angenommen, es handle sich um zufällige Berührungen, die an der Enge des Schlafsacks lagen (siehe Maria und Robert in dem unvergesslichen Film «Wem die Stunde schlägt»).

Nichtsdestoweniger gesteht sie beim zweiten Nachdenken, zu ihrer Überraschung eine gewisse Annehmlichkeit verspürt zu haben. Wem es schwerfällt, an ein solches Maß von Naivität zu glauben, der muss daran erinnert werden, dass wir von den Normen der Jugendbewegungen von damals sprechen, als es noch üblich war, dass beide Geschlechter bei Ausflügen auf einer langen Matratzenreihe nebeneinander schliefen, ohne dass irgendjemand auch nur an die Eventualität erotischer Berührungen gedacht hätte.

Inzwischen sahen auch meine Eltern ein, dass es keinen Sinn hatte, mich länger in Tel Aviv festzuhalten und gaben mir grünes Licht für meinen Aufbruch. Ich musste nur noch entscheiden, wo ich mich niederlassen wollte.

Zu den Delegierten, die damals in unserer Ortsgruppe aktiv waren, gehörten auch die Vertreter von drei Kibbuzim, die für mich in Frage kamen: Jossi aus HaGoshrim, Simcha aus Mishmar HaNegev und Tuviya aus Palmach-Tzuba. Ich sah mich in jedem davon um und war vor allem von der menschlichen und landschaftlichen Qualität Tzubas beeindruckt. Außerdem hatte auch «Kama», Sarahs Hachschara-Gruppe, Tzuba zum Ziel ihrer Selbstverwirklichung erkoren, nachdem die Mitglieder eine Reihe von vorgeschlagenen Kibbuzim begutachtet hatten. Aber nachdem sie ihre Entscheidung bereits getroffen hatten, erschien zu unserer großen Enttäuschung einer ihrer ehemaligen Gruppenleiter, ein Genosse aus Chukuk, und überzeugte sie davon, dass sein in Schwierigkeiten geratener Kibbuz mehr «Pioniercharakter» besäße und dass die Gruppe diesen retten könne. Tatsächlich beschloss «Kama» mit Stimmenmehrheit, sich dem galiläischen Chukuk anzuschließen.

Viele Jahre später, als von dieser stolzen Kerngruppe, die zum Zeitpunkt ihrer Rekrutierung ins Militär aus 50 Genossen und Genossinnen bestanden hatte, nur noch drei «Überlebende» im Kibbuz geblieben waren, fand in Tzuba eine Jubiläumstagung statt. Bei einem Rundgang durch das Gelände und die Umgebung brachten einige der Abtrünnigen ihr Bedauern darüber zum Ausdruck, dass sie auf ihr ursprüngliches Ziel verzichtet hatten. Wie sich erwies, hatten die Genossen in Chukuk sie bei ihrer Ankunft äußerst unfreundlich aufgenommen. Sehr bald machte sich in der Garin eine Enttäuschung breit, die dazu führte, dass der Großteil davon den Kibbuz wieder verließ. Was Sarah anbelangte, so sorgte ich dafür, dass es nicht allzu lange dauerte, bis sie sich mir in Tzuba anschloss.

Aber vorerst sind wir noch in Tel Aviv, wo ich mich auf meinen Umzug in die Judäischen Berge vorbereite. Wie ungeduldig und unzufrieden ich während jenes Lebensabschnitts war, entnehme ich der Tatsache, dass ich daran überhaupt keine Erinnerung habe. Im Gegensatz zu anderen Zeiten, von denen mir bestimmte «Momentaufnahmen» im Gedächtnis geblieben sind, ist es mir nicht gelungen, aus diesen Tagen auch nur das winzigste Bruchstück freizulegen, sodass ich mich schließlich mit der «Zensur» abfinden musste, die dazu offenbar in meinem Kopf besteht.

Allzu gern hätte ich meine Ankunft in Tzuba geschildert, an einem heiteren, sonnenüberfluteten Wintertag; die Wärme, mit der ich vom Kibbuzsekretär und dem Integrationsbeauftragten empfangen wurde, die sich für meine Talente und Wünsche interessierten und nach meiner Lebensgeschichte wie meinen Träumen erkundigten – in einem Wort: mir meine Eingliederung in die Gesellschaft erleichterten. Das Problem ist nur, dass mein erster Tag im neuen Zuhause alles andere als so verlief. Ich erreichte den Kibbuz mit einem abgewrackten Bus, der stöhnend und ächzend seinen Weg über

Der erste Speisesaal in Tsuba im Jahr 1949. Dieses Foto entspricht Joels Erinnerung an seine erste Begegnung mit Tsuba

Ein neuer Speisesaal wurde schon 1953 erbaut

die enge, gewundene Straße durch die ziemlich öde Berglandschaft nahm. Ich selbst wartete angespannt und ungeduldig darauf, endlich ans Ziel zu kommen. Auf der Bank der sogenannten «Altstadt» vor dem Speisesaal saß ein Teil jener Jugendlichen, die mir von meinem vorherigen Besuch noch in Erinnerung waren, aber sehr reduziert: Etwa die Hälfte der 70 Gründungsmitglieder hatte die Gruppe bereits verlassen und war in ihre alte Heimat zurückgekehrt. An ihrer Stelle ergänzte eine Hachschara von jungen Shoah-Überlebenden, darunter Einwanderer, die mit der berühmten «Exodus» ins Land gekommen waren, die immer dünner werdenden Reihen der ehemaligen Palmachniks, deren Stützpunkt sich einst auf diesem Berg befunden hatte.

Die Ankunft eines neuen Genossen wurde kaum beachtet. So viele waren bereits gekommen und wieder gegangen, dass das Ganze inzwischen zur Routine geworden war. Jemand fragte jemand anderen, wo es einen freien Platz gäbe, und ich schleppte mich zur sogenannten «Schwedenhütte» am anderen Ende des Geländes. Dort fand ich einen Raum mit sechs Betten vor, von denen fünf bezogen waren. Auf dem sechsten lag eine nackte Matratze, die bereits bessere Tage gesehen hatte, von ihren Ausdünstungen ganz zu schweigen.

Später erfuhr ich, dies sei das Reservebett für die Stallarbeiter gewesen, die vom nächtlichen Melkdienst zurückkamen und entweder zum Duschen zu müde waren oder feststellen mussten, dass es kein warmes Wasser mehr gab.

Von der Notwendigkeit solcher «Luxuseinrichtungen» wie Zimmer mit eigener Toilette hatte man damals noch nichts gehört. Die über angeblichen «Sicker«-Löchern errichteten Plumpsklos vom Modell Holzverschlag lagen etwa 20 bis 30 Meter von der Wohnhütte entfernt. Die Duschen, für die es ein eigenes Gebäude gab, sogar 100 Meter. Sie erweckten Erinnerungen an die glücklichen Tage von Yagur.

> Arsch an Arsch in der Dusche
> Mottale und Yossale, Weismann, Rismo und Mosche
> die mit den Hühnern arbeiten und die mit den Kühen
> und die, die sich mit anderen Sparten mühen
> alle zittern, fragen sich mit bloßen Füßen
> wie lang sie noch auf Badeschlappen warten müssen.
> *(Auch dieses Gedicht ist von Yoram Taharlev).*

Auch Jahrzehnte später kann ich mir noch den Geruch und die feuchte Luft in diesen öffentlichen Duschen in Erinnerung rufen, ebenso wie die tiefschürfenden Gespräche, die wir dort über Alltägliches, aber auch Hochgeistiges führten, und zwar stundenlang, mit oder ohne Badetuch um die Hüften.

Als unsere Wohnungen einige Jahre später mit Duschen ausgestattet wurden, schwor ich mir, nicht auf kurze Stippvisiten und die Gespräche in der öffentlichen Dusche zu verzichten, erlag jedoch sehr bald schon den Versuchungen der Bequemlichkeiten und Annehmlichkeiten des Fortschritts. Außerdem fühlte ich mich meinen Freunden gegenüber als Verräter, da diese zumindest noch eine Zeit lang gezwungen waren, besagte segensreiche Einrichtung in Anspruch zu nehmen.

Schon vor meiner Ankunft in Tzuba hatte mich die Frage beschäftigt, in welcher Sparte ich unterkommen würde. Die Kibbuzim basierten damals noch vorwiegend auf der Landwirtschaft, obwohl die Mitglieder des Kibbuz Hame'uchad, also der Bewegung, der auch wir angehörten, eine gemischte Wirtschaftsform anstrebten. Das Glück von Tzuba war, dass es zur Zeit der ersten Besiedlung des Kibbuzgeländes noch ein paar verlassene Haine des benachbarten arabischen Dorfes gab, sodass diese junge Kommune sofort eine fertige Einkommensquelle besaß. Allerdings handelte es sich dabei um eine Reihe vereinzelter Grundstücke, die von den arabischen Dorfbewohnern mit Hilfe einfacher, hinter Ochsen oder Eseln gespannter Pflüge bearbeitet worden waren. Wenn sie kein solches Großvieh besaßen, spannten sie das Nächstbeste ein – ihre Frauen. Um dieses Ackerland für eine effektivere, fortschrittlichere Bearbeitung urbar zu machen, mussten die jungen Kibbuzniks Steinmauern abbrechen und Felsen fortschaffen, die entweder offen auf dem Gelände herumlagen oder im Boden vergraben waren. Ein Genosse aus einer türkischen Hachschara übernahm die Verantwortung für dieses Projekt. Der Großteil seiner Arbeitskräfte bestand aus den kibbuzstämmigen Jungmitgliedern, die diese Aufgabe mit Begeisterung und Engagement erfüllten. Zudem wurde auch einer der Kibbuzesel eingespannt, der auf den Namen Beng'i hörte (benannt nach unserem «geliebten» Ministerpräsidenten David Ben-Gurion, der die Palmach aufgelöst hatte). Er sollte die mit den aufgelesenen Felsbrocken beladenen Gleitkarren ziehen (der Esel, nicht Ben-Gurion).

Am Tag nach meiner Ankunft wurde ich zu einem Kennenlerngespräch zu Bezalel gerufen, der für die Arbeitseinteilung zuständig war. Ich trug ihm all meine Wünsche und Zweifel vor: Ich sei zwar ein diplomierter Mechaniker der Tietz-Schule und der Goldberg-Werkstatt und besäße darüber hinaus einen Führerschein und Erfahrung als Lkw-Fahrer, zöge es jedoch aus privaten Gründen vor, derzeit nicht in diesen beiden Bereichen tätig zu sein. Der Arbeitsleiter hörte mir aufmerksam zu, fragte hier und da nach und versprach mir, meine Anliegen ernsthaft zu erwägen.

Das war meine erste Begegnung mit Bezalel, mit dem ich im Hinblick auf ideologische Differenzen zum Kibbuzleben eine langjährige Feindschaft entwickeln sollte und der sich im Laufe der Zeit in einen guten Freund verwandelte. Zu seinen zahlreichen Talenten zählten seine schauspielerischen Fähigkeiten und sein ziemlich einzigartiger Sinn für Humor. Und tatsächlich begriff ich schon sehr bald, dass unser Gespräch jeglicher Grundlage entbehrte und dass schon im Vorhinein klar gewesen war, dass ein neuer Genosse zunächst einmal zur «Bodenaufbereitung» unter Leitung von Yosef Suchami eingeteilt wurde, einem der türkischen Genossen aus der Hachschara von Sde Nachum, von denen letztlich kein einziger als Mitglied des Kibbuz Tzuba überlebt hat.

Eine der weniger angenehmen Eigenschaften des Esels Beng'i war seine im wahrsten Sinne des Wortes wild entschlossene Abneigung gegen jeden Menschen, der hinter ihm stand. Da man es versäumt hatte, mich beizeiten in das Geheimnis dieser Sensibilität einzuweihen, fand ich mich schon sehr bald rücklings auf dem Boden, nach einem gewaltigen Tritt, der mich einige Meter die Terrasse entlang befördert hatte, an der wir arbeiteten. Ich brauchte über zehn Minuten, um mich zu erholen und zu verstehen, was passiert war. Sogar Bezalel begriff, dass das Kapitel meiner Arbeit bei der «Bodenaufbereitung» damit sein Ende fand.

Wie bereits erzählt, galt Tzuba von Anfang an als wohlhabender Kibbuz. Während die meisten Landwirtschaftskollektive sich auf den Besitz eines einzigen Lastwagens zum Transport von Grundversorgungsgütern beschränkten, war Tzuba sogar mit zwei Exemplaren gesegnet: Der eine Lkw diente vor allem dem Eigenbedarf, der andere transportierte Waren für andere Kibbuzim und Institutionen und diente somit als Einkommensquelle. Der Job eines Fahrers genoss hohes Ansehen, da er mit dem Umgang mit Geldern, täglichem Außendienst und langen Arbeitsstunden verbunden war. Wie es das Schicksal wollte, verließ einer der Fahrer genau zu dieser Zeit den Kibbuz. Da es dort niemand anderen gab, der eine entsprechende Ausbildung und Zulassung besaß, bot man mir nun an, vorübergehend den Kibbuz-Lkw, einen Fargo, zu chauffieren. Der Ordnung halber protestierte ich zwar, war aber insgeheim ziemlich glücklich über diese Gelegenheit, mich weit von Beng'i, dem Maulesel, und noch mehr vom Genossen Suchami zu entfernen. Nun wollte es das Schicksal auch, dass der einzige Lkw des Kibbuz Chukuk ausbrannte und die Kassenwarte der beiden Kibbuzim übereinkamen, dass Tzubas Fargo vorläufig alle Lieferfahrten von Chukuk ausführen sollte. Und rein zufällig lautete der Name des Fargo-Fahrers Joel.

Dabei muss gesagt werden, dass die Mitglieder der Hachschara «Kama» die Freundschaft zwischen mir und Sarah äußerst ungern sahen. Schließlich fehlte es auch in der Gruppe nicht an netten Jungs, und was wollte sie überhaupt mit diesem «Greis»?

Schließlich beschloss die Garin in ihrer großen Gnade, dass Sarah mich einmal alle zwei Monate treffen dürfe, ein Zeittakt, der uns beiden nicht passte. Daher brachte ich eine Lieferung nach Chukuk und dann eine zweite, und organisierte mir schon für meine dritte Fahrt eine weitere Lieferung – diesmal in umgekehrte Richtung. Es war eine stark verregnete Nacht und der Schotterweg, der den Kibbuz in steilem Gefälle mit der Hauptstraße verband, hatte sich in einen schlammigen Fluss verwandelt. Wir luden Sarahs mageren Besitz auf, der vor allem aus ein paar Kleidungsstücken bestand, und planten, uns bei Morgengrauen auf den Weg zu machen. Aber die Wachposten warnten uns, dass der Weg bis zum Morgen bereits völlig unbefahrbar sein werde und wir Gefahr liefen, steckenzubleiben.

Wir hielten eine kurze Beratung und beschlossen, sofort aufzubrechen. Und so geschah es. Unsere «Fahrt», genau genommen eine Rutschpartie, lässt sich kaum schildern. Inzwischen waren bereits mehrere Dutzend Millimeter Regen gefallen, an sich eine sehr begrüßenswerte Tatsache. Über den Weg ergossen sich ungeheure Wassermengen und strömten in den See Genezareth. In dieser Nacht wurden wir zum zweiten Mal geboren. Unser Weg neigte sich gefährlich nach links, in Richtung Abgrund. Wie gesagt, schlitterte der schwere Lastwagen eher den Berg hinunter als zu fahren, und das einzige Hindernis zwischen uns und der sicheren Katastrophe war eine Erdschwelle am Wegrand, die unser Fahrzeug davon abhielt, seinen letzten «Salto mortale» zu machen.

Wie man so schön sagt: Wir hatten mehr Glück als Verstand!

Rückblickend glaube ich, dass ich die Gelegenheiten, mich in das vorhandene gesellschaftliche Gewebe einzufügen, nicht wirklich wahrgenommen habe. Allerdings ist dabei sehr wahrscheinlich, dass mir das sowieso nicht gelungen wäre, auch, wenn ich mir größere Mühe gegeben hätte.

Sehr bald schon, vielleicht allzu bald, verlegte ich mich auf das, was in meinen Augen Tzubas hauptsächliche Schwachstelle war: dass man sich dort sehr intensiv auf den landwirtschaftlich-geschäftlichen Aspekt konzentrierte, auf Kosten des gesellschaftlich-kulturellen Lebens.

Während der Großteil der Mittel in die Produktionszweige und deren Verwaltung floss, also Leitung, Buchhaltung, Arbeitseinteilung und dergleichen mehr, standen die gesellschaftlichen Dienstleistungen und Aufgaben, darunter das Amt des Kibbuzsekretärs, des Kulturbeauftragten etc., auf der Prioritätenrangliste an zweiter Stelle. Das hatte in einer Epoche, in der die Infrastrukturen des Kibbuz erst aufgebaut werden mussten, zweifellos seine gesunde Logik, ergab sich aber auch aus einer natürlichen Tendenz und dem Einfluss der Kibbuzim, in denen die Kerngruppen der Gründer großgeworden waren.

Darüber hinaus aber glaube ich heute, nach fast sechs Jahrzehnten, dass es damals eine kleine, starke Führungsgruppe gab, die es verstand, sämtliche Situationen mit kalter Berechnung nach ihren Vorstellungen zu lenken und immer dann, wenn ihre Position gefährdet war, unterzutauchen, um nach Abflauen der Krise mit frischem Schwung wieder aufzutauchen. Und noch eine weitere charakteristische Eigenschaft von Tzuba erschloss sich mir im Laufe der Zeit: seine außergewöhnliche Heterogenität. Unser Kibbuz war eine menschliche Mischung aus aller Herren Länder: Da gab es Einwanderer aus Osteuropa, zum Großteil Shoah-Überlebende, die an den harten Kämpfen um das nackte Leben während des Zweiten Weltkriegs und des israelischen Unabhängigkeitskriegs gereift waren. Hinzu kamen raue, in proletarischen Familien mit tief verwurzeltem, traditionell jüdischen Hintergrund aufgewachsene Sabras und die orientalischen Ethnien, die sich ihren Status in einer Gesellschaft mit deutlicher aschkenasischer Hegemonie erst erkämpfen mussten, einer Gesellschaft, in der kulturelle, gesellschaftliche und erzieherische Normen herrschten, die sich von den ihren völlig unterschieden. Im Laufe der Jahre gesellten sich dazu Einwanderer aus den USA und anderen englischsprachigen Ländern, und um etwas Abwechslung in diese Ratatouille zu bringen, wurde sie noch von einer Handvoll Westeuropäern garniert.

Sie alle schufen soziale Kreise und Mischfamilien, in die man leicht Neuankömmlinge aller Art eingliedern konnte. All das unterschied sich von den Kibbuzim mit deutlich homogener Färbung, wo es meist zu einer gewissen Abschottung kam, die ihr Wachsen und ihre Entwicklung erschwerten.

Ein empfindlicher Punkt war folgender: Kurz nach der Landnahme und Ansiedlung verspürten einige Genossen das dringende Bedürfnis, eine Gedenkstätte für die Gefallenen zu schaffen, die Mitglieder der Hachscharot von Tzuba, die während der Truppenübungen und Kämpfe um die Errichtung des Staates ihr Leben verloren hatten. Auf einem Hügel, der nur einen halben Kilometer westlich des Kibbuz lag, wurde ein Denkmal errichtet. Dann pflanzte man Zypressen und Kiefern und verlieh dem Ganzen einen Namen: die Gefallenenhöhe.

Weiter beschloss man, dass dort zu gegebener Zeit auch der Kibbuzfriedhof entstehen solle. Eine der ersten Veranstaltungen, an der ich schon kurz nach meiner Ankunft teilnahm, war die Einweihung des Ehrenmals für die 33 gefallenen Palmachniks, zum Großteil Neueinwanderer. Dazu schrieb ich in *Bama'aleh*:

Nur eine Handvoll blieb auf dem Hügel zurück

Flaggen flattern im Wind. Ein weißlicher steinerner Grabstein steht auf dem Gipfel des Hügels, auf ihm sind Namen eingraviert. Viel Publikum hat sich hier eingefunden, viele Menschen, die für eine knappe Stunde miteinander verschmelzen, eine Stunde, in der sie sich mit jenen Namen verbinden, mit jenen Fahnen, mit der stolzen Vergangenheit, die diese präsentieren.

Reden von Eltern, Freunden, Kommandanten. Einfache Worte, die das Herz berühren. Es scheint, als höre man ein leises Säuseln aus den Falten der Fahnen, der Flaggen der neun Bataillone des Palmach. Die Stimmen der Helden, die sich ihres

Heldentums nicht bewusst waren, die Stimmen der Brüder, mit denen sie einst in ihren Herzen dieselben Träume gehegt hatten, Träume, die fortbestehen in den Herzen derer, die am Leben geblieben sind, derer, die nun ringsum stehen, derer, die über das ganze Land verstreut sind. Die traurigen Stimmen der Kämpfer, deren Krieg noch nicht zu Ende ist, deren Wunsch sich noch nicht vollständig erfüllt hat, und die die Schuld einfordern, die heilige Schuld. Sie sagen:

«Gedenkt! Unsere Armee war eine Armee ohne Uniformen und wir haben davon geträumt, dass es eines Tages eine Armee mit Uniformen geben wird, die der unseren in ihren Grundzügen gleicht, deren Soldaten jene Menschen der Arbeitsbewegung sein werden, die ihren Krieg verstehen, aufrechte und leidgeprüfte Soldaten, die bewusst und freiwillig in den Kampf ziehen, ohne Zögern, ohne Vorbehalte.

Gedenkt! Brüderlichkeit und Gleichheit haben in unserem Lager geherrscht, wir haben miteinander geteilt: unseren mageren Besitz, unsere überschwängliche Freude, unsere Nöte und unsere Erfolge. Ein Kommandant bedeutete – ein Genosse, der begabter war, geübter, der uns führte und anleitete, und dem wir überallhin folgten.

Gedenkt! Wir haben unsere Zwistigkeiten zurückgestellt, in den Schatten unseres gemeinsamen Strebens nach Freiheit, nach Frieden. Wir träumten von den Kooperativen, die wir gemeinsam errichten wollten, vom Pflügen der Felder, von Kindern, die wir gemeinsam aufziehen würden, in den Kibbuzim, die wir zu bauen planten. Euch, die ihr am Leben geblieben seid, haben wir das Vermächtnis hinterlassen, diese Träume zu erfüllen. Wir waren jung, durchdrungen von dem Bewusstsein, dass es die Aufgabe der Jungen ist, den schwereren Teil der Last zu tragen, am schwereren Ort, auf Bergen und Sanddünen, an den Grenzen. Diese in den Grenzgebieten verstreuten Stützpunkte wollten wir in eine ungebrochene Verteidigungslinie verwandeln, ohne Breschen, ohne Schwachstellen. Wir waren einfach und auch natürlich, verabscheuten Verzierungen, verlogene Pracht, Verschwendung und Augenwischerei. Wir verehrten Menschen der Tat, nicht die der großen Erklärungen, unsere Anführer waren uns Lehrer und Wegweiser, niemals jedoch Götter. Es hat Starke und Schwache gegeben in unseren Reihen, niemals jedoch Ausbeuter und Ausgebeutete. Wir haben Hoffnung und Enttäuschung erlebt, niemals jedoch Aufruhr oder Verzweiflung. Wir sagten: Wenn unsere Freunde fallen, dann werden wir deren Werte weiterleben, es werden sich Nachfolger finden, Söhne und Töchter, die unsere Ideologien treu verwirklichen, Söhne und Töchter, die der Lehre des Kibbuz treu bleiben werden. Die Welle wurde zur Flut und überschwemmte eine ganze Welt, die ohne diesen (Kibbuz) nicht mehr existieren kann, das haben wir uns gewünscht und das wünschen wir uns noch immer – werdet ihr enttäuschen?»

Aber mit Abschluss der Zeremonie verstreute sich dieses ganze Publikum, jeder kehrte zu seinen Beschäftigungen, Geschäften und übrigen Belangen zurück, jeder wieder in seine private Nische, ohne Verbindung zu dieser mitreißenden Lebensform, zu Werten von einer Art, die er niemals kannte und wohl auch niemals kennenlernen wird.

Auf dem Hügel zurück bleibt nur ein kleiner Haufen Menschen, ein sehr kleiner. Es sind die Einwohner der Siedlung von gegenüber, die weitermachen, die hinterblieben sind, sich an das Vermächtnis der Gefallenen halten und den guten Weg fortsetzen. Und während die Fahnen von den Stangen abgenommen werden, stehen diese wenigen vor der quälenden Frage: Wo sind diejenigen, die kommen sollten, um unsere Reihen zu ergänzen, den Platz der Fehlenden auszufüllen, das Morgen aufzubauen? Die, die für eine kurze Stunde beieinander standen, sind nur durch die Vergangenheit verbunden. Es fragt sich, ob diese Handvoll Menschen allein der Aufgabe gewachsen ist. HÖRST DU, du Jugend Israels?

Ehrlich gesagt, wenn ich den obigen Text heute wiederlese, empfinde ich zwei widersprüchliche Reaktionen: Erstaunen über das Ausmaß der Naivität, das aus diesen Zeilen klingt – konnte ich damals wirklich geglaubt haben, dass jemand diese lesen und beschließen würde, sich der Handvoll Menschen auf dem Hügel anzuschließen? Gleichzeitig aber erfasst mich auch eine Sehnsucht nach ebendieser naiven Begeisterung jener Tage, die uns die Kraft verlieh, trotz aller Schwierigkeiten weiterzumachen, bis die Verstärkung kam: ein Dutzend Genossen aus Eres, die ihren Kibbuz wegen der Spaltung der Bewegung verlassen hatten, und «Gilead», eine Kerngruppe von osteuropäischen Holocaust-Überlebenden und Jugendlichen aus der Türkei.

Soweit ich mich erinnere, war eine meiner ersten Aufgaben, die ich in Tzuba übernahm, die des Kulturbeauftragten, nachdem ich am ebenfalls ersten Seminar zum Thema teilgenommen hatte. Letzteres fand unter der Leitung von Aharon Chefetz, Dov Meisels und Aryeh Ben-Gurlon in Givat Brenner statt. Zu Aryeh knüpfte ich damals eine besondere Beziehung, die lange Jahre fortdauerte. Auf diesem Seminar nahm ich eine Vielfalt von geistigen Werten und auch theoretischem und praktischem Wissen auf, die mich und meine Familie – als Kulturkoodinator fungierten später, jede zu ihrer Zeit, auch meine Lebensgefährtin Sarah und unsere Töchter Livnat und Oranit – ein Leben lang begleitet haben. Das gilt auch für meine fünf jeweils zwei- bis dreijährigen Kadenzen als Ausschussleiter und die Teilnahme an unzähligen Arbeitsgruppen zur Vorbereitung von Feiertagen und Veranstaltungen. Darüber schrieb Amnon Magen, ein Genosse und Freund Joel Dorkams, einmal einen Text unter dem Titel «Kulturkoordination»:

Joel, echt, gönne uns doch einen Abend ohne Aktivität / Joel, echt, es ist doch viel zu spät / zum Abhalten einer Sitzung, sogar im Stehen / und inhaltsvolle Debatten, das wirst du doch verstehen / muss man beizeiten im Voraus planen. / Joel, echt, gönn' uns doch, ein wenig zu schlafen / nicht nur mir, auch meiner Frau, der Braven / oder zumindest etwas Zeit, die Familie zu sehen / zumindest einmal pro Woche, das musst du doch verstehen … / Mit der Sängerin kannst du auch allein verhandeln, guter Mann / damit der Referent für den runden Tisch etwas zur Ruhe kommen kann. / Beim Quiz lass doch die Schüler walten / den Schabbat-Nachmittag können die Kindergartenkinder gestalten / uns überlass nur die Auswahl des Kinofilms allein / wir werden dir dafür ewig dankbar sein!

Die Arbeitsgruppe, die ich ganz besonders liebte und in die ich auch große Anstrengungen investierte, war, wie könnte dem auch anders sein, das Pessach- Vorbereitungsteam. Geprägt von dem Seder-Abend unter Yehuda Sharetts Dirigentenstab, den ich schon kurz nach meiner Einwanderung in Yagur erlebt hatte, versuchte ich nun, möglichst viel von dieser Tradition zu übermitteln und unserem Kibbuz anzupassen, unter Zugabe einiger eigener Ideen, zum Beispiel: namentlich gekennzeichneten Sitzplätzen zur Vermeidung des Durcheinanders, das damals geherrscht hatte. Einige Texte zum Vorlesen wurden im Vorhinein eingefügt, und wo nötig gab es auch Regieproben mit den Sprechern. Der Chor wurde eingespannt, um passende Lieder zu singen, die Kinder bereiteten ein paar Balletteinlagen vor. Eine weitere meiner Ideen endete fast mit einer Katastrophe.

Nachdem drei Genossen ein Hörspiel aus Altermans *Gedichte der ägyptischen Plagen* vorbereitet hatten, kam ich auf den Einfall, dieses durch Lichteffekte zu bereichern. In Ermangelung der erforderlichen Ausstattung bat ich den Kibbuzelektriker, damals Zeev Gol, zu versuchen, eine Vorrichtung zu bauen, mit deren Hilfe man die Lichtstärke während des Hörspiels regulieren konnte.

Und tatsächlich erschien er zu unserer Generalprobe mit einem aus einem Eimer und einer Art von Podest zusammengesetzten «Reostat», der meiner Bestellung entsprach und reibungslos funktionierte. Als wir am Seder-Abend die entsprechende Stelle erreichten, gab ich dem Elektriker ein Zeichen und er begann, das Licht zu dimmen. Plötzlich hörte man einen Schrei, es wurde stockfinster und Gol hatte, wie sich herausstellte, einen ernsten Stromschlag abbekommen. Also ein Effekt im wahrsten Sinne des Wortes! Trotz allem wurde es ein wunderbarer Seder-Abend und der Beginn unserer Tradition, die Feiertage von Arbeitsgruppen vorbereiten zu lassen, die alle zwei bis drei Jahre wechselten. Dadurch bleibt das Wesentliche erhalten, andererseits ermöglicht es auch ständige Auffrischung und Erneuerung.

Im Rahmen meiner Arbeit und der Erfüllung meiner Aufgabe war es unvermeidlich, dass es hier und da unterschiedliche Auffassungen gab, die zu Reibereien führten. Mehr als das, gab ich meiner Meinung, wie es meine Art war, lautstark Ausdruck und war nicht besonders vorsichtig im Hinblick auf Zusammenstöße mit der alteingesessenen Führung. Nach einem Jahr begann ich mich bereits zuhause zu fühlen. Gleichzeitig vertiefte sich auch meine Beziehung zu Sarah, die ihren Platz in der Gesellschaft und im Arbeitsleben ohne besondere Mühe fand, zunächst in der kleinen Gärtnerei. Dort genoss sie den frischen Morgentau. Die Blumen mussten unmittelbar nach Tagesanbruch gepflückt werden, damit man sie mit dem Bus zu Tnuva nach Jerusalem schicken konnte. Danach arbeitete Sarah in der kleinen Kibbuzwäscherei.

Als der fünfte Jahrestag der Kibbuzgründung heranrückte, wurde beschlossen, eine grandiose Feier zu veranstalten, an der der Großteil der Genossen mitwirken sollte, darunter auch die Kerngruppe «Gilead», die erst kurz zuvor nach Tzuba gekommen war. Der Chor geriet in Hochspannung, und man rekrutierte Arela Hurvitz vom Kibbuz HaLamed-Hej zur Vorbereitung einer stolzen Ausstellung, die die Errungenschaften von der Landnahme an Sukkot, dem Laubhüttenfest, des Jahres 1948 bis zum aktuellen Datum zeigte. Der Höhepunkt der Feier war die Theateraufführung *Tochter des Jiftach*, in der fast alle Mitglieder unseres jungen Kibbuz auf die eine oder andere Weise mitwirkten. In der Hauptrolle glänzten Bezalel, der Jiftach aus «Gilead» mit großem Talent darstellte, Ezra als Hohepriester und Jehudit Liv als Tochter des Jiftach. Die Bühne wurde in der Ostecke des sogenannten «Trichters» errichtet, einer Art Mulde westlich des ersten Speisesaals, im «Altstadtviertel», von dem nicht die kleinste Erinnerung zurückgeblieben ist. Wir engagierten die Dienste eines Regisseurs namens Moshe Amiel, der es verstand, den ganzen Kibbuz für dieses Projekt einzuspannen und unsere wenigen künstlerischen Mittel restlos zu erschöpfen. Eingeladen wurde die gesamte Crême de la Crême der regionalen Institutionen und der Bewegung, einschließlich der Kommandanten der drei Palmach-Bataillons, in denen unsere Genossen gedient hatten.

Natürlich gab es auch eine Gedenkzeremonie auf dem Gefallenenhügel, und am Abend strömten sämtliche Kibbuzmitglieder und Gäste zum Krater, wo man Sitze und Bänke aus Strohballen vorbereitet hatte. Nach den unvermeidlichen Grußworten und Ansprachen begann die Vorstellung. Jiftach deklarierte, was das Zeug hielt, die geliebte Tochter stahl die Show, und der Hohepriester hatte gerade zu predigen begonnen als – oh Gott! – plötzlich das Licht ausging, wegen Überlastung unseres armseligen Stromnetzes, das nicht für Veranstaltungen dieser Größenordnung geplant war. Nach einigem Hin- und Hergelaufe wurde irgendeine Lösung gefunden und die Vorstellung ging weiter. Der Chor glänzte in seiner ganzen Pracht, die Mädchen tanzten anmutig und insgesamt war es eine gelungene Feier, die zu einem erheblichen Anstieg der Motivation und des Gruppenstolzes beitrug. Noch Jahre später erzählten wir von diesem Festtagserlebnis, und es entwickelte sich eine reiche Folklore rings um die wahren und erfundenen Ereignisse von damals.

Mir scheint, dass auch die eine oder andere Liebschaft aus den Proben zu dieser Fünfjahrsfeier entstanden ist. Ihr folgten wieder graue Arbeitsroutine, anstrengende nächtliche Transportfahrten, bei denen Orangenschalen aus Givat Brenner zum Füttern der Kühe abgeholt werden mussten, im Halbschlaf verbrachte Fahrten über die gewundene Straße der «Todeswand» von Kisalon, die Organisation kultureller Aktivitäten und die häufigen Wachschichten – es war eine Zeit, in der Sicherheit noch mit dem gebührenden Ernst behandelt wurde. Abgesehen von den kleineren Streitereien, die unter Liebenden üblich sind, den eiskalten Wintertagen, dem sumpfigen, glatten Schlamm, den glühendheißen Sommertagen mit ihren zahllosen Extraeinsätzen zur Ernte – das reife Obst war «nicht bereit», auf die sommerlichen Arbeitscamps zu warten, die mit den Jungs und ihren Annäherungsversuchen an die reizenden, gerade erst erblühten Mädchen jugendliche Lebensfreude in den Kibbuz brachten –, also abgesehen von dieser ganzen Routine kannten wir auch verzauberte Augenblicke tiefer seelischer Befriedung, die in einem damaligen Text von mir zum Ausdruck kommt:

Verzauberte Augenblicke

Wir saßen im dunklen Zelt und sangen leise sanfte Lieder, Lieder mit Seele. Ganz langsam öffneten sich die Herzen, wurden jene Heimlichkeiten ausgesprochen, die man normalerweise nicht zu sagen pflegt; jene Geheimnisse, die der Mensch so dringend braucht: einfache Wahrheiten, klar und leuchtend. Die Worte junger Menschen, die nach etwas Klarheit schreien, nach etwas Aufrichtigkeit, gegen gesellschaftliche Masken rebellieren, gegen die akzeptierte Lüge, gegen den Trug, der zwischen einem Menschen und dem anderen steht.

Nun fielen die Dämme der falschen Scham, wurden die Fesseln des verpönten Tabus abgelegt, des verspotteten, das sich anmaßt, die Ausdrucksformen leidenschaftlich-tiefer Gefühle zu verwerfen; nun sprachen wir miteinander als Mitglieder einer Gesellschaft, die frei ist von Vorurteilen, von verlogener Moral, von der Last des Erbes unzähliger Generationen; so enthüllten wir einander Gedanken, Anschauungen und Zweifel, die man an normalen Tagen nicht einzugestehen pflegt, es sei denn, heimlich im Herzen, vor sich selbst. Ein herrliches Gefühl der Freiheit, Erhabenheit, Reinheit und Heiligkeit überflutete uns wie eine wogende Welle und ließ uns wie von einer schützenden Decke umhüllt zurück, aufgeladen mit neuem Vertrauen in den Menschen, bereit, mit vielen, vielen anderen gemeinsam große Taten zu vollbringen.

Wir wussten sehr wohl, wie wertvoll diese seltenen Augenblicke waren, wussten diese zu schätzen und zu achten, bemühten uns, sie nicht durch nichtige, sinnlose Worte zu entehren. Unsere Gedanken flossen leicht und klar, mit einem bisher unbekannten, neuen Ausdrucksvermögen, ohne Anstrengung, wie selbstverständlich. Es schien, als gäbe es in unserer Welt keine komplizierten, ausweglosen Probleme mehr, die konzentrierte gemeinsame Anstrengung verlangten. Als sei es nicht länger nötig, «Reibereien» und Streitigkeiten beizulegen, als seien die Unterschiede von Ethnie und Herkunft verschwunden, die Kennzeichen von Abstammung und Geschlecht, die Verschiedenheiten von Alter und Weltanschauung. Wir hatten die absolute Gleichheit erreicht, das Gespräch war möglich geworden, erlaubte uns ein paar Augenblicke der Gnade des Einblicks in das Innerste eines jeden von uns.

Am nächsten Tag suchten wir sie vergeblich, diese wunderbare Verbindung und diese einzigartigen Augenblicke der Gnade, sie waren verschwunden und hatten nichts hinterlassen als süße Erinnerungen. Es scheint, als müsse noch lange Zeit vergehen, bis wir diese Masken abnehmen können. Eine Generation nach der anderen wird darin kleine Risse anbringen, bis die Aufgabe vollendet ist und sich eine winzige Luke zu einer Zukunft der Wahrheit öffnen wird, ach möge es doch so sein!

Inzwischen war die Zeit von Sarahs Militärdienst herangerückt. Bald schon hatte sie eine verkürzte Grundausbildung absolviert und wurde zum Feldwebelkurs in den Schulungsstützpunkt 1 bei Sarafend geschickt. Vor meinen Augen vollzog sich eine erstaunliche Entwicklung: Dieses feine, etwas schüchterne und naive Mädchen verwandelte sich in eine selbstsichere Soldatin, wurde zur Besten ihres Kurses und offenbar auch zum Liebling der Kommandantin des Stützpunkts, der berühmten Dina Wert.

Mit ihrer Rekrutierung hatten wir eine «Auszeit» unserer Freundschaft vereinbart, um jedem von uns beiden «Handlungsfreiraum» zu geben und die Beständigkeit unserer inzwischen zur Routine gewordenen Beziehung zu prüfen. Dennoch hinderte uns diese neue Situation nicht daran, uns in den Urlaubstagen zu treffen und in unsere Zweisamkeit zurückzuziehen, sodass wir schon sehr bald wieder zu unserem vorherigen Status zurückkehrten.

Auch bei mir gab es Veränderungen. Da wir sowohl durch die neu hinzugekommenen Genossen aus Eres als auch durch die Garin «Gilead» Verstärkung bekommen hatten, musste auch die Zahl unserer Delegierten in der Bewegung vergrößert werden. Die übliche Quote jener Tage waren sieben Prozent der Mitgliederzahl eines Kibbuz und Tzuba lag im Allgemeinen weit darunter.

Also übte die Bewegung Druck aus. Immerhin waren wir auf ihre zentralen Institutionen angewiesen, um mehr Land, Produktionsmittel, höhere Wasserzuteilungen, Milch, Eier und vor allem Darlehen für alle möglichen Zwecke zu bekommen – zu einem zahlbaren Zinssatz. Ein kurzfristiger Versuch, mich im Ackerbau einzusetzen, scheiterte, da die Fahrt zu den Feldern des weit im Süden gelegenen Kibbuz Revadim auf der Ladefläche eines Pritschenwagens stattfand und bei mir stundenlange Übelkeit auslöste.

Als man mir den Vorschlag machte, als Jugendleiter bei Noar Ha'oved zu arbeiten, zögerte ich zunächst, da ich glaubte, dass mein Integrationsprozess im Kibbuz noch nicht abgeschlossen war.

Andererseits gefiel mir der Gedanke, wieder in der Bewegung aktiv zu werden, ziemlich gut, vor allem während dieser so stürmischen Zeit am Vorabend von deren Aufspaltung. In meiner großen Naivität glaubte ich damals noch, dass es mir gemeinsam mit den anderen Freunden gelingen werde, die Einheit in den Reihen der Noar Ha'oved zu wahren.

Dabei hatte ich natürlich keine Ahnung von all den Intrigen und Deals, die hinter den Kulissen abgeschlossen wurden. Dort war alles bereits fest vereinbart. Ich schaffte es gerade noch, bei einem Gipfeltreffen in Haifa eine kurze, etwas dramatische und völlig fruchtlose Rede zu halten.

Schließlich folgte die Jugendbewegung der Kibbuzbewegung und spaltete sich ebenfalls auf – in zwei Organisationen mit unterschiedlichen ideologischen Loyalitäten und unterschiedlichen praktischen Prioritätenordnungen. Das führte zu erheblicher Verwirrung unter den Jugendleitern, die ihren Zöglingen den Weg vorgeben sollten. Ich wurde der Abteilung zugeteilt, die für die Einwandererkinder in den Durchgangslagern und Wohnsiedlungen und für die Jugendgruppenleiter aus den Kibbuzim zuständig war. Mein Einsatzbereich war eine ziemlich ausgedehnte Region im Jesreel-Tal, wo die «Mittelstufler» aus Maoz Chayim, Chefzi-Ba, Sde Nachum, Bejt Hashita, Ein Charod und Gevet aktiv waren.

Um die Ortsgruppen dieser jungen Gruppenleiter zu besuchen und ihnen Anleitung und Unterstützung zu geben, brauchte ich einen fahrbaren Untersatz. Zu diesem Zweck wurde irgendeine alte zweirädrige Schrottmühle aus einem verlassenen britischen Armeecamp erlöst und etwas überholt. Nun stand mir ein Motorrad der Marke «Indian» zur Verfügung, das mir bei meinen Fahrten kreuz und quer durchs Jesreel-Tal zwei Jahre lang treue Dienste leistete. Schwerpunkt meiner Arbeit waren die Wohnsiedlungen von Beit She'an, Afula und Migdal Ha'emek.

Joel und Sarah als
verlobtes Paar

Ein hartnäckiges Gerücht behauptet, dass der spätere Likud-Minister David Levy damals zu unseren Zöglingen gezählt haben soll. Mir selbst ist nicht ganz klar, ob das nun wirklich ein Grund zur Freude ist. Allerdings bezweifle ich keineswegs, dass die große Mühe, die damals in die Einwandererkinder investiert wurde, vor allem in diejenigen aus den arabischen Ländern, später Früchte trug, wenn auch nicht unbedingt in die von uns gewünschte politische Richtung. Wir trugen zur sozio-pädagogischen Integration dieser Kinder bei und scheiterten erwartungsgemäß in dem Versuch, diese in erklärte Sozialisten zu verwandeln. Sogar ihre Haltung zum Kibbuz wurde eher von dem Arbeitgeber-Arbeitnehmerverhältnis ihrer Eltern geprägt als vom Einfluss ihrer jungen Gruppenleiter und derer, die von ihnen ein klein wenig Dankbarkeit erhofft hatten und schwer enttäuscht wurden.

Und tatsächlich wurden die Aktivitäten in den Einwandererballungszentren nach einigen Jahren bedeutend eingeschränkt, nach der Devise: «Wenn man uns nicht will, dann eben nicht!» Was mich persönlich betrifft, so hege ich keinerlei Zweifel daran, dass mein Lebensweg, ebenso wie der von Sarah, von unseren Aktivitäten in diesen Jahren stark beeinflusst worden ist.

1954 war es an der Zeit, in die Berge heimzukehren und unser familiäres Nest zu polstern, das kurz vor seiner Erweiterung stand.

Als Pluspunkt rechne ich mir die erfreuliche Tatsache an, dass ich während dieser ganzen zwei Jahre und den tausenden von Kilometern, die ich damals zurücklegte, in keinen einzigen Verkehrsunfall verwickelt war. Dennoch hatte ich einige unterhaltsame Erlebnisse, vor denen ich an dieser Stelle eines erzählen will:

Ab und zu besuchte ich die Zentrale der Bewegung in Tel Aviv, wo ich Verschiedenes erledigen musste. Manchmal begleitete Sarah mich, um ihre Eltern in Givatayim zu besuchen. Nachdem wir uns dort mit ein paar Lebensmitteln eingedeckt hatten, machten wir uns fertig, um in unsere Bleibe in Afula zurückzukehren.

Sarah und ich gingen ins Erdgeschoss hinunter, wie immer von ihrer Mutter begleitet. Ich startete das Motorrad und wartete darauf, dass Sarah sich hinter mich setzte. Als ich annahm, dass sie das getan hatte, gab ich Gas. Nach einigen Minuten stellte ich ihr eine Frage und erst, als ich aus irgendeinem unerfindlichen Grund keine Antwort bekam, warf ich einen Blick nach hinten und entdeckte: Da saß gar keine Sarah auf dem Soziussitz!

Mit einer raschen Kehrtwende fuhr ich zu Sarahs Elternhaus zurück. Davor standen meine Gefährtin und ihre Mutter und konnten sich vor Lachen kaum halten. Wie sich herausstellte, wollte sie sich gerade hinter mich setzen, als ich durchstartete und sie etwas verblüfft mitten auf der Straße zurückließ, wo sie in wildes Gelächter ausbrach. Ende gut, alles gut – noch eine Episode, die man erzählen kann.

## In den Durchgangslagern für Neueinwanderer

Es war eine spannende Zeit der Begegnung mit den besten Pädagogen des Kibbuz, darunter Yitzchakele Kafkafi, Avital und Jehudit aus Maoz Chayim, Benjamin Gilad und Menachem Oren aus Beit Hashita, Chaitsche Kana'ani aus Gevet, Moischale Tabenkin und Yair Ben Ari aus Ein Charod und vielen anderen. Diese Erzieher betrachteten die Gruppenleitungstätigkeiten in den Einwandererzentren als pädagogische, bewegungsideologische und politische Aufgabe ersten Rangs und beauftragten damit meist auch ihre besten Zöglinge. Manchmal wurden sogar unterprivilegierte auswärtige Kinder eingesetzt, die aus ähnlichen Verhältnissen stammten und bei der Gruppenleitung in ihren Heimatsiedlungen Schwierigkeiten hatten, damit aber in den Einwandererlagern sehr erfolgreich waren.

Ich selbst bemühte mich, sie mit Lehrmaterial und relevanten Informationen auszustatten und ihre Arbeit aus nächster Nähe zu begleiten. Darüber hinaus knüpfte ich Beziehungen zu verschiedenen Persönlichkeiten des öffentlichen Lebens, darunter den Leitern der Jewish Agency und den Sekretären der Arbeiterräte. Ich kann nur schwer einschätzen, wie groß unser Einfluss auf die Integration dieser Kinder war, deren Großteil aus orientalischen Einwandererfamilien stammte. Rückblickend scheint mir, dass wir nicht wenig dazu beigetragen haben, sie in die israelische Gesellschaft und die ihnen zunächst fremde, moderne Welt zu integrieren. Dabei begingen wir nicht wenige Fehler, als wir versuchten, ihnen «unsere» Begriffe und Wertvorstellungen beizubringen und sie dabei in gewisser Hinsicht ihrer Herkunftskultur entfremdeten. Gleichzeitig konnten sie sich aber nur schwer in die neue Kultur einfügen. Unsere Tricks und Drehs erfassten sie ziemlich schnell und bereicherten diese sogar um ihre eigenen. Ich weiß nicht, ob dieser Aspekt unserer damaligen Aktivitäten eher absurd oder eher hässlich war, kann ihn aber dennoch nicht ignorieren. Wie bereits erwähnt, handelte es sich um die Zeit der Aufspaltung der Kibbuz- und der Jugendbewegungen, wobei jeder Partei auch daran gelegen war, ihre zahlenmäßige Überlegenheit zu demonstrieren. Zwischen den Gruppenleitern der Kibbuzim, die den verschiedenen Fraktionen angehörten, entstand ein hemmungsloser Konkurrenzkampf.

So wetteiferten zum Beispiel die Jugendleiter aus Geva und Ein Charod Me'uchad um die Herzen der Kinder aus dem Durchgangslager Jesreel, indem sie diese mit Süßigkeiten und Saisonobst versorgten, um sich ihre Treue zu sichern. Zu meinen Aufgaben gehörte übrigens auch, möglichst viele dieser Kinder zu fotografieren, um ihnen Mitgliedskarten der zur Me'uchad-Bewegung gehörenden Noar Ha'oved aus-zustellen.

Eines Tages erzählten die Jugendleiter von Geva ihren Zöglingen im Durchgangs-lager, die wahre Absicht der Kollegen aus Ein Charod sei es, Rohmaterial für ihre Wurstfabrik zu beschaffen, und warnten diese davor, sich von deren Vorschlägen verführen zu lassen. Wie es der Zufall wollte, luden die Gruppenleiter aus Ein Cha-rod die Kinder genau in derselben Woche ein, ihren Kibbuz als Gäste irgendeiner festlichen Veranstaltung zu besuchen. Es war daher mehr als natürlich, dass die Kinder und auch ihre Eltern diese Einladung als ersten Schritt ihrer «Verwurstung» verstanden. Die armen Jugendleiter konnten nicht begreifen, warum der Lastwa-gen, den sie zur Abholung der Gäste ins Einwandererlager schickten, dort mit einem Steinhagel und empörtem Geschrei empfangen wurde. Es bedurfte langer Zeit und erheblicher Bemühungen, bis sie ihre Zöglinge davon überzeugen konnten, dass ihr Kibbuz überhaupt keine Wurstfabrik besaß.

Für mich war es ein Zeitabschnitt von größter Bedeutung. Nicht zuletzt schuf dieser auch die Basis für die Jahre meiner späteren Arbeit bei den «Volontären des Yaakov Maimon». Ich habe damals nicht nur in den Bereichen Soziologie und Psy-chologie viel gelernt, sondern auch so manche freundschaftliche Beziehung ange-knüpft. Und was nicht weniger wichtig war: Ich hatte Gelegenheit, unterschiedliche Arten von Kibbuzim kennenzulernen und die Prozesse zu beobachten, die sich dort abspielten. Dennoch erfasste mich allmählich ein Gefühl der Einsamkeit und Sehn-sucht nach meinem Heim im Kibbuz und überwog schließlich das treue Engagement für meine Aufgabe.

Dann vernahm ich eines Tages zu meiner eigenen Überraschung, wie ich Sarah einen Heiratsantrag machte. Dabei muss ich anmerken, dass mir diese Entschei-dung durchaus nicht leicht fiel, da ich mir meiner Probleme mit festen Rahmen und langfristigen Verpflichtungen bewusst war. Und dieser Schritt bedeutete Verpflich-tungen – gegenüber meiner Lebensgefährtin und den Kindern, die aus dieser Verbin-dung wohl hervorgehen würden. Lange Zeit war ich bei jedem Nachsinnen zu dem Schluss gekommen, dass ich meine Freiheit bewahren und – vielleicht ähnlich wie Vater – bis zu einem gewissen Alter ein Junggesellenleben führen wollte. Anderer-seits empfand ich starke Sehnsucht nach einem Heim, nach Familie, danach, einem stabilen Rahmen anzugehören. Tatsächlich verstand es Sarah in ihrer großen Weis-heit, mich nicht zu drängen und versuchte nicht, diesen Prozess zu beschleunigen.

Ich hielt es für unerlässlich, ihr (und auch mir selbst!) klarzumachen, dass ich wahrscheinlich nicht imstande sein würde, ihr absolut treu zu bleiben, versprach jedoch, sie an all meinen Gefühlen und Erlebnissen teilhaben zu lassen. Es war ei-nes dieser Versprechen, die man nicht einhalten kann, und sehr bald schon fiel ich in meine alten Gepflogenheiten zurück. Letztere basierten auf der Devise: «Was ich nicht weiß, macht mich nicht heiß». Leider musste ich jedoch feststellen, dass auch dieser Weg nicht auf Dauer beibehalten werden konnte. Wie so viele andere vor mir habe ich mich lange um eine Lösung des Rätsels einer guten Paarbeziehung bemüht.

# Die Entwöhnung von der jungen Ehe?

So geschah es, dass ich Ayelet wiederbegegnete, einem der ehemals unerreichbaren Mädchen von Yagur. Sie war inzwischen eine erwachsene junge Frau geworden – mit allem, was an Ausstattung dazugehört – und leistete nun ihren Militärdienst. Die Uniform stand ihr vorzüglich, und das steigerte die Anziehungskraft, die ich bei ihrem Anblick auf der Stelle empfand, geradezu schmerzhaft. Da ich damals glücklicherweise gerade motorisiert war, konnte ich ihr einen «Tramp» nach Hause anbieten, bei dem sich die Gelegenheit zu einem Gespräch ergab. Ayelet war eine der vier Töchter einer alteingesessenen, angesehenen Yagurer Familie und wie die meisten Kibbuzmädchen von damals bis zu ihrem Militärdienst kaum von einem Mann berührt worden. Im Militär begegneten diese naiven jungen Frauen, die es gewöhnt waren, jedem vorbehaltlos ihr Vertrauen zu schenken und im Umgang mit dem anderen Geschlecht keinerlei Erfahrung besaßen, ihren männlichen Altersgenossen. Der Dienst bot ihnen günstige Bedingungen zum Anknüpfen romantischer Beziehungen und, was nicht weniger bedeutend war, eine reiche Auswahl an potenziellen Partnern. Man darf sagen, dass ein Teil dieser Mädchen von einem Extrem ins andere verfiel und begann, Sex und sogar Gelegenheitssex als natürliche und bequeme Art zu betrachten, mit anderen zu kommunizieren und ihnen näherzukommen – natürlich unter Beachtung der nötigen Vorsichtsmaßnahmen gegen Schwangerschaften und Krankheiten.

Bei unserem Gespräch während der Fahrt war eine überraschende Nähe entstanden, die mir deutlich zeigte, dass Ayelet bereit war, eine angenehme Nacht mit mir zu verbringen. Wie es der Zufall wollte, war ihre Zimmergenossin gerade nicht zuhause. Wir saßen auf dem Sofa und hörten ein oder zwei Schallplatten, mit Hilfe eines kreischenden Plattenspielers, der bei Ayelets Eltern und Schwestern schon bessere Tage erlebt hatte. Langsam, aber sicher verringerte sich der Abstand zwischen unseren Körpern, dann fielen die Kleider ab, quasi wie von selbst, und wir wurden von einer wellenartigen Leidenschaft überflutet. Als ich mich an ihren üppigen, großzügigen Körper drängte, hatte ich das Gefühl, endlich jenes schwer verschanzte Ziel zu erobern, vor dem ich seit meiner Ankunft im Land eine Niederlage nach der anderen hatte einstecken müssen. Genau genommen schlief ich in dieser Nacht nicht nur mit Ayelet, sondern mit allen Kibbuzmädchen, denen ich mich in der Vergangenheit nicht zu nähern gewagt hatte.

Ayelet ihrerseits war zwar überrascht von der unerschöpflichen Glut, die mich von einem Höhepunkt zum nächsten trug, aber schließlich wurde auch sie von diesem wunderbaren Rhythmus fortgerissen und machte bereitwillig und begeistert mit. Wahrscheinlich wurde auch sie in dieser Nacht ein wenig für trockene und gefühlsarme Vorjahre entschädigt.

Zwischen einem Akt und dem nächsten erzählte sie mir von ihrer Einsamkeit und Entfremdung im Kreis der Kibbuzkinder, wo die Normen und der gesellschaftliche Druck es nicht erlaubt hatten, Beziehungen außerhalb des Kibbuz oder zu Jugendlichen aus den Gastgruppen anzuknüpfen. Und wieder einmal stellte sich heraus, dass das Kalb nicht weniger saugen wollte als der Stier säugen wollte – nein, pardon, hier ist wohl etwas ein wenig durcheinandergeraten. Das sollte doch umgekehrt sein, oder nicht?

Dem Sturm folgte natürlich die Ruhe, und wir fielen in einen tiefen, traum- und sorglosen Schlaf. Ich hatte das Gefühl, einen meiner noch offenen seelischen Kreise geschlossen zu haben, obwohl mir klar war, dass noch eine ganze Reihe weiterer Dilemmas gelöst werden musste.

Am nächsten Morgen plauderten wir noch ein wenig. Dabei sah ich den Ausdruck auf Ayelets Gesicht. Er erinnerte an die satte Zufriedenheit einer Katze, die Sahne zu kosten bekommen hatte. Nachdem wir übereingekommen waren, dass es wahrscheinlich bei dieser einmaligen Episode bleiben würde, trennten wir uns in bestem Einvernehmen und damit war die Geschichte zu Ende.

Ein paar Mal dachte ich daran, Ayelet zu besuchen, um sie zu fragen, was von jener Begegnung in ihrem Herzen zurückgeblieben war. Aber es ergab sich keine richtige Gelegenheit, und das ist vielleicht auch besser so. Solltest du, Ayelet-Chen, diese Zeilen zufällig irgendwann sehen – dann betrachte diese bitte als Ausdruck meiner Dankbarkeit für eine wunderbare Nacht, in der sich höchste Wonne und das Gefühl der Befreiung von einem jahrelangen seelischen Druck miteinander verbanden.

Nun war ich bereit, den Antrag, den ich Sarah gemacht hatte, in die Tat umzusetzen. Nur ein Hindernis musste noch überwunden werden: Dina Wert, die mythologische Kommandantin des Schulungsstützpunkts, die Sarah unter ihre Schirmherrschaft genommen hatte und große Hoffnungen in sie setzte. Als sie von unseren Absichten erfuhr, zitierte sie mich in höchsteigener Person zu einem Gespräch herbei. Bei diesem erklärte Dina mir, dass ich drauf und dran sei, die glänzende und vielversprechende Karriere einer mit Talenten gesegneten jungen Kommandantin zu unterbrechen, die nicht zu ersetzen sei. Nachdem der energischen Dame erläutert worden war, dass es für Sarahs Talente noch weitere geeignete Richtungen gäbe, verfinsterte sich ihr Gesicht und sie brach jeden Kontakt zu uns ab.

Es vergingen viele Jahre, bis sie über einen gemeinsamen Bekannten darum bat, uns zu einem Versöhnungsgespräch zu treffen. Wir trafen uns im Jerusalemer Café «Momento», wo Dina uns als Wiedergutmachungsgeste eine Dose Nescafé überreichte – sie hatte gehört, dass das im Kibbuz ein begehrter Luxusartikel war. Einen Augenblick lang überlegte ich, ob ich dieses seltsame und peinliche Geschenk zurückweisen sollte, verstand aber, dass dahinter eine gute Absicht stand, und warum sollte ich diese wunderbare Frau auch kränken und noch dazu einen so ausgezeichneten Kaffee verschmähen?

Unsere Trauzeremonie fand am Lag BaOmer 1954 statt, der damals auf den 15. Mai fiel, und war für damalige Begriffe äußerst glanzvoll. Wie es in jenen Tagen im Kibbuz üblich war, heirateten am selben Abend gleich drei junge Paare, und die Freude war übergroß. Wir hatten einen freundlichen «liberalen» Rabbiner engagiert, Rabbi Phillip, der die Zeremonie locker gestaltete und auf die vielen Erschwernisse seiner Berufskollegen verzichtete. Beide Familien, Sarahs und meine, waren vollzählig präsent. Erstens

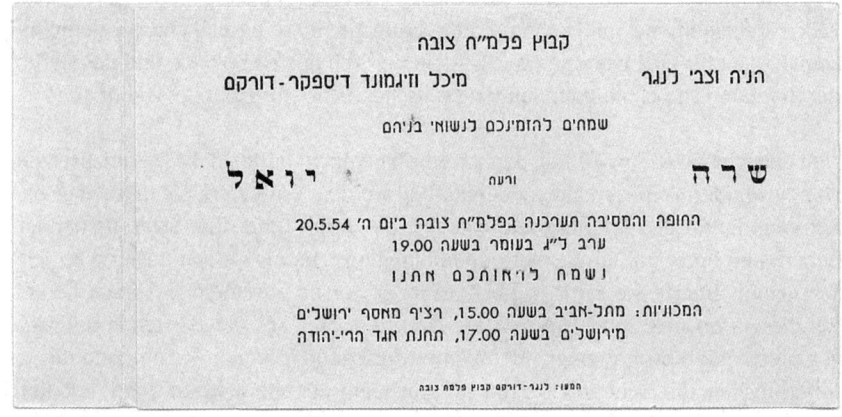

קבוץ פלמ"ח צובה

הניה וצבי לנגר        מ'כל וז'גמונד ד'ספקר־דורקם

שמח'ם להזמינכם לנשוא' בנ'הם

ש ר ה        ורעה        י ו א ל

החופה והמס'בה תערכנה בפלמ"ח צובה ב'ום ה' 20.5.54
ערב ל"ג בעומר בשעה 19.00

ושמח לו'אחותכם אתנו

המכוניות: מתל-אב'ב בשעה 15.00, רצ'ף מאסף 'רושלים
מ'רושלים בשעה 17.00, תחנת אגד הר'־'הודה

המע'ן: לנגר־דורקם קבוץ פלסה צובה

Joel und Sarahs Einladung zu ihrer Hochzeit am 15. Mai 1954

aus echter Zuneigung, zweitens, weil sie das Erlebnis einer Hochzeit im Kibbuz nicht versäumen wollten und drittens – wehe dem, der ohne triftigen Grund ferngeblieben wäre. Schließlich wollte sich keiner mit einer unserer Mütter anlegen. Sarah trug weiß und ich weihte schließlich, nach stürmischen Debatten – was, sollte ich etwa als Bourgeois auftreten? – ein Russenhemd mit Bordüre ein, eine Kunstwerk, das unter Sarahs geschickten Händen entstanden war. Eine «Tembel-Mütze» rundete das Bild des perfekten «Prolos» ab. Rückblickend sah ich damals ungefähr so aus, wie eine von Dan Gelberts Figuren in seiner Kibbuz-Karikaturensammlung *Absolut Intern*. Nach einem kurzen Honigmond, den wir, soweit ich mich erinnere, im Norden des Landes verbrachten, stellte sich die Frage, wo wir unser gemeinsames Zelt aufschlagen sollten.

Esrah, unser damaliger Kibbuzsekretär, ging allen Ernstes davon aus, dass ich mit meiner Arbeit in der Noar Ha'oved des Jesreel-Tals weitermachen würde, Sarah hingegen betrachtete man als wichtige Kraft in der Kibbuzwäscherei, wo sie zum

Hochzeitfoto von Joel und Sarah am Lag BaOmer, 1954

Die erste gemeinsame Wohnung in Kibbuz Tsuba für Joel und Sarah nach ihrer Hochzeit in einem Teil dieses Häuschens

Wohl der Genossen neue Regeln eingeführt hatte. Unsere Meinung wich von dem natürlich ab. Daher machten wir der Leitung von Tzuba klar, dass Sarah und ich fortan als «Pauschalangebot» zu betrachten seien, und die einzige Option – nein, diesen Ausdruck benutzte man damals noch nicht – also, die einzige Wahl sei die Entscheidung: entweder beide daheim im Kibbuz oder beide im Jesreel-Tal. Da es doch leichter war, eine Ersatzkraft für die Wäscherei zu finden als für die Bewegung, wurde beschlossen, dass Sarah sich mir in der Jugendarbeit anschließen solle. Ihr konkreter Einsatzbereich wurde die junge Ortsgruppe von Ober-Afula, eine etwas «luxuriösere» Barackensiedlung als die der Unterstadt.

Bis dato war mir ein Zimmer in einer der Jugendbaracken von Beit Hashita zur Verfügung gestanden, eine Regelung, die mir vollauf genügt hatte. Nun mussten wir uns als temporäres Familiennest eine Unterkunft in der Stadt suchen. Zunächst mieteten wir ein Zimmer bei einer älteren Frau in der Arbeitersiedlung. Nach kurzer Zeit aber begann diese zu argwöhnen, dass wir uns bei ihr auf Dauer einnisten und dort unsere Kinder gebären und aufziehen wollten. Um uns loszuwerden, eröffnete sie einen Feldzug mit immer schlimmer werdenden Belästigungen, die ihren Höhepunkt fanden, als sie die Türschwelle unseres Zimmers mit duftenden Ausscheidungen bestrich. Wir verstanden den Wink und machten uns schleunigst auf die Suche nach einer neuen Unterkunft. Diese fanden wir in Form eines Zimmers am Stadtrand, genauer gesagt, eines ehemaligen Ladens, der vor allem unserem extrem bescheidenen Budget entsprach. Letztlich verbrachten wir dort ein ereignis- und erlebnisreiches Jahr.

Vor der Hochzeit hatte Sarah in ständiger Angst vor einer Schwangerschaft gelebt, jetzt aber verhielt es sich genau umgekehrt, und sie machte sich immer größere Sorgen, weil es noch keine Anzeichen für eine solche gab. Zunächst wurde ich selbst rücksichtslos zu einer Untersuchung geschickt, die ergab, dass meine Gerätschaften in Ordnung waren, wohingegen bei meiner Gefährtin ein Eileiterverschluss diagnostiziert wurde. Ein schwachsinniger Arzt mit dem passenden Namen Dr. Finsterbusch teilte ihr mit, dass sie nicht die geringste Chance habe, jemals Kinder zu gebären. Unverzüglich trat Sarahs Mutter in Aktion und brachte ihre Tochter zu einem Privatarzt, der das Problem mit einigen wenigen, nicht allzu komplizierten Behandlungen behob. Deren Ergebnisse kann man begutachten: beim Stand der Dinge im Jahre 2007 zwei Töchter und einen Sohn (es hätten noch mehr sein können, wenn nicht die Angst vor einem Melanom die Produktionskette unterbrochen hätte) und als Konsequenz davon fünf Enkelsöhne und drei Enkeltöchter, von denen jedes, wie ich in aller Bescheidenheit behaupten darf, gleichermaßen gelungen ist.

Das zweite Jahr im Jesreel-Tal war schwerer als sein Vorjahr. Man hatte mir eine neue Verantwortung auferlegt, die Ortsgruppe von Ober-Afula, wo Sarah die Gruppe der älteren Jugendlichen leitete, die tagsüber zum Großteil lernten und arbeiteten. Die einzige Zeit, die ihnen für ihre Noar Ha'oved-Aktivitäten blieb, waren die späten Abendstunden. Obwohl ihre Zöglinge darauf bestanden, Sarah danach zur Bushaltestelle zu begleiten, machten wir uns wegen der Gefahren des Heimwegs natürlich Sorgen. Eines Nachts kam sie zitternd und weinend nach Hause. Sie war von einem Mann angegriffen worden und hatte es nur knapp geschafft, diesem zu entkommen. Wie sich herausstellte, hatte ihr Bus Verspätung. Da sie ihre Beschützer nicht aufhalten wollte, überredete sie diese, nach Hause zu gehen. So hatte sich die Gelegenheit zu dem Überfall ergeben. Danach fiel es Sarah schwer, an den Ort des Geschehens zurückzukehren, um ihre Gruppe zu leiten. Unterdessen war es auch in der Zentrale der Noar Ha'oved zu Veränderungen und Haushaltskürzungen gekommen und die Hoffnungen, die man in die junge Neueinwanderergeneration gesetzt hatte, waren zum Großteil enttäuscht worden. In einem Wort: Es war an der Zeit, dieses Kapitel abzuschließen und nach Hause zurückzukehren.

Nach Hause? Waren wir wirklich schon soweit, Tzuba als unser Heim zu bezeichnen? War das ein echtes, stabiles Gefühl und nicht nur Wunschdenken? Da ich mich nach über 50 Jahren nur schwer in diese Zeit zurückversetzen konnte, holte ich mir Hilfe bei meinen treuen Gedächtnisstützen – den gesammelten Ausgaben von *Bama'aleh*, die als Staubfänger auf unserem Dachboden herumliegen, und das ist schade. Willkürlich griff ich nach dem ersten Heft, das mir in die Hände fiel, und fand dort, Wunder über Wunder, folgenden Essay:

## Mein Zuhause

Bevor er sich auf den Rückweg machte, fragte sie, wie gewohnt: «Wann kommst du wieder nach Hause?» Er antwortete betont: «Nach Hause? Mein Zuhause ist dort oben, in den Bergen, in meinem Kibbuz. Das hier ist mein Elternhaus, euer Haus!» Ein Ausdruck von Schmerz breitete sich über ihr Gesicht. Sie war eine gute Mutter und hatte viel Mühe investiert, in ihn, ihren einzigen Sohn. Ihre besten Stunden hatte sie ihm gewidmet und auf so manche Annehmlichkeit verzichtet, für ihn, zu seinem Wohl. Obwohl seine Antwort sie nicht allzu sehr überraschte, fand sie sie grausam. Sie schwieg, er aber wurde verlegen, versuchte zu erklären: «Sieh mal, Mutter. Mein Heim – das ist nicht unbedingt der Ort, wo es mir bequem ist, wo alles fertig ist. Ich will selbst etwas Neues schaffen, etwas anderes, selbstständig, etwas, bei dem ich fühle, dass ich es mit eigenen Händen aufgebaut habe, dass es mir nicht als Erbe übergeben wurde. Kannst du mich verstehen, Mutter? Hier war mein Zuhause, solange ich noch Kind und auf die Hilfe Älterer angewiesen war. Solange ich noch nicht auf eigenen Füßen stand.

Aber nun bin ich erwachsen. Ich fühle, dass eigene Kräfte in mir schlummern, dass ich aufgebrochen bin in weite Gefilde. Ich muss mir ein eigenes Heim schaffen, nach meinem Geschmack, eines, das meiner Weltanschauung entspricht, gemeinsam mit gleichaltrigen Freunden, die an dasselbe glauben wie ich. Ein Heim, in dem ich leben werde, in dem ich meine Kinder aufziehen werde – bis auch sie, eines nach dem anderen, erwachsen sind und entweder das Gefühl haben, dass dort ihr Zuhause ist und sie bleiben wollen, oder auch – dass sie sich ihr eigenes, neues Heim schaffen wollen.

Euer Haus tut mir nicht gut, ich habe seine Fundamente satt, seine Wände und den Ort, an dem es steht. Ich verabscheue die leere Gesellschaft, die keine Werte hat, voller Heuchelei ist und eine Herausforderung an Gerechtigkeit und Ehrlichkeit darstellt. Ich rebelliere gegen sie, bekämpfe sie und hoffe, sie eines Tages zu bezwingen. Bevor ich aber das Alte zerstöre, werde ich das Neue schaffen, damit ich nicht unter Ruinen leben muss. Mein Haus wird weder einsam noch isoliert sein. Viele andere Häuser werden es umgeben, ein stetig wachsendes Lager, das immer stärker wird. Mein Haus steht jedem Obdachlosen offen, sogar denen, die ihres alten Heims ebenso überdrüssig geworden sind wie ich. Es kennt weder Grenzen noch Beschränkungen, kennt nur ein Leben in Gemeinschaft und Gleichheit.

Das braucht dir nicht leid zu tun, meine Mutter. Mein Heim ist die Zukunft.

Ist es möglich, dass *ich* einmal so geschrieben habe? Und wie hätte ich heute geschrieben? Existiert überhaupt noch ein kleiner Funken von diesem Feuer, dieser Begeisterung – um diese auf die so nüchterne Jugend von heute zu übertragen? Aber ich schweife schon wieder von meinem Thema ab. Macht nichts. Wahrscheinlich komme ich später noch darauf zurück.

Als ich von meiner Mission in der Noar Ha'oved nach Hause zurückkehrte – und diesmal war es ein Zuhause im wahrsten Sinne des Wortes –, übernahm ich eine neue Aufgabe, in der ich noch keine Erfahrung besaß: Ich wurde zum verantwortlichen Einkäufer des Kibbuz. Mit den Bereichen Erziehung, Kultur, Technik und Organisation, ganz zu schweigen vom Schreiben und der Kriegsführung, war ich inzwischen bestens vertraut. Sehr bald schon wurde mir selbst und meinen Genossen klar, dass ich auch im Bereich des Handels trotz mangelnder Vorkenntnisse nicht übel funktionierte. Offenbar hatte ich auch darin etwas vom genetischen Erbe meiner Familie abbekommen, bei der es in früheren Generationen nicht wenige Rabbiner und Kaufleute gegeben hatte – manchmal sogar in Form von ein und derselben Person.

Über die Geschichte meines selbstgewählten Vornamens «Joel» habe ich bereits erzählt.

Ich begann also mit der Koordination der Einkäufe. Zu dieser Aufgabe gehörte auch das Auf- und Abladen von Waren für die Genossen und die Produktionszweige des Kibbuz. Sehr bald schon stellten sich bei mir Rückenschmerzen ein, die vom Schleppen der Lasten kamen – manchmal sogar 100 Kilogramm schwere Säcke oder Obst- und Gemüsekisten. Mitunter schien es sogar, als seien die Säcke größer als ihr Lastenträger. Anfangs schenkte ich der Angelegenheit kaum Beachtung. Ich hatte keine Wahl und setzte die Schlepperei fort. Dann wurden die Schmerzen aber so stark, dass ich gezwungen war, sie mit verschiedenen Therapien zu behandeln.

Das hört sich zwar einfach an, inzwischen jedoch hatten Sarahs Behandlungen positive Ergebnisse gebracht und sie war schwanger geworden. Die Ärzte wollten kein Risiko eingehen und verordneten ihr absolute Bettruhe. Im Kibbuz war man damals noch nicht auf derartige Situationen eingestellt, und trotz aller Bemühungen der örtlichen Krankenschwester sorgte sich Sarah um das Kind, das in ihr heranwuchs.

Hinzu kam, dass ich tagsüber wegen meiner Arbeit kaum zuhause war. Als ich wieder einmal von einer meiner Ausfahrten zurückkehrte und ins Zimmer trat, fand ich unser Nest leer vor. Nachdem ich mich von meiner Verblüffung erholt hatte, bemerkte ich auf dem Tisch einen Zettel mit folgender Mitteilung: Sarahs Mutter habe beschlossen, meine Frau nach Givatayim heimzuholen, wo sie es vermutlich bequemer haben würde und sowohl Mutters Küche als auch deren hervorragende Pflege genießen könne.

Ich muss gestehen, dass ich auf diese mütterliche Fürsorge meiner Schwiegermutter mit großem Zorn und mangelndem Feingefühl reagierte. Was mich am meisten empörte, war dieser Akt einer «Entführung», die mit mir weder besprochen noch koordiniert worden war. Außerdem kränkte mich auch das mangelnde Vertrauen in das medizinische Versorgungssystem des Kibbuz. Ich stieg in den nächsten Bus – das «Auto für den Genossen» war damals noch nicht erfunden – und fuhr nach Givatayim, wo ich Frau Langer diverse «Komplimente» an den Kopf warf, die ihren Ohren wohl kaum besonders gefallen haben dürften. Zu ihrer Verteidigung muss gesagt werden, dass sie auf meine Ausfälligkeiten mit Verständnis und Geduld reagierte. Als ich jedoch meine Absicht verkündete, das verlorene Gut nach Tzuba zurückzubringen, stieß ich bei Mutter und Tochter auf hartnäckigen und entschlossenen Widerstand.

Einige Wochen später hatte Sarah die kritische Phase ihrer Schwangerschaft überstanden und kehrte nach Hause zurück. Zu unserer Freude war der weitere Verlauf normal. Aufgrund verschiedener Zeichen wurde uns angedeutet, dass wir mit einem erstgeborenen Sohn zu rechnen hätten, obwohl es auch gewisse Hinweise auf eine Tochter gäbe – jeder Onkel und jede Tante nach ihrem eigenen System.

Eines Nachts Ende März weckte Sarah mich auf und teilte mir mit, dass sie unmittelbar vor der Niederkunft stehe. Sie bat mich, Ruthi zu rufen, die Kibbuzkrankenschwester. Ich fand, dass es etwas peinlich sei, einen Menschen mitten in der Nacht zu wecken und erklärte, dass die Angelegenheit wohl bis zum Morgen aufgeschoben werden könne. Diese Idee gefiel Sarah gelinde gesagt ganz und gar nicht. Noch Jahre später pflegte sie den Vorfall zu erzählen, als Beispiel für männliche Borniertheit.

Wie dem auch sei, wir fuhren zur Wöchnerinnenstation des Hadassa-Krankenhauses, die damals noch in der Hanevi'im-Straße war. Aber das Baby hatte andere Pläne und es nicht allzu eilig, zur Welt zu kommen, wo es doch in der warmen Gebärmutter so behaglich war.

Die Geburt dauerte viele Stunden. Unterdessen versammelte sich an Sarahs Bett eine Gruppe von Praktikanten sämtlicher Ausbildungsstufen, die den Fortgang beobachteten und dabei ziemlich gepfefferte Witze über Geburten und Gebärende machten.

Sarah war von der Anwesenheit dieser «Spaßvögel» alles andere als begeistert. Schließlich handelte es sich nicht nur um einen, zwei oder drei, nein, es waren sieben davon! Irgendwann kurz vor der eigentlichen Geburt teilte sie diesen entschlossen mit, dass sie ihre Meinung geändert habe und nun nicht mehr gebären wolle. Nur war es dazu ein bisschen zu spät, weshalb die Natur ihren natürlichen Gang nahm und Klein-Siv das Licht der Welt erblickte – ganz im Stil von «I did it my way». Und genauso setzte er seinen Weg im Leben fort, mit nicht wenig Erfolg.

Falls ich mir eingebildet hatte, dass die Probleme damit ihr Ende hätten und ich meine Frau nun in den Kibbuz heimnehmen könne, hatte ich mich getäuscht: Sarah bekam Fieber, an eine Entlassung war nicht zu denken. Daher wurde beschlossen, Sivs Beschneidung im Krankenhaus vorzunehmen. Am großen Tag machte ich einige Fotos, die Sarah und ein paar Verwandte zutiefst erschütterten. Aber man kann ja nicht alles wissen…

Zur selben Zeit wurde meine Mutter mit einer akuten Bauchhöhlenentzündung ins Beilinson-Krankenhaus eingeliefert. Man teilte mir mit, dass man sie operieren wolle, in der Hoffnung, sie noch zu retten. Aber nur wenige Tage nach Sivs Geburt verschlechterte sich ihr Zustand und die Ärzte gaben uns zu verstehen, dass keine Hoffnung mehr bestand.

Mutter starb am 13. April 1957. Ich war bei ihr, in ihren letzten Augenblicken, zusammen mit ihrer Freundin Alisa und meinem Vater, der völlig verschreckt und hilflos wirkte, und Sarahs Vater, der sich um sämtliche organisatorischen Belange der Beerdigung kümmerte. So kam es, dass ich innerhalb von wenigen Wochen nahezu zeitgleich Geburt und Tod erlebte, was mir sehr symbolisch erschien.

Sarah konnte wegen des Babys nicht an der Beerdigung teilnehmen und bekam von mir einen Brief mit folgendem Wortlaut:

Sei gegrüßt, meine Sarah,

ich habe im Laufe des letzten Tages viel an dich und Siv gedacht und das war mir von großer Hilfe. Ich bin mir bewusst, dass die schmerzende Trauer verfliegen und das Leben weitergehen wird. Aber das Wichtigste ist: Ich weiß, dass mir außer Mutter, die nicht mehr lebt, noch ein verständnisvoller Mensch geblieben ist, an den ich mich anlehnen und dessen Hilfe ich in Anspruch nehmen kann. Und ich weiß auch, dass sich die Reihe der Generationen fortsetzen wird, und es ist gut, dass es Mutter vergönnt war, das zumindest noch zu erfahren, auch wenn sie Siv, außer auf Fotos, nicht gesehen hat.

Eine Bitte habe ich an dich: Lass dir helfen und komme wieder zu Kräften, damit Siv nicht leidet. Das Schicksal wollte es, dass sich Geburt und Tod begegnet sind, ganz nah, aber es darf nicht sein, dass das Kind darunter leidet. Das hängt von dir ab und ich verlasse mich darauf. Bitte sei mutig und stark und bemühe dich, Aufregungen zu vermeiden und in keine Depression zu verfallen, für Siv und auch für mich.

Ehrlich gesagt ist das Schlimmste von allem die Begegnung mit Menschen, denen man mitteilen muss, was geschehen ist, und die kommen, um zu trösten. In diesen Momenten kommt alles aufs Neue hoch und steht einem wieder vor Augen, und dann fühle ich, dass ich dem Zusammenbruch nahe bin.

Ich muss mich enorm anstrengen, um damit fertigzuwerden. Ich weiß, dass die Menschen es gut meinen, aber was tun, es spendet keinen Trost. Wie sehr ich doch jemanden bräuchte, der versteht, so wie du, am Donnerstag. Einen, der zu mir sagt: «Komm, lass uns etwas unternehmen, zur Ablenkung!» Trotzdem lässt sich der Schmerz nicht nur ins Innere verdrängen, etwas muss herausexplodieren, wie eine Art von Sicherheitsventil …

Wie froh ich darüber bin, dass ich gestern gefahren bin und in den letzten Augenblicken bei Mutter war.

Ich habe schon seit Donnerstag gespürt, dass das Ende naht, habe gesehen, wie Mutters Lebenswille brach und wie die Entschlossenheit, mit deren Hilfe sie unzählige Mühsale überstanden hat, schließlich verschwand. Aber ich wusste nicht, dass das Ende so schnell kommen würde und es war wie ein Schlag, dieses schwindelerregende Tempo – ich hatte einfach keine Zeit, mich vorzubereiten …

In Augenblicken wie diesen beneide ich die Gläubigen, die mit so großer Klarheit und Sicherheit wissen, was, warum und wohin.

Ich selbst weiß gar nichts und kann auch nichts erraten. Schade.

Sarah, eines darfst du nicht vergessen: Ich bitte dich, dich ganz fest zusammenzureißen und auch Mutter würde dich darum bitten, wenn sie könnte.

Ich glaube, dass ich Vater am Wochenende für ein paar Tage auf Besuch nach Tzuba mitbringe, danach suchen wir für ihn eine passende Lösung. Er wird bestimmt nicht bei uns bleiben wollen.

Auf ein baldiges Wiedersehen,

Joel

**Unser Erziehungssystem im Kibbuz** Rückblickend erscheinen uns die damaligen Gepflogenheiten im Kibbuz seltsam. So war es zum Beispiel üblich, dass eine Wöchnerin ihr Neugeborenes sofort dem Säuglingsheim übergab, wenn sie aus der Geburtsklinik zurückkam. Dort wurde es von einer ausgebildeten Betreuerin, einer der Kibbuzgenossinnen, versorgt. Das waren zumeist sehr kompetente Frauen mit viel Wärme für Mutter und Kind und der Bereitschaft, sich ihrer Pflicht aufopferungsvoll zu widmen.

Aber es gab auch Fälle, wo es zwischen den Müttern und den Pflegerinnen zu Spannungen kam, ganz zu schweigen von Situationen, wo die Betreuerin in einen Konflikt zwischen der Sorge für ihre eigenen und die ihr anvertrauten Kindern geriet. Dabei darf man nicht vergessen, dass die gemeinsame Erziehung eigentlich zwingend aus der Realität der ersten Jahre des Siedlungswesens entstanden war. Dazu war im Laufe der Zeit auch ein ideologisches Moment gekommen. Dieses basierte auf der Psychologie von Freud und Erich Fromm, die von der Annahme ausgingen, dass ein Teil der Eltern nicht fähig sei, seine Kinder aufzuziehen (in den meisten Fällen nicht offensichtlich!), und dass es daher besser sei, diese Aufgabe Erziehern mit der geeigneten Persönlichkeit und Ausbildung zu überlassen.

Eine andere damals übliche Regel löst bei Müttern von heute entweder Gelächter oder Ungläubigkeit aus: Bis zum Alter von zwei Jahren war es verboten, ein Kind zu einer Festlichkeit oder einem Besuch bei den Großeltern außerhalb des Kibbuz mitzunehmen. Die Begründung war ebenso simpel wie logisch: Eine solche Reise könne das seelische Gleichgewicht des Kindes stören und außerdem könne es von

Sohn Siv in der
Kleinkinderbetreuung des
Kibbuz, 1958

dieser auch Krankheiten und diverse andere Ärgernisse mit zurückbringen. Ein drittes, weniger explizites Argument lautete wie folgt: Ein Teil der jungen Eltern besaß überhaupt niemanden zum Besuchen, und daraus wäre wieder eine Diskriminierung entstanden.

Sarah und viele andere Mütter litten sehr bei dem Versuch, sich den üblichen Praktiken anzupassen, die ihren mütterlichen Gefühlen und Instinkten widersprachen, ebenso wie dem Muster, das sie von zuhause mitgebracht hatten.

Über Jahre hinweg blieb die Kindererziehung zwischen uns Gegenstand zahlloser Debatten und Meinungsverschiedenheiten, vor allem, weil jeder einzelne unserer Sprösslinge ein völlig individueller Typ war, sie es jedoch alle verstanden, ihren Willen durchzusetzen, jeder auf seine Art.

Dabei darf man nicht vergessen, dass unsere Unterkunft damals nur aus einem einzigen Zimmer, einer kleinen Terrasse und einer Toilette bestand, insgesamt 35 Quadratmeter, auf denen sich unser ganzes Familienleben abspielte.

Erst 1964, nach der Geburt von Oranit, zogen wir ins «Veteranenviertel» um, in eine 45 Quadratmeter große Wohnung, die im Laufe der Jahre erweitert wurde, zunächst, als die gemeinsame Übernachtung im Kinderhaus abgeschafft wurde, auf 65 Quadratmeter. Dann, zu Beginn des 21. Jahrhunderts, wurde eine zusätzliche Erweiterung auf bis zu 80 Quadratmeter beschlossen. Manche behaupten, es sei eine Stimmenmehrheit von 82 Prozent zugunsten größerer Wohnungen gewesen, die die Waagschalen gegen die gemeinsame Übernachtung geneigt hätten, abgesehen vom Druck der Eltern, die ihre Kindern näher bei sich, aber auch mehr Kontrolle über deren Aktivitäten haben wollten.

Darüber hinaus gab es sogar mehrere Familien, die ziemlich deutlich erklärten, dass sie erwögen, in einen Kibbuz umzuziehen, wo die neue Praktik bereits umgesetzt wurde, falls man die obligatorische Gemeinschaftsübernachtung nicht abschaffe. In diesem Zusammenhang darf man das schmerzhafte Trauma nicht vergessen, das die Spaltung der Kibbuzbewegung hinterlassen hatte und das in Teilen unserer Gesellschaft mit bitteren Erinnerungen und großen Empfindlichkeiten nachhallte. Dagegen muss angeführt werden, dass der Wechsel zum neuen System mit dem Ausbau der Wohnungen, also mit erheblichen Kosten verbunden war, ebenso wie mit weitreichenden Veränderungen im Tagesablauf der Genossen, die nun in der Früh erst ihre Kinder versorgen mussten.

Eine weitere Folge der Umstellung und vielleicht auch eines der Motive dafür war die Verlagerung des pädagogischen Autoritätsschwerpunkts. Bislang hatte die Erziehung aus einem gleichseitigen Dreieck bestanden, dessen gemeinsame Basis der Rahmen des Kibbuz war. Eine Achse war das Erziehungswesen (Verantwortliche, Erzieher, Pflegerinnen etc.), die zweite die Familie, und die dritte Achse das Kind selbst. Sobald eine dieser drei Achsen ausfiel oder geschwächt wurde, sollten die anderen beiden Träger diese ersetzen und für die Balance des Systems sorgen. Das funktionierte mehr oder weniger ordentlich, solange man auf ein hohes Niveau des Erziehungspersonals achtete, das seinen Beruf als Berufung betrachtete und die Bedürfnisse der Gemeinschaft nicht selten über persönliche Ambitionen stellte.

Die Familien Langer – Dispeker 1960 (v.l.n.r.: Opa Langer mit Livnat, Opa Dispeker mit Siv, Oma Langer, Joel Dorkam, Neffe und Nichte mit Sarah Dorkam)

An dieser Stelle muss man die Praktiken näher betrachten, die bei uns in Tzuba üblich sind. Im Allgemeinen suchen wir, wenn es in unseren Reihen zu Meinungsverschiedenheiten kommt, nach Kompromisslösungen. Dabei bemühen wir uns, möglichst auch den Prinzipien treu zu bleiben, für die wir uns in der Vergangenheit entschieden haben. Diese stellen ein System von Richtschnüren dar, das sich aus zahlreichen «Einsichten» und Berücksichtigungen individueller Wünsche entwickelt hat. Dank dieser Flexibilität konnten wir in der Vergangenheit mehr als einmal Krisen überwinden und den schmerzhaften Verlust von Genossen vermeiden.

Andererseits führte die wachsende Zahl der Ausnahmen letztlich nicht nur zu einer Untergrabung unseres Systems von Normen und Statuten, sondern auch zu Gefühlen der Benachteiligung, die manchmal durchaus gerechtfertigt waren.

Aber ich habe schon wieder vorgegriffen.

Zurück zum Jahr 1958, in dem unsere Tochter Livnat geboren wurde. Sie hatte es besonders eilig und erschien bereits 15 Monate nach unserem Erstgeborenen Siv. Schon ihr Eintritt in diese Welt war dramatisch. Eigentlich fuhren Sarah und ich nur zu einer Routineuntersuchung ins alte Misgach-Ladav-Krankenhaus im Katamon-Viertel und planten, schon mit dem Mittagsbus nach Hause zurückzukehren.

Aber der Arzt, der Sarah untersuchte, war anderer Meinung und teilte uns mit, dass ihr Muttermund sich bereits geöffnet habe und sie daher in der Klinik bleiben müsse. Sarah, die sich gern ordentlich vorbereitet, missfiel die Vorstellung, ohne das Notwendigste ins Krankenhaus zu gehen und sie beschloss, noch einmal heimzufahren.

Schließlich musste sie aber bleiben und händigte mir eine Liste des Erforderlichen aus. Ich fuhr nach Hause und wurde schon am Bus mit der Nachricht empfangen, dass wir mit einem schwarzhaarigen Töchterchen gesegnet worden und dass Mutter und Kind wohlauf seien. Von nun an waren wir ein Quartett, zuzüglich unseres geliebten Siamkaters Yammi, der eines schönen Tages auf mysteriöse Weise verschwand. Erst 30 Jahre später sammelte Siv genug Mut, um zu gestehen, dass er Yammi trotz unseres Verbots zu einem Spaziergang in den Weinberg mitgenommen habe, wo dieser ihm davongelaufen und verloren gegangen sei.

Mir war klar, dass ich früher oder später die Redaktion des Kibbuzjournals übernehmen würde und ich glaube, von allen Ämtern, die ich in Tzuba ausgeübt habe, war es diese Aufgabe, die mir am meisten Freude bereitete.

Ich hatte schon in der Schule in Frankreich schöne Aufsätze verfasst und dafür gute Noten bekommen. Die Gene des Rabbis von Diespeck und all seiner Nachkommen einschließlich meines Vaters waren auch in mein Blut eingegangen und ließen mich nicht zur Ruhe kommen. Das Einzige, was mich eine Weile zurückhielt, war meine lückenhafte Beherrschung der hebräischen Sprache. Dabei fehlten mir nicht zuletzt die ganze Bandbreite des Bibelunterrichts und die hebräische Grammatik. Letztlich habe ich auch dieses Hindernis überwunden. Wie es scheint, wusste man meine Beiträge sehr wohl zu schätzen, da ich über fünf Amtsperioden hinweg immer wieder gewählt wurde. In diesen sammelte ich zehn Jahre redaktionelle Erfahrung, die in insgesamt 250 mit Informationen und Kommentaren prall gefüllte Ausgaben von jeweils sechs bis acht Seiten resultierten.

Ein paar Mal wurde versucht, mich einer Zensur zu unterwerfen, weil ich es, wie es meine Art ist, auch an Kritik nicht mangeln ließ, vor allem am Establishment. Ab Beginn der 1960er-Jahre begann ich, Fortbildungskurse und Seminare für die Herausgeber von Kibbuzgazetten zu organisieren. Zu diesem Zweck stellte ich ein Team aus besonders begabten Redakteuren zusammen, die in diesen Kursen als Unterrichtende und Anleiter fungierten. Die Seminare hatten großen Erfolg und haben sogar einige professionelle Journalisten hervorgebracht.

Als ich 1983 die Leitung der bewegungsübergreifenden Abteilung für Redakteure von Kibbuzgazetten auf mich nahm (eines der wenigen Ressorts, die noch alle vier der damaligen Kibbuzbewegungen umfassten), betraute ich Moshik Lin mit einer Aufgabe, die damals als undurchführbar galt: der Organisation eines Workshops für Karikaturisten, der einige Jahre überlebte und die Kibbuzgazetten bereicherte. Weiter sorgte ich für einen Illustrationsworkshop unter Leitung von Jona Gur und einen Schreibworkshop mit Gideon Kutz, der ebenfalls mehrere Jahre existierte.

Die Krise, die die Kibbuzbewegung Mitte der 1980er-Jahre erfasste, führte zum allmählichen Dahinsiechen all dieser Initiativen, an denen die besten Dozenten der Bewegung mitgewirkt hatten, darunter Moki Zur, Arye Ben-Gurion, Rubik Rosenthal und viele andere. Auch zum Thema Illustration hatten wir die besten Lehrer angeheuert, unter ihnen Jaakov Gutermann, Joram Grinblatt und Chaja aus Tzuba.

Unter anderem erarbeiteten wir allgemeingültige Richtlinien für die Redakteure unserer Gazetten, in denen die ethischen Regeln und Grundvoraussetzungen einer Eignung für diese so heikle Aufgabe festgelegt wurden. Man darf sagen, dass es uns im Laufe von wenigen Jahren gelungen ist, das Niveau und den Status der Redak-

Karikatur nach einem Seminar für Redakteure der Kibbuz-Bewegung 1984 (rechts: Joel Dorkam auf den Schultern seines Freundes und Mitstreiters, Joel Darom †)

teure wie auch der Gazetten zu verbessern – trotz der schwierigen Situation, mit der ein Journalist konfrontiert ist, der mitten unter seiner Leserschaft lebt und dadurch automatisch zur Zielscheibe von deren Reaktionen und deren Zorn wird, ganz zu schweigen vom Antagonismus und Misstrauen des Establishments, das Kritik im Allgemeinen nicht besonders schätzt.

Während meiner dritten Amtszeit als Herausgeber wagte ich es bereits, der Gazette von Tzuba eine satirische Kolumne namens «Sein Ohr» hinzuzufügen, in der ich einigen unserer prominentesten Genossen Katzennamen wie «Olympussi», «Götterkater» oder «Snobbi-Schmitzi» verlieh, während unser Sekretariat den Ehrennamen «Miau-Birau» erhielt. In dieser Kolumne beobachtete ich die diversen Vorkommnisse mit kritisch-humorvollem Blick, und ein Teil der Genossen – vor allem diejenigen, die nicht das Ziel meiner Seitenhiebe waren – erfreute sich sehr an deren Lektüre.

Joel Dorkam, gezeichnet aus dem Blickwinkel eines Freundes

Dennoch überwogen schließlich die Proteste. «Sein Ohr» wurde der Kibbuzvollversammlung zur Entscheidung vorgelegt und dort zur virtuellen Kastration verurteilt – in anderen Worten: Ich wurde aufgefordert, den Katzenjammer einzustellen. Ich nahm die Gelegenheit wahr, um meine Kündigung einzureichen. Seit damals empfehle ich jedem Gazettenredakteur, der mich aufsucht und von seiner undankbaren Aufgabe die Nase voll hat, wärmstens, eine satirische Kolumne einzurichten und garantierte ihm, dass das ein sicheres Rezept für eine rasche und elegante Beendigung seiner redaktionellen Karriere sei.

Das zweite Gebiet, mit dem ich mich intensiv beschäftigte, waren die Themen Erziehung und Gruppenleitung. Schon kurz nach meiner Ankunft in Tzuba hatte ich versucht, im benachbarten Moshav Motza eine Ortsgruppe der Noar Ha'oved einzurichten.

Damals gab es dort nur wenige Kinder und kaum regelmäßige Aktivitäten. Da sich jedoch bei den Moshavniks keine sonderliche Begeisterung abzeichnete, ließ ich den Gedanken schon bald wieder fallen, umso mehr, da meine Belastung durch die Ämter und Aufgaben in Tzuba stetig wuchs.

Unsere Kinder wurden größer. Siv und Livnat kamen in den Kalanit-Kindergarten, wobei Ersterer, der sich als älterer Bruder für die Verteidigung seiner Schwester verantwortlich fühlte, feierlich verkündete, nur er allein habe das Recht, Livnat zu schlagen.

Oft kamen auch Großvater Zvi und Großmutter Henia zu Besuch, ausgerüstet mit Süßigkeiten aller Art, Selbstgebackenem und Obst wie Weintrauben, Äpfeln und Erdbeeren.

Eines Tages erschienen Sarahs Eltern anlässlich von Sivs erstem Geburtstag mit einem überdimensional großen Paket, das im Autobus kaum Platz gefunden hatte. Als sie die Verpackung entfernten, kam ein riesiges Schaukelpferd, das sie zu einem stolzen Preis im besten Laden Tel Avivs erworben hatten, zum Vorschein. Siv strahlte vor Freude, was man von mir nicht behaupten konnte. Mir war klar, dass wir vor einer kritischen «Unterwanderung des Gleichheitsprinzips» standen, die kein gutes Ende nehmen konnte.

Als ich verkündete, dass das Schaukelpferd ins Kinderhaus kommen werde, um dort ALLEN zu dienen, organisierte sich mir gegenüber eine spontane Einheitsfront, die aus meinen Schwiegereltern und Sarah bestand. Mit großer Entschiedenheit stellte ich klar, dass es für das Schaukelpferd nur zwei Alternativen gäbe: entweder in die Kibbuz-Kita umzuziehen oder nach Tel Aviv zurückzufahren – und Letzteres geschah.

Schweren Herzens packten die Großeltern das die «Gleichheit unterwandernde» Schaukelpferd wieder ein und Sivs kleines Herz war nahe am Zerbrechen. Ich bin nicht sicher, ob er mir bis zum heutigen Tag verziehen hat.

Vielleicht ist das auch die Erklärung seiner Leidenschaft für PS-starke Autos, und als wir neulich mit ihm über die Küstenstraße rasten, entstand in mir der leise Verdacht, es könne sich um eine süße Rache für das vorenthaltene Schaukelpferd handeln, oder auch für das wunderschöne rote Auto im Schaufenster des Spielzeugladens Hahn in der Jaffastraße, vor dem wir bei jedem unserer Jerusalem-Besuche stehenblieben und das Siv so sehnlich begehrte. Nur war es leider unmöglich, dieses Auto so «zurechtzubiegen», dass es in die engen Grenzen unserer heiligen egalitären Kibbuznormen passte!

Zu seinem dritten Geburtstag brachten die Großeltern aus Givatayim Siv ein Dreirad, das natürlich nach einigen Tagen in den Kalanit-Kindergarten übersiedelte.

Es war keine einfache Aufgabe, unserem Sohn zu erklären, warum alle Kinder im Kindergarten Anspruch darauf hätten, auf einem Dreirad zu fahren, das er als Geburtstagsgeschenk bekommen hatte, aber das Problem sollte sich sehr schnell lösen. Schon bald fiel das Dreirad seiner starken Überbeanspruchung zu Opfer, sodass davon nur noch ein kaputtes Blechwrack zurückblieb – und das Herzweh eines kleinen Jungen, der die Bedeutung des Gleichheitsprinzips nicht verstand.


## Die große Reise

1962 brachen wir zu unserem großen Abenteuer auf – einer Auslandsreise, die durch sechs Länder führen sollte: Frankreich, Italien, die Schweiz, Deutschland, Holland, Belgien und dann wieder Frankreich. Ursprünglich hatten wir beabsichtigt, auch Spanien zu besuchen, sozusagen, um die Reise meiner Kindheit nachzuvollziehen. Aber als wir schließlich in Paris eintrafen, hatten sich unsere Kräfte nach fünf ununterbrochenen Wochen am Steuer erschöpft. Sarah besaß noch keinen Führerschein – was denn, zwei in einer Familie? – und wir mussten uns an einen sehr straffen Zeitplan halten, um mit der Post in Verbindung zu bleiben und «frische» Nachrichten von Siv und Livnat zu bekommen, die mit ihrer Großmutter in Tzuba zurückgeblieben waren. Sarah hatte beinahe schon auf die Reise verzichtet, als wir uns am Bus von den Kindern verabschiedeten und Livnat in das bittere Geheul eines Waisenkinds ausgebrochen und dem Bus unter herzzerreißendem Gejammer hinterhergelaufen war: «Fahrt nicht, fahrt nicht!» – was bei mir ein Echo aus längst vergangenen Tagen auslöste.

Der Hauptzweck unserer Reise, die von den Kibbuzinstitutionen nicht sehr positiv aufgenommen, letztlich jedoch unter Auflage aller möglichen Einschränkungen bewilligt worden war, sollte sein, die in der Schweiz deponierten Gelder meiner Erbschaft ins Land zu bringen.

Da in jenen Tagen niemand auch nur davon träumte, dass ein Kibbuzmitglied mehr als einmal im Leben ins Ausland fährt, beschlossen wir, dass dies unsere einmalige Gelegenheit sei. Wir erlaubten uns sogar, ein Auto zu kaufen, einen Fiat Multipla mit klappbaren Sitzen, der uns auch als Wohn-, Ess- und vor allem als Schlafzimmer diente. Gegen Abend fuhren wir auf einen Parkplatz und nach einer leichten Mahlzeit und einer Katzenwäsche machten wir unser Bett, schoben unsere Koffer anstelle von Vorhängen an die Wände des Fahrzeugs und fielen in tiefen Schlaf. Alle zwei bis drei Tage erlaubten wir uns eine Übernachtung in einem bescheidenen Hotel, um ordentlich zu duschen. So fuhren wir fünf ereignis- und eindrucksreiche Wochen lang für insgesamt 1800 Dollar kreuz und quer durch Westeuropa – einschließlich der Schiffspassage, von Flügen war damals noch nicht zu träumen. Mir scheint, wir sparten auch nicht wenig Geld durch unsere fast täglich abgehaltene «Zeremonie der Einstufung von Speisesälen». Und die funktionierte so: Gegen Mittag, wenn unsere Mägen erste Anzeichen von Hunger meldeten, ließ ich Sarah gegenüber leise verlauten, dass es vielleicht an der Zeit sei, zu essen.

Wir warteten noch eine Weile und begannen dann, die Restaurants zu prüfen, auf die wir unterwegs stießen. Das erste wirkte etwas heruntergekommen, das zweite sah überteuert aus und das dritte war bei näherer Betrachtung nicht allzu sauber. So ging es weiter, bis sich der Hunger in Übelkeit verwandelte und man uns in der nächsten Raststätte, vor der wir haltmachten, bedauernd sagte, um diese Zeit werde kein Mittagessen mehr serviert. So blieb uns nichts anderes übrig, als uns im Supermarkt etwas Essbares zu kaufen und es auf einer Bank in der Allee der nächsten Kleinstadt zu verspeisen. Auf diese Weise sparten wir uns das Geld für Restaurants.

Gehen wir ein wenig zurück. Nachdem man uns unsere Reise genehmigt hatte, begannen wir, jeden einzelnen Abschnitt zu planen. Wir beabsichtigten, den Großteil der Stätten zu besuchen, wo ich meine Kindheit verbracht hatte, ebenso wie wichtige Stationen des Lebenswegs meiner Eltern. Außerdem gab es hier und dort immer noch Verwandte und Bekannte, zum Beispiel Tante Ella und meine ehemalige Kinderfrau Frau Jakob in Marseille, Cousin Lucien, der mit seiner Frau in Monaco lebte, meine Cousine Carla in Straßburg und einige Freunde Vaters in Kassel. Wir buchten unsere Passage auf dem Vorzeigeschiff der hebräischen Passagierflotte, der «Moledet», rüsteten uns mit kleinen Geschenken für die Obengenannten und vergaßen auch nicht, eine Einkaufsliste vorzubereiten, für uns selbst, unsere Kinder, die Eltern und natürlich alle Verwandten und Freunde, die sich eine solch großartige Gelegenheit nicht entgehen lassen wollten. Außerdem vereinbarten wir Orte und Daten zum Abholen der «Poste Restante», die uns über das Wohlergehen von Ziv und Livnat auf dem Laufenden halten sollte. All das musste sorgfältig geplant werden und wie sich später herausstellte, ist uns das auch nicht schlecht gelungen. Natürlich bekamen wir auch eine Flut guter Ratschläge und Empfehlungen, was wir tun und was wir lieber lassen sollten und wie man sich vor Diebstählen und anderen Heimsuchungen schützt, die auf naive, unerfahrene Reisende lauern. Rückblickend war es tatsächlich sehr mutig, an allen möglichen fremden Orten im Auto zu über-nachten, und es scheint, als habe jener kleine Engel, der in jenen fernen Tagen über die Genossen von Tzuba wachte, uns auch auf dieser großen Reise begleitet. Was soll's, auch ihnen, unseren kleinen Engeln, steht ab und zu eine Auslandsreise zu.

Langsam und schwerfällig löste sich das Schiff vom Kai und wir verspürten ei-nen kleinen Stich im Herzen. Das war es also, wir waren wirklich unterwegs. Sarah verließ zum ersten Mal das Land. Für mich hingegen war es eine Rückkehr zu den Orten und Erfahrungen, die ich über lange Zeit in die Tiefen meines Unterbewusst-seins verdrängt hatte. Fast ohne es zu merken, rückten wir enger zusammen und blickten auf die Hafenstadt, die zurückblieb und langsam verschwand. Zu unserem Glück war das Meer ziemlich ruhig, sodass ich die Tabletten gegen Seekrankheit, mit denen ich mich vorsorglich gerüstet hatte, gar nicht brauchte.

Vier Tage dauerte die Überfahrt nach Marseille, Tage der Ruhe, eine Art «Ur-laub auf hoher See», die uns erlaubte, Kraft für die wahnwitzigen fünf Wochen zu sammeln, die vor uns lagen. Wir beabsichtigten, jeden Moment auszuschöpfen und möglichst viel zu schaffen, trotz der freundschaftlichen Warnungen erfahrener Freunde. Schließlich waren wir jung und abgehärtet und immerhin fuhr man nur einmal im Leben ins Ausland …

Am vierten Tag sahen wir Frankreichs Küste näher kommen und ich versuchte, die Ortschaften wiederzuerkennen, wo wir, meine Eltern und ich, manchmal auch mit Freunden, nicht selten das Wochenende verbracht hatten. Dann tauchte schließlich die heilige Jungfrau auf dem Gipfel des Berges auf, die Notre-Dame de la Garde, die Schutzpatronin der Seefahrer. Aus irgendeinem Grund hatte ich Marseille schöner in Erinnerung gehabt, vor allem fehlte mir die Brücke, die «Schwebefähre», die ein Wahrzeichen dieser Hafenstadt gewesen war und früher jede Ansichtskarte geziert hatte. Wie war sie verschwunden? Bis mir einfiel, dass die Deutschen sie während des Krieges als Strafaktion für die Aktivitäten der Résistance gesprengt hatten.

Das Schiff legte an und wir beeilten uns, wieder festen Boden unter die Füße zu bekommen. Wir wussten, dass Tante Ella in der Nähe wohnte, wollten jedoch zuerst in das bescheidene Hotel, in dem wir ein Zimmer reserviert hatten.

Als wir die Tante dann besuchten, verstanden wir endlich, warum sie uns nicht angeboten hatte, bei ihr zu übernachten. Ihre ganze «Wohnung» war halb so groß wie unser Heim im Kibbuz, einschließlich der Küche. Das war alles, was sie sich er-lauben konnte, trotz der kleinen Unterstützung, die ihr Sohn Lucien ihr zukommen ließ. Lucien hatte eine Nichtjüdin geheiratet, die nichts unversucht ließ, um einen Keil zwischen ihn und seine Mutter zu treiben – sie konnte «Juden nicht leiden»! Für Sarah war diese erste Begegnung mit den Beziehungen zwischen Diasporajuden und ihrer Umwelt ein Schock. Bis dahin hatte sie davon nur gehört oder gelesen.

Als wir uns im weiteren Verlauf unserer Reise auch mit Lucien treffen wollten, verabredete sich dieser mit uns in der Stadt, in einem Café in Nähe seiner Wohnung. Seine werte Gemahlin durfte davon nichts wissen. Bei dieser Gelegenheit erklärte er uns auch lang und breit seine Weltanschauung, wonach es besser sei, keine Kinder in die Welt zu setzen, da diese ohnehin schon unter Überbevölkerung litt.

In Marseille holten wir auch unseren vorbestellten Fiat Multipla ab und waren von nun an «auf Rädern». Wir brachen unverzüglich auf zu unserer Reise auf den Spuren meiner Kindheit. Ich war überrascht, mit welcher Leichtigkeit ich mich zurecht- und die alten Stätten wiederfand – immerhin waren über 20 Jahre vergangen und die Stadt hatte sich nicht wenig verändert. Der größte Wandel zeigte sich jedoch bei den Einwohnern: Die ruhigen, fröhlichen und lächelnden Südfranzosen meiner Erinnerung waren fast völlig verschwunden. An ihrer Stelle hatte sich die Hafenstadt mit Einwanderern aus Nordafrika gefüllt, die ihr einen völlig anderen Charakter verliehen. Am meisten überraschte mich aber die Rührung, die mich sämtlichen Erwartungen zum Trotz ergriff und überallhin begleiten sollte. Vor allem der Besuch des Gymnasiums Lycée Thiers und des kleinen Hauses in La Rose, mit dem Garten und dem nahen Fluss, wühlten mich auf. Dort war alles noch genau wie in meiner Erinnerung. Bewegend waren auch der Besuch bei Frau Jakob und die Erinnerungen, die sie an mich hatte, einen altklugen, ziemlich winzigen Jungen. Am meisten überraschte mich jedoch mein Drang, immer weitere von den Stätten zu besuchen, die in Vaters Memoiren genannt werden und sich mit meinen eigenen Erinnerungen vermischten. War ich doch in meiner Naivität davon überzeugt gewesen, dass ich die Vergangenheit weit hinter mir gelassen und begonnen hatte, mir eine neue Identität aufzubauen, eine, die zu dem neuen Leben passte, das ich gewählt hatte. Aber siehe da, plötzlich tauchten all die Geister und Dämonen wieder auf, von denen ich glaubte, sie längst schon begraben zu haben.

Wir nahmen Abschied von der Stadt, die einen Großteil meiner Persönlichkeit geprägt hatte, und machten uns auf unseren geplanten langen Weg entlang der Côte d'Azur mit ihren verschlafenen Fischerdörfchen und eleganten Ferienorten, die dem Adel und den Künstlern, Prominenten und Reichen dieser Welt als Sommer- oder Rentnerparadies dienten. Auch das Wetter meinte es gut mit uns und wir fühlten uns frei von aller Sorge, außer der Befürchtung, vom Seitenwind der schweren Fahrzeuge, die uns in rasendem Tempo überholten, von der Straße abgedrängt zu werden. Sarah hatte die Planung der Expedition übernommen und navigierte uns zu den wichtigen Stätten unseres Wegs. Natürlich kamen wir nicht umhin, das Casino von Monte Carlo zu besuchen und hinterließen dort einen bescheidenen Beitrag zum Haushalt dieses winzigen Königreichs.

Wir passierten die italienische Grenzkontrolle und fühlten uns schon wie echte Touristen. Aus dem Labyrinth meines Gedächtnisses kramte ich ein paar Brocken des Italienischen hervor, das ich einmal gelernt hatte – und gewann bald schon die Sicherheit eines erfahrenen Reisenden.

Ohne Zweifel könnte ich dieses Werk mühelos mit der Geschichte unserer Reise füllen, die für uns eine Vielfalt von Eindrücken und Erlebnissen bereithielt. Aber ich sollte mich besser auf ein paar Höhepunkte beschränken, die in meiner Erinnerung einen besonderen Eindruck hinterlassen haben.

In Italien durchforsteten wir alles, was es dort an Kunst, historischen Stätten und Touristenattraktionen zu besichtigen gibt und tankten Bildung und Befriedigung. Die Schweiz beeindruckte uns mit ihren Landschaften, ihrer Ordnung und ihrer Sauberkeit, ihrem Wasserreichtum und der Qualität ihrer Schokolade. Zwar haben wir dort den Judenstaat kein zweites Mal gegründet, obwohl ein paar Restaurationen diesem nicht geschadet hätten, aber das Bankkonto aufgelöst, das Vater seinerzeit eröffnet hatte, um unser bescheidenes Erbe zu sichern. Einige Tage später erreichten wir die deutsche Grenze und bekamen dort einen Vorgeschmack darauf, wo wir waren und in welches Land wir einreisen wollten.

Der kürzeste Weg von der Schweiz nach Deutschland war die Überfahrt mit einer schwerfälligen Autofähre, die einmal pro Stunde ging. An Deck gab es weiße Markierungen, die die Stellplätze der Fahrzeuge anzeigten und für Ordnung wie auch dafür sorgten, dass die Fähre im Gleichgewicht blieb. Nur dass gerade an diesem Tag offenbar mehr los war, sodass es an Bord ziemlich eng wurde. Auch auf dem Kai waren Fahrspuren markiert, die den Fahrern als Orientierungshilfe dienen sollten. Als wir ankamen, um an Bord zu gehen, war es bereits ziemlich spät und der ganze Kai war leer. Ich wählte daher die nächstgelegene Fahrspur, ohne auf die Beschilderung zu achten. Sofort ertönte ein scharfes «Halt!». Ich sah mich um und erblickte drei uniformierte Männer, deren Schirmmützen stark an die Offiziere der Wehrmacht erinnerten – also an «jene Tage». Die Männer kamen heran und befahlen uns streng, zurückzufahren und die richtige Fahrspur zu wählen. Mein Einwurf, dass die Fähre inzwischen ablege, wurde ignoriert, und wir, Sarah und ich, blieben mit einer beunruhigenden Nazi-Assoziation zurück. Und das war erst der Anfang.

Noch in Israel hatten Freunde uns davor gewarnt, wie gewohnt Anhalter mitzunehmen, da man in Europa leicht an zwielichtige Gestalten geraten könne. Aber unsere Neugier führte uns dazu, diesen Rat zu ignorieren. Nachdem wir die Fähre verlassen und eine gewisse Wegstrecke zurückgelegt hatten, sahen wir am Straßenrand einen jungen Mann mit ausgestrecktem Arm, der einen völlig normalen Eindruck machte. Wir blieben stehen, er stieg zu uns ins Auto, und nachdem er zur Eingewöhnung eine Weile geschwiegen hatte fragte er: «Woher kommen Sie?» Nach kurzem Zögern antwortete ich ihm auf Deutsch: «Wir sind aus Israel.» Und nun erlebten wir zum ersten Mal die Reaktion, die wir später wie eine Art Mantra immer wieder zu hören bekommen sollten: «Aus Israel? Ach ja, im Krieg sind wirklich schlimme Sachen passiert. Wir hatten natürlich keine Ahnung, was mit den Juden geschah, das haben wir erst danach erfahren. Ganz furchtbar ist das.»

Nur, dass dieser junge Mann nach kurzem Schweigen noch hinzufügte: «Mein Vater war in der SS. Er behauptet, er sei an diesen Gräueltaten nicht beteiligt gewesen – aber ich glaube ihm nicht.» Auch später stellten wir bei unseren Unterhaltungen mit Jugendlichen immer wieder fest, dass dieses mangelnde Vertrauen der jüngeren Generation in ihre Eltern und Großeltern bei fast allen vorhanden war und schließlich in den Vorfällen von 1968 seinen extremen Ausdruck fand. Was die älteren Deutschen betraf, so zeigte sich jedes Mal, wenn wir nachzufragen wagten, dass sie nichts gesehen und nichts gehört und ganz bestimmt auch keine Ahnung gehabt hatten, was geschah. Sie wussten nicht, wohin ihre jüdischen Nachbarn verschwunden waren, ihr Arzt und der Kaufmann aus dem Laden an der Ecke. Wie war es möglich, dass sie die Veröffentlichungen in den Zeitungen und auf den Plakaten nicht bemerkt hatten, die morgens und abends neue, immer härtere Verordnungen gegen die jüdische Bevölkerung bekanntgaben? Dann aber zogen sich unsere Gesprächspartner immer auf ihre letzte Verteidigungsbastion zurück: «Außerdem, was hätten wir schon tun können? Die Lehrer, die Beamten und die Polizisten – sie haben doch alle mit den Nazis kooperiert. Es bestand nicht die geringste Chance, diese gut geölte, alles platt walzende Maschine aufzuhalten, die Hitler und seine Gehilfen aufgebaut hatten.»

Nach ein paar Jahren stellte sich heraus, dass es trotzdem einige hundert und sogar einige tausend Gerechte gegeben hatte, die Juden versteckten oder aus dem Land schmuggelten und dabei ihr eigenes Leben und das ihrer Familien gefährdeten. Wie unsere Freunde von der Integrierten Gemeinde einige Jahrzehnte später sagten: «Wenn es 1000 Schindlers gegeben hätte, wäre ein Großteil der Shoah-Opfer gerettet worden. Und wenn alle deutschen Priester den gelben Stern auf ihrer Kutte getragen hätten, wäre es gut möglich gewesen, dass die Nazis von ihrem verbrecherischen Handeln abgelassen hätten.» Jedenfalls wird bis zum heutigen Tag darüber debattiert, ob die Shoah nur in Deutschland erfunden werden konnte. Je mehr Jahre vergehen, desto häufiger werden wir zu Zeugen der Vernichtung von Ethnien und Völkern, die sich von der Shoah nur in ihrer Größenordnung und den angewandten Mitteln unterscheiden – in Asien, Afrika und sogar in Europa.

Die schwerste Erfahrung unseres Deutschlandbesuchs erwartete uns ausgerechnet an einem Ort, wo wir am wenigsten damit gerechnet hatten: in Kassel, meiner von Vater so heiß geliebten Geburtsstadt. Aufgrund eines unglücklichen Zufalls war uns in dem Hotel, das unsere Verwandten in Israel empfohlen hatten, kein Zimmer reserviert worden. Das Fremdenverkehrsamt verwies uns an ein anderes Hotel in Nähe des Bahnhofs. Dort stießen wir schon bei der Ankunft auf eine seltsame Behandlung, indem man uns unter anderem nicht half, unser Gepäck ins Zimmer in den zweiten Stock zu tragen und erklärte, es gäbe kein warmes Wasser. Wir erwogen, das Hotel zu wechseln, aber es war schon ziemlich spät und wir waren sehr müde. Am nächsten Tag zogen wir tatsächlich um. Als wir uns über die Vorfälle des Vortags beschweren gingen, erfuhren wir, dass der Hotelbesitzer ein ehemaliger Nazi und noch immer antisemitisch sei. Es bedurfte also lediglich eines kurzen Blicks in unsere Pässe, die man beim Einchecken in jedem Hotel vorlegen muss, damit «bei ihm die Sicherungen durchbrannten».

Nach diesem Erlebnis beeilten wir uns, unsere Erledigungen in Kassel abzuschließen und die Stadt möglichst schnell zu verlassen, in Richtung Holland. Im Gegensatz zu unseren sonstigen Gewohnheiten fuhren wir diesmal ohne Ruhepause durch und hielten erst an, nachdem wir die Grenze passiert hatten, in einem kleinen, freundlichen Städtchen, wo wir mühelos Unterkunft für eine Übernachtung fanden. Es dauerte noch einige Tage, bis wir uns von unserem «deutschen Trauma» erholt hatten und über die Situation witzeln konnten, in die wir zu unserem Pech geraten waren.

Nach den leicht erregbaren Franzosen, den lauten Italienern, den verschlafenen Schweizern und den überheblichen Deutschen erschienen uns die Holländer nahezu perfekt: ruhig, organisiert, ordentlich und fremdenfreundlich, eine Eigenschaft, die im Europa der 1960er-Jahre nicht allzu weit verbreitet war, vor allem gegenüber israelischen Touristen, die sich einen etwas zweifelhaften Ruf erworben hatten. Wir sahen das Versteck von Anne Frank, das immer voller Besucher war, bestaunten die bunten Blumenbeete, die glänzend sauberen Straßen und Kanäle und besuchten den Miniaturpark, die wunderbare Madurodam. In Delft sahen wir zu, wie das feine, zerbrechliche Porzellan mit seinen einzigartigen zartblauen Schattierungen hergestellt wird. In Belgien angekommen, konnten wir uns nur ein Bild von dem unterschiedlichen Nationalcharakter dieser beiden Nachbarstaaten machen. Natürlich besuchten wir in Brüssel auch das «Männeken Piss» und wären fast daran vorbeigelaufen, ohne es zu bemerken. Aus irgendeinem Grund hatten wir eine hohe Statue erwartet, zumindest lebensgroß. Was wir zu sehen bekamen, war weit von unseren Vorstellungen entfernt, sodass wir uns enttäuscht abwandten.

Inzwischen hatten wir fast vier Wochen hinter uns gebracht und mussten – zumindest nach unserem ursprünglichen Plan – noch den Großteil Frankreichs und Spaniens besuchen. Wir begannen zu überlegen, was man weglassen könnte. Die langen Fahrten mit ihren vielen Stunden am Steuer hatten mich sehr erschöpft. Müde machten auch die vielen Eindrücke, die wir in so kurzer Zeit aufnahmen, vom Schmerz belastender Erinnerungen ganz zu schweigen.

Paris – was gäbe es dazu noch zu sagen? Paris ist nicht Frankreich, so wie Berlin nicht Deutschland und New York nicht Amerika ist. Jede dieser Städte hat ihren eigenen Charakter, der dem Land, das sie umgibt, kein bisschen ähnelt. Ich selbst hatte nur undeutliche Erinnerungen an meinen ersten Parisbesuch im Alter von drei Jahren. Eigentlich fielen mir dazu vor allem Vaters Schilderungen und Geschichten ein. Dazu gehörte die Episode mit der Herberge Au Lapin Agile, wo wir einen Abend mit einem Sänger erlebten, der nichts Besonderes war. Natürlich ließen wir den Louvre nicht aus und auch nicht den Flohmarkt, wo wir für ein paar Groschen zwei herrliche japanische Drucke erstanden. Noch Jahre später tat es uns leid, dass wir nicht die ganze Mappe genommen hatten. Fasziniert saßen wir in den Folies Bergères, die aus irgendeinem Grund schon kurz nach unserem Besuch geschlossen wurden. Wir erklommen den Eiffel-Turm, besuchten das Grab Napoleons und verzichteten auch nicht auf Montmartre. Die Krönung von allem waren jedoch die prall gefüllten Kaufhäuser mit ihrer faszinierenden Auswahl und Preisen, die sich jeder leisten konnte. Das Problem war nur, dass Sarah mit diesem Überfluss nicht zurechtkam, sie dachte jedes Mal, dass sie im nächsten Kaufhaus etwas noch Schöneres finden werde und vor allem – noch billiger. Eines Tages beschloss ich, sie einfach im Stadtzentrum abzusetzen, in den Galeries Lafayette, gerüstet mit Traveller Schecks von American Express. Gespannt wartete ich auf das Ergebnis. Als ich sie zwei Stunden später wiedertraf, waren die Scheine ungenutzt geblieben. Meine eigene Geldbörse hingegen saß recht locker. Wenn mir etwas gefiel, gab es kein langes Zögern, und bald schon schleppte ich mehrere Päckchen in das kleine Hotel, wo wir wohnten.

Zu erwähnen bliebe noch eine Straße von ganz besonderer Art, die unsere Aufmerksamkeit fesselte: die Rue Saint Denis, die trotz ihres Namens kein Fünkchen

Heiligkeit besaß. Stattdessen fand man dort das größte Prostituiertensortiment ganz Europas – in sämtlichen Hautfarben, Größen und Altersgruppen. Für jeden Geschmack etwas. Das bedeutete, dass dort Kunden aller Art auf ihre Kosten kamen, einschließlich dessen, was man als «pervers» bezeichnet.

Sofort verspürte ich den unwiderstehlichen Drang, einen Teil dieses Angebots zu fotografieren, für die «Jungs» in Tzuba. Natürlich war ich mit meiner treuen Contax-Kamera gerüstet. Kaum hatte ich diese aus ihrer Tasche gezogen, als die ehrenwerten Damen, die es natürlich nicht besonders schätzten, verewigt zu werden, in Alarmbereitschaft traten – eine von ihnen versuchte sogar, mir den Apparat zu entreißen. Es entstand ein kleiner Tumult, der sich aber rasch beruhigte. Ich lernte aus dieser Erfahrung, dass sich – im Gegensatz zu den Freunden in Tzuba – nicht jedes Objekt dazu eignet oder daran interessiert ist, fotografiert zu werden.

Als wir einige Jahre später wieder nach Paris kamen und die Rue Saint Denis aufsuchten, mussten wir zu unserer großen Enttäuschung feststellen, dass von den reizenden Prostituierten keine Spur geblieben war. Stattdessen waren dort Dutzende von Läden für Sexartikel aus dem Boden geschossen, die Priesterinnen der Astarte hingegen waren offenbar in andere Stadtviertel umgezogen.

Inzwischen begann ich mich immer müder zu fühlen. Wir beschlossen, unsere Reiseroute zu verkürzen und auf Spanien zu verzichten. Etwas entspannter machten wir uns auf den Weg in den Süden, durch das Loiretal mit seinem Reichtum an alten Schlössern und Burgen, von denen alle ihre eigene Geschichte hatten. Vom Rhône-Delta aus warfen wir einen Blick auf die Camargue, die wir aus einem von Sivs Lieblingsbüchern kannten: *Das weiße Pferd*. Gerade zur rechten Zeit kamen wir wieder nach Marseille, wo sich im letzten Moment ein kleines, ebenso unerwartetes wie überflüssiges Drama abspielte.

Beim Erwerb unseres Autos, das uns übrigens treue Dienste geleistet hatte, war vereinbart worden, dass die Werkstatt dieses nach Abschluss unserer Reise wieder zurückkaufen werde. Da wir es ins Herz geschlossen hatten, baten wir unseren Kibbuz um Genehmigung, es zur allgemeinen Benutzung nach Israel mitzunehmen, was uns jedoch verweigert wurde. Wir hatten nicht mehr viel Zeit, unser Schiff sollte noch am selben Nachmittag ablegen. Sarah machte sich auf eine letzte Einkaufsrunde und ich beeilte mich, die Kfz-Werkstatt im Osten der Stadt aufzusuchen.

Natürlich stellte sich ganz nach Murphys Gesetz – wenn etwas schiefgehen kann, dann tut es das auch – heraus, dass es dort einige Minuten vor meiner Ankunft einen Unfall gegeben hatte und niemand da war, um mit mir zu sprechen. Die Uhr tickte, der Preis, der mir angeboten wurde, lag weit unter unseren Erwartungen, und der Buchhalter ging essen. Schließlich gab ich nach, nahm meinen mageren Scheck in Empfang und lief zur nächsten Bank, um diesen einzulösen. Aber auch hier trat Murphys Gesetz in Kraft. Es stellte sich heraus, dass ich genau auf die Mittagspause gestoßen war. Ich schnappte mir ein Taxi und bat den Fahrer, mir ein paar der zur südfranzösischen Folklore gehörenden «Marius-und-Olive»-Anekdoten zu erzählen, um meine überreizten Nerven zu beruhigen. Obwohl ich sämtliche Witze bereits kannte, kostete mich das ein dickes Trinkgeld.

Als ich wieder ins Hotel kam, war Sarah noch nicht von ihrer Einkaufstour zurück. Die Stunde der Abfahrt rückte immer näher und wir hatten unsere im Laufe der Reise ordentlich angeschwollenen Koffer noch nicht gepackt. Wie sich herausstellte, konnte Sarah unser Hotel nicht mehr finden (Murphy, Murphy!) und irrte eine gute Stunde durch die Stadt, bis sie schließlich doch noch ankam, völlig außer sich. Wir fielen uns in die Arme und ich weiß nicht, wie lange wir im Duett weinten, bis wir uns beruhigt hatten und zum Schiff eilten, das schon kurz davor war abzulegen. Hauptsache, wir hatten es geschafft!

An Bord erwartete uns sogar eine angenehme Überraschung. Aus logistischen Erwägungen hatte uns die Schifffahrtsgesellschaft ZIM in die erste Klasse aufgestuft. Das bedeutete, dass wir auch in deren prunkvollem Speisesaal essen durften, wo die Passagiere von eleganten Kellnern bedient wurden und das Menü besser war. Aber auch hier fand sich ein Stachel im Honig: Als wir dem Kellner ein Trinkgeld gaben, das unseren Mitteln entsprach, blickte er darauf, als hielte eine Kröte in der Hand. Ich hatte das Gefühl, er wolle uns die Münzen jeden Augenblick ins Gesicht werfen. Aber er riss sich zusammen und begnügte sich damit, diese mit verächtlicher Geste in der Tasche seines Sakkos verschwinden zu lassen.

Heute ist es üblich, nach einer Europareise zurückzufliegen und völlig erschöpft und ausgelaugt zuhause anzukommen. Uns hingegen waren noch einige wirklich wunderbare Urlaubs- und Ruhetage vergönnt. Nur eine einzige Sorge machte uns zu schaffen: Wie sollten wir mit unseren zahlreichen Neuerwerbungen durch den Zoll kommen, einschließlich des Staubsaugers für die Schwiegereltern, den wir sorgfältig in einem Schlafsack verpackt hatten? Unser Gepäck hatte eindeutig unangemessene Dimensionen für ein junges Paar, das von einem Auslandsurlaub zurückkehrte. Hier spielte das Glück zu unseren Gunsten: Unsere Kinder, die uns mit den Großeltern abholen gekommen waren, verloren nach langem Warten die Geduld. Sie schlüpften ganz einfach durch die Sperren und liefen aufgeregt auf uns zu, halb lachend, halb weinend. Als wir an den Zollbeamten vorbeikamen, wirkte unsere Gepäckmenge für eine heimkehrende Familie von vier Seelen durchaus angemessen und wir konnten aufatmen.

Murphy war offenbar noch eine Weile an Europas Küsten zurückgeblieben.

Joel, verkleidet als Straßenfotograph an einem Purimfest

231

In jenen Tagen erwartete man von Genossen, die von einer – nur wenigen vergönnten – Auslandsreise zurückkehrten, coram publico Bilder der besuchten Stätten vorzuführen. Umso mehr, als vom «Hoffotografen» des Kibbuz die Rede war, der eine beachtliche Menge bunter Dias mit heimgebracht hatte, ganz zu schweigen davon, dass es sich bei diesem selben Fotografen zugleich auch um den Kulturbeauftragten a. D. handelte. Ehrlich gesagt musste man uns auch nicht lange überreden, wir waren so voller Eindrücke, dass wir diese mehr als gern mit unseren Freunden teilten.

Eines war uns damals noch nicht bewusst, ein Phänomen, das wir erst Jahre später erkennen sollten – der Neid, den wir bei vielen erweckten, die damals noch glaubten, selbst nie Derartiges erleben zu dürfen. Im Laufe der Zeit lernten wir auf die schwere Art, dass die Fähigkeit des Gönnens bei uns nicht sehr entwickelt war. Mir scheint, dass der Schöpfer bei der Verteilung dieser Eigenschaft etwas geizig vorgegangen ist. Schade.

## Sprung in eine andere Welt

Da meine Rückenschmerzen immer stärker und häufiger wurden und ich oft tagelang zusammengerollt auf dem Bett lag und litt, wurde nach einer Reihe ausgesprochen unangenehmer Untersuchungen ein Bandscheibenvorfall diagnostiziert, der operiert werden musste. Heute ist das ein Routineeingriff, damals war er noch mit einer erheblichen Lähmungsgefahr der unteren Körperhälfte verbunden. Zu meinem großen Glück fiel ich in die Hände eines begabten Chirurgen, der das Land inzwischen verlassen hat: Dr. Tibrin, ein Neurochirurg am Hadassah-Krankenhaus, dem ich die jahrelange Erleichterung meines Zustands verdanke. Die Krankenschwestern himmelten ihn an und erzählten zahlreiche Wundergeschichten über ihn, der auch die diffizilsten Gehirnoperationen ohne Zittern ausführte. Wenn er jedoch selbst eine Spritze bekommen sollte, musste er von vier Menschen festgehalten werden.

Für mich war das der erste Krankenhausaufenthalt meines Lebens, zunächst zur Vorbereitung und Durchführung einer Reihe weiterer Untersuchungen. Ich kam in die Abteilung E, die damals am unteren Ende der Nevi'im-Straße in einem freundlichen alten Haus mit familiärer Atmosphäre untergebracht war. Jeder neue Patient wurde von den «Alteingesessenen» mit großer Neugier empfangen und auch über deren Leiden detailliert in Kenntnis gesetzt. Gut verstand ich mich mit einem jungen Rechtsanwalt, der ein ähnliches Problem hatte wie ich; mit einem Arbeiter der Tnuva-Molkerei, der an multipler Sklerose im fortgeschrittenen Stadium litt; und einem ultraorthodoxen jungen Mädchen, bei dem der Verdacht auf einen nicht operablen Hirntumor bestand.

Wenige Tage nach meiner Ankunft wurde auch eine Genossin aus dem Kibbuz Kinneret im Jordantal eingeliefert, die an einer halbseitigen Körperlähmung litt. Mit ihr knüpfte ich eine Freundschaft an, die lange Jahre fortdauerte. Jeder einzelne meiner Mitpatienten brachte sein eigenes Gepäck an Ängsten und Befürchtungen mit, ebenso wie an Erwartungen und Hoffnungen, die so gut wie möglich unter dem Mantel eines «das wird schon» versteckt wurden.

Was mich jedoch am meisten beeindruckte, war diese absolute Trennung von der Außenwelt. Es war, als lebte ich auf einem anderen Planeten, wo ich keinen freien Willen besaß und meinen Betreuern auf Gedeih und Verderb ausgeliefert war. Sarah besuchte mich fast täglich, manchmal in Begleitung von ein oder zwei Kindern (einmal schmuggelte sie sogar Yammi, unseren Siamkater, mit hinein, der wegen der fremden Umgebung, in die er gegen seinen Willen gebracht worden war, etwas verwirrt aussah). Manchmal hatte ich das Gefühl, dass sie eine Art Verbindung zur Außenwelt darstellten, von der ich mich vorübergehend verabschiedet hatte, wobei es alles andere als gewiss war, dass ich noch dahin zurückkehren würde. Zur Sicherheit verfasste ich ein testamentähnliches Schriftstück.

Das «familiäre» Gefühl, das die stationären Patienten empfanden, lag nicht zuletzt an der Aufmerksamkeit, mit der uns die Krankenschwestern und vor allem die Lernschwestern betreuten. Zu einer von ihnen, die aus einem Moshav bei Jerusalem stammte, entwickelte sich eine Nähe, die ich bis heute schwer einordnen kann – vielleicht wie die Beziehung zu einer Schwester, die ich nie hatte. Es begann eines Nachts, als ich nicht einschlafen konnte und Shoshi in der Abteilung Dienst hatte. Nach einer Weile rief ich sie und bat um eine Schlaftablette. Sie fragte: «Vielleicht wäre es besser, wenn ich dich zum Einschlafen bringe?», und setzte sich auf den Bettrand an meiner Seite. Mehr als eine Stunde lang führten wir ein seltsames Gespräch, flüsternd, um die anderen Kranken nicht zu stören. Dabei erfuhr ich, dass sie Kurdin war, die Jüngste unter einem Dutzend Geschwistern, und voller Neugier auf die Welten, aus denen «ihre» Patienten kamen. Gern erzählte ich ein wenig von meiner Geschichte, der sie fasziniert lauschte. Dann beteiligte sie mich an den Dilemmas und Kämpfen, die sie in ihrer Familie ausfechten musste, nachdem sie verkündet hatte, dass sie eine Krankenschwesterausbildung machen wollte. Nur mit der Unterstützung ihres Vaters und eines der Onkel gelang es ihr schließlich, die Erlaubnis zum Lernen zu bekommen, unter der Bedingung, dass sie weiterhin zuhause schlafe und nicht im Heim der Lernschwestern.

Ich versuchte, mir die Reaktion ihrer Familie vorzustellen, wenn man sie so gesehen hätte, am Bettrand eines verheirateten Mannes sitzend, zur späten Nachtstunde, aber Shoshi schlug sich längst nicht mehr mit solchen Fragen herum. Sie hatte das Gefühl, mental bereits einer moderneren, freizügigeren Welt anzugehören. Das Problem war nur: Jedes Mal, wenn sie diese neue Freiheit umsetzen wollte, wurde ein innerer Bremsmechanismus aktiviert, ein Überbleibsel ihrer konservativen Erziehung und strengen ethnischen Traditionen. Ihr damaliger Freund hatte sie bereits gewarnt, dass er ihre Weigerung, sich ihm hinzugeben, nicht mehr lange ertragen könne, und unlängst hatte er ihr sogar eine Schallplatte von Elvis Presley geschenkt, mit einem von dessen bekannteren Liedern: «It's now or never, my love won't wait».

Nach zwei Wochen Untersuchungen und Konsultationen fiel die Entscheidung zur Durchführung einer Operation, bei der mein vierter und fünfter Wirbel miteinander verbunden werden sollten, um einem baldigen Wiederauftreten des Problems vorzubeugen. Ich wurde in ein anderes Gebäude von Hadassah verlegt und musste mich von meinen neuen Freunden verabschieden.

Der MS-Patient kämpfte noch eine Weile, als er jedoch dem Erstickungstod nahe war, setzte er seinem Leben ein Ende. Der Rechtsanwalt wurde einer ähnlichen Operation unterzogen wie ich und kehrte dann wieder aufs gerichtliche Schlachtfeld zurück. Der Hirntumor des ultraorthodoxen Mädchens, mit dem ich tiefe Gespräche geführt und dabei herausgefunden hatte, dass sie eigentlich eine Ketzerin war, wurde ebenfalls operativ entfernt und ich hoffe sehr, dass kein Schaden zurückgeblieben ist. Die Lähmung meiner Freundin aus Kinneret ging durch gute medikamentöse und seelische Behandlung allmählich zurück. Schwester Shoshi schloss ihre Ausbildung ab, heiratete ihren Auserwählten und lebt glücklich in ihrem Moshav.

Nach einer Beruhigungsspritze verabschiedete ich mich von Sarah und wurde in den OP gebracht. Dort bat man mich, bis 20 zu zählen, bei 13 schlief ich ein. Einige Stunden später wachte ich auf und fragte, warum man mich nicht operiere. Man teilte mir mit, dass der Eingriff bereits erfolgreich durchgeführt worden sei. Als ich später zum ersten Mal aufstehen sollte, wurde ich in dem Augenblick ohnmächtig, als meine Füße den Boden berührten.

Nach Hause zurückkehrt war es, als sei ich nach einer Reise durchs All wieder auf der Erde gelandet, die sich inzwischen wie gewohnt weitergedreht hatte. Da ich noch ziemlich schwach war, wurde beschlossen, mich in ein Sanatorium der Krankenkasse nach Motza-Illit zu schicken. Es dauerte ein bis zwei Tage, bis ich mich an das neue Milieu gewöhnt hatte, zu dem auch ein paar Bekannte aus vergangenen Tagen zählten.

Nun musste ich mich mit der Frage meiner zukünftigen Beschäftigung befassen. Es war klar, dass ich keine physischen Arbeiten mehr ausüben konnte, die mit langem Stehen oder erheblicher körperlicher Anstrengung verbunden waren.

Als man mir die Stelle eines innerbetrieblichen Prüfers bei Tnuva in Jerusalem anbot, willigte ich mit Freuden ein, obwohl ich keine Ahnung hatte, was diese Aufgabe bedeutete. Dann begann ich, meinen neuen Beruf zu erlernen, von den Prüfern in anderen Landesbezirken, wo man bereits seit einigen Jahren ein regionales Kontrollsystem aufgebaut hatte.

Dazu muss erklärt werden: Tnuva war der gemeinsame Großkonzern sämtlicher landwirtschaftlichen Betriebe, Kibbuzim und Moshavim und für die Vermarktung, manchmal auch für die Verarbeitung und Verpackung von deren Agrarprodukten zuständig. Das Problem war, dass man bei der Gründung des Unternehmens das rasche Wachstum der Betriebe noch nicht voraussehen konnte und auch nicht den Wirrwarr der zum Teil gegensätzlichen Erwägungen und Interessen, die einige Jahre später zu Tage traten.

Zur Jerusalemer Tnuva-Filiale, für die ich zuständig war, gehörten Fallobsthaine, zahlreiche Hühnerställe zur Aufzucht von Mastvieh wie zur Geflügel- und Eierproduktion, große Kuhställe etc. Wie in den anderen Zweigstellen umfasste die Verwaltung auch bei uns einen Moshavnik und einen Kibbuznik mit gleichen Befugnissen. Der Kibbuznik war eine fast legendäre Figur, Yossi Ben-Avraham aus Kiryat Anavim, der die Rinderproduktion entwickelt und ein Milchverteilungsnetz für den gesamten Großraum von Jerusalem eingerichtet hatte. Da er auch für finanzielle Belange zuständig war, verstand er, wie dringend die Milchbauern auf Vorschüsse angewiesen waren und richtete eine Art Privatbank ein – was ihm große Macht verlieh. R. war der Direktor, der die Moshavim vertrat und unter anderem für die Kontrolle zuständig. Er war es auch, der mich in das Unternehmen gebracht hatte. Leider gab es zwischen ihm und Ben-Avraham Konkurrenzkämpfe und unterschwellige Spannungen. Irgendwie wurde ich in diesen brodelnden Hexenkessel hineingezogen, zu dem noch eine dritte Partei von großem Einfluss gehörte: der Betriebsrat, der mehrere hundert Angestellte von Tnuva vertrat. Dazu zählten einige ehemalige Kibbuz- und Moshavgenossen, die sich immer noch als «Hausherren» über Land, Geräte und Felderzeugnisse betrachteten. Was man mir verschwiegen hatte war, dass meine Einstellung als Prüfer der lokalen Direktion von der Landeszentrale aufgezwungen worden war, da es in der Jerusalemer Filiale nach Regelwidrigkeiten roch.

Ich meldete mich bei Direktor R. und wurde von diesem knapp instruiert, was man von mir erwartete. Wie beiläufig riet er mir auch, Zusammenstöße mit dem Betriebsrat zu vermeiden. Weiter wurde mir ein kleines Büro zur Verfügung gestellt. Dann schickte man mich auf eine Vorstellungsrunde, zu der ein Treffen mit Genosse Feld gehörte, dem Leiter der zentralen Kontrollstelle von Tnuva, und ein Besuch bei Tnuva Haifa, wo ich die üblichen Verfahrensweisen und Kontrollmittel kennenlernen sollte.

Dort wurde mir zum ersten Mal angedeutet, dass im Vermarktungskönigreich von Tnuva Jerusalem etwas stank und man empfahl mir, mich mit größter Vorsicht durchs Dickicht zu schlagen.

Zunächst begann ich mit routinemäßiger Kontrollarbeit: einer Prüfung der Eichung von Waagen, Sortiermaschinen und den diversen Kassen. Gleichzeitig führte ich Kennenlerngespräche mit den Akteuren vor Ort. Ein Teil der Direktoren zweiter Reihe gab sich kooperativ, andere zeigten demonstrative Neutralität. Später erfuhr ich, dass sie um ihre Stellung bangten, weil ihnen der Vorsitzende des Betriebsrats, der gleichzeitig auch Personalchef von Tnuva Jerusalem war (das kann nicht sein, sagt ihr? Ein Interessenkonflikt? Natürlich, aber so war es), nahegelegt hatte, sich besser von mir fernzuhalten.

Ich hingegen ging damals noch davon aus, dass man mich aufgrund meiner Talente und Eigenschaften eingestellt hatte, um Ordnung ins System zu bringen und das Vertrauen der Farmen wiederherzustellen, die diesen komplexen Apparat gegründet und irgendwann die Kontrolle darüber verloren hatten.

Nach einer Weile rief man mich in das Tel Aviver Prüfungsbüro, wo man mir mitteilte, dass ein dringender Verdacht auf Missbrauch von Konzerngeldern zu Fremdzwecken bestehe. Offenbar war mein Vorgesetzter in Begleitung einer der Sekretärinnen auf Kosten von Tnuva ins Ausland gefahren, natürlich ohne Genehmigung der Zentrale. Ich sollte die Angelegenheit untersuchen, ohne Verdacht zu erregen.

Rückblickend überrascht mich meine grenzenlose Naivität von damals, deren Folgen nicht lange auf sich warten ließen.

Der Betriebsrat erkannte, worauf meine Nachforschungen hinausliefen, da die reiselustige Sekretärin in der Personalabteilung arbeitete und die ganze Affäre dem

Vorsitzenden des Rats – und, wie gesagt, gleichzeitigem Chef der Personalabteilung – dazu diente, R. zu erpressen. Daher hatte man dort die Anweisung bekommen, nicht mit dem Prüfer, also mit mir, zu kooperieren. Zudem wurde noch bei der Prüfungskommission der Histadrut eine Beschwerde gegen mich eingereicht, wegen Überschreitung der Kompetenzen. Und wie um dieses Spektakel zu vervollkommnen, reichte R., der offenbar völlig richtig annahm, die Informationen über seine Reise seien von Ben-Avraham gekommen, eine Gegenklage ein, wegen einer Wohnung, die für die kibbuzabtrünnige Tochter des Obengenannten zu einem Sonderpreis von Tnuva erworben worden war.

Inzwischen nahm ich an einem Fortbildungskurs für betriebsinterne Prüfer teil, wo eines der behandelten Themen die Autoritätsquelle eines solchen war. Sollte dieser dem Direktor unterstellt sein, dem Direktorium, oder gar den Aktionären der Gesellschaft? Ich glaube, dieses Problem ist bis heute nicht vollständig gelöst worden.

Letztlich wies der Prüfungsausschuss der Histadrut die Klage gegen mich ab und begnügte sich mit der Anmerkung, ich solle bei der Ausübung meines Amtes mehr Vorsicht walten lassen. Den beiden Direktoren von Tnuva Jerusalem wurde nahegelegt, ihre Kündigung einzureichen. An ihre Stelle trat ein neuer Direktor, der aus all dem Geschehenen einen Schluss gezogen hatte: dass es besser sei – den Inspektor zu wechseln. Somit beendete ich meine zweijährige Arbeit bei Tnuva Jerusalem und kehrte nach Hause zurück.

## Unsere Familie: Erweiterung und Veränderungen

1964 gab es sich in unserer kleinen Familie eine ganze Reihe bedeutender Ereignisse. Sarah schloss drei Jahre «Ökonomie» ab, was soviel bedeutete wie die Leitung der Küche und des Speisesaals des Kibbuz, und kehrte zu dem Bereich zurück, in dem sie am besten war: Pädagogik. Dort durchlief sie sämtliche Stufen von der Säuglingspflege bis zur Erziehung von Jugendlichen.

Nun war die Reihe endlich an uns, in die «Veteranensiedlung» umzuziehen, und das bedeutete wirklich eine bedeutende Veränderung und enorme Verbesserung unserer Lebensqualität. Darüber hinaus wuchs mit der Geburt unseres Nesthäkchens Oranit auch die Dimension unserer Familie. Diese Geburt setzte übrigens auch unseren Aktivitäten im Bereich des Kinderkriegens ein unfreiwilliges Ende.

Bei einem ihrer Besuche entdeckte Sarahs Mutter auf dem Arm ihrer Tochter einen schwarzen Fleck, der frühzeitig als Melanom diagnostiziert und mit Bestrahlungen behandelt wurde. Er bedeutete auch die Vermeidung weiterer Schwangerschaften, die möglicherweise zu einer Rückkehr des Tumors geführt hätten. Daher senkten wir den durchschnittlichen Kinderreichtum von Tzuba und störten die Balance einer normalen geschwisterlichen Bindung zwischen unseren Kindern, indem wir «auswärtige Kinder» in unsere Familie aufnahmen.

Da einige dieser Versuche mit großem Herzweh und einer beträchtlichen Beschädigung meiner Briefmarkensammlung endeten, zogen wir es vor, fortan Volontäre

Neugebaute kleine Wohnhäuser für Kibbuz-Familien, auch Dorkams durften eines von ihnen mit ihren drei Kindern beziehen, 1964

Sarah gestaltete viele Feste im Kibbuz verantwortlich mit; hier links im Bild zu Purim, verkleidet

Joel und Sarahs älteste Tochter Livnat und Bruder Siv bei einem festlichen Anlass

Familienfreizeit am Shabbat

Joel und Sarahs jüngste Tochter Ornit, rechts

und Ulpan-Schüler aufzunehmen, mit denen ich leicht eine gemeinsame Sprache fand.

In guter Erinnerung habe ich einen jungen Amerikaner namens Christopher. Er war mit einer Gruppe christlicher Fundamentalisten bei uns gelandet, bei der Rauchen, Drogenkonsum, Alkohol und natürlich auch Sex verboten waren. Dieses Sammelsurium von «Du-sollst-nicht»-Geboten wurde schlicht und einfach als «the rules» bezeichnet. Als der junge Mann begann, übers Wochenende zu verschwinden und wir uns mit der gebotenen Feinfühligkeit erkundigten, was los sei und wie sich das mit den «rules» vereinbare, bekamen wir eine Antwort, die uns perplex machte und seither zu unserem Lebensmotto geworden ist: «The rules are flexible» – die Regeln sind flexibel. Und es ward Friede in Israel!

Einer meiner zahlreichen Aufgabenbereiche war über viele Jahre hinweg die Vermittlung von Zeitarbeitern und die Kontaktaufnahme mit diversen ausländischen Organisationen, die darauf spezialisiert waren. Auf diese Weise lernte ich einige ganz besondere «Typen» kennen, und manchmal entwickelte sich daraus sogar eine Freundschaft, zum Beispiel mit dem konvertierten protestantischen Priester A. M., der uns erstklassige, mitunter etwas seltsame Volontäre schickte. In unseren Gesprächen erwies er sich als empfindsamer und kluger Mann, der auch schöne Gedichte schrieb und stets bereit war, jeden Hilfesuchenden zu unterstützen. Manchmal verleitete sein großes Mitgefühl ihn dazu, auch da Vertrauen zu schenken, wo das nicht angeraten war und brachte ihn dadurch in erhebliche Schwierigkeiten.

Das Phänomen der Volontäre, die zum Judentum übertraten, erweckte meine Aufmerksamkeit. Im Laufe der Jahre entwickelte ich ein diagnostisches Gefühl für die bestimmte Art von Persönlichkeit, die für den Zauber des Judentums anfällig war. Häufig handelte es sich dabei um Menschen, vor allem Frauen, die ihren Platz in der Gesellschaft, in der sie zur Welt kamen und aufwuchsen, nicht finden konnten. Irgendwann gelangten sie zu dem meist unbewussten Schluss, dass sie, von ihrer eigenen Gesellschaft ausgestoßen, ihre Heimat vielleicht in dem Land und bei dem Volk finden könnten, das ebenfalls ein Paria unter den Völkern war. Nicht selten stellte sich später heraus, dass es unter ihren Vorfahren einen Juden gegeben hatte.

Eines Tages saß ich im Kibbuzbüro, um für ein paar Stunden die Telefonistin zu vertreten. Plötzlich kam ein gutaussehendes junges Mädchen herein, einen schweren Rucksack auf dem Rücken, und fragte, ob es als Volontärin aufgenommen werden könne. Aufgrund vergangener Erfahrung erklärte ich ihr, dass wir ohne Vorabsprache und Empfehlungsschreiben von irgendeiner Körperschaft keine Freiwilligen aufnähmen. Sie sagte, dass sie das verstehe, nahm ihren Rucksack wieder auf den Rücken und machte sich daran zu gehen, ohne zu diskutieren – und das gefiel mir.

Ich rief sie zurück und versuchte, mehr über sie zu erfahren. Wie sich herausstellte, war sie Schweizerin, Tochter einer kinderreichen, streng katholischen Bauernfamilie, die in den Alpen lebte. Ich fragte sie, ob sie sich innerhalb einiger Wochen ein Empfehlungsschreiben besorgen könne und schlug ihr vor zu bleiben, natürlich nur auf Probe. Sie begann zu arbeiten, im Kuhstall, wie es sich gehört, und lernte dort ihren zukünftigen Mann kennen – Danni Shemer. Theres unterzog sich einem langen und gründlichen Übertrittsprozess – wie wir im Laufe der Zeit lernten, so gründlich, wie sie alles tut, was sie im Leben anpackt. Dann gründete sie eine wahre Vorzeigefamilie und wurde zu einer allgemein geschätzten Genossin und Oberschwester der Ambulanz von Tzuba. Letzteres, nachdem sie mehrere Jahre als Betreuerin im Kinderhaus und Verantwortliche für den Speisesaal gearbeitet hatte. Ab und zu erinnerten wir uns an den Augenblick, in dem sie ihren Rucksack wieder aufgeladen hatte und nur einen kleinen Schritt davon entfernt gewesen war, «uns für immer verloren zu gehen». Die Moral von der Geschichte: Bewahre deine Prinzipien, aber sei mitunter auch flexibel und – höre auf deine Intuition!

Ich kehrte nach Hause zurück und versuchte, in der Buchhaltung unterzukommen, die gerade ihren Automatisierungsprozess begonnen hatte, vorerst mit Hilfe einer schwerfälligen und komplizierten Maschine. Ich hatte die Beschäftigung mit solchen Aufgaben nie geliebt und auch die Tatsache, dass ich keine physische Arbeit mehr leisten konnte, änderte nichts an meiner Beziehung zu trockenen Zahlen. Dennoch lernte ich im Laufe der Zeit so manches über die Themen Wirtschaft und Buchhaltung dazu, das mir später nützlich war.

Diese Situation hätte noch jahrelang fortdauern können, wäre es nicht zu einer überraschenden Wende aus völlig anderer Richtung gekommen. Als die Bewegung ein paar Jahre zuvor wieder einmal vor einem Wahlkampf gestanden hatte, wurde ich als Aktivist der Jerusalemer Filiale der Achdut Ha'avoda rekrutiert und knüpfte dort einige Beziehungen an. Nachdem der Sekretär des dortigen Ortsbüros nun angekündigt hatte, dass er in den Ruhestand treten wolle, ließ die Partei bei mir anfragen, ob ich an diesem Amt interessiert sei, im Rahmen von drei Tagen in der Woche, ein Umfang, der für diese Ortsfiliale zu jener Zeit völlig ausreichend schien. Als Anreiz wurde mir ein Auto versprochen, in der «grausamen» Realität musste ich mich mit einem ziemlich kläglichen Mofa begnügen, mit dem ich abends nach Hause fuhr, auch wenn es regnete und stürmte, und ich kam, wenn überhaupt, völlig durchnässt und steifgefroren an.

Aber das war eher nebensächlich. Das wahre Problem war, dass es in diesem Parteibüro, das damals im zweiten Stock eines alten Hauses in Nähe des Zion-Platzes untergebracht war, niemanden gab, mit dem man reden konnte. Abgesehen vom Sekretär (meist ein Kibbuznik oder ein ehemaliger Kibbuznik) bestand die Belegschaft aus einer technischen Sekretärin, die der «Alltagsbelastung» nicht gewachsen war und daher durch eine Teilzeitkraft verstärkt wurde, die wiederum bedauerlicherweise nicht tippen konnte – genau genommen war nicht ganz klar, was sie eigentlich konnte. Klar war hingegen, dass sie mit dem Besitzer einer benachbarten Privatdetektei verwandt war, der sie unter seine Schirmherrschaft nahm, ohne dass wir um seine Dienstleistungen gebeten hätten.

Aus Neugier, aber auch aus dem zunehmend stärker werdenden Gefühl, dass dieses Büro nicht nach den Anleitungen der Zentrale arbeitete, führten einige Aktivisten, der Großteil davon übrigens Mitglieder des Jerusalemer Arbeiterrates, eine kleine Untersuchung durch, die ziemlich traurige Ergebnisse brachte. Über die Tatsache hinaus, dass die wenigen eingeschriebenen Mitglieder ihren bescheidenen

Mitgliedsbeitrag nicht zahlten, gab es, abgesehen von einigen von der Zentrale vorgeschriebenen Veranstaltungen, auch kaum Aktivitäten. Als ich die Steuerkarte überprüfen wollte, stellte sich heraus, dass eine solche gar nicht existierte. Mein Amtsvorgänger hatte sich nach einer kurzen Überlappungszeit eiligst aus dem Staub gemacht, sodass ich allein mit einer Aufgabe zurückblieb, die unter den gegebenen politischen Konstellationen kaum zu erfüllen war. Damals beherrschte die Regierungspartei noch den Großteil aller Schlüsselpositionen im Land und warf ihren Koalitionspartnern nur ein paar Brocken davon zu. Das galt auch für eine so kleine und ehrgeizige Partei wie die Achdut Ha'avoda, die aus ihrer stolzen Vergangenheit einen gesunden Appetit und proportional völlig unangemessene Forderungen nach Größe und Einfluss mit sich gebracht hatte. Abgesehen von den Funktionären, die dank eines «Parteienschlüssels» fest auf ihren Stühlen saßen, gab es noch einige Dutzend Anhänger der Achdut Ha'avoda – treugeblieben wegen ihres hartnäckigen oder kämpferischen Charakters oder dank des ideologischen Gepäcks, das sie in der Jugendbewegung, im Kibbuz, im Rahmen der Arbeiterjugend oder als externe Kibbuzkinder übernommen hatten.

Die traurige Wahrheit ist, dass viele von ihnen die Bewegung verlassen hatten, einen Groll auf diese hegten oder dem Kibbuz nicht verzeihen konnten, dass er sie ihrer ethnischen Traditionen beraubt hatte, die ihnen genügend seelische und gesellschaftliche Identität gegeben hätten, um sich gegenüber den etwas rauen und stacheligen Kibbuzniks zu behaupten. Sie wollten als «gleichwertige Partner der Kindergesellschaft» von der Kibbuzgemeinschaft aufgenommen werden.

Rechnete man noch eine Handvoll Intellektueller und Künstler wie Chaim Guri und Chanoch Bartov sowie ein paar Medienleute wie Yehoshua Tadmor und Aharon Geva hinzu, konnte man das Lager unserer treuen Anhängerschaft auf den Punkt bringen. Und tatsächlich gab es, nachdem ich ein paar Symposien zu aktuellen Themen veranstaltet hatte, keine Fortsetzung mehr, sodass ich so gut wie allein auf dem Schauplatz zurückblieb, bis wieder ein Wahlkampf anstand, bei dem ich hoffte, meine organisatorischen Fähigkeiten ausschöpfen zu können.

Dann aber wurde Verstärkung in unser Ortsbüro «importiert»: ein Genosse aus einem Kibbuz im Norden und ehemaliger Palmach-Kommandant, der als «Experte» für Wahlkampagnen in Jerusalem galt. Er machte sich nicht einmal die Mühe, auch nur versuchsweise mit mir zu kooperieren, sondern drängte mich ganz einfach beiseite und beraubte mich eines Großteils meiner Befugnisse.

Da ich nicht die geringste Lust hatte, mich mit ihm herumzuschlagen und mir auch klar war, dass er die uneingeschränkte Rückendeckung der Parteizentrale genoss, wo die Veteranen des Palmach massiv vertreten waren, bat ich darum, mich an eine andere Front zu versetzen, vorzugsweise in Nähe meines Heimatortes Tzuba.

So kam ich ins Ortsbüro von Beit Shemesh, wo ich im Rahmen der inzwischen gegründeten Ma'arach-Partei tätig war und ein breites Aktionsfeld fand, unter anderem als Vermittler zwischen den irakstämmigen Einwohnern, die den Arbeiterrat beherrschten, und den ehemaligen Nordafrikanern, die im Kommunalrat und in anderen öffentlichen Einrichtungen das Sagen hatten.

Als Zünglein an der Waage fungierten ausgerechnet die, die keine orientalischen Juden waren: die Rumänen, die den Kleinhandel und die Presse beherrschten. Ob man ihre Praktiken nun mochte oder nicht, im Endeffekt haben sie einen Orden verdient. Insgesamt durfte Beit Shemesh als typisches und auch ziemlich gelungenes Modell einer Entwicklungsstadt gelten.

Bedeutende Unterstützung bekam ich nicht nur während der Wahlen, sondern auch in normalen Zeiten vom Kibbuz Tsuba, der nahe genug lag, um involviert zu sein, aber auch weit genug entfernt war, um nicht mit den laufenden Aktivitäten von Beit Shemesh zu konkurrieren. Mehr als das, die Existenz Tzoras wurde von dieser Kleinstadt nicht als Bedrohung empfunden, sondern vielmehr als Potenzial für zukünftige Kooperationen. Zu meiner Überraschung wurde ich beim Wahlkomitee der Ma'arach in Beit Shemesh freundlich aufgenommen und konnte mich sofort an den Vorbereitungen zum Wahltag beteiligen. Darüber hinaus ließen mich die Aktivisten dieser Ortsgruppe sogar an ihren internen Reibereien teilhaben und betrachteten mich als ausgleichenden und vermittelnden Faktor zwischen den Parteiorganen und den Angehörigen der verschiedenen lokalen Ethnien. Die Folge von all dem war, dass man auch beim nächsten Wahlkampf ausdrücklich darum bat, mich nach Beit Shemesh zu schicken, wo ich während dieser Zeit fast zum Einheimischen wurde, bis ich die politischen Intrigen satt hatte und sämtliche parteilichen Aktivitäten vollständig aufgab.

Als einige Jahre später eine neue Partei namens «Dash» gegründet wurde, wandte ich mich an deren Jerusalemer Komitee und bot meine Dienste während der Wahlkampagne an, mit dem Hinweis auf meine große diesbezügliche Erfahrung. Die zurückhaltende Reaktion, die ich als Misstrauen gegenüber Kibbuzniks auslegte, war für mich ein Zeichen, dass auch diese angeblich so «junge und frische» Partei schon an den Anfängen interner Zwistigkeiten kränkelte, sodass mich auch die rasche Degeneration, der sie bald anheimfiel, kein bisschen überraschte.

Ich weiß nicht, wann mich der Wunsch überkam, meine lückenhafte Bildung zu ergänzen – wie man weiß, hatte ich nach meiner Ankunft im Land an einer Fachschule gelernt und meine fehlenden Kenntnisse der hebräischen Sprache, der Geschichte des jüdischen Volkes und des Alten Testaments nie vervollständigt. Mag sein, dass es der Drang zum Schreiben war, der nun zurückkehrte, an mir nagte und unerfüllt blieb. Vielleicht wollte ich mir auch gute Voraussetzungen für einen etwaigen Auftrag als Auslandsdelegierter schaffen. Wie dem auch gewesen sein mag, es fiel mir nicht leicht, die Erlaubnis für den Sozialwissenschaftslehrgang im Efal-College zu bekommen – aber wann wäre mir schon etwas in den Schoß gefallen? Dieses Mal blieb ich beharrlich, und schließlich ging man auf mich ein.

Nur Sarah, die mit unseren drei Kindern allein bleiben musste, war darüber nicht sehr begeistert. Aber auch das war keineswegs ein neues Phänomen, sodass sie sich schließlich mit meinem Fortgehen abfand und mir die Befriedigung gönnte, Wissen zu erwerben. Ich versah mich mit allem, was ich für mein Studium benötigte. Dazu gehörte auch der Erwerb eines Transistorradios, das bis heute, 40 Jahre später, funktioniert.

Der Kibbuznik beginnt zu studieren, nach Jahren praktischer Arbeit. Karikatur eines Freundes aus der Bewegung

Jeder der zwölf Studenten des sechsten Kursjahrgangs bekam sein eigenes Zimmer – wahre Luxusbedingungen. Tatsächlich war dieses Projekt das «Lieblingskind» des Leiters vom Kibbuz Hame'uchad, Yitzchak Tabenkin, für den das College in Efal einen ersten Schritt zur Gründung einer bewegungseigenen Universität darstellte. Die Studenten der ersten fünf Jahrgänge waren vor allem Angehörige der Führungsspitze der Bewegung, Wirtschaftler, ehemalige Palmach-Kommandanten, Künstler aller Art, Dichter, Schriftsteller und ähnliches Gemüse. Unser Jahrgang war der erste nach dem Sechs-Tage-Krieg, an dem bereits etwas niedrigere Ränge teilnahmen, vor allem Autodidakten, die ihre höhere Bildung ergänzen wollten, um irgendein Amt zu bekommen. Unsere Hauptfächer waren Wirtschaft, Geschichte, Philosophie, ein wenig Soziologie, Englisch und Mathematik.

Die Lehrer hatten ein außerordentlich hohes Niveau. Sie zählten zu den besten Dozenten der israelischen Universitäten, darunter Zvi Yavetz, Yehuda Neeman und Yosef Landau und auch «Figuren» aus der Bewegung wie Yosske Rabinowicz, Yose Levita, Yehuda Paz und natürlich auch unser vorbildlicher Vorsitzender Yitzchak Tabenkin höchstpersönlich. Das Studium war ziemlich intensiv, innerhalb von zwei Jahren sollte ein Abschluss erworben werden, der dem BA entsprach. Prüfungen gab es selbstverständlich keine, aber in unserem Jahrgang wurde damit begonnen, das Einreichen ernster Seminararbeiten zu verlangen. Auf dieses Thema komme ich später noch zurück.

Unser Wohnheim, scherzhaft als «Bastille» bezeichnet, umfasste die Wohnung von Tabenkin, eine Reihe von Miniaturzimmerchen für uns und Drei- bis Vierbettzimmer für die Teilnehmer anderer Kurse, die ein bis sechs Monate dauerten. Als Sparmaßnahme überlappten sich jeweils zwei Zweijahreskurse und ein Teil der Fächer wurde für beide gemeinsam unterrichtet. Dabei muss gesagt werden, dass der Großteil der Studenten das Studium sehr ernst nahm, nur ein einziger unserer Studienkollegen erwies sich als «flatterhaft» und war offenbar vor allem zu «Paarungszwecken» nach Efal geschickt worden. Ihn bekamen wir bei den Vorlesungen kaum zu Gesicht. Das größte Problem waren die frühen Abendstunden, die man im Kibbuz als «Kinderstunden» bezeichnete. Dann nahm die Sehnsucht nach dem Daheim, der Frau, den Kindern und dem gemeinsamen Abendessen im Kreis der Familie – damals noch im Speisesaal – überhand; die Sehnsucht nach den gesellschaftlichen Aktivitäten, den Chorproben, den Sitzungen der diversen Komitees. In diesen Stunden saß ich entweder mit einem meiner Kommilitonen zusammen oder vertiefte mich in ein Buch, das schon lange auf mich gewartet hatte. Und natürlich bestand jederzeit die Möglichkeit, mich meiner großen Arbeit zum Thema «Schwarzer Antisemitismus in den Vereinigten Staaten» zu widmen.

Eigentlich hatte ich beabsichtigt, eine Arbeit über die Vollversammlung im Kibbuz als Indikator für dessen gesellschaftliche Verfassung zu schreiben. Ich ging davon aus, dass man aus dem Kommunikationsmuster bei diesen Versammlungen Rückschlüsse auf das Verhältnis der Genossen untereinander ziehen könne. Leider ließ sich für dieses Thema aber kein geeigneter Tutor finden und ich wurde gebeten, einen anderen Vorschlag einzureichen. Dieses Mal erkundigte ich mich im Vorhinein, für welche Bereiche man einen Tutor finden könne, falls überhaupt.

So kam ich auf mein Thema, das ziemlich aktuell war und noch eingehend erforscht werden konnte. Ich besorgte mir relevante Literatur und vertiefte mich in das reichhaltige Material, das sich in den Vorjahren angesammelt hatte. Es enthielt deutliche Hinweise auf eine wachsende Verschärfung des vor allem sozioökonomisch bedingten Judenhasses in Reihen der afroamerikanischen Bevölkerung. Die Juden in den USA hielten die Stellungen «besetzt», die die Schwarzen anstrebten, in Berufen wie Pädagogik, Medizin, Sozialarbeit, Verkehrwesen und Kleinhandel. Darüber hinaus waren es gerade die Juden, die den Kampf der Farbigen unterstützten, mit diesen gemeinsam demonstrierten und sogar an ihrer Seite getötet wurden – aber so ist es: Die Menschen können im Allgemeinen gerade denen nicht verzeihen, die ihnen geholfen und sie in Augenblicken ihrer Not und Schwäche gesehen haben.

Weiter war es auch bequem, nach jedem Fehlschlag die Juden zu beschuldigen und ihnen die Verantwortung für diesen zuzuschieben. Trotz alledem hatte ich das Gefühl, dass sich überall da, wo man akzeptable Vereinbarungen erreicht hatte, eine Wende abzeichnete und sogar direkte Beziehungen zwischen den Anführern der beiden Ethnien angeknüpft wurden. Ich kam daher zu dem Schluss, dass wir den Höhepunkt der Feindseligkeiten bereits überwunden hatten und dass nun eine stufenweise Entspannung wie eine Abnahme der Auseinandersetzungen und Verleumdungen zu erwarten seien. Ich schloss meine Arbeit ab, fügte Fußnoten und Quellenangaben hinzu, wie es sich für eine ordentliche akademische Studie gehört, und reichte diese bei unserem Kursverantwortlichen ein. Statt der geplanten 30 bis 40 war mein Werk auf 80 Seiten angeschwollen. Einige Tage später wurde ich zu Tabenkin gerufen, der von meiner Abhandlung stark beeindruckt war und mit Lobesworten nicht sparte. Wie sich herausstellte, betrachtete er diese als Beginn einer sozialpolitisch orientierten Forschungsrichtung, die dem Seminar von Efal Prestige verleihen würde. Nur in einem Punkt war er ganz und gar nicht meiner Meinung: der Schlussfolgerung, die im krassen Widerspruch zur allgemein herrschenden Auffassung stand, dass die amerikanischen Juden eines Tages nach Israel einwandern würden, weil es in ihren Beziehungen zu den Afroamerikanern zwangsläufig zu einer Explosion kommen müsse.

Er bemühte sich, mir zu erklären, worin ich irrte und bat mich darum, meine Schlüsse zu korrigieren. Als ich auf meiner Meinung beharrte und mich seinen Anweisungen widersetzte, wurde er wütend und warf mich hinaus. Ich will hoffen, dass meine Arbeit irgendwo in den Archivkellern von Efal verwahrt liegt ...

Überhaupt, Tabenkin! Als der rechteckige Bau unserer Unterkunft, der «Bastille», geplant wurde, sollte dessen Schmalseite mit der Wohnung des Chefs – Tabenkins – nach Osten zeigen. Letzterer aber mischte sich persönlich ein und bestand auf seiner Auffassung, das Gebäude ähnlich dem Hof eines chassidischen Rabbis zu gestalten, der mit seinen Talmudstudenten ständig in Blickkontakt war. Bei seinen wöchentlichen Vorträgen pflegte er in seiner Wohnung zu warten, bis man kam, um ihn zu rufen. Dann hängte er sich mit einer demonstrativ künstlerisch-nonchalanten Geste das Jackett über die Schultern, ohne hineinzuschlüpfen. Seine Vorträge eröffnete er meist mit Anmerkungen zu irgendeinem aktuellen Vorfall und ging dann auf assoziativem, manchmal nur schwer nachvollziehbarem Weg zu mehr oder weniger waghalsigen Verallgemeinerungen über, die manchmal ans Prophetische grenzten. Wenn man dazu etwas fragen wollte und bis zum Ende seines Vortrags wartete, hatte man kaum eine Chance. Als er einmal über Israel sprach und dabei die besetzten Gebiete miteinbezog, ohne deren arabische Einwohner zu erwähnen, sammelte ich meinen Mut und fragte:

«Tabenkin, und was soll mit den zwei Millionen arabischen Einwohnern des Landes geschehen?»

Er antwortete offen und ganz im Sinn seiner Weltanschauung:

«Die arabischen Einwohner des Landes? Sie sind Teil der Landschaft, wie die Bäume und die Steine.» Man müsse ihnen das lediglich erklären, dann zögen sie ihre Folgerungen schon von selbst. Und wenn nicht, dachte ich mir infolge dieser Ausführungen, würde man sie sicher ebenso beiseite schieben wie diese Bäume und Steine?

Auch während meines Studiums gab es wieder einmal Wahlen.

Zum ersten Mal stellte ich fest, wie wenig man in der Parteizentrale verstand, was sich vor Ort abspielte, und wie wenig man dort fähig war, die eigentlichen zentralen Probleme der Entwicklungsstädte zu lösen. Sogar Luba Eliav, der damals an der Parteispitze stand, war überrascht, als sich plötzlich eine Rebellion der orientalischen Ethnien gegen die Regierung, die alte Führung des Landes und die Partei abzeichnete. Dabei hatte das Menetekel schon lange an der Wand gestanden.

Luba selbst war eine ganz besondere Spezies, eine seltene Gattung im Land: ein anständiger Politiker mit sauberen Händen, der sich – leider ohne Erfolg – bemühte, «die Ställe auszumisten». Wie es scheint, war es dazu schon zu spät, die Fäulnis hatte sich bereits überall breitgemacht und führte letztlich zum Zusammenbruch der gesamten Struktur der Arbeiterbewegung. Die Trennung zwischen der Chevrat Ovdim, der Allgemeinen Krankenkasse, und dem Berufsverband in der Histadrut war eine Art post-mortem-Maßnahme, die die Beschneidung von Macht und Zweck des Allgemeinen Arbeiterverbandes offiziell machte, all das unter Schirmherrschaft der Kibbuzführung, die der Korruption allein schon durch ihre aktive Mitarbeit einen Persilschein ausstellte und sich dabei vormachte, «von innen heraus» Einfluss nehmen zu können. Ich selbst hatte das Gefühl, dass wir mit dem Strom fortgerissen wurden und eher beeinflusst wurden als Einfluss zu nehmen und zog daraus meine eigenen Konsequenzen: Ich engagierte mich nicht mehr in der Wahlkampagne der Arbeiterpartei, sondern begnügte mich beim nächsten Urnengang damit, am Tag selbst in einem der Wahllokale zu arbeiten.

Mein Studium ging seinem Ende zu, und ich bedauerte es nicht, wieder nach Hause und zu meinen alten Beschäftigungen zurückzukehren: Einkaufskoordination, Redaktion der Gazette, Kulturreferat und ab und zu auch die Organisation von Fortbildungskursen für die Redakteure der Kibbuzblätter.

Die Kinder waren gewachsen und Siv bereitete sich schon auf die Bar-Mitzwa-Feier seines Jahrgangs vor. Er lernte ohne große Mühe, vor allem solche Fächer, die ihn besonders interessierten, darunter Literatur und Geschichte. Mühelos verschlang er ein Buch pro Tag. Zunächst wollten wir nicht glauben, dass er wirklich las. Wir stellten ihn auf eine Probe, die er mit Würde bestand. Wie sich herausstellte, «fotografierte» sein Gedächtnis die Seiten oder zumindest das Wesentliche daraus und erfasste das Material ohne Anstrengung. Seine Interessengebiete waren zahlreich und breit gestreut. Er liebte es, umherzustreifen und alle möglichen Orte zu erkunden und kehrte mehr als einmal zerkratzt und blutend zurück. Im Hadassah-Ein-Karem-Krankenhaus kannte man ihn gut, da er dort immer wieder mit Nähten versorgt werden musste. Inzwischen konnte er den Ärzten schon erklären, wo das nötige Verbandzeug lag.

Er war ein sensibles Kind, das auf jeden Vorfall reagierte, aber ich glaube, dass die meisten Lehrer und Betreuer das gar nicht erkannten und an seinen Spitzfindigkeiten ziemlich litten. Als ich mit meiner Arbeit über Bruno Bettelheims *Traumkinder* beschäftigt war, stieß ich auf einen Bericht über eine Schule in Schweden, wo es einen Ruheraum gab, in den sich die Kinder zurückziehen konnten. Ich fragte Siv, ob er im «Allgemeinen Haus», in dem er wohnte, an der Einrichtung eines solchen Ruheraums interessiert sei. Zu meiner Überraschung antwortete er: «Den habe ich schon. Wenn ich allein sein will, gehe ich auf die Toilette und verriegle die Tür.» Von allen Argumenten, die ich später zu Gunsten der Übernachtung in der Familie zu hören bekam, war das das überzeugendste.

Noch ein Vorfall aus Kindergartentagen, den Tagen des Gan Kalanit. Während der Kubakrise, als die Medien – das Radio, liebe Leser, Fernsehen gab es damals noch nicht – nur noch nukleare Schreckensprophezeiungen veröffentlichten, dachten wir, die Kinder bekämen davon überhaupt nichts mit. Bis zu dem Abend, an dem wir Siv schlafen legten und es plötzlich aus ihm herausbrach: «Mutter, ich will nicht sterben!» Erst Jahre später wurde uns klar, dass er seit frühester Kindheit an schweren Ängsten gelitten und niemanden von uns an seiner Bedrängnis beteiligt hatte.

Livnat hingegen war ein entschlossenes und stabiles Kind, das es verstand, sämtliche Mittel einzusetzen, um seinen Willen durchzusetzen. Als Sandwich zwischen unserem Erstgeborenen Siv und der kleinen Schwester Oranit mangelte es nicht an Gelegenheiten, die genannten Talente einzusetzen. Sowohl sie als auch Siv und eigentlich auch Oranit waren mit einem hervorragenden Ausdrucksvermögen gesegnet, mündlich wie schriftlich. Alle drei singen gern und alle drei lieben, unterschiedlich stark, Literatur und Poesie. Oranit, die sechs Jahre nach Livnat zur Welt kam (die etwas über ein Jahr nach Siv geboren wurde) war unsere Hauptlieferantin für die klassischen «Erlebnisse» der Kindererziehung.

Ein «Nein» wurde von ihr überhaupt nicht akzeptiert, schon gar nicht von ihrer Mutter, die unfähig war, ihr einen ihrer zahlreichen Wünsche zu verweigern. Schon sehr früh zeigte sie ein Interesse fürs Tanzen und Sarah fuhr mit ihr jede Woche in ein Jerusalemer Ballettstudio, bis es einer der beiden zu viel wurde.

Das stärkste der Dorkam-Kinder war jedoch zweifellos Livnat, die, wie mir scheint, nicht nur den Körperbau, sondern auch einige Charakterzüge meiner Mutter geerbt hatte: dieselbe Entschlossenheit und dieselbe Fähigkeit, Menschen, die vor ihr stehen, entweder rational oder intuitiv zu erfassen und maximalen Vorteil aus ihnen herauszuholen, ohne dass diese sich ausgenutzt fühlen.

Eines Tages verließ unsere Tochter nach einem heftigen Wortwechsel das Haus, um für einige Wochen zu verschwinden. Sarah machte sich schwere Vorwürfe, allerdings ohne Grund, denn Livnat hatte vorgesorgt und sich beizeiten bei ihrer Betreuerin Naomi untergebracht. Später, in der zehnten Klasse, teilte sie ihrer Klassenlehrerin mit, dass sie nicht beabsichtige, weiter an den Bibelstunden teilzunehmen und stellte genau genommen die Schule vor ein Ultimatum: entweder sie würde nur noch Fächer ihrer Wahl lernen oder... Es muss wohl kaum gesagt werden, dass man sie hinauswarf. Sie teilte uns mit, dass wir uns nicht zu sorgen bräuchten, sie würde ihr Abitur extern nachholen, sobald dies nötig werde – und so geschah es. Zuvor musste sie sich jedoch noch mit dem Militär auseinandersetzen – und zeigte sich diesem gewachsen, aber auf dieses Kapitel kommen wir noch zurück.

Siv schloss die Schule ab, wenngleich mit mehreren Zwischenfällen. Wir gewöhnten uns daran, alle paar Monate zum Direktor zitiert zu werden, wobei es beim Großteil der Beschwerden um die Erfüllung seiner Pflichten und Fragen der Disziplin ging. Außerdem hatte er auch das Hobby, herrenlose Hunde zu adoptieren, die er verrückt machte, bis sie etliche Paar Schuhe und ein bis zwei Matratzen angeknabbert hatten und wir sie schließlich im Hof des Hadassah-Krankenhauses aussetzten, wo sie, falls man sie nicht einfing, um der Wissenschaft zu dienen, wahrscheinlich Generationen Schuhe knabbernder Hündchen in die Welt gesetzt haben.

Und Oranit, die gerade in die erste Klasse kam, als ich von meinem Studium in Efal zurückkehrte? Auch auf ihrem Weg mangelte es nicht an Aufregungen, obwohl die Natur sie mit einem Überfluss an guten Eigenschaften gesegnet hatte. Mutig befreundete sie sich auch mit Mädchen, die meist älter waren als sie selbst. Sie besaß ein erstaunliches Imitationstalent, und wenn sie in Stimmung war, platzten wir fast vor Lachen über die Figuren, die sie darstellte. In ihrem letzten Schuljahr erfuhren wir von einer ihrer Freundinnen, dass sie mit großem Erfolg an einer Produktion vom *Sommernachtstraum* mitwirke. Als wir aber darum baten, das Stück zu sehen, stießen wir auf Verweigerung.

Zu meinen Erinnerungen aus jener Zeit gehört auch, dass ich, als ich 40 wurde, das Gefühl hatte, allmählich in die Jahre zu kommen und den Großteil meiner Lebenszeit bereits «vergeudet» zu haben. Ich begann mich zu fragen, was ich auf der Seite des «Habens» meiner seelischen Rechenschaft vorzuweisen hatte? Was hatte ich schon verwirklicht, von all meinen ambitiösen Bestrebungen, was war mit meiner schriftstellerischen Tätigkeit, die im Bewusstsein und im Denken der Menschheit Umwälzungen bewirken sollte? Mich beschäftigten Zweifel bezüglich der Institution der Familie, ich fragte mich, ob der monogame Rahmen für die Menschen im Allgemeinen und die Kibbuzgesellschaft im Besonderen wirklich am besten geeignet sei. Ich las ein

Buch mit dem Titel *The Harrad Experiment* von einem amerikanischen Autor namens Robert Rimmer, der Gruppenehen befürwortete, und begann, mit diesem zu korrespondieren. Ich fragte mich, warum die Kibbuzerziehung der Jugend weitreichende sexuelle Freiheiten einräumte, bis zur Ehe, um dann plötzlich konservativ zu werden und Normen zur Vermeidung außerehelicher Beziehungen aufstellte – Normen, die zwar meist nicht eingehalten werden, aber dennoch existieren und beachtlichen gesellschaftlichen Druck ausüben. Der Zufall wollte, dass ich in jenen Tagen gerade wieder an einer Tagung für Gazetten-Redakteure teilnahm, wo ich als Referent und Moderator fungierte. Am zweiten Tag begann ich, die Blicke einer Redakteurin aus einem der Kibbuzim des Shomer Hazair im Jordantal auf mir zu spüren, einer jungen Frau mit umwerfenden Augen und noch ein paar Attributen, vor allem einem außergewöhnlichen Denk- und Ausdrucksvermögen. Sie entsprach genau dem Stereotyp der von bürgerlichen Vorurteilen freien Mädchen des Shomer Hazair mit ihrem hohen intellektuellen Niveau, das überdies mit außergewöhnlichen erotischen Fähigkeiten einherging. Ich hatte keine Ahnung, woher dieses Klischee kam, beschloss jedoch, dessen Wahrheitsgehalt zu prüfen und begann, mich mit ihr zu unterhalten, zunächst über redaktionelle Arbeit und dann über die Fragen, die mir keine Ruhe ließen.

Das Gespräch floss mühelos und bald schon war mir klar, dass wir auf derselben Wellenlänge funkten. Wie selbstverständlich unternahmen wir einen nächtlichen Spaziergang durch die Umgebung. Es war eine mondbeschienene Frühlingsnacht, und man darf sagen, dass die Natur mit uns mitspielte und unserer kleinen Romanze die geeignete Kulisse bot. In angeregter Unterhaltung marschierten wir ins Ungewisse und genau, als wir zum Thema der kulturellen Spuren kamen, die wir mit der Muttermilch aufnehmen, erreichten wir das regionale Amphitheater mit seiner gestuften Bühne. Azit – ich glaube, das war der Name meiner Begleiterin – stand auf dem Podium, in der Pose einer griechischen Göttin. Um die Wirkung zu verstärken, entledigte sie sich ihrer Oberbekleidung und präsentierte sich nun entblößt in ihrer ganzen Pracht. Weich streichelte das Mondlicht ihre aufgerichteten Brüste, die aussahen, als seien sie von genialer Künstlerhand geschaffen.

Natürlich hinterließ diese Tagung bei mir einen starken Eindruck, aber es hätte höchstwahrscheinlich keine Fortsetzung gegeben, wenn mich der Zufall nicht nach einiger Zeit ins Jordantal geführt und ich mich nicht an die poetische Darstellung von Nomi Shemers Lied «Eukalyptushain» erinnert hätte, die Azit in eine unserer Schreibübungen in Beit-Berel eingebaut hatte. Ich wollte feststellen, ob von dem Zauber, der sich damals über uns gelegt hatte, etwas geblieben war, und ergründen, wie es um uns beide stand. Azit empfing mich strahlend und lud mich zu einem Spaziergang in der «salzigen Luft» der Landschaft des besagten Liedes ein. Eng umschlungen standen wir am Ufer des Jordans und lauschten dem sanften Rauschen der Flussströmung. Bis heute erwecken die Klänge des «Eukalyptushains» in mir Sehnsucht nach diesen vergangenen Tagen und ich frage mich, wohin das Leben Azit geführt und ob auch sie nicht vergessen hat.

Endlich war auch Sarahs Zeit gekommen, zu einem Lehrgang aufzubrechen, genauer gesagt, zu einem Fortbildungskurs in dem Bereich, in dem sie schon zuvor am meisten

Arbeitserfahrung besaß – der Erziehung. Tzuba hielt damals immer noch am Prinzip der Segalschen Gemeinschaftserziehung fest, was bedeutete, dass Sarah Sonntagfrüh zum Kibbuzseminar in Oranim aufbrach, Dienstagnachmittag zurückkehrte, um dann von Mittwoch bis Donnerstagnachmittag abermals dorthin zu fahren. Ehrlich gesagt weiß ich nicht, wie ich ein ganzes Jahr lang mit drei Kindern zurechtgekommen bin, ohne verrückt zu werden. Es war jedenfalls ein weiterer Beweis dafür, dass ein Mensch sich an jede Situation gewöhnen kann, wenn die Umstände es verlangen.

Wir waren auch telefonisch in Kontakt, nur gab es damals in den Wohnungen noch keine Privatanschlüsse, und auch die wunderbare Nervensäge namens Handy, in deren Benutzung Israel hinsichtlich der Zahl von Apparaten und Gesprächen per capita einen Weltrekord hält, war noch nicht erfunden worden. Das Charakteristische am israelischen Telefonierer ist sein Bedürfnis, seine nahe, aber auch die fernere Umgebung am Inhalt seiner Gespräche teilhaben zu lassen, einschließlich aller möglichen, zumeist schwachsinnigen «Weisheiten» und intimen Familiendetails.

Damals aber steckten wir wortwörtlich noch im Zeitalter der öffentlichen, mit der ganzen Nachbarschaft geteilten Telefone. Unseres befand sich in Nähe des Turnsaals und wurde in den meisten Tages- und auch Nachtstunden von einer bestimmten Genossin beansprucht, die die Nabelschnur, die sie einst mit ihrer Mutter verbunden hatte, nun durch die Telefonleitung ersetzte. Jedes Mal, wenn ihr Tonfall auf eine baldige Beendigung des Gesprächs hoffen ließ, holte diese Genossin Luft – und eröffnete ein neues Kapitel ihrer Erinnerungen. Wenn man sie behutsam darauf aufmerksam machte, dass die Warteschlange hinter ihr immer länger wurde, versprach sie, gleich aufzulegen – und machte weiter wie gehabt.

Natürlich beschränkten wir unsere Gespräche angesichts solcher Bedingungen möglichst auf ein Minimum. Als die Wohnungen der Genossen endlich mit Telefonanschlüssen ausgestattet wurden, verwaiste der öffentliche Apparat. Er diente höchstens hier und da noch einem Volontär, der mit einem R-Gespräch in seinem Heimatland anrief, oder Kindern, die «telefonieren» spielten. Heute erinnert an ihn nur noch ein heller Fleck an der Wand und fast alle Genossen, sogar die Kinder, besitzen natürlich ein eigenes Handy der zweiten oder dritten Generation. Und der Status eines Genossen misst sich unter anderem am Modell seines Handys.

Wie gesagt, beschloss Sarah nach schweren Zweifeln, tatsächlich in Oranim zu studieren. Sie hatte jahrelang darunter gelitten, das Gymnasium nicht abgeschlossen und kein Abitur gemacht zu haben – weil die Jugendleiter der Bewegung sie und ein paar Freundinnen damals gedrängt hatten, vorzeitig auf Hachschara zu gehen.

Inzwischen war Tzuba trotz zahlreicher Zwistigkeiten und Krisen gewachsen und hatte sich enorm entwickelt.

Da es keine verfügbaren Kerngruppen aus den Jugendbewegungen gab, beschlossen wir, «private» Garinim zu organisieren, vor allem aus den Landwirtschaftsschulen.

Die erste und auch gelungenste davon hieß «Garin Lahar» und stammte aus den Schulen in Mikwe Israel und Ein Karem. Hinzu gesellten sich einige Genossen, die durch Zufall auf allen möglichen Umwegen zur Gruppe gestoßen waren. Einen davon hänseln wir immer noch damit, dass er durch eine Annonce in der

Tageszeitung *Ma'ariv* rekrutiert wurde. Die Mitglieder dieser Kerngruppe sind heute die Träger unserer wichtigsten Ämter und haben auch die nachfolgende Generation herangezogen, bis sich der Vorrat gewissermaßen erschöpfte und wir uns wieder an die Jugendorganisationen – diesmal an Machanot Olim – wenden mussten. Von ihnen bekamen wir die Kerngruppe «Shorek», die in unserer Gemeinschaft ebenfalls ein beispielhaftes Element darstellt und zentrale Aufgaben übernimmt. Hier und da traten auch individuelle Genossen unserem Kibbuz bei und bereicherten unsere buntscheckige Gesellschaft. Hier nur ein Beispiel von vielen:

Eines Sommers kam, abgesehen von den israelischen Gruppen, die uns bei der Obsternte halfen, auch eine Gruppe französischer Jugendlicher in den Kibbuz, genauer gesagt, Kinder jüdischer Einwanderer aus Nordafrika. Wie üblich, wurde jeder von ihnen an eine unserer Kibbuzfamilien angeschlossen. Zu uns kam ein hochgewachsener bebrillter Junge, der etwas Hebräisch konnte und feierlich seine Absicht kundgab, nach Israel einzuwandern, in einen Kibbuz zu gehen, seinen Militärdienst zu leisten und dann eine Kibbuznik zu heiraten.

Wie er uns erklärte, war das einzige, was ihn an der sofortigen Umsetzung seiner Pläne hinderte, die Weigerung seiner Eltern, ein Einwilligungsformular zu unterschreiben. Nach französischem Gesetz war ein junger Mensch erst mit 21 volljährig.

Nun gut, dachten wir, jugendliche Begeisterung, dieses Phänomen kennen wir schon. Überdies zeichnete sich die Gruppe, mit der er gekommen war, vor allem durch Affären aus, und wir hatten nicht die geringste Lust, sie aufzunehmen. Gleichzeitig hatten wir – auf meine Initiative – gerade damit begonnen, auch Gruppen von NFTY aufzunehmen, der Jugendbewegung der jüdischen Reformbewegung in den USA. Diese kamen in Begleitung eines Rabbiners oder einer Rabbinerin zu uns, die es im Allgemeinen verstanden, die Kinder wieder zur Raison zu bringen, wenn sich die mangelnde Disziplin bemerkbar machte, an der ein Teil von ihnen litt.

Was Jaakov betraf, so hatte er uns vor seiner Rückkehr nach Frankreich einen geschlossenen Brief übergeben, in dem wir Jahre später, als wir diesen bereits öffnen durften, eine «Liebeserklärung» an den Staat Israel fanden, mit dem Schwur zurückzukommen und sich dort niederzulassen.

Aus unserer Korrespondenz mit dem Jungen erfuhren wir, dass er sein Elternhaus, wo man ihm die Unterschrift nach wie vor verweigerte, verließ, und in die Kfz-Werkstatt zog, in der er arbeitete. Nach anderthalb Jahren gaben seine Eltern auf und ließen ihn fahren.

Jaakov kehrte nach Tzuba zurück und hatte nach einigen Jahren all seine Ziele verwirklicht: die Einwanderung nach Israel, das Leben im Kibbuz, den Militärdienst (in der Nachal-Brigade, zusammen mit einer unserer Kerngruppen) und schließlich auch die Eheschließung mit einer Kibbuznik – wahre Zielstrebigkeit also.

Ganz zu schweigen von seinem Beitrag zur Entwicklung unserer Kfz-Werkstatt, in die er seine beste Begabung und Erfahrung investierte, wie auch seine Funktion als Kantor an den Feiertagen.

Außerdem bekleidet er nicht zuletzt das so wichtige Ehrenamt der Chevra Kadisha, der Beerdigungsgesellschaft, die in diesem Fall aus einem Mann besteht.

# Der Yom-Kippur-Krieg

Als ich nach Tzuba kam, versetzte mich das Militär zum Reservedienst in der Regionalverteidigung. Dabei handelte es sich um eine Abteilung, die die Aufgabe hatte, die Mitglieder der lokalen Moshavim und Kibbuzim auf die Invasion von Terroristen und/oder feindlichen Armeen vorzubereiten und solche Ernstfälle zu üben. Durchschnittlich einmal im Jahr wurde eine Gruppe von Feldwebeln und Offizieren für ein paar Tage einberufen und sollte dann nach kurzer Vorbereitung eine seltsame Mischung von Reservisten mit und ohne Kampferfahrung trainieren. Letztere waren vor allem Neueinwanderer, die keine Ahnung hatten, von welcher Seite ein Gewehr schießt und wie man eine Handgranate wirft, ohne selbst verletzt zu werden. Ehrlich gesagt, war das den meisten von ihnen auch egal, sie wollten dieses lästige Übel möglichst rasch hinter sich bringen und auf ihre Farmen zurückkehren. Für uns, die Ausbilder, bedeutete dieser Reservedienst eine Art Luftveränderung, bei der wir Genossen aus den benachbarten Kibbuzim trafen und Gelegenheit hatten, die neuesten Klatschgeschichten von dort zu hören.

Zu unseren Reihen zählten auch ein paar wahre «Glanzlichter», zum Beispiel Chanan Porat aus Kfar Etzion, der später Knessetabgeordneter wurde und schon damals jede Gelegenheit wahrnahm, für seine extrem rechtspolitische Gesinnung auf Seelenfang zu gehen; Shabtai Selikovitz von der Talmudhochschule in Mevasseret Zion, mit dem ich mich trotz seiner Meinungen anfreundete; und Yael Dayan, die eine Zeit lang als regionale Verbindungsoffizierin diente und die Fantasie so mancher von uns entzündete. Übrigens vollzog sich bei den meisten dieser braven Familienväter mit ihrer Rekrutierung ein erstaunlicher Wandel, und wie wir zu sagen pflegten, wurden wir mit Antritt unseres Reservediensts fast augenblicklich müde, hungrig und geil. Die Jungs aus Jerusalem sorgten dafür, einen Kinoprojektor mitzubringen und uns diverse ziemlich niveaulose Pornofilme vorzuführen.

Kommandiert wurden unsere Übungen von einem Hauptfeldwebel aus einem benachbarten Moshav, dessen Eignung vor allem darauf zurückzuführen war, dass er zu einer der angesehensten Familien am Ort gehörte. Seine Autorität hatte ein wenig darunter zu leiden, dass man über ihn lachte und auf seine Kosten Witze riss, aber insgesamt ließ sich mit ihm auskommen. Zu unserem Glück hatten wir keine Gelegenheit, die Effektivität seiner Übungen vor einem bewaffneten, von Kampfgeist durchdrungenen Feind zu testen, sodass es unsere größte Errungenschaft blieb, wenn die Waffen in unseren Dörfern funktionierten und für den Wachdienst zu gebrauchen waren.

Zweimal traf es sich, dass ich zu Kriegszeiten Kulturverantwortlicher und Redakteur der Gazette war. Das erste Mal während des Sechs-Tage-Krieges, der, abgesehen von der langen, nervtötenden Wartezeit davor, so schnell vorbei war, dass ich es kaum schaffte, dazu Stellung zu nehmen. Über den Yom-Kippur-Krieg hingegen konnte ich aus nächster Nähe Bericht erstatten, vom ersten Alarm am Schabbat bis Ende November. Ich glaube es ist am besten, die Entwicklung der Geschehnisse von den schreibmaschinegetippten, manuell mit der alten «Gestetner»-Kopiermaschine vervielfältigten Blättern der Gazette erzählen zu lassen.

Ausgabe 881 vom 11. Tishrej 5734, 7. Oktober 1973

In den Nachmittagsstunden des Schabbat verkündeten uns die Sirenen aus Jerusalem den Beginn unseres vierten Krieges – des Yom-Kippur-Kriegs. Die eilige Organisation der Luftschutzkeller, der Einteilung der Kinder und der Übernachtungsarrangements brachte fast den ganzen Ort auf die Beine. Erregt, aufgewühlt, zornig, besorgt und überrascht. Immer wieder verschwand ein weiterer Genosse und alle waren in höchster Alarmbereitschaft: Wer würde als Nächster eingezogen werden?

Die ganze Nacht hindurch fuhren Busse in Kolonnen, jeder kleine Tumult und jeder Aufruhr ließ uns wissen, dass wieder ein Kämpfer aus unserer Mitte geholt worden war. Als der Morgen kam, fehlten 39 Männer und eine Frau, Renanah, ohne die der Krieg offenbar nicht geführt werden konnte. In den Vormittagsstunden des Sonntags kamen noch einige weitere hinzu. Dennoch organisierte sich die Arbeit fast reibungslos, mit Hilfe unserer Jungen und Mädchen, die nun ohne Beschäftigung waren, da die Schule ausfiel. Nur die Grundschüler mussten normal weiterlernen – was für eine Diskriminierung!

Diese Fähigkeit, uns zu organisieren und unser Leben «wie gewohnt» fortzusetzen, ist sicher ein Teil unserer Stärke. Unsere Freiwilligen aus dem Ausland konnten es kaum glauben: So sieht bei euch ein Krieg aus? Zunächst waren sie zutiefst erschüttert und voller Angst, aber nach einem Gespräch mit Amnon Magen und Joel Dorkam beruhigten sich die meisten wieder und vorläufig wollte keiner weg.

Im Anschluss daran begannen sie spontan zu singen, «Hevenu Shalom alejchem» – Wir bringen euch Frieden – ein bewegender Moment. Amnon sagte ihnen: «Für euch Schweden und Schweizer ist das der erste Krieg seit Jahrhunderten...»

Und wieder altgewohnte Bilder: Die Genossen gehen auf dem Kibbuzgelände umher, die Geheimwaffe des israelischen Bürgers ans Ohr gepresst – das Transistorradio. Einige scharen sich ums Telefon, vielleicht ruft ER plötzlich an?

Man tauscht Nachrichten, Gerüchte und Spekulationen aus. Hofft, zu verstehen, was los ist. Böse Ahnungen, das Gefühl, in der Falle zu sitzen: Offene kleine Rechnungen sind vergessen, ausgelöscht. Die Sorge um die, die eingezogen wurden, die Kämpfer an den Todesfronten, die Eltern und Verwandten in den Städten. Die Bereitschaft und die Geistesgegenwart, situationsbedingte Probleme zu lösen, die Vorbereitungen auf jedes Szenario. Alarmbereites Abwarten und Gebete, dass alles möglichst schnell und glatt vorbeigehen und jeder gesund nach Hause zurückkehren möge.

Ausgabe Nr. 882, 16. Tischrej 5734, 12. Oktober 1973, 5. Kriegstag

Die Atmosphäre ist gut, relativ ruhig – begleitet von Nervosität und Sorge um das Wohlergehen der Soldaten an der Front, mit Ausnahme derer, denen es gelungen ist, zuhause anzurufen. Jedes Klingeln des Telefons, jeder Wagen, der in den Hof fährt, und jeder Fremde, der bei uns auftaucht, finden höchste Beachtung.

Jede Neuigkeit, jedes Bruchstück einer Information und jeder Frontbericht werden aufmerksam verfolgt – in der Zeitung, im Radio, im Fernsehen und durch persönliche Beziehungen.

Die Jugendlichen, die ein wichtiges Glied des Arbeitsplans und des Notstandssystems sind, tragen dazu bei, dass die Routine fortgesetzt werden kann. Wir alle teilen die tiefe Besorgnis um Ehemann, Vater, Bruder oder Freund an der Front – und die Hoffnung, dass es zu Ende geht, dass alles möglichst rasch vorbei ist.

Ausgabe Nr. 883, 20. Tischrej 5734, 16. Oktober 1973, 10. Kriegstag

Gestern wurden unsere Verlustlisten veröffentlicht. So sehr wir uns darauf vorbereitet hatten, so sehr wir uns bewusst waren, dass dies geschehen würde, war es doch eine schwere Erschütterung, ein brennender Schmerz. Da war sie, eine jener «Stunden, so bitter wie», von denen die Ministerpräsidentin gesprochen hatte.

Nun versammelt sich jede Familie um ihre persönliche Katastrophe. Aus den Tiefen des Gedächtnisses lassen meine gefallenen Freunde Erinnerungen und gemeinsame Erlebnisse an die Oberfläche steigen und das ganze Volk trauert um seine Söhne, die nicht mehr sind.

Die Zahl der aus unseren Reihen rekrutierten Reservisten ist auf 48 angestiegen, zusätzlich zu den Soldaten, die noch ihren regulären Militärdienst ableisten. Zu unserer Freude haben wir von jedem einzelnen von ihnen Nachricht erhalten und sie sind alle wohlauf. Unsere Genossen und Söhne sind über sämtliche Fronten verstreut, nah und fern. Der Held der Woche war zweifellos Saadja, einer der 32, die tagelang isoliert auf ihrem Stützpunkt gegenüber von Ismailia zurückgeblieben waren und es dann geschafft hatten, unter der Nase der Ägypter zu entwischen und in unsere Linien zurückzukehren, ihre Verwundeten mit sich tragend.

Das Ausmaß unserer Freude, als wir ihn nach unserer großen Sorge gesund und munter wiedersahen, ist kaum zu schildern. Lange Stunden saß er mit uns zusammen und erzählte und erzählte, beantwortete immer wieder neuen Fragestellern dieselben Fragen und erinnerte sich hier und da an weitere bedeutende Einzelheiten, von denen viele sehr bewegend und sogar zutiefst erschütternd waren.

Ausgabe Nr. 884, 23. Tischrej 5734, 19. Oktober 1973, 13. Kriegstag

Diese zwei Wochen zwischen Yom Kippur und Simchat Thora erscheinen wie eine Ewigkeit. Auch wenn unsere Lage sich ständig verbessert und wir sogar von jedem unserer Genossen Nachricht erhalten haben, wird die allgemeine Verlustliste immer länger und enthält immer mehr Namen von bekannten und geliebten Menschen. Die Trauer ist vorherrschend, überschattet alle unsere Erfolge, die an sich höchst beeindruckend sind.

Pausenlos strömen die Geschichten, werden gesammelt, ausgebaut und zu einer ganzen Saga zusammengefasst. Immer deutlicher wird, dass es nicht Organisation, Planung oder moderne Rüstung waren, die uns die Kraft verliehen, diesen so vehementen Überfall zurückzuschlagen, sondern Kampfgeist, Heldenmut und Opferbereitschaft unserer an Zahl unterlegenen Kämpfer – eben diese einzigartige Mischung aus Disziplin, Geistesgegenwart und Zielstrebigkeit, die unsere Soldaten schon immer gekennzeichnet hat. Sie sind es, die das Blatt zum Wenden brachten, sie sind es, die den Angreifern Einhalt geboten.

Wenn wir ein Zeichen dafür gebraucht hätten, dass das Leben zuhause normal weiterläuft, dann wäre es folgende Ankündigung auf der Informationstafel des Speisesaals: «Margalit, die Friseuse, kommt am Sonntag.» Schließlich müssen wir uns feinmachen, für unsere Soldaten, die von der Front heimkehren!

Ausgabe Nr. 885, 27. Tischrej 5734, 23. Oktober 1973

Der Geschützdonner auf dem Schlachtfeld war noch nicht verstummt, als schon die ersten Schusssalven des «Jüdischen Krieges» abgefeuert wurden. Fragen und Zweifel, die während der ersten Kriegstage nur flüsternd geäußert wurden, verwandeln sich jetzt in Schlagzeilen: Wie war es möglich, dass wir so überrascht wurden, dass wir so unvorbereitet waren? Bevor wir jedoch unsere Führung und unsere Wähler angreifen, sollten wir uns selbst ehrlich fragen: Waren wir nicht arrogant und überheblich, haben wir die Fähigkeiten des Feindes nicht unterschätzt und herablassend belächelt? Haben wir uns in unseren Einschätzungen nicht geirrt?

Ausgabe Nr. 886, 30. Tischrej 5734, 26. Oktober 1973

Während ich mich daranmache, diese Ausgabe 34 Jahre später abzuschreiben, fällt mir etwas ins Auge: Tatsächlich, es ist das Datum meines Geburtstags. Ein seltsamer Zufall, wie so viele andere, wollt ihr sagen?

Der Tag, an dem ich das Licht der Welt erblickte, in einem Land, in dem es immer düsterer wurde, bis wir, meine Eltern und ich, gezwungen waren, von dort zu fliehen, um unser Leben zu retten; ein Land, von dem ich mich vollständig abgenabelt hatte – zumindest dachte ich das. Bis ich Jahrzehnte später begann, mich zu seiner Kultur und seinen vergessenen Landschaften hingezogen zu fühlen und mich aufs Neue mit diesen verband. Es geschah durch ein Erinnerungsbüchlein, um dessen Veröffentlichung sich mein Vater verzweifelt bemüht hatte, durch einen Bruder, von dessen Existenz ich nichts gewusst hatte, durch eine Gemeinde, deren Existenz und Lehre allein jeder Logik widersprechen, sowie mit Gefühlen, deren Tiefe ich nicht zu erfassen vermag.

Ein seltsamer Zufall, wollt ihr sagen? Und wie verhält es sich mit all den Menschen, die meinem Lebensweg und meinem Schicksal ihren Stempel aufgedrückt haben? Und was ist mit meiner Lebensgefährtin, mit der ich unser familiäres Nest aufgebaut und einen Sohn und zwei Töchter in die Welt gesetzt habe, die ebenfalls von einem Teil des genetischen Erbes meiner Eltern geprägt sind und dieses später unseren Enkeln weitergegeben haben – zusammen mit dem Erbe der anderen Hälfte? Und was ist mit dem Namen, den ich mir zufällig wählte, «Joel», um diesen dann in unserem Stammbaum zu entdecken, der ebenfalls völlig zufällig in meinen Händen landete, weil wir zufällig ein bestimmtes Haus in Los Angeles besuchten, in dem unser Sohn Siv, ebenfalls durch Zufall, gelandet war? Wie sich herausstellte, hatten sieben meiner Vorfahren diesen Vornamen getragen. Und wieder aus reinem Zufall nahm ich Kontakt zu einer deutschen Forscherin auf, einer Dorflehrerin, die sich zufällig für die Diespecker Juden interessierte?

Joel Dorkam-Dispeker etwa 1973

Aber nun zurück zu Ausgabe 886, die sich, wie sollte dem auch anders sein, ebenfalls «rein zufällig» mit Deutschland befasst.

Es handelte sich um eine Reaktion auf die Äußerungen des damaligen Bundeskanzlers Willy Brandt. Ich schrieb:

Nein, Herr Bundeskanzler, auf keinen Fall, nicht Ihr, die Deutschen. Ihr habt keinerlei Recht zu fordern, dass keine amerikanischen Waffen aus Deutschland, oder durch Deutschland nach Israel geliefert werden. Die Franzosen, die Griechen und die Türken dürfen das vielleicht. Ihr nicht!

Und wenn diese Waffen auch nur ein Menschenleben in Israel retten würden; und wenn diese Waffen auch nur einen Menschen davor retten könnten, verwundet zu werden und Hand oder Fuß zu verlieren; umso mehr, als diese Waffen für unsere Nation so wichtig sind, dass sie dazu bestimmt sind, das Überleben des jüdischen Volkes zu sichern, das wieder einmal in Bedrängnis ist.

Das jüdische Volk, Herr Kanzler, Sie erinnern sich doch? Sechs Millionen Seelen sind Sie uns schuldig, zuzüglich der Zinsen für die Kinder, die nicht geboren wurden, für die Männer und Frauen, die ihr unfruchtbar gemacht habt. Ihr steht in unserer Schuld, trotz der Reparationszahlungen und Besuche. Kein Erdöl aus den arabischen Staaten, keine ‹ausgewogenen Beziehungen› – welch ein erbärmlicher Ausdruck übrigens: auch bei den Nazis wurden die Juden ‹ausgewogen› – können angesichts einer solchen Schuld ein Gegengewicht darstellen.

Und sogar Sie, Herr Bundeskanzler, ein mutiger Kämpfer und Träger des Nobelpreises, können diese Schuld nicht löschen. Noch haben Sie nicht das Recht, diese offene Rechnung zu schließen.

Ausgabe Nr. 892, 12. Kislev 5734, 7. Dezember 1973

So sagt mir doch bitte, wozu braucht man Untersuchungskommissionen – wurde doch nach jedem unserer vorherigen Kriege bereits alles gesagt, geschrieben, gedruckt, veröffentlicht und vergessen. Eigentlich kann man schon jetzt den Bericht nach dem nächsten Krieg verfassen, man muss nur ein paar Lücken für Daten und Namen freilassen. Natürlich vorausgesetzt, dass dann noch jemand übrig bleibt, um diese Lücken zu füllen und Fußnoten einzufügen – PS: so war es eigentlich nicht gemeint.

Vorläufig nehmen die Kämpfe auf politischer Ebene zu, vor der zweiten Welle des «Erdbebens», das sich offenbar eines Morgens im nächsten Jahr ereignen wird, wenn die Stimmen der Wahlen zur achten Knesset ausgezählt sind. Auf der Straße herrschen Zorn, Verbitterung und Enttäuschung vor. Dabei ist vorläufig noch schwer abzuschätzen, wie sich diese Emotionen bei der Stimmabgabe (oder der Stimmenthaltung) am 31. Dezember niederschlagen werden.

Viele sind daran interessiert, die Ma'arach zu bestrafen, verstehen aber gleichzeitig auch, dass die Aussichten auf einen Frieden geschwächt werden, wenn Golda Meirs Einfluss abnimmt. Die Entscheidung über einen «Führungswechsel» wird offenbar erst nach den Wahlen fallen. Aber zum ersten Mal geht es bei diesem Kampf um die Herrschaft der Arbeiterbewegung als solcher.

Es sollten noch vier weitere Jahre vergehen, bis sich diese Prognose erfüllte, der Prozess jedoch vollzog sich wie ein unausweichbares Schicksalsurteil und das war vielleicht auch gut so.

Tatsächlich zeichneten sich sogar in der Kibbuzbewegung Symptome einer unheilbaren Degeneration und Fäulnis ab. Aber es war nicht nur die Machtergreifung der Rechten, die zum Wachstumsstopp der meisten Kibbuzim führte.

Wahrscheinlich hätte sich diese Entwicklung auch ohne einen Regierungswechsel vollzogen, vielleicht sogar noch heftiger. Es war eine sehr materialistische und pragmatische Epoche, ohne ideologisch-moralischen Antrieb.

Jedes Individuum musste sich nun allein einen Weg ebnen, der seiner Persönlichkeit und seinem Charakter entsprach. Und auch seinen «Ismen» – Sozialismus, Kommunismus, Liberalismus, Thatcherismus und dergleichen mehr – wen unterstützen, wen wählen? Viele waren verwirrt, jagten falschen Göttern nach, suchten solange weiter, bis sie entmutigt aufgaben. Oder sie fielen der Apathie zum Opfer, wobei der Zionismus durch Zynismus ersetzt wurde. Wer dennoch weiterhin den ideologischen Weg der Bewegung verfolgte, wurde als naiv und etwas seltsam betrachtet. Es war «keine einfache Zeit», wie man in unseren Tagen zu sagen pflegt. Eine der Epochen, die Umwälzungen mit sich bringen, die nicht vorhersehbar und noch weniger aufzuhalten sind.

## Mit Yaakov Maimon

Irgendwann in den 1970er-Jahren wurde in unserer Nachbarschaft das Einwandererzentrum von Mevasseret Zion eröffnet. Es sollte vor allem Immigranten mit freien Berufen aufnehmen, für die die Beherrschung der Sprache eine unabdingbare Voraussetzung war. Zunächst wurde dort eine Garin von englischsprachigen Neuankömmlingen aufgenommen, die sich später in Neve Ilan niederließen. Es handelte sich um liebenswerte Menschen mit hohem Niveau, und auch der Umgang mit ihnen war angenehm.

Eines Tages erschien auf einer unserer Generalversammlungen in Tzuba ein seltsam wirkender Jude, ein kleiner Mann mit ausdrucksvollem, etwas listigem faltendurchfurchten Gesicht, einer altmodischen Brille und einem europäischen Hut mit Krempe, der bezüglich seiner Herkunft keinen Zweifel ließ. Er wurde uns als Yaakov

Maimon vorgestellt, Stenograf der Regierung und aktiver Integrationshelfer für Immigranten.

Der Zweck seines Besuches war, Freiwillige für die Arbeit mit den Neueinwanderern in Mevasseret Zion zu finden, wobei der Schwerpunkt auf dem Erlernen der Sprache lag.

Rückblickend darf ich mit aller Deutlichkeit feststellen, dass dieser Mann auf den weiteren Verlauf meines Lebens und das meiner Familie einen entscheidenden Einfluss hatte.

Ungefähr ein Dutzend Genossen und Genossinnen trugen sich an jenem Abend für die «Tätigkeit» ein, wie Yaakov Maimon seine Arbeit bezeichnete. Später sollte sich herausstellen, dass diese über das ganze Land verteilt war – auf Einwanderungszentren, Entwicklungsstädte, Durchgangslager und Integrationszentralen.

Je näher wir den Mann und sein Werk kennenlernten, desto verblüffter waren wir darüber, wie er ohne jeglichen formalen Apparat hunderte von Freiwilligen aktivieren konnte. Gleichzeitig gelang es ihm auch, ohne jedes Kontrollorgan hohe Spendengelder zu mobilisieren, da alle absolut darauf vertrauten, dass diese ihrem wahren Zweck zukommen würden. Nicht selten stockte er diese Gelder aus eigener Tasche auf, um diverse Ausgaben zu decken.

Den Großteil seiner Fahrten machte er mit öffentlichen Verkehrsmitteln. Erst im hohen Alter ging er auf das Angebot eines Freundes, des bekannten Jerusalemer Pressefotografen Kurt Meyerowitz, ein, ihn in die weiter abgelegenen Zentren zu chauffieren, zum Beispiel nach Nazrath Illit oder Chazor Haglilit, und von ihm dafür nur die Benzinkosten zu verlangen.

Eines Tages, in einem der seltenen ruhigen Augenblicke, fasste ich Mut und fragte Maimon direkt:

«Yaakov, woher nimmst du die Zeit, sowohl als Stenograf der Regierung zu arbeiten, einschließlich des Abtippens sämtlicher Sitzungsprotokolle, und dabei gleichzeitig die freiwilligen Aktivitäten mit der Neueinwanderern zu koordinieren, darunter die Organisation von Transportmitteln, um diese an ihre Ziele zu bringen, und die Rekrutierung von immer mehr Volontären zur Erweiterung der ‹Tätigkeit›? Dazu verfasst du auch noch Briefe an die Tageszeitungen, um die Debatte über die diversen Themen anzuregen?»

Yaakov lächelte sein schelmisches, so wohlvertrautes Lächeln und antwortete schlicht: «Das ist ganz einfach: Ich beschäftige mich nicht mit Klatsch und übler Nachrede, dadurch habe ich eine Menge freier Zeit!»

Wir erklärten uns bereit, uns für seine Aktivitäten zu engagieren, und noch vor Ablauf einer Woche begleiteten wir Yaakov bereits durch das benachbarte Integrationszentrum. Er hielt eine Liste der zuletzt eingetroffenen Neueinwanderer in der Hand und «durchforstete» das Gelände, wo er sich bestens auskannte. Im Laufe der Zeit hatte er sein festes System entwickelt: Er betrat die Wohnung einer Familie und stellte sich vor: ‹Ich heiße Yaakov Maimon» – dabei wies er auf sich selbst. «Und wie heißt du?», fragte er, und zeigte dabei auf einen der Einwanderer. Dann setzte er sich auf einen Stuhl, verkündete: «Ich sitze! Du stehst!», und eröffnete auf diese

Weise das Gespräch. Die Einwanderer lächelten und zeigten sich meist auch kooperativ. Bis wir auf eine Familie französischer Herkunft trafen, die es nicht gewohnt war, Anweisungen zu bekommen, sicher nicht auf solch aggressive Art.

Da ich ihre Sprache beherrsche, hörte ich wie die Frau, Fanny, zornig ausrief: «Aber wer ist er, dass er uns Befehle erteilt und uns anschreit?» Dabei wies sie auf die Eingangstür und forderte den ungebetenen Gast auf zu verschwinden:

«Allez, fichez moi le camp en vitesse!» – «Los, verschwinden Sie, aber schleunigst!»

Natürlich regelte sich alles, nachdem wir der Familie erklärt hatten, wovon die Rede war. Sarah und ich nahmen diese unter unsere Fittiche und sind ihr bis zum heutigen Tag, über 30 Jahre später, freundschaftlich verbunden. Wir waren sogar zur Hochzeit des Sohnes eingeladen.

Danach kümmerten Sarah und ich uns um eine englische, eine russische, eine amerikanische und eine äthiopische Familie, die mit der «Aktion Moses» ins Land gekommen war. Mit Letzterer blieben wir auch nach ihrem vierjährigen Aufenthalt im Einwandererzentrum und ihrem Umzug nach Aschdod noch lange Zeit in Kontakt. Sie waren zu fünft – ein alter Vater, dessen Frau auf dem Weg von Äthiopien in den Sudan während der Durchquerung der Wüste gestorben war; eine etwa 25-jährige Tochter (wie sich herausstellte, gibt es in Äthiopien kein Einwohnerregister und natürlich auch keine Geburtsurkunden, sodass das Alter dieser Neueinwanderer erraten werden musste), zwei Töchter und ein spät geborener Sohn. Shlomit, die älteste, fungierte als eigentliches Familienoberhaupt. Nach der Ankunft im Land erkrankte sie, wurde ins Hadassah-Klinikum eingeliefert und durfte nur dank ihrer Entschlossenheit zu ihrer Familie zurückkehren.

Wie die meisten Mädchen dieser Ethnie besaß sie keine Schulbildung und konnte weder lesen noch schreiben, nicht einmal in ihrer Muttersprache. Nach Abschluss des Hebräisch-Ulpan schrieb sie sich zu einem Pflegerinnenkurs ein und schaffte es mit viel Hilfe von uns und zwei weiteren stark engagierten Volontärinnen, Rechnen und einige weitere Grundfächer nachzuholen und den Lehrgang erfolgreich abzuschließen. Die beiden Schwestern und der kleine Bruder wurden, jeweils im Alter von 14, in religiöse Internate geschickt, wo sie ungefähr das Bildungsniveau eines Realschulabschlusses erwarben. Dieses Verfahren, Einwandererkinder aus ihren Familien herauszuholen, galt im Hinblick auf deren längerfristigen Bildungsweg als effektiv. Leider führte es jedoch in zahlreichen Fällen dazu, dass die Jugendlichen sich von ihrer Familie lösten und sich dieser mitunter sogar bis zur völligen Kommunikationsunfähigkeit entfremdeten. Schnell vergaßen sie ihre Muttersprache und Kultur und waren dann nicht mehr imstande, sich mit ihren Eltern und älteren Verwandten zu unterhalten.

Weiter führte die Ablösung von ihren ursprünglichen Traditionen ohne gleichzeitige Internalisierung alternativer Normen und Werte eine Minderheit von ihnen sogar dazu, in die Welt von Drogen, Gewalt, Prostitution und Verbrechen abzurutschen – wie andere Ethnien, die ähnliche Prozesse durchgemacht hatten. Das ist allzu oft der Preis der Migration und extremer kultureller Veränderungen. Trotz einer Vielzahl von Studien, gelehrten Debatten und feierlich verkündeten Entscheidungen, trotz der seit der Staatsgründung angesammelten 60-jährigen Erfahrung und sogar trotz der ziemlich großzügigen Zuschüsse finanzieller Mittel wurde noch keine Zauberlösung gefunden, um diese Einbußen zu vermeiden, die jede neue Einwanderungswelle mehr oder weniger stark betreffen. Dennoch integriert sich der Großteil der Immigranten nach Überwindung der «Krise des ersten Jahres» und dem Erlernen der neuen Sprache und Gebräuche in der israelischen Gesellschaft ziemlich gut und leistet in sämtlichen Lebensbereichen seinen wertvollen Beitrag – nicht zuletzt dank jener anonymen Volontäre, die die Arbeit der staatlichen Institutionen ergänzen.

Das größte Problem haben die 50- bis 60-Jährigen, denen es im fortgeschrittenen Alter schwerfällt, tief verwurzelte Gewohnheiten abzulegen und eine neue Sprache zu erlernen. Trotzdem ist es zwei Genossinnen aus Beit Hashita, Suri Meinert und Ruth Alon, gemeinsam mit Dorka Treibovitz aus Tel Adassim im Dochifat-Heim in Afula Illit gelungen, zu beweisen, dass man mit Initiative und der richtigen Anleitung auch dieser Altersgruppe Hebräisch beibringen und gesellschaftlich-kulturelle Aktivitäten durchführen kann.

Der Inhalt dieser Zeilen ist die Quintessenz der Erfahrungen meiner Arbeit mit Einwanderern aus aller Herren Länder. Ich habe versucht, diese Erfahrungen bei den Neueinwanderern umzusetzen – wie mir scheint, mit erheblichem Erfolg, wenn man den Lobesworten Glauben schenken darf, die mir bei verschiedenen Gelegenheiten vergönnt wurden, darunter Preisverleihungen, Anerkennungsurkunden und Resümees abgeschlossener Aktionen. Diese Sammlung, die sehr zum Missmut meiner Lebensgefährtin in den überquellenden Schubladen unseres Heims verwahrt liegt, würde genügen, um ein weiteres Buch zu füllen. Abgesehen von meiner mehr als 25-jährigen Arbeit als leitender Verantwortlicher des Gemeinnützigen Verbandes widmete ich einen nicht unerheblichen Teil meiner Zeit Tagungen und diversen Organisationen, darunter dem «Dritten Sektor», dem Dachverband der Jerusalemer Organisationen zur Integration von Einwanderern, dem regionalen Histadrut-Verband und verschiedenen mit der Jewish Agency verbundenen Institutionen.

Zurück zu Yaakov Maimon. Eines Tages bot man Sarah und mir an, ihn auf einer der Rundfahrten zu begleiten, die er allwöchentlich in die abgelegeneren Zweigstellen unternahm, in diesem Fall nach Chazor Haglilit. Frühmorgens holten er und sein Mitarbeiter Kurt Meyerowitz uns in Tzuba ab und dann ging es mit etlichen Zwischenstationen nach Chazor, wo Volontäre aus den Kibbuzim der Umgebung arbeiteten, vor allem aus Amiad, Kfar Hanassi und Ayeleth Hashachar. Es regnete in Strömen und alles wirkte düster und deprimierend. Maimon stand ohne Schirm oder irgendeinen anderen Schutz an der Wegkreuzung, und während ihm der Regen vom Hutrand tropfte und ihn bis auf seine nicht mehr ganz jungen Knochen durchnässte –– er war damals schon 74 –, dirigierte er uns in die verschiedenen Häuser. Hartnäckig widersetzte er sich unseren Überredungsversuchen, mit uns zu kommen, da «die Volontäre sonst nicht wissen können, wohin sie gehen müssen». So stand er eine halbe Stunde lang im Regen, bis er sich vergewissert hatte, dass der letzte Volontär vor Ort war. Übrigens hatten sich auch die Volontäre nicht von dem stürmischen Wetter abschrecken lassen.

So werde ich ihn in Erinnerung bewahren und so erinnern sich an ihn auch die tausende von Kindern, Jugendlichen und Erwachsenen, die dank ihm als Volontäre arbeiteten, ebenso wie diejenigen, die die Früchte seiner Bemühungen kosten durften. So muss er auch den Freiwilligen, die noch in seine Fußstapfen treten werden, ein leuchtendes Beispiel sein, ebenso wie den Neueinwanderern, denen diese dienen werden. Ob das der goldene Weg zu einer gelungenen Integration ist? Ich weiß es nicht, aber ich kenne auch keinen anderen, erfolgreicheren Weg. Letztlich wollen Neueinwanderer immer denen ähneln, die vor ihnen ins Land kamen, allerdings unter Wahrung eines kleinen Stücks von jenem kulturellen Himmelreich, das sie von ihrem Elternhaus mitgebracht haben. Und wieder sind wir beim Problem der Balance zwischen dem, was zu bewahren ist, und dem, was erneuert werden muss, damit die Einwanderer in diesem 21. Jahrhundert mit seiner modernen Gesellschaft einigermaßen funktionieren können.

Nicht wenige Debatten und Diskussionen gab es bezüglich der Vergütung der Freiwilligen: War eine solche nötig und in welcher Form sollte sie erteilt werden? Ich selbst vertrete die Ansicht – und konnte mich nicht selten von der Richtigkeit meiner These überzeugen –, dass ein Mensch, wenn er im Bereich der von Angesicht zu Angesicht geleisteten Nächstenhilfe tätig wird, physische und psychische Kräfte braucht, die bei einem Volontär nicht a priori gegeben sind. Um diese Kräfte zu mobilisieren, muss der Volontär ein ungenutztes Potenzial seiner Persönlichkeit aktivieren, ähnlich wie ein Soldat, der aus fünf Meter Höhe springen soll. Solche Entwicklungsprozesse und die Entdeckung der eigenen Fähigkeiten sind der wahre Lohn der Volontäre. Gleichzeitig sollten besondere Leistungen und gute Taten im Laufe des Aktivitätsjahres vor einem wohlwollenden Publikum lobend hervorgehoben werden.

Meine angesammelte Erfahrung hat mir auch gezeigt, wie wichtig es ist, die Volontäre auszubilden. Das aber führt zu einem Widerspruch zwischen deren ausdrücklichem Wunsch zu helfen und ihrer Bereitschaft, mehr als nur die Zeit ihrer eigentlichen Freiwilligenarbeit zu investieren. Das führt mich zum Kern der Problematik eines erfolgreichen Einsatzes: Infrastruktur und organisatorischer Rahmen. Überall, wo es eine zentrale, charismatische Führungsfigur und mehrere helfende Gruppenleiter sowie Infrastrukturen wie ein Integrationszentrum, ein Gemeindezentrum oder einen Club gab, konnte ich auf verhältnismäßig großen Erfolg hoffen, wenn ich die Aktivitäten durch Beratung und Bereitstellung der wichtigsten Mittel unterstützte – darunter Ausrüstung, Materialien, Freiwilligentransport und Kontakte zu den relevanten Institutionen. Dabei habe ich es möglichst vermieden, Direktoren und Beamte zu kritisieren oder mit ihnen zu streiten, obwohl es an Fehlern und Versagern nicht mangelte. Wer mich kennt, wird sicher überrascht sein – aber nicht mehr als ich selbst – zu hören, dass ich imstande bin, Kompromisse zu schließen und mich zu beherrschen, während ich vor Wut koche.

Yaakov Maimon, Stenograf der Regierung und aktiver Integrationshelfer für Immigranten. Er warb mit großem Erfolg Freiwillige an für die Arbeit mit Neueinwanderern

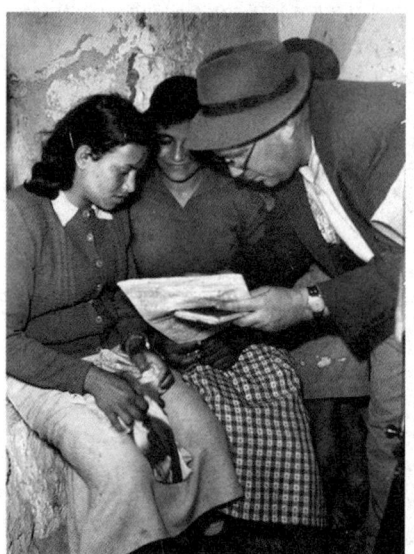

Yaakov Maimon beim Sprachunterricht

Im Freien ließ es sich besser und in Ruhe lernen

Yaakov Maimon mit jungen Freiwilligen

Yaakov Maimon...

... unermüdlicher Lehrer für jung und alt

Yaakov Maimon mit Soldaten: Er war ohne offizielle Anfrage in einen Militärstützpunkt hinein-
gegangen, hatte die Soldaten zusammengerufen und Freiwillige für sein Projekt geworben

«Fuhrunternehmen Shimon Peres»: Lastwagen dieser Art konnte Shimon Peres als Minister für
Transportwesen zur Verfügung stellen

Joel bei der Organisation freiwilliger Helfer

Immer wieder ließen sich junge Leute aktivieren für das Projekt der Integration von Einwanderern

Joel mit einer Schülergruppe aus Jerusalem auf der Fahrt zu den Einwanderen

Joel hält zahlreiche
Ansprachen, hier beim
jährlichen Festakt, gestaltet
mit den Einwanderern und
Helfern für die Sponsoren des
Projektes

Freiwillige beim Projekt: Hilfe
für Immigranten unter Joels
Leitung

Als Schimon Peres Minister für Transportwesen wurde, ließ Yaakov Maimon ihn mehr als einmal auch in Regierungssitzungen mit Zetteln stören, auf denen er ihn aufforderte, den Volontären ein Auto zur Verfügung zu stellen. Maimon bezeichnete diesen Transfer als «Fuhrunternehmen Schimon Peres».

Yaakov Maimon ist auch der Vater der hebräischen Stenografie und hat lange Jahre als Protokollführer der Regierung und der Knesset gearbeitet. Ebenso zeichnete er die Bibelstunden im Haus von David Ben-Gurion stenografisch auf und veröffentlichte ein Buch über die hebräische Kurzschrift.

Zusammen mit seiner Frau Ester, geborene Misrachi, zählte er zu den ersten Volontären der Einwanderersiedlungen, auch wenn diese weit vom Landeszentrum entfernt lagen. Er mobilisierte zahllose Freiwillige aus allen Ecken des Landes, die in diese Siedlungen gingen, um den Einwanderern beim Erlernen der hebräischen Sprache und ihren ersten Schritten im Land zu helfen.

1967 wurde ihm der Titel eines «Treuen Freunds Jerusalems» und Ehrenmitglieds der Hebräischen Universität verliehen. 1976 wurde er für seinen besonderen Beitrag zu Staat und Gesellschaft mit dem Israel-Preis ausgezeichnet.

Yaakov Maimons Freiwilligenwerk wurde auch nach dem Tod seines Gründers fortgesetzt. Ich selbst war sein erster Nachfolger.


## Éliane

Während ich eines schönen Tages im Kibbuz unterwegs war, stieß ich auf eine Gruppe französischsprachiger Touristen – für mich immer eine Gelegenheit, diese Sprache zu üben, die ich in Ermangelung von Gelegenheiten fast schon vergessen habe. Die Gäste stellten einige Fragen zu Tzuba und seiner Vergangenheit, und ich gab ihnen die übliche Erklärung aus der biblischen Epoche, nämlich aus Kapitel 23 des Buches Samuel 2, wo die 37 Helden König Davids einer nach dem anderen genannt werden, einschließlich des Namens ihres Vaters und ihres Herkunftsortes im Land. Zu ihnen gehörte auch «Jigal aus Zoba, der Sohn Natans» in Vers 36.

Sie lauschten aufmerksam und stellten viele Fragen, auch über den Kibbuz, bis es mir fast schon leid tat, dass ich sie angesprochen hatte. Meine besondere Aufmerksamkeit erregte eine kleine, rehäugige Frau, deren Erscheinung etwas Aristokratisches hatte. Neugierig geworden, erkundigte ich mich nach ihrer Beschäftigung. Ohne jede Spur von Überheblichkeit antwortete sie, sie sei Dozentin an der Pariser Sorbonne und wolle nach Israel einwandern. Der Visitenkarte, die sie mir reichte, entnahm ich, dass sie Professorin für Psychologie, jüdische Philosophie und Literatur war, und dass auch ihr Mann Psychologie unterrichtete. Es dauerte eine Weile, bis ich mir ihren Namen eingeprägt hatte: Éliane Amado Levy-Valensi. Sie stammte aus einer alten griechisch-italienisch-französischen Familie.

Auf ihre Bitte gab ich ihr meine Adresse und dachte, damit habe sich unsere Begegnung erledigt. Aber es verging kaum eine Woche, als ich bereits eine Karte von ihr erhielt, in der sie an unser Gespräch erinnerte und ihren Wunsch äußerte, mit mir in Kontakt zu bleiben. So begann eine ganz besondere Freundschaft mit dieser wunderbaren Frau, die bis zu ihrem Tod im Jahre 2006 andauerte und immer tiefer wurde, je mehr ich ihre Großherzigkeit und ihre intuitive analytische Fähigkeit kennenlernte, die manchmal schon an Prophezeiung grenzte. Im Laufe der Jahre wurde sie mir zur Ersatzmutter und Beraterin in Stunden der Not, und auch Sarah knüpfte enge Beziehungen zu ihr an. In den Jahren von Oranits Krise war sie uns eine große Hilfe. Kurze Zeit später wanderte Éliane tatsächlich nach Israel ein und trennte sich bei dieser Gelegenheit auch von ihrem Mann, der seine Zukunft nicht in diesem Land sehen konnte. Da sie sich stark für das Thema Einwanderung interessierte, machte ich sie mit Yaakov Maimon bekannt. Als ich sie danach fragte, welchen Eindruck er auf sie gemacht habe, antwortete sie: «Er ist ein äußerst beispielhafter und beeindruckender Mensch, aber …», und fügte nach kurzem Zögern hinzu, «er ist bereits vom Tod gezeichnet.»

Diese Feststellung traf mich völlig unvorbereitet, da Yaakov auch damals wie gewohnt weiterarbeitete und nichts von einer Krankheit erwähnt hatte. Ich fragte Éliane, ob sie sich dieser so vernichtenden Diagnose sicher sei, und sie machte keinen Rückzieher. Nur drei Monate später erkrankte Yaakov an Leberkrebs. Rückblickend nehme ich an, er wusste bereits, dass seine Tage gezählt waren, als er mit uns eine große Rundfahrt durch Galiläa unternahm und mir dadurch vielleicht andeuten wollte, dass er mich als potenziellen Nachfolger seines Weges betrachtete.

Yaakov Maimon starb im August 1977. Einer seiner zahlreichen Bewunderer, der später zu einem engen Freund und begeisterten Unterstützer seiner Aktivitäten werden sollte, Danny Siegel, schrieb zu seiner Erinnerung folgendes wunderbares Gedicht.

Yaakov Maimon, gesegnet sei sein Andenken
zum Tod eines einzigartigen Volontärs, eines Tzaddik

Ich hatte schon zuvor Gelbsucht gesehen,
bei anderen, mit meinem Vater in Krankenhäusern und –
in meinen eigenen gelben Augen.
Sie kann ebenso harmlos wie gefährlich sein,
geht mit Lebererkrankungen und anderen Komplikationen einher.
Aber nicht tödlich, nicht immer.

Als ich Maimons glühende Haut sah,
war ich besorgt, jedoch nicht erschreckt.
Ein Mann, der tausenden Liebe und Hoffnung geschenkt hatte,
würde nie sterben,
an Gelbsucht-mit-Komplikationen.

Als er dennoch von uns ging,
und wir uns trafen, um ihn zu ehren,

saßen wir in gemeinsamer Verwirrung
im Kreis.
Wie war das möglich?
Erst siebzig, und sein Werk hatte doch
gerade erst begonnen?

Fünfzehn Zeilen in der Jerusalem Post,
etwa zwölf im Ma'ariv,
und der bittere Nachgeschmack des Gedankens:
«Wäre er Politiker gewesen,
hätte er es bis in die Schlagzeilen geschafft.»

Wehe uns, oh Israel,
das du deine Visionäre vergisst,
deine Gerechten,
im Namen der «Realität».
*Danny Siegel, Jerusalem 1977, Übersetzung aus dem Englischen*

Dieses Gedicht, das im Original auf Englisch verfasst und von mir einige Jahre später ins Hebräische übersetzt wurde, bewegte mich zutiefst und veranlasste mich, Danny zu schreiben und ihm zu erzählen, dass seine Helfer die Empfänger ihrer Spenden sorgfältig zu überprüfen pflegen. Aber schon nach ein oder zwei persönlichen Begegnungen war uns beiden klar, dass wir auf derselben Wellenlänge funkten, und ich war voller Verblüffung und Bewunderung für diesen Mann, den viele für etwas seltsam hielten. Schnell wurden wir Freunde, und nachdem ich eine Reihe seiner Gedichte gelesen und es sogar gewagt hatte, einige davon ins Hebräische zu übersetzen, stieg meine Hochachtung weiter an, und ich kam ihm noch näher. Zwei davon, die sich mit der Einwanderung aus Äthiopien befassen, bewegen mich (und wie sich herausstellte, auch ihn) bei jedem Wiederlesen aufs Neue zu Tränen der Rührung. Danny hat bis heute keine eigene Familie gegründet. Das mag daran liegen, dass es nicht leicht ist, eine Frau zu finden, die seiner würdig und fähig ist, mit solch einem Ausbund an Energie zu leben.

## Wir machen weiter

Nach der Shiva trafen wir uns, Yaakovs Angehörige und einige seiner Mitarbeiter, zu einer Beratung über die Fortsetzung der Aktivitäten. Wir alle verstanden, wie wichtig es war, dieses einzigartige Unternehmen weiterzuführen. Unstimmigkeiten herrschten über die Möglichkeiten und Erfolgsaussichten. Was uns am meisten zu schaffen machte, waren finanzielle und organisatorische Probleme: Yaakov hatte praktisch ohne die Hilfe irgendeiner Institution gearbeitet, war aber dennoch von der Jewish Agency und den Ministerien für Bildung und Integration unterstützt worden. Schließlich wurde beschlossen, ein Trio – bestehend aus Kurt Meyerovitz, dem

Verantwortlichen für die Gelder, Yehuda Schäfer, der sich um die Rekrutierung von Volontären kümmerte, und mir, dem leitenden Verantwortlichen des Vereins – zu beauftragen, die Chancen für eine Fortsetzung der Aktivitäten zu untersuchen, zunächst in der Gegend von Jerusalem und Mevasseret Zion. Auf Initiative der Kanzlei des Staatspräsidenten wurde ein Treffen vereinbart, an dem einige namhafte Persönlichkeiten teilnahmen, darunter Richter Landoi, die Präsidentin des Obersten Gerichts, Yael Usai, Botschafter Walter Eytan und Vertreter der Ministerien für Erziehung und Integration. Die Jerusalem-Stiftung sagte ihre finanzielle Unterstützung zu, meine neue Freundin Éliane Amado sollte ebenfalls mitwirken. Maimons Schwiegertochter Dina aus dem Kibbuz Tzarea rundete das Team ab. Somit entstand ein ziemlich würdiger Aufsichtsrat, der mir später noch große Hilfe gewähren sollte.

Ehrlich gesagt, packte mich eine leichte Panik, als der erste Bus mit 40 Schülern der sechsten und siebten Klasse des Hebräischen Gymnasiums und des Universitäts-Gymnasiums in den Hof des Integrationszentrums fuhr und vor den Büros haltmachte. Ich fragte mich, wie ich Aktivitäten zugestimmt hatte, die im Gegensatz zu meiner natürlichen Abneigung gegen solche Massenprojekte standen. Dann erwog ich, mich still und leise davonzumachen, wobei natürlich klar war, dass das sofort bemerkt werden und einen kleinen Skandal auslösen würde. Inzwischen war ich bereits von Dutzenden von Freiwilligen umringt, darunter auch Erwachsenen und alterfahrenen Mitarbeitern der «Tätigkeit», die von mir genauere und aktuellere Informationen und Anleitungen erwarteten. Ich riss mich zusammen und versenkte mich in die Tiefen meiner neuen Aufgabe.

1977 beherbergte das Integrationszentrum etwa 100 Familien, der Großteil davon aus Europa und den Vereinigten Staaten, Angehörige freier Berufe, die vor allem Hebräisch lernen wollten. Die Grundbegriffe dieser Sprache wurden ihnen im Ulpan des Integrationszentrums beigebracht. Was ihnen fehlte, waren Gelegenheiten, das Erlernte zu üben.

Zudem hatten sie den starken Wunsch, «echten Israelis» zu begegnen und diese Spezies näher kennenzulernen.

Die Art unserer Aktivitäten war auf diese Wünsche perfekt zugeschnitten. Es verhielt sich genau so, wie wir unseren Spendern erklärten, wenn sie uns vorwarfen: «Eigentlich sollte sich doch die Jewish Agency um solche Bedürfnisse kümmern.» Unsere Antwort lautete: «Die Jewish Agency ist nicht einmal imstande, eine Tasse Kaffee zu servieren, die Geschichte des praktischen Zionismus zu erzählen und den Einwanderern zu empfehlen, sich vom Sprachunterricht im Ulpan nicht entmutigen zu lassen. Das hingegen verstehen unsere Freiwilligen ganz hervorragend.»

Außer den Neueinwanderern lebten in Maos Zion die Angehörigen der zweiten Generation der kurdischen Einwanderungswelle aus den 1950er-Jahren, die sich zwar wirtschaftlich bestens integriert hatten, jedoch nicht so sehr auf der Ebene von Bildung und Kultur. Es fiel ihnen schwer, sich in die israelische Gesellschaft einzuordnen, und nur eine kleine Minderheit schaffte es, ihr Abitur zu machen – die «Eintrittskarte» in die Universität. Ich begann, auch erwachsene Volontäre aus den Kibbuzim der Umgebung zu rekrutieren. Die Reaktion war über Erwarten positiv, und schon nach einigen Wochen konnten wir jedem Integrationszentrum, das daran interessiert war, zwei Gymnasiasten oder auch eine Kibbuzfamilie zuordnen. Auch Studenten aus Seminaren und Talmudhochschulen in Jerusalem und Schüler des Ulpans von Tzuba gaben Nachhilfeunterricht für Kinder, die Schwierigkeiten mit Mathematik, Englisch und der hebräischen Literatur hatten.

Irgendwann waren in Mevasseret Zion, Maos Zion und dem nahe gelegenen Integrationszentrum fast 100 Volontäre aktiv. Abgesehen von ihrer Schulung, ihrem Transfer und ihrer Verteilung auf die jeweiligen Familien brauchten sie auch bei der Erfüllung ihrer freiwillig übernommenen Aufgabe Instruktion und Begleitung. Dabei muss man wissen, dass es nicht für jede Einwandererfamilie das Beste ist, Hilfe von Freiwilligen zu bekommen, die aus ähnlichen Ländern stammen. Nicht selten ergab sich gerade aus den kulturellen Unterschieden eine enge Beziehung zwischen einem Volontär und einer bestimmten Familie. Es galt also, das Problem rechtzeitig zu erkennen und solche Freiwilligen anderen Familien zuzuordnen, bevor sie sich enttäuscht von uns abwandten.

Nicht zuletzt animierte ich auch Jugendliche aus Tzuba, Kinder aus dem Kastel unter ihre Schirmherrschaft zu nehmen. Eines Tages lud eine junge Kibbuznikit aus Tzuba ihren Schützling zu sich nach Hause ein. Bei dieser Gelegenheit zeigte sie dem anderen Mädchen ihr Zimmer, ihren Schreibtisch, ihre Bücher und ihre Spiele. Die Augen des Gastes begannen zu leuchten. Als das Mädchen zu seinen Eltern zurückkam, verlangte es zu wissen, warum es selbst all diese Dinge nicht besäße. Darauf entgegneten die überraschten Eltern: «Du hast uns nie darum gebeten!» Diese Geschichte mag verdeutlichen und erklären, warum man in den Wohnvierteln und Entwicklungsstädten bei dieser Bevölkerung oft große, luxuriöse und mit sämtlichem Mobiliar ausgestattete Häuser finden kann, jedoch ohne ein einziges Buch, ohne Bild an der Wand und ohne Kinderspiele. Erst in der zweiten oder dritten Generation entwickelt sich ein Bewusstsein für solche Bedürfnisse, es sei denn, es gelingt uns, diese den Eltern bereits zuvor durch ihre Kinder zu vermitteln.

Unsere Präsenz und die weiterer Organisationen kam auch in anderen Bereichen zum Ausdruck. Wir kümmerten uns um Besichtigungen, Ausflüge und das Begehen der Feiertage. So kannten die äthiopischen Einwanderer zum Beispiel Chanukka oder Purim überhaupt nicht, und die Emigranten aus der ehemaligen UdSSR hatten ihre jahrzehntelang vom Regime unterdrückten jüdischen Traditionen vergessen. Als wir die russischen Familien zum Seder-Abend nach Tzuba einluden und fragten, wie dieser Feiertag bei ihnen begangen worden sei, antworteten sie peinlich berührt: «Wir haben Hühnersuppe mit Kneidlech gegessen.»

Eine der vielen guten Taten Danny Siegels war es, uns mit den Studenten des College für fortschrittliches Judentum in Kontakt zu bringen, wo jedes Jahr Ausbildungslehrgänge für Rabbinatsanwärter und Anwärterinnen der Reformbewegung abgehalten wurden. Zunächst hegten wir Zweifel bezüglich der Fähigkeiten amerikanischer Jugendlicher, eine Beziehung zu äthiopischen Kindern und Jugendlichen anzuknüpfen, aber schon nach kürzester Zeit überwanden sie die sprachliche Barriere und lernten es, mit Hilfe von Körpersprache zu kommunizieren. Ihre mangelnden Hebräischkenntnisse glichen sie durch ihre Begeisterung und ihr typisches Improvisationstalent aus, sodass wir sie inzwischen als wertvollste Quelle unserer Aktivitäten betrachten.

Somit wurden wir, fast ohne es zu merken, zu einem zentralen, stabilen und zuverlässigen Element im Einwandererzentrum und im Gemeindeheim. Direktoren, Gruppenleiter, Lehrer und Sozialarbeiterinnen kamen und gingen durchschnittlich alle zwei Jahre und traten ihr Amt oft ohne Einarbeitung oder fundierte Vorkenntnisse an. Für einige von ihnen fungierte ich als Berater und Informationsquelle. Sie wussten, dass ich immer bereit war, nach besten Kräften zu helfen, vor allem in Notfällen, wenn die Zeit für umständliche Verfahren fehlte oder die eine oder andere Familie ohne Nahrungsmittel blieb, weil der Zuschuss der Nationalen Versicherungsgesellschaft nicht rechtzeitig eingetroffen war. Da Danny Siegel uns eine bescheidene Notkasse für dringende Grundbedürfnisse zur Verfügung gestellt hatte, konnte ich «erste Hilfe» leisten, in dem Bewusstsein, eine gute Tat vollbracht zu haben. Tatsächlich flüsterte mir eine Sozialarbeiterin einmal zu, dass man mich inzwischen den «Gerechten ohne Kipa» nannte – was mehr könnte man sich wünschen? Übrigens achtete ich darauf, die Spenden möglichst durch Drittpersonen überbringen zu lassen, da mir die Reaktion der Empfänger äußerst peinlich war.

Bislang hatte ich selbstständig im Rahmen einer als «autonomer Verband» definierten Körperschaft gearbeitet, die sich nach einiger Zeit in einen gemeinnützigen Verein verwandelte. Ich wusste, dass es an vielen Orten Volontäre gab, die entweder auf eigene Initiative aktiv waren oder durch eine Abteilung der Kibbuzbewegung unter Leitung von Yitzchak Sasson aus dem Kibbuz Ayeleth Hashachar. Es erschien mir sinnvoll, sich einer bewegungseigenen Organisation anzuschließen, um sich von dieser helfen zu lassen und vielleicht auch aus der Erfahrung anderer zu lernen. Ich wandte mich an Yitzchak und wurde nur allzu bereitwillig aufgenommen. Eines der ersten Ergebnisse war ein wöchentlicher «Aktivitätstagszuschuss», der von der Bewegung bezahlt wurde. Das war für mich eine große Erleichterung, da meine Arbeit bis dato durchwegs auf Kosten meiner Freizeit gegangen war. Nun öffneten sich vor mir auch Tore, die mir bislang verschlossen gewesen waren oder von deren Existenz ich keine Ahnung gehabt hatte.

Offenbar wusste man auch mich zu schätzen, denn nach einem Jahr wandte sich die Abteilung an mich und schlug vor, mich vollständig für die Aktivitäten der Bewegung in der Region von Kiryat Gat zu rekrutieren. Ich war mir nicht bewusst, auf was ich mich da einließ, aber trotz des Durcheinanders, in dem ich mich wiederfand und vielleicht gerade wegen der großen Herausforderung kann ich nicht behaupten, diesen Schritt bedauert zu haben, der mich in weitgehend unbekannte Gefilde führte und mit einer Reihe außergewöhnlicher und interessanter Menschen zusammentreffen ließ, die meisten davon aus den Kibbuzim des Shomer Hazair.

Der Großteil der Arbeit konzentrierte sich auf die Entwicklungsstadt Kiryat Gat – eine der Erfolgsgeschichten unter diesen Ortschaften, und das nicht zuletzt dank der Textilfabrik der Brüder Pollack.

Eine Legende erzählt, Pinchas Sapir, der damalige Finanzminister, sei stark daran interessiert gewesen, Israel Pollack nach Kiryat Gat zu bringen, wusste jedoch, dass dieser für seine geschäftlichen Investitionen ausschließlich Orte wählte, die nicht weiter als eine halbe Autostunde von Tel Aviv entfernt lagen. Die Fahrzeit nach Kiryat Gat betrug damals das Doppelte, wenn nicht mehr. Sapir wandte sich an Pollack, einen Spätaufsteher, und forderte ihn auf, ihn bei einem Besuch zu begleiten, der leider am frühen Morgen stattfinden müsse, da in seinem Terminkalender ein unerwartetes Problem aufgetreten sei. Dem armen Pollack blieb keine Wahl. Sapir wies seinen Chauffeur an, Vollgas zu geben. Der drückte so stark auf das Gaspedal, dass dieses fast ein Loch in den Boden des Dienst-Volvos der Regierung riss, aber zur großen Zufriedenheit seiner erlauchten Fahrgäste erreichte der Wagen tatsächlich in 35 Minuten sein Ziel. Die infolge davon gegründete Fabrik «Polgat» erwarb sich ein weltweites Renommee, Kiryat Gat bekam eine wertvolle Beschäftigungsquelle wie auch eine Basis für weitere Industrien, zu denen sich einige Jahre später sogar «Intel» gesellen sollte. Als ich selbst 1979 nach Kiryat Gat kam, traf ich eine Reihe von Typen, die dort bereits seit einigen Jahren tätig waren, zum Teil im Rahmen von Partei oder Bewegung, zum Teil aus persönlichen Motiven.

Die Sympathien, die sich in den 1960er- und 1970er-Jahren zwischen den Kibbuzniks und den Einwohnern der Entwicklungsstädte gebildet hatten, waren inzwischen bereits abgeflaut, da viele von Letzteren als Lohnempfänger in den Kibbuzim der Umgebung arbeiteten. Sie fühlten sich ausgenutzt, wenn sie ihre Situation mit der ihrer Arbeitgeber verglichen, die in den Fabriken den Großteil der Schlüsselstellungen besetzten und ihre Angestellten im wahrsten Sinn des Wortes nur die «Drecksarbeit» machen ließen.

Die Parteien des rechten Flügels beuteten diese Situation zu ihrem Vorteil aus. Ihre Hetzreden fielen auf fruchtbaren Boden. So verwandelten sich die Entwicklungsstädte allmählich von Hochburgen der Mapai in Stützpunkte des Likud und der Mafdal. Die Kibbuzniks, die erhebliche Mühen und Mittel in die Unterstützung dieser Ortschaften investiert hatten, waren gekränkt und beschwerten sich über deren «Undankbarkeit». Trotzdem weigerten sich einige Aktivisten aufzugeben und setzten ihre Arbeit fort. Zu ihnen zählten: ein alter Genosse aus dem Kibbuz Gat, der einen kleinen Jiddisch-Club für aus der ehemaligen UdSSR eingewanderte Rentner unterhielt; ein alter Genosse aus Gal-On, der sich um ein Paar Zwillingsschwestern im Einwandererzentrum am Stadtrand kümmerte – sagte ich Stadt? Ja, es war tatsächlich bereits eine Stadt im Werden.

Weiter gab es einige junge Menschen aus Beit-Nir und aus Lahav, die, von der Begeisterung der Jugendbewegung durchdrungen, ein- bis zweimal wöchentlich kamen und eine Art von Gruppenaktivität für die Kinder und Jugendlichen vor Ort abhielten. Der Schwerpunkt der Arbeit lag auf der Vorbereitung auf die großen Ferien und die Sommerlager in den Kibbuzim der Umgebung, die manchmal mit den Kibbuzkindern gemeinsam, manchmal getrennt abgehalten wurden. Zu meinen Aufgaben gehörte es auch, die Institutionen der umliegenden Kibbuzim zu motivieren und die verschiedenen Gruppen zu koordinieren, die von diesen eingeladen wurden. Mir scheint, dass die Stadt sich jedes Jahr im Sommer plötzlich von ihren Kindern leerte, die sich währenddessen in den Swimmingpools und auf den Spielplätzen der Kibbuzim vergnügten.

Im Stadtzentrum in Nähe des Rathauses mit seinem Davidstern auf dem Dach gab es eine Art Club für Jugendleiter, der von Shalom M. geführt wurde, einem Kibbuznik, der zu den Kindern einen guten Draht hatte. Unterstützt wurde er von Soldatinnen aus der pädagogischen Einheit, die vor originellen Initiativen und Beschäftigungsideen für die Kinder geradezu übersprudelten. Sie waren mit einem Kinderheim namens Neve Channa verbunden, einer einzigartigen, von einem jungen Paar aus Westeuropa geleiteten pädagogischen Einrichtung. Dort arbeiteten auch Freiwillige der deutschen «Aktion Sühnezeichen», die nach dem Krieg gegründet worden war, um das Leid der Shoah-Überlebenden ein wenig zu lindern.

Da der Großteil meines offiziellen Auftrags als Vertreter der Kibbuzbewegung die Beratung, Kontrolle und Koordination der in der Stadt tätigen Körperschaften war, stürzte ich mich mit Begeisterung in diesen organisatorischen Tumult. Die Tatsache, dass man mir einen Kleintransporter der Marke Peugeot zur Verfügung gestellt hatte, verlieh mir Mobilität wie auch die Möglichkeit, die pädagogische Arbeit vor Ort zu unterstützen.

Ehrlich gesagt, maß man meiner politischen Identität in der Alltagsroutine nicht allzu viel Bedeutung bei, was meinen Status wirklich beeinflusste, war vor allem meine Fähigkeit, aus allen erdenklichen Quellen Mittel für die Kinder des Ortes zu beschaffen. Ich begriff das ziemlich schnell und lernte, dieses Werkzeug hier und da einzusetzen, um – wie soll ich es milde ausdrücken? – die «Realität ein wenig zu verschönern».

## Gespaltenes Leben

Ich glaube, dass ich während jener Zeit begann, die Zerrissenheit der zahlreichen Aspekte meiner vielfältigen Beschäftigungen zu spüren – Familie, Aktivitätsbereiche, persönliche Beziehungen, Hobbys und Zweifel.

Mir scheint, dass es eigentlich mehrere Joels gibt: den, der zu Heim und Familie gehört, der etwas ruhelos ist, aber mehr oder weniger auf normale Art funktioniert. Er erfüllt zwar nicht sämtliche zur Romantik neigenden Begehren seiner Lebensgefährtin Sarah, ist mit ihr jedoch inzwischen zu Ruhe und Verständnis gelangt. Dabei gehen beide auf parallelen Wegen, die sich mitunter sogar überschneiden.

Und dann gibt es den anderen Joel, den, der komplexe Aufgaben erfüllt, die nicht nur seiner seelischen Struktur, sondern auch seinen verschiedenen Begabungen in zahlreichen praktischen und organisatorischen, geistigen und auch intellektuell-kreativen Bereichen entsprechen. Dazu zählen diverse untergeordnete Ressorts, in denen er ebenfalls auf maßgebliche praktische Erfahrungen und Schulungen verweisen kann: Fahren, Materialbeschaffung, Aufstellung von Arbeitsplänen, häusliche Reparaturen, Kultur, Magazin, Erziehung, Kontrolle, Planung, Politik, Verwaltung, internationale Beziehungen und dergleichen mehr. Bei jeder dieser Beschäftigungen waren im Laufe der Zeit neue Bekannte und Freunde hinzugekommen, die von meinen anderen Tätigkeitsfeldern gar nichts wussten. Ich erinnere mich, wie verblüfft einige meiner guten Freunde waren, als ich ausnahmsweise ein Treffen veranstaltete, bei dem sich Menschen aus einem Teil der genannten Bereiche begegneten.

Weiter gibt es auch den Joel, der seine Unabhängigkeit und seine Meinungen verteidigt, mit einer Spur von visionärem Blick auf zukünftige Entwicklungen – und häufig, nur allzu häufig, in der Minderheit bleibt, weil man seine Gedankengänge nicht versteht oder nicht verstehen will.

Und dann gibt es schließlich noch den weniger bekannten Joel, voller Ehrgeiz und Begierden, geprägt vom Stempel seiner stürmischen Lebensgeschichte und seinen Erfahrungen mit Menschen aller Farben und Schattierungen des Regenbogens, den Joel, der neben seiner großen Empfindsamkeit auch eine etwas dunkle Seite enthält, die sorgfältig verborgen bleibt, um von seinen Gefährten und seinen Gegnern nicht ausgenutzt zu werden.

Möglich ist natürlich, dass es noch einen weiteren, sogar mir selbst unbekannten Joel gibt, der noch nicht diagnostiziert werden kann und aus den Tiefen seiner Seele heraus agiert, die unerschöpflich bleiben, bis dafür – falls überhaupt – fortschrittlichere Mittel erfunden werden.

In Tzuba, das bis dahin eine reine Agrarsiedlung gewesen war, kam man zu dem Schluss, dass der Kibbuz nicht länger nur von der Erde leben könne und ein industrielles Element bräuchte. Nach mehreren Jahren der Suche, des Hin und Her und der Aufstellung eines geeigneten Teams, das zunächst aus Bezalel Nevo als Leiter (damals kannten wir die «Direktormanie» noch nicht), Michael Livne als Ingenieur und Aluk und Kansa als Technikern bestand, sah die Zukunft ziemlich rosig aus.

«Oran», die Fabrik für Sicherheitsglas, auf die wir unsere Hoffnungen richteten, hatte die Produktion bereits aufgenommen – nach einer kurzen Schulung unserer Arbeiter, die natürlich von der Bearbeitung und dem Biegen von Glas keine Ahnung hatten. Es gehörte schon ein erhebliches Maß an Chuzpe und Selbstsicherheit dazu, unter solchen Bedingungen eine Fabrik zu eröffnen. Abgesehen davon brauchte man für die Fabrik auch einen Qualitätsinspektor, da Autoscheiben besonders hohen Standards entsprechen müssen und nicht recycelbar sind. Und wer wäre für dieses Amt besser geeignet als ein Yekke mit Fachschulabschluss? Nach kurzem Zweifeln trat ich meine Stellung in der Fabrik an und blieb dort fast sieben Jahre, wenngleich in unterschiedlichen Aufgabenbereichen. Es war, als sei ich drei Jahrzehnte zurückversetzt worden, in eine technische Welt, von der ich mich für immer verabschiedet zu haben glaubte. Bald schon wurde ich auf einen Qualitätssicherungskurs ins Ruppin-College geschickt und hatte das Gefühl, die Materie zu beherrschen.

In der Fabrik, die schon damals unsere besten Arbeitskräfte «verschlang», herrschte eine Atmosphäre der Begeisterung, gemischt mit Sorge um deren Erfolg. Schließlich hatte man erhebliche wirtschaftliche und auch menschliche Ressourcen investiert und es war klar, dass ein Scheitern für den Kibbuz und die Gesellschaft von Tzuba einen schweren Schicksalsschlag bedeuten könnte.

Die Persönlichkeit, Treue und Entschlossenheit von Bezalel jedoch ließen uns sämtliche anfänglichen Hindernisse überwinden und schenkten den Mitarbeitern ein Gefühl von Sicherheit. Seine Pingeligkeit und sein Perfektionismus jedoch er-

Immer wieder macht auch das Schreiben Mühe!

schwerten die Entwicklung der Fabrik, mit deren Leitung man nach sechs Jahren den eher kommerziell veranlagten Yigal beauftragte. Während Bezalel «Oran» auf eine stabile Basis gestellt hatte und Stunde über Stunde in seinem Büro gesessen war, um sich in endlose Stapel von Papieren zu vertiefen, verlagerte Yigal den Schwerpunkt auf den finanziellen Aspekt und die Pflege guter Kundenbeziehungen.

Zwischenzeitlich veränderte sich mein Aufgabenbereich. Die Qualitätskontrolle folgte bereits einem festen Muster, sodass Yigal mich lieber mit der landesweiten Auslieferung der Scheiben an die Kunden beauftragte.

Da das nicht immer eine Vollbeschäftigung war, nutzte ich den Rest der Zeit für meine alte «Liebe» und begann, eine Art Firmenmagazin herauszugeben, genauer gesagt, ein erweitertes Informationsblatt namens *Orangeade*. Um die Verbindung zwischen der Fabrik und dem Kibbuz aufrechtzuerhalten, trug ich dafür Sorge, dass dieses Blatt auch in die Hände der Angehörigen der Arbeiter von «Oran» und zu den Kibbuzinstitutionen gelangte. Bei dieser Gelegenheit übersetzte ich auch die murphysche Lehre – was schiefgehen kann, geht schief – mit Anpassungen in die hebräisch-israelische Kibbuzsprache.

Ich weiß nicht, ob die Leser der *Orangeade* diese Art von Humor genossen, aber ich für meinen Teil hatte meinen Spaß daran. Meine Arbeit als Ausfahrer der Scheiben hingegen bereitete mir immer weniger Freude. Hinzu kam, dass mir meine Rückenschmerzen zunehmend stärker zu schaffen machten. Ich schlug Yigal vor, mir die Koordination des Marketings zu übertragen, obwohl ich wusste, dass er damit kaum einverstanden sein würde: Er kümmerte sich lieber selbst um diesen Bereich und dachte vielleicht auch, dass ich dieser Aufgabe nicht gewachsen sei.

Ich wartete noch eine Weile und verkündete dann, dass ich beabsichtige, aus der Fabrik auszuscheiden. Es war ein etwas unüberlegter Schritt, da mir nicht völlig klar war, wo ich nun meinen Platz im Gefüge des Kibbuz finden sollte. Aber allzu große Sorgen machte ich mir darüber keine, denn ich wusste genau, dass sich früher oder später irgendetwas bieten würde. Schließlich fiel ich genau wie meine Katzen immer wieder auf die Füße.

Letztlich fand sich eine Lösung, an die ich nicht im Traum gedacht hätte: der Kibbuzladen, das einstige «Kleinversorgungslager», das sich inzwischen zu einem «Minimarkt» gemausert hatte. Dort kauften die Genossen ihre Reinigungs- und Hygieneartikel, etwas Kosmetik, Lebensmittel, um zuhause zu backen oder Getränke zuzubereiten, und als Gipfel des Luxus – einfache Kekse und Süßigkeiten.

Der Minimarkt liegt bei dem Gebäude, das heute als Büro der Obstbranche dient, neben dem alten Silo. Wie es meine Art war, ging ich die Sache mit Begeisterung

Karikatur eines Kibbuz-
genossen nach Joels Verlassen
der Firma: Auszeit für Joel!

an und begann, das Angebot an Süßigkeiten und Kosmetika zu vergrößern. Weiter
fügte ich ein Sortiment von Geschenkartikeln und Kinderbüchern hinzu und stellte
fest, dass ich bezüglich der Wünsche der Genossen den Nagel auf den Kopf getroffen hatte.

Außerdem spielte sich in dem heruntergekommenen Bauwerk eine Art von Mi-
nidrama ab. Seine Heldin war eine reizende kleine Maus, die sich zwischen den
Keks-, den Schokolade- und den Süßigkeitsregalen ihren persönlichen Weg durchs
Schlaraffenland geebnet hatte. Tag für Tag verursachte sie erhebliche Schäden
und jeder Versuch, ihrer mit einer gewöhnlichen Falle habhaft zu werden, scheiterte.

Es war eine schlaue Maus, die offenbar große Erfahrung besaß und sich von den
Leckereien, die ich ihr in reicher Abwechslung anbot, nicht verführen ließ. Schließlich
lieh ich mir von den Bauarbeitern aus Ein Raffa eine Falle der alten Art, ohne Spitzfindigkeiten, und schon am nächsten Tag fand ich meine Hausmaus leblos darin
gefangen: Sie hatte die tödliche Sprungfeder ausgelöst und war auf der Stelle tot –
das will ich zumindest hoffen.

Ich veranstaltete eine bescheidene Beerdigung, wie sie einer Vorratslagermaus
gebührt, und vertraute ihre kleine Seele dem Schöpfer der Wühlmäuse an.

Dann aber geschah etwas Seltsames und völlig Unerwartetes: Ich wurde von
einer heftigen Sehnsucht nach meinem Mäuschen gepackt! Nun konnte ich nicht
mehr in der Früh in die Vorratskammer kommen, um festzustellen, ob dieses seinen
gewohnten Weg gegangen war und welche Schäden es dabei angerichtet hatte. Ich
empfand eine Art innerer Leere, die von der fehlenden Herausforderung kam, und
erwog sogar, mir eine neue Maus aufzuziehen, aber woher nimmt man eine solche?
Mit großem Bedauern verzichtete ich auf meine Idee und versuchte, meine liebe
kleine Maus zu vergessen.

## Eine Reihe gemeinnütziger Verbände

Mein Job im Minimarkt genügte nicht, um meine Woche zu füllen, daher schloss ich mich auch unserer Schreinergruppe an, als «Reparierer», will heißen, einer, der in den Wohnungen der Genossen kleine Ausbesserungsarbeiten durchführte. Wieder half mir dabei das in «Tietz» erworbene Fachwissen, zuzüglich zu meinen natürlichen Talenten. Gleichzeitig erweiterte ich auch den Rahmen der Volontärarbeit in Mevasseret Zion, wo das Personal in schwindelerregendem Tempo wechselte. Natürlich beschränkte ich mich nicht nur darauf, die Freiwilligen zu leiten, sondern schloss mich auch einer Reihe von Organisationen an, die sich mit den Bereichen Volontärarbeit und Integration beschäftigten. Zunächst nahm ich Kontakt zu einer Frau namens Chava Yaari auf, die als Koordinatorin zwischen den zahlreichen Organisationen fungierte. Wie sich zeigte, war sie ein wunderbarer Mensch, überquellend vor Temperament und Initiativen.

Bald schon fanden wir eine gemeinsame Sprache und mir scheint, dass sie mich als Nachfolger betrachtete, und vielleicht zur gegebenen Zeit sogar als Erben ihres Amtes. Ich jedoch zog es vor, als Helfer und Berater der Vorsitzenden zu fungieren, die ihr, einer nach dem anderen, folgten – zum Teil auf meine Initiative. Zudem wurde ich auch im landesweiten Dachverband des «Dritten Sektors» aktiv, des Sektors der Volontärarbeit und der gemeinnützigen Verbände, und wurde dort schon nach kurzer Zeit in den Kontroll- und Ethikausschuss gewählt, wo ich mit einigen weiteren Freunden an der Verfassung seiner ethischen Richtlinien mitwirkte.

Ich glaube, ich war in nicht mehr und nicht weniger als einem Dutzend Verbänden aktiv, einschließlich des Verbands für jüdisch-arabische Koexistenz in den Judäischen Bergen, der deutschen «Aktion Sühnezeichen» und des International Communes Desk ICD, wo ich zu den Herausgebern der Broschüre *C.A.L.L.* gehörte. Weiter wäre noch der Israelisch-Finnische Freundschaftsverband zu erwähnen.

Moment mal, woher nahm ich eigentlich die Zeit für all diese Beschäftigungen, die hin und wieder die Teilnahme an Sitzungen wie auch ein gewisses Maß an Aktivität erforderten? Ich habe es bereits erzählt und möchte es wiederholen: Als ich den seligen Yaakov Maimon einmal fragte, woher er all die Zeit für seine Arbeit und sein Wirken im Kreis der Neueinwanderer nehme, antwortete mir dieser mit seinem so charakteristischen schelmischen Lächeln:

«Das ist ganz einfach: Ich beschäftige mich nicht mit Klatsch und übler Nachrede, dadurch habe ich eine Menge freier Zeit!» Damals hatte ich mir gedacht: Ich wünschte, ich könnte von mir in aller Aufrichtigkeit dasselbe behaupten!

Und nun sitze ich wieder einmal ungeduldig vor meinem dummen, aber so nützlichen Computer, zum Wohl der äthiopischen Einwanderer, von denen einige bereits Anleitung bekommen und Bildung erworben haben. Laut Kalender stehen wir am Beginn des Sommers 2007, der angeblich besonders heiß werden soll, und ich frage mich wiederholt, ob überhaupt eine Chance bestehe, die etwa 100 weitere Seiten umfassende Lücke zu schließen, um die nächsten, ziemlich stürmischen 20 Jahre meiner Lebensgeschichte mit ihren vielen Schlüsselerlebnissen zu schildern?

Werde ich es schaffen, all das zu Papier zu bringen? Werde ich den Mut zu solch einer tiefgreifenden Selbstentblößung haben? Darüber hinaus nagen an mir auch Zweifel, ob die damit verbundene seelische Belastung überhaupt gerechtfertigt sei. Eine weitere Frage, die mir seit Beginn der Arbeit an diesen Memoiren keine Ruhe lässt, ist, wie glaubwürdig diese eigentlich sind – ob ich mich tatsächlich und wahrhaftig an all das erinnere, was ich hier schreibe, oder ob es mitunter Gespinste sind, die mein übereifriges Hirn in Nächten der Fantasie und Halluzination hervorbringt? Vielleicht ist es manchmal auch Wunschdenken?

Nach wie vor hege ich auch Zweifel darüber, ob ich das alles letztlich vor allem für mich selbst festhalte oder für meine Familie und die Menschen, die mir nahe sind. Vielleicht aber auch für eine breitere Veröffentlichung, falls jemand an einer solchen interessiert sein sollte?

Schließlich handelt es sich, wie auch Vater bereits bemerkte, um ein bedeutendes «Stück Historie», sodass mir scheint, die Wahl zwischen den genannten drei Alternativen – von denen eigentlich nur die zweite und die dritte sinnvoll erscheinen – sollte den Ausschlag für den Stil meines Werks und das Maß der Entblößung geben, die ich mir, mitunter zu meiner eigenen Verblüffung, gestatte.

Offenbar bin ich am gegenwärtigen Punkt noch nicht imstande, eine endgültige Entscheidung über das Ziel meines Schreibens zu treffen. Ich werde daher wie bislang fortfahren und das Material, falls nötig, später einmal entweder selbst auswerten und überarbeiten oder jemand anderen damit beauftragen.

Während dieser Zeit wurde Sarahs Mutter, die bereits mehrere Schlaganfälle hatte, ins Washingtoner-Haus eingeliefert, wo sie verstarb. Am Tag des Geschehens war Sarah im Rahmen ihrer Arbeit für die Kibbuzbewegung ins Jordantal gefahren, sodass ich es war, der am Bett ihrer Mutter stand, als ihr Leben zu Ende ging.

## Amerika

Die Kinder waren inzwischen bereits selbstständig (mitunter allzu sehr), sodass der großen Reise, die wir bereits seit Jahren planten, nichts mehr im Wege stand – nach Amerika. Wir bereiteten uns sorgfältig vor, packten mehrere Koffer mit Vorräten voll, die leicht ein Jahr gereicht hätten, und brachen auf. Dieses Mal nicht mit dem Schiff, sondern mit einem El-Al-Flug nach New York, wo wir einige Tage bei Bekannten unterkommen sollten. Es war unser erster Transatlantikflug und wir waren entsprechend aufgeregt, vor allem während des Starts und der Landung. Alles ging glatt, einschließlich der Überprüfung durch die berühmte «Immigration»-Behörde, vor der wir uns wegen des illegalen Status unseres damals in den Staaten lebenden Sohnes Siv und seiner Freundin Donna gefürchtet hatten.

Wie es jedoch scheint, hatte Onkel Sam Wichtigeres zu tun, sodass unsere Ankunft reibungslos vonstatten ging.

Was einen Erstbesucher in Amerika am meisten beeindruckt, sind die ungeheuren Dimensionen der neuen Welt:

Alles ist XL, einschließlich eines beachtlichen Teils der Bevölkerung und ihrer Nach-kommenschaft. Nahrungsmittel und kulinarische Verführungen sind allerorts und je-derzeit im Überfluss vorhanden, relativ preisgünstig und vor allem gibt es eine unge-heuer abwechslungsreiche Auswahl an typischen Gerichten aus aller Herren Länder.

Wie gesagt kamen wir in New York an, das als Welt für sich gilt und für die Ver-einigten Staaten völlig uncharakteristisch sein soll. Schon bald erfuhren wir, dass viele Amerikaner diese Stadt noch nie besucht hatten. Sie hat ihre ganz spezifische Atmosphäre, ihre einzigartigen Eindrücke und ihren eigenen Lebensrhythmus – und es gibt Menschen, die sie lieben, und solche, die sich dort nicht wohlfühlen, zum Beispiel ich.

Die Fahrzeuge, die die Straßen der Stadt Stoßstange an Stoßstange klebend verstopfen, ohne einen Zentimeter freizulassen, machen das Überqueren zu einer abenteuerlichen Geschicklichkeitsübung; ihre Massen von Einwohnern einschließ-lich ihrer seltsamen Gepflogenheiten; die vielen und vielfältigen öffentlichen und privaten Bauten, die sich in unendliche Höhen erheben; die Sirenen der Not- und Rettungsdienste und der Polizei sowie diverse andere Geräuschquellen, die unter-schiedlichste Arten von Lärm erzeugen – sie alle vereinen sich zu einer Kakofonie, die keinen Augenblick nachlässt und den Besucher zur Gewöhnung zwingt, wenn er die so zahlreichen Schätze dieser Stadt kennenlernen will: Museen, öffentliche Gebäude, historische Stätten und dergleichen mehr.

Dennoch kann ich persönlich diese Stadt nicht leiden und bemühte mich, sie nach unserer ersten Begegnung zu meiden. An anderen Orten hingegen, darunter Washington, Boston, Seattle und Buffalo, fühlte ich mich wesentlich wohler und entspannter.

Wir fuhren die Ostküste der Vereinigten Staaten entlang und bewunderten Staa-ten wie das an Reichen reiche Connecticut. Dann erreichten wir Boston, diese Stadt, die Schauplatz so vieler schicksalhafter Ereignisse der amerikanischen Geschichte war – von der Ankunft der Pioniere und Gründungsväter auf der «Mayflower» über die Waffen und Geräte, die den Rebellen bei ihrem Freiheitskampf gegen die Briten und deren korrupte und dekadente Institutionen dienten bis hin zum Beginn des amerikanischen Unabhängigkeitskrieges und zum Wahlkampf von Präsident Ken-nedy, dem ersten Katholiken, der dieses hohe Amt gewann.

Auch dort hatten wir wieder eine Adresse von Bekannten. Abgesehen von den Kosteneinsparungen boten uns diese Gastgeber auch Gelegenheit zu Gesprächen und Fragen über die Orte, die wir besuchten und die Menschen, die uns begegneten.

Von Boston fuhren wir Richtung Buffalo. Dort wollten wir einen alten Onkel be-suchen, der noch mit meiner Haifaer Cousine Ruth in Kontakt stand. Er hieß Kurt Dispeker und war der erste Verwandte, mit dem ich die seit Vaters Tod abgeflauten Beziehungen zu unserem «Familienstamm» erneuerte. Ganz wie richtige Yekkes ver-einbarten wir einen Termin und auch die mutmaßliche Stunde unserer Ankunft und waren natürlich auch mit einer genauen Adresse und Anweisungen dazu ausge-stattet, bei welcher Ausfahrt wir die Hauptstraße verlassen sollten. Nur übersahen wir diese Ausfahrt leider und es begann eine mühselige Sucherei. Wir verfuhren uns ordentlich, und als wir schließlich mit einer leichten Verspätung von zwei Stunden Kurts Wohnung erreichten, stand er schon vor dem Haus, hielt in alle Richtungen Ausschau und erwartete uns zwar geduldig, aber ziemlich besorgt.

Ihr fragt, was wir eigentlich in Buffalo zu suchen hatten, abgesehen von einem alten, unbekannten Onkel? Nun, zunächst einmal stand der Weg dorthin in dieser Jahreszeit in voller Herbstblüte. Dort nennt man das «the turning of the leaves», die Wende der Blätter – ein prachtvolles Farbenschauspiel mit einer Palette, die von Gelb und Orange bis zu Braun reicht, eine wahre Augenweide. Ich kannte das Phänomen zwar aus meiner Zeit in Südfrankreich, für Sarah jedoch war es absolut neu, sodass ich auch ihren Genuss mitempfand.

Unser eigentliches Ziel jedoch waren die Niagarafälle, die damals unter den gängigen Touristenattraktionen noch als an Dimension und Naturgewalt unübertreffliches Ziel galten. Wer verstehen will, wie übermächtig die Kraft der Natur ist, der sollte diese Fälle besuchen und einige Minuten lang unten auf einer der von Menschenhand oder auch von der Natur selbst geschaffenen Terrasse stehen, da, wo der Lärm so ungeheuer ist, dass man sein eigenes Wort nicht mehr hört. Die typische Reaktion eines Besuchers aus unserem wasserarmen Israel lautet natürlich meist: «Oh, vielleicht ist man bereit, uns ein paar Spritzer davon abzugeben…»

Trotzdem dient die Region der Wasserfälle bis zum heutigen Tag als Flucht- und Schmuggelweg für hunderte von Flüchtlingen aus der ganzen Welt – in beide Richtungen. Menschen, die versuchen, Armut, Militärdienst oder Verfolgung zu entkommen, oder auch einfach nur Kriminelle, die bereit sind, jedes Risiko auf sich zu nehmen, um das «Paradies» der Vereinigten Staaten zu erreichen oder in Kanada Zuflucht zu finden. Dort werden die Menschen nämlich nach ihrem wahren Wert geprüft und gemessen, nach ihrem Beitrag zur Allgemeinheit und ihrer Bereitschaft, Verantwortung zu übernehmen, und nicht aufgrund ihres familiären Status, ihres Besitzes oder Erbes.

Nachdem wir dem Zauber des Anblicks dieser ungeheuren Wassermassen anheimgefallen waren, die ins Unbekannte fließen, um zahllose Ströme, Flüsse und Seen in Nordamerika zu speisen, verspürten wir eine gewisse innere Ruhe und wandten uns unserem nächsten Ziel zu, Toronto in Kanada.

Dort waren wir eingeladen, bei den Eltern von Sharon zu wohnen, einer jungen Genossin aus einer englischsprachigen Garin, die erst unlängst nach Tzuba gekommen war. Aus irgendeinem Grund machten die Vereinigten Staaten auf mich den Eindruck eines äußerst modernen und fortschrittlichen Landes, wohingegen Kanada konservativ wirkte, als hinke es Generationen hinter seiner «großen Schwester» im Süden her. Gerade deshalb war die Begegnung mit Toronto, das man als ultramoderne Stadt bezeichnen darf, überwältigend. Die Wolkenkratzer mit ihren vollverglasten, die Nachbargebäude widerspiegelnden Fassaden hatten für den Blick des Fremden, der diese zum ersten Mal sah, etwas Faszinierendes und sogar Hypnotisierendes. Nicht weniger beeindruckt waren wir von den ober- und unterirdisch fahrenden öffentlichen Verkehrsmitteln, die, soweit ich mich erinnere, weniger kosteten als in den Vereinigten Staaten.

Zwar hegen die Kanadier eine Art von Minderwertigkeitskomplex gegenüber den USA, blicken aber auch ein wenig auf diese hinab. Will man sie beleidigen, genügt es, sie als «Amerikaner» zu bezeichnen, um einen kleinen Empörungssturm auszulösen.

In Toronto verbrachten wir einige Tage, um die Zeit bis zu unserem Flug nach Vancouver zu überbrücken. Dort fand damals die Expo 85 statt, eine große internationale Messe, die das vor den Toren stehende 21. Jahrhundert einläuten sollte. Dort sahen wir auch zum ersten Mal, wie kultivierte Menschen manchmal sogar stundenlang in der Reihe stehen, um irgendeine Attraktion zu bewundern –ohne sich vorzudrängeln oder geschoben zu werden.

Nachdem wir auch Vancouver besucht hatten, fuhren wir weiter nach «Britisch-Kolumbien», einer wunderschönen Insel, die sich noch etwas vom ursprünglichen Kolonialstil bewahrt hat und wo das Leben noch etwas von der Ruhe längst vergangener Tage ausstrahlt. Natürlich besuchten wir die Butchart-Gärten, ein landschaftliches Wunder, das dem schlechten Gewissen eines korpulenten Steinbruchbesitzers entsprungen ist. Auf diese Weise wollte er den Schaden wiedergutmachen, den er dem Bild der Insel durch den jahrelangen Steinabbau zugefügt hatte. Es überraschte uns nicht zu hören, dass er praktizierender Jude war.

Dann fuhren wir die Westküste der USA entlang nach San Francisco, wo wir bei einer amerikanischen Familie unterkamen, deren Tochter als Volontärin in meinem gemeinnützigen Verein tätig gewesen war. Inzwischen arbeitet sie als Dozentin an der Universität und ist mit einem bekannten Juristen verheiratet – eben dem jungen Mann, der in Yaakov Maimons letzten Lebensjahren dessen Aktentasche hinter ihm hergetragen und mit mir zusammen den Verein gegründet hatte, in den ich später meine besten Jahre und Kräfte investierte. Mit ihnen verbrachten wir den Versöhnungs- und Fastentag Yom Kippur in einer Synagoge für Mitglieder der Reform- und der konservativen Bewegung. Während der Mittagspause fuhren wir zusammen eine Kleinigkeit essen. Als wir zurückkamen, entschuldigte sich unser Gastgeber: er müsse kurz sein Hemd wechseln, damit seine Freveltat nicht durch ein paar Fettflecken vor der Gemeinde entblößt werde.

Zu Kol Nidre mussten alle trotz des Feiertags mit dem Auto kommen, da die Entfernungen zwischen den Häusern der Gemeindemitglieder und der Synagoge gar keine andere Wahl ließen. Der Rabbiner hatte dafür Verständnis und die meisten Betenden achteten darauf, ihren Wagen in einem gewissen Anstandsabstand von der Synagoge entfernt zu parken.

Wir beobachteten die Unterschiede zwischen den jüdischen Familien, die uns bislang begegnet waren. Die Israelis behalten mehr oder weniger den Lebensstil bei, den sie aus Israel mitgebracht haben und pflegen fast überhaupt keine Beziehungen zu den lokalen Juden.

Letztere hingegen empfinden zumeist eine tiefe emotionale Verbundenheit und Identifikation mit dem Schicksal Israels, obwohl sie sich in erster Linie und allem voran als Amerikaner jüdischen Glaubens betrachten, deren Hauptloyalität den Vereinigten Staaten gilt. Es fällt ihnen schwer, sehr schwer, auf diese Zugehörigkeit zu verzichten, und sei es nur auf intellektueller Ebene.

Allmählich versammelte sich die Gesellschaft wieder und das Gebet konnte fortgesetzt werden. Ein kleiner Chor, darunter auch einige schwarze, nichtjüdische Sängerinnen. Die Präsidentin der Gemeinde küsst sich zu Ehren des Feiertages mit dem ehrenwerten Herrn Rabbiner, in unmittelbarer Nähe des Aron HaKodesch, des heiligen Schreins, in dem die Thora-Rollen verwahrt werden, und es fährt kein Blitz vom Himmel.

Interessiert verfolgten Sarah und ich die Zeremonie, Sarah summte dabei zu einem Teil der Gebete andere Melodien. Wir fühlten uns fast schon als Teil dieser Gemeinde und dankten unseren Gastgebern für das Erlebnis.

Da wir nun endlich unser junges Pärchen, Siv und seine Freundin Donna, in Los Angeles besuchen wollten, verzichteten wir auf die Fahrt auf dem berühmten Highway One entlang des Stillen Ozeans und flogen direkt in die kalifornische Hauptstadt. Dort wohnten die beiden mit zwei weiteren Israelis glücklich in einem Gebäude – falls man der wackeligen Hütte diesen Titel verleihen darf. Siv verdiente seine Brötchen als Fliesenleger, also mit einem Beruf, mit dem sich bislang vor allem mexikanische Einwanderer beschäftigt hatten und der nun zum Teil von Israelis «erobert» worden war.

Natürlich besaßen die meisten Immigranten keine Greencard, die zur Arbeit in den Vereinigten Staaten berechtigt und längerfristig Aussicht auf eine Staatsbürgerschaft bedeutet hätte. Das bedeutete auch für die Israelis bestimmte Einschränkungen. Diese fanden jedoch wie gewohnt kreative Lösungen, um das Hindernis zu umgehen.

Los Angeles ist nicht unbedingt eine Touristenattraktion, wenngleich sich auch dort die eine oder andere Sehenswürdigkeit finden lässt, darunter das Skirball-Museum, das Gehry-Museum für Moderne Kunst, das Museum für Toleranz, der Venice-Strand und die Läden von Beverly Hills (nur zum Anschauen und Bestaunen, für ein Kibbuz-Portemonnaie ungeeignet!).

Wir liefen durch das Stadtzentrum und wie es bei Touristen so der Fall ist, begann unsere Blase irgendwann zu drücken. Da erblickten wir vor uns ein öffentliches Gebäude mit einem Plakat zu einer Ausstellungseröffnung. Wir traten ein, genossen die angebotenen Erfrischungen und lenkten unsere Schritte dann in Richtung Toiletten. Da der Ewige, gelobt sei er, uns Männer mit dem bequemeren Instrument ausgestattet hat, erledigte ich diese Aufgabe als erster und wartete nun auf meine Gefährtin.

Da bemerkte ich, dass ich neben einem öffentlichen Telefon stand und erinnerte mich plötzlich auch daran, dass mein Vater in der Vergangenheit mit einem Cousin zweiten Grades in Los Angeles korrespondiert hatte. Meine Versuche, zu diesem Kontakt aufzunehmen, waren ohne Ergebnis geblieben, sodass ich angenommen hatte, er sei verstorben. Nun aber bot sich eine günstige Gelegenheit. Ich blätterte in einem Telefonbuch und fand tatsächlich einen Joe Dispeker, ein ziemlich seltener Name. Aufgeregt wählte ich die Nummer. Eine Frauenstimme antwortete, etwas zurückhaltend. Dabei war deutlich zu erkennen, dass sie sich vor etwaigen Betrügereien fürchtete. Nachdem ich sie beruhigt und ihr erklärt hatte, worum es ging,

Cousins von Vater Sigi Dispeker 1932 aus USA und Canada, deren Vater schon früher ausgewandert war

ließ sie mich mit ihrem Mann sprechen. Aus diesem kurzen Gespräch entstand eine Verbindung, die noch zu spannenden und überraschenden Entdeckungen führen sollte. Wie sich herausstellte, beschäftigte sich Joe intensiv mit der Geschichte der Familie Dispeker und hatte sogar einen Stammbaum erstellt, der bis zu Rabbi David von Diespeck zurückführte, der im 17. Jahrhundert in einem Städtchen bei Fürth gelebt hatte.

Durch die Informationen, die ich von ihm bekam, entdeckte ich später ganze Zweige der Familie, von denen ein Teil sich seiner jüdischen Abstammung gar nicht mehr bewusst war – die Nachkommen des nach Großbritannien ausgewanderten Shimshon Dispeker, die sich assimiliert und über das ganze britische Imperium verteilt hatten. Ein Teil von ihnen lebte in Südafrika, Australien, Kanada und den Vereinigten Staaten, andere waren sogar bis nach China gekommen. Weiter entstand eine Verbindung zu einer deutschen Lehrerin, die aus der Stadt Diespeck stammte und die Geschichte unserer Familie erforschte. Von einem weiteren Zweig, der nach Eretz Israel ausgewandert war, bekam ich einen detaillierteren Familienstammbaum, verfasst von Meir Oppenheimer, ebenfalls ein Nachfahre des Rabbi David von Diespeck. Darin entdeckte ich sieben Vorväter meiner Familie, die den Namen Joel, später auch Julius, trugen. Schon kurze Zeit darauf begannen die Mitglieder dieses Zweigs uns zu besuchen, aus Kanada, den USA, Australien und sogar aus unserer chinesischen Filiale – Nachkommen unseres von Shanghai nach Amerika ausgewanderten Verwandten. Sarah war über diese neue Verwandtschaft nicht begeistert und betrachtete mein jüngstes «Hobby» mit Argwohn. Ehrlich gesagt kann ich mich nicht erinnern, mich bis in meine 50er-Jahre besonders für die Geschichte meiner Vorväter interessiert zu haben.

## Ein Geheimnis kommt ans Licht

Mehr als einmal hatte ich mein Bedauern darüber zum Ausdruck gebracht, Einzelkind zu sein – bis ich eines schönen Tages einen Brief aus Deutschland erhielt, von einer mir unbekannten Adresse. Ich nahm an, dass es sich um einen Antrag auf eine Volontärstelle in Tzuba handelte, öffnete zerstreut den Umschlag und las. Es dauerte mehrere Minuten, bis ich die volle Bedeutung des Geschriebenen erfasste:

Erkelenz, den 15. Juni 1992

Sehr geehrter Herr Dorkam!

Wie soll ich beginnen, wie die richtigen Worte finden? Sicher werden Sie verstehen, dass mir die ersten Zeilen dieses Briefes schwerfallen, weil wir uns noch nie begegnet sind und uns nicht kennen. Aber Sie und ich haben etwas gemeinsam: Ihr Vater, Sigmund Dispeker, ist mein Großvater und deswegen möchte ich meinen Brief neu beginnen.

Lieber Onkel Joel!

Ich bin Ingrid, die einzige Tochter Deines Bruders Ernst Herbert Sigmund Gosda und seiner Frau Luise. Ich wuchs in einem liebevollen und wohlbehüteten Elternhaus auf und brauchte mir nie Fragen zu stellen, was die allgemeinen Lebensumstände anbetrifft. Zwar wusste ich, dass mein Vater eine schwere und bittere Kindheit und Jugend verlebt hat, aber das einzige, was er mir erzählte, war, er habe als Waise völlig allein seine Jugend verbracht. Heute weiß ich: Sein Vater verließ 1933 Deutschland und seine Mutter starb 1934.

Bislang wusste ich nichts Weiteres, weil mein Vater sich darüber immer in Schweigen gehüllt hatte.

Vor etwa einem Jahr hatte mir eine (nicht leibliche) Tante, Tochter des Vormundes meines Vaters, erste Hinweise gegeben, dass mein Vater jüdischer Abstammung und der illegitime Sohn eines Kasseler Journalisten sei. Sie hatte mir unter dem Gebot der Verschwiegenheit noch weitere Informationen gegeben, die mir die bis dahin völlig unbekannte Geschichte meines Vaters und meiner Vorfahren bloßlegten und über die ich gerne mehr erfahren hätte. Ich erwog manchen Schritt, wie ich hier nähere Aufklärung erfahren könnte, und wollte mich zuletzt an die jüdische Gemeinde in Kassel wenden. Doch ein glücklicher Zufall wollte es anders. «Du hast einen Onkel», so schrieb mir die oben genannte Tante aus Kassel, «und dieser ist jetzt hier anlässlich der Ausgabe einer Biografie Deines Großvaters.» Sie hatte mir dieses Büchlein beigelegt und ich erfuhr vieles mehr, nicht zuletzt dies, dass es Dich gibt. Nun war ich entschlossen, sofort zu handeln. Aber leider erreichte ich Dich in Kassel nicht mehr. Du warst abgereist. Nur Deine Adresse erhielt ich noch. Und so wende ich mich jetzt auf diesem Wege an Dich.

Wirst Du Dich melden?

Mein Vater hat sich immer in Schweigen gehüllt. Ich glaube, ich verstehe ihn. Aber ich denke, dass es nun an der Zeit ist, dieses Schweigen zu brechen und ich hoffe, dass es auch Dein Wunsch ist. Damit Du von mir ein erstes Bild erhältst, will ich Dir kurz einiges über mich berichten: Ich bin verheiratet und habe zwei Söhne, Sebastian ist vier und Stefan drei Jahre alt. Mein Mann Eduard und ich sind Lehrer an einem Gymnasium. Er unterrichtet Deutsch und Sport und ich Chemie, Physik und Sport. Wir leben in sehr angenehmen und glücklichen Verhältnissen hier auf dem Lande in der Nähe der niederrheinischen Kleinstadt Erkelenz. Ich lege Dir ein paar Bilder bei, damit Du Dir eine Vorstellung von uns machen kannst. Mein Vater ist mittlerweile 72-jährig, pensioniert. Er war als Diplomingenieur im Bergbau beschäftigt und ist noch recht vital und bei relativ guter Gesundheit. Er lebt nur einige Minuten von uns entfernt und wir sehen uns nahezu jeden Tag. Meine Mutter, eine wunderbare Frau, starb im April 1990. Papa lebt seitdem alleine. Er ist froh, dass er uns hat und unsere Beziehung ist sehr innig. Und Du? Bist Du auch verheiratet? Hast Du Kinder? Wie sind Deine Lebensumstände? Ich habe so viele Fragen und wünsche mir so sehr, dass wir uns eines Tages begegnen und kennenlernen!

Ich hoffe sehr, bald von Dir zu hören. Noch schöner wäre es, wir könnten uns schon bald sehen.

Deine Nichte
Ingrid

Wie sich herausstellte, hatte mein Vater eine Liebesaffäre mit einer jungen Christin unterhalten, etwa zehn Jahre, bevor er meine Mutter heiratete und offenbar kurz nach seiner Rückkehr aus dem Ersten Weltkrieg. Von diesem Mädchen war ihm ein Sohn namens Herbert geboren worden. Allmählich kamen weitere Informationen über meinen Halbbruder hinzu. Es wurde klar, dass Herbert, nachdem Vater aus Deutschland emigriert und seine Mutter jung an Krebs verstorben war, bei einer Pflegefamilie in Kassel untergebracht wurde, die die Tatsache, dass er Halbjude war, verbarg. Zu gegebener Zeit bekam er seinen Gestellungsbefehl und wurde an die russische Front geschickt, wo er gegen Ende des Zweiten Weltkriegs in Gefangenschaft geriet. Erst 1950 wurde er entlassen, kehrte nach Deutschland zurück und heiratete seine große Liebe, die er noch vor seiner Einberufung kennengelernt hatte. Diese Frau hatte es zwischenzeitlich geschafft, einen Nazioffizier zu heiraten und sich von diesem wieder scheiden zu lassen. Herbert ließ sich zum Bergbauingenieur ausbilden und bekam eine Tochter namens Ingrid – sie war es, die mir geschrieben hatte. Aber all das stellte sich erst später heraus, aus den Geschichten, die Ingrid und Herbert selbst mir erzählten, als wir uns trafen.

Die Pflegefamilie indessen schwor und ließ auch ihre Tochter Lotte schwören, das Geheimnis von Herberts Herkunft niemals zu verraten.

Daher fand Vater, als er 1955 nach Kassel kam und diese Familie aufsuchte, nur Lotte vor, die ihm sagte, Herbert sei offenbar an der Ostfront gefallen.

Vater hatte keinerlei Grund, ihre Worte anzuzweifeln, und war daher offenbar davon überzeugt, dass Herbert nicht mehr lebte. Herbert wiederum, der von diesem Besuch nichts wusste, schloss daraus, dass wir an einer Beziehung zu ihm kein Interesse hätten.

Ich las Ingrids Brief ein zweites Mal und war sprachlos. Tausende von Fragen schossen mir durch den Kopf, mein Gehirn arbeitete auf Hochtouren. Hatte meine Mutter von der Existenz dieses Jungen gewusst, und warum war diese Affäre niemals erwähnt worden, nicht einmal andeutungsweise? Wer weiß, was für eine Aufgabe mein Bruder während des Krieges hatte und an welchen Taten er freiwillig oder unfreiwillig beteiligt gewesen war? Ich verspürte das dringende Bedürfnis, Sarah in meinen neuen Status als jüngerer Bruder und Onkel einer deutschen Familie einzuweihen. Zitternd und zutiefst erschüttert suchte ich sie im Vorratslager auf. Ich hielt ihr den Brief entgegen und flüsterte erstickt:

«Man hat uns eine Bombe geschickt!»

Sarah, die es nicht gewöhnt war, mich so völlig außer mir zu sehen, erblasste und verlangte eine Erklärung. Wir gingen in den Laden, wo ich ihr den Brief vorlas und übersetzte. Anfangs meldete sie Zweifel darüber an, ob es sich nicht um Betrug handle, aber sehr bald schon verwarfen wir diese Möglichkeit.

Noch am selben Tag schrieb ich Ingrid einen zutiefst bewegten Brief voller Fragen und Bedenken, in dem ich ihr erklärte, dass ich von der ganzen Affäre keine Ahnung gehabt hatte und den Vorschlag machte, meinen Bruder zu treffen, falls er daran interessiert sein sollte. Nachdem Herbert verstand, wie sich alles zugetragen hatte, erklärte er sich zu einer Begegnung bereit. Inzwischen hatte ich auch meine in Haifa lebende Kusine Ruth, die unserer Familie eng verbunden war, gefragt, ob ihr Herberts Existenz bekannt gewesen sei. Ruth, die zwölf Jahre älter ist als ich, erinnerte sich tatsächlich an irgendein Thema, über das nur flüsternd gesprochen wurde, und ihr schien, als sei auch ein kleiner Junge allwöchentlich zu Großmutter zu Besuch gekommen.

So setzten wir ganz allmählich den Großteil dieses Puzzles zusammen und schlossen daraus, dass sich alles so zugetragen hatte, wie meine Nichte behauptete.

Bevor ich jedoch über die Fortsetzung dieser Geschichte und die daraus folgenden Begegnungen berichte, verspüre ich die Notwendigkeit, etwas über das Wesen meiner Beziehung zu dem Land klarzustellen, in dem ich geboren und aus dem ich im Alter von drei Jahren vertrieben wurde. Ich habe schon immer einen Unterschied zwischen der deutschen Kultur und Sprache und jenem verbrecherischen Regime gemacht, das den Ehrgeiz hatte, uns zu vernichten. Dennoch hatte ich während meiner ersten fünf Lebensjahrzehnte keine besonderen Gefühle oder Sehnsüchte nach meiner ehemaligen Heimat verspürt. Falls es solche überhaupt gab, dann stand in ihrem Zentrum das Land, in dem ich aufgewachsen und zur Schule gegangen war – Frankreich.

Dessen ungeachtet wurde bei uns zuhause Deutsch gesprochen und ich hatte schon in jungen Jahren die Grimmschen Märchen im Original gelesen. Später waren ab und zu noch ein paar andere Bücher auf Deutsch hinzugekommen, einer Sprache, die ich bestens beherrschte. In meinem sechsten Lebensjahrzehnt tauchten bei mir seltsame, unerklärliche und auch etwas ärgerliche Sehnsüchte auf – nach den Landschaften meiner verlorenen Heimat. Vergeblich versuchte ich, diese ungebetenen Gefühle zu leugnen. Einer unserer Freunde, der hiesige Vertreter der «Aktion Sühnezeichen», lud mich ein, Berlin zu besuchen. Dieses Mal befanden wir uns dabei im Kreis von «guten Deutschen», solchen, die die Verantwortung ihres Landes für die Shoah anerkennen und nach Wegen suchen, das getane Unrecht ein wenig gutzumachen.

Hans Funges, der Direktor einer rheinland-westfälischen Schule, der mit seiner Frau Brigitte alljährlich Schülerdelegationen zur Apfelernte nach Tzuba begleitete, sorgte dafür, dass wir im Rahmen der Deutsch-Israelischen Gesellschaft zu einem Vortrag eingeladen wurden. Auch die Stadt Kassel lud uns anlässlich des Erscheinens der Memoiren meines Vaters ein, und dann noch ein zweites Mal zur Einweihung der Neuen Synagoge (deren Mitglieder vorwiegend Flüchtlinge aus der ehemaligen UdSSR sind, die heute in den jüdischen Gemeinden der deutschen Großstädte mit 80 Prozent die Mehrheit darstellen). Und siehe da, seit meinem zweiten Besuch in Deutschland beginnen sich – trotz aller Barrieren – immer mehr Gefühle der Zugehörigkeit und entkrampften Nähe zu entwickeln.

Zunächst versuchte ich diese zu leugnen, ja, ich schämte mich dieser seltsamen Empfindungen sogar ein wenig und erfand alle möglichen mildernden Erklärungen und Ausreden: zum Beispiel den Einfluss der Geschichten und Schilderungen meines Vaters, der von der deutschen Kultur durchtränkt gewesen war. Der Einfluss der Literatur und Lyrik, die ich an freien Tagen in Yagur verschlungen hatte, darunter die Schriften Johann Wolfgang von Goethes und Friedrich Schillers, sie alle aus der Bibliothek des Schuldirektors Hans Gärtner. Hinzu kam eine umfangreiche Sammlung alter verblichener Hefte des *Simplicissimus*, die ich im Leseraum von Yagur entdeckte – einen Schatz, den wahrscheinlich eines der «jekkischen» Gründungsmitglieder des Kibbuz mit sich gebracht hatte.

Jeder weitere Besuch in Deutschland, vor allem bei unseren Freunden von der Integrierten Gemeinde, trug zur Stärkung dieser Gefühle bei.

Aber ich habe schon wieder zu weit vorgegriffen und noch nichts über die Fortsetzung der Beziehungen zu Herbert und seiner Familie erzählt.

Nach dem ersten Schock begannen wir zu korrespondieren und entdeckten weitere Einzelheiten über die Beziehung zwischen Herbert und Vaters Familie. Es zeigte sich, dass man das Kind einmal in der Woche zu Großmutter Klara gebracht hatte, um es zu verwöhnen und mit Kleidung und Spielsachen zu versorgen. Ich versuchte, mir diese seltsamen Begegnungen vorzustellen, ebenso wie die Gefühle des kleinen Herbert, wobei anzunehmen ist, dass er dabei nicht wenig Zorn und Verbitterung angesammelt hat.

Wie es scheint, riss auch diese schwache Bindung ab, nachdem meine Eltern Deutschland verlassen hatten. Wie gesagt verstarb Herberts Mutter ein Jahr später und er wurde besagten Pflegeeltern übergeben, die nach Ingrids Erzählungen sehr nette Menschen waren und sich selbst gefährdeten, als sie Herberts halbjüdische Abstammung verbargen, die ihm zum Verhängnis hätte werden können.

Einige Monate später beschloss Familie Klahm, Israel zu besuchen. In jenen Tagen waren die Gästezimmer von Tzuba nichts Besonderes und das Hotel noch nicht existent. Nach besten Kräften bemühten wir uns, das Zimmer so angenehm wie möglich zu machen und beschlossen, dass Herbert bei uns übernachten solle. Ich fragte mich, wie man einen Bruder empfängt, der mit mehr als 70-jähriger Verspätung entdeckt wurde, und fand darauf keine Antwort.

Die erste Begegnung am Flughafen war zurückhaltend und etwas zögernd. Wir umarmten uns und musterten einander gegenseitig – ob wohl irgendeine Ähnlichkeit bestand? Herberts Gesicht gab darüber keinen Aufschluss, es zeigte die Furchen eines Menschen, der sein Leben lang schwer gearbeitet und so manche Erfahrung gesammelt hatte.

Im Laufe der Zeit, nachdem wir uns ein wenig nähergekommen waren, erzählte er, dass er nach Abschluss der Schule und Ausbruch des Krieges ins Ingenieurkorps eingezogen und an die Ostfront geschickt worden sei, die er gerade noch rechtzeitig erreichte, um an der großen Schlacht von Stalingrad teilzunehmen und dort zahllose Minen zu legen. Er erzählte auch, dass man ihm schon nach kurzer Zeit vorgeschlagen habe, eine Offiziersausbildung zu machen, worüber er eigentlich froh gewesen sei. Dann aber fiel ihm plötzlich ein, dass man vor einem solchen Kurs ein Sicherheitsprofil der Kandidaten erstellte, und er befürchtete, dass man den Namen seines Vaters entdecken würde. Deshalb zog er sein Einverständnis zurück und geriet einige Monate später in russische Gefangenschaft.

## Meine Kasseler Beziehungen

Von unserem ersten Deutschlandbesuch, der mit einer überstürzten nächtlichen Abreise geendet hatte, habe ich bereits erzählt. Wir kehrten nach Israel zurück, fest entschlossen, uns kein zweites Mal Phänomenen von der Art auszusetzen, die wir dort in den wenigen Tagen erlebt hatten. Als man mir 1988 vorschlug, als Vertreter des israelischen Freundeskreises von «Aktion Sühnezeichen» nach Berlin zu fahren, um dort eine Ansprache zu halten, nahm ich die Einladung dennoch an und grübelte wochenlang über den Wortlaut meiner Rede nach. Schließlich eröffnete ich diese mit einem kurzen Überblick über meine Lebensgeschichte, als Beispiel für jüdisches Schicksal, und fuhr mit einer Schilderung des Kibbuz Tzuba fort. Weiter sagte ich Folgendes:

> Vor 20 Jahren gelang es mir, meine Kibbuzgenossen davon zu überzeugen, junge Volontäre aus Deutschland bei uns aufzunehmen, was bis damals nicht üblich war. Ich bestand auf der Notwendigkeit, mit diesen Jugendlichen einen Dialog zu eröffnen. Erstens, um Wissen und Bewusstsein bezüglich der Verbrechen der Nazis unter ihnen zu verbreiten; zweitens, um einem Wiederaufleben von Faschismus und Antisemitismus in Deutschland vorzubeugen; und drittens, was nicht weniger wichtig ist: um unserer eigenen Jugend einerseits ein richtiges Bild vom Dritten Reich und andererseits auch vom heutigen Deutschland zu vermitteln. Es war klar, dass die ersten Volontäre aus Deutschland von der «Aktion Sühnezeichen» kamen. Mit Hilfe unseres Freundes Rudolf Maurer, der damals der Vertreter dieser Organisationen in Israel war, kam ein

Dutzend junger Menschen für drei Monate zu uns, um die Sprache zu erlernen und sich auf ihre Aktivitäten vorzubereiten. Sie wurden mit Freuden aufgenommen.

Die Verbindung zur «Aktion Sühnezeichen» ist wichtig und hat großen Einfluss auf die immer noch gespannten und überaus empfindlichen Beziehungen der Juden in Israel zu Deutschland und den Deutschen. Es werden noch viele Jahre, und vielleicht sogar Generationen vergehen, bis zwischen unseren beiden Völkern mehr oder weniger normale Beziehungen entstehen können.»

«Wir verstehen sehr wohl, wie schmerzhaft und verärgernd die Nachrichten und Bilder sind, die aus den besetzten Gebieten zu Euch gelangen. Auch wir sind nicht immer mit all dem einverstanden, was dort geschieht. Dennoch erwarten wir von all unseren Freunden, nicht zu vergessen, um was es eigentlich geht: um unser Existenzrecht, das wieder und wieder in Frage gestellt wird. Wir können uns nicht erlauben, die Vergangenheit zu vergessen oder die Drohungen unserer Feinde nicht ernstzunehmen. ‹Nur› Steine, Messer, Stahlrohre und Molotowcocktails haben bereits einmal als Vorboten unserer Katastrophe gedient. Und sie haben bereits zahllose Opfer gefordert, vor allem Frauen und Kinder.

Wir müssen Israel beschützen, für seine gegenwärtige wie für seine zukünftige Bevölkerung.

Unsere Bereitschaft zu Dialog und Kompromiss darf nicht als Schwäche ausgelegt werden, denn wenn das geschieht, wird es nicht lange dauern, bis wir uns wieder gezwungen sehen, auf Wanderschaft zu gehen oder Denkmäler zu errichten. Wir können uns auf niemanden verlassen als auf uns selbst: Wir vergessen nicht, wie die Völker dieser Welt tatenlos beiseite standen und der Vernichtung von sechs Millionen unschuldigen Menschen zusahen.

‹Aktion Sühnezeichen› streicht ein wenig Balsam auf diese schreckliche Wunde, die noch nicht verheilt ist und sich immer wieder öffnet. Wir wissen Eure Aktivitäten zu schätzen, gerade weil sie von einer kleinen Gruppe begeisterter und engagierter Volontäre ausgeführt werden. Euch allen Dank dafür und Grüße aus Israel.

Dieses Mal war ich unter Freunden und Anhängern Israels und kehrte mit einem besseren Gefühl nach Hause zurück. Meine dritte Reise erfolgte aufgrund einer Korrespondenz mit einem Kasseler Künstler. Schon seit mehreren Jahren erhielt ich die von der Stadt Kassel herausgegebenen *Informationen*, eine Monatszeitschrift für Kunst und Kultur, deren Artikel ich mit großem Interesse las. Eines Tages erweckte ein Beitrag unter dem Titel «Zwei Geschichten» meine Aufmerksamkeit. Er war mit dem Namen Horst Hoheisel unterzeichnet und vom Foto eines schnurbärtigen Mannes begleitet, der seiner kleinen Tochter hinterher kroch.

In diesem Artikel ging es um den von Aschrott, einem Kasseler Juden, im Rahmen des Neubaus des Rathauses vor dem Zweiten Weltkrieg gespendeten Springbrunnen. Dieser Brunnen war 1939 von den Nazis zerstört worden. Als die Stadt nach dem Krieg wieder aufgebaut wurde, errichtete man auf seinen Fundamenten eine Skulptur in Form eines stilisierten Blumenbehälters. Eines Tages spritzte der Springbrunnen schließlich wieder Wasser. Der Verfasser des Artikels, ein lokaler Künstler, hatte an einer Ausschreibung zur Neugestaltung des Brunnens teilgenommen. Ausgehend von dem Ansatz, dass die Zerstörung des Springbrunnens eine Verletzung der urbanen Landschaft bedeutete, die auch den Verlust der 3400 ortsansässigen Juden symbolisierte, gestaltete der Bildhauer den renovierten Springbrunnen in einer Form, die das Gefühl dieses Verlustes verdeutlichte.

### Der Aschrottbrunnen oder die verlorene Form
Artikel aus den *Informationen* der Stadt Kassel, 1988,
von Horst Hoheisel

Ich habe Joel Dorkams Brief bewusst zwischen das alte und das neue Bild vom Aschrottbrunnen gesetzt. Das erste stammt aus der Zeit vor 1933, das andere habe ich im vorigen Monat aufgenommen, als ich die in der Nacht vom 8. auf den 9. April 1939 von den Nazis zerschlagene und verloren gegangene Form für einige Wochen auf den Rathausplatz wiederkehren ließ, bevor ich sie mit der Spitze nach unten in die Erde versenkte, damit sie nicht vergessen wird.

Jetzt sehe ich in die Negativform hinunter. Später wird dort das Wasser über die gestufte Innenform des Sockels in den Trichter der spitzen Pyramide hinunterfließen. Sie zeigt zwölf Meter tief in das Grundwasser unter der Stadt hinein.

Zwischen dem alten und dem neuen Bild vom Aschrottbrunnen steht nun dieser Brief und sagt mir, dass die verlorene Form, die ich dort vor dem Rathaus wie eine Wunde zur Trauer und zum Nachdenken geöffnet habe, gar nicht so verloren ist. Indem ich die Leere des Verlustes zeige, beginnt sie sich schon mit Leben zu füllen. Der Brief von Joel Dorkam ist ein sehr schönes Beispiel dafür.

Da schreibt ein Jude, der schon 1933 als kleines Kind aus Kassel flüchten musste, sechs Jahre bevor der Aschrottbrunnen dem nationalsozialistischen Rassenwahn zum Opfer fiel, von einer «gewissen Sehnsucht und Zugehörigkeit» zu Kassel und dem Land, das ihn verstoßen hatte. Dieser Satz hat mich sehr betroffen gemacht, weil ich beim Lesen dieser Worte gleichzeitig den ganzen Schmerz des Verlustes und die Lebenskraft fühlte, die gerade aus der Trauer über das Verlorene ihre Energie zieht. Ich danke Herrn Dorkam sehr für diese Zeilen. Keiner der zahlreichen Zeitungsartikel über den Brunnen hat mir so stark das Gefühl gegeben, das Richtige gemacht zu haben, wie dieser Brief.

Doch da war nicht nur das Schicksal von Joel Dorkams Vater, das mich beim Lesen des Briefes so betroffen machte. Da klang etwas aus meiner eigenen Geschichte mit. Auch ich wurde auf der Flucht geboren. Es war eine andere Flucht als die der Juden, eine Flucht der Täter vor der russischen Front. Auch meine Eltern haben ihre kulturelle Bindung an die baltische Heimat hier nie aufgeben können und ihre Kinder in diesem Gefühl erzogen. Eine Heimat, die ich nie gesehen habe. Und doch auch bei mir «diese gewisse Sehnsucht und Zugehörigkeit»; «merkwürdige Gefühle». Nur der ganz große Unterschied: Unser Land hat uns nie verstoßen. Wir haben es durch die eigene Unmenschlichkeit, die schon vor 1933 begann und nach 1945 noch nicht ganz aufgehört hat, verloren.

Dass sie nicht ganz aufgehört hat, erfuhr ich bei den Arbeiten zum Aschrottbrunnen. Viele alte Kasselaner, die damals den Abriss des Brunnens selbst miterlebt hat-

Der Aschrottbrunnen auf dem Ehrenhof des Kasseler Rathauses, gestiftet 1908 vom jüdischen Unternehmer Sigmund Aschrott

Der Aschrottbrunnen wird von Nazis 1939 erst demoliert, dann abgetragen

Während der documenta 8 senkt Horst Hoheisel einen Nachbau der zerstörten Brunnen-skulptur als Negativform zwölf Meter in die Tiefe des Rathausplatzes; hier Einweihung des Mahnmals 1987

ten, sagten mir heute, der Brunnen sei durch die englischen Bomben zerstört worden. Sie wollten nicht mehr wissen, dass es die Nazis waren. Andere sagten, der Brunnen sei zwar abgetragen worden, aber an anderer Stelle, das wüssten sie genau, wieder aufgebaut worden. Nur wo, daran konnten sie sich nicht erinnern. Einer meinte, es sei ja richtig, dass ich den Brunnen nach unten baue, denn die Juden hätten ja die Weltherrschaft haben wollen. Ein Unternehmer sagte mir: «Wenn Sie für den Bau des Brunnens Spenden aus der Unternehmerschaft haben wollen, dürfen Sie nur künstlerisch-formal argumentieren. Wenn Sie von Geschichte und Schuld sprechen, gehen bei allen die Jalousien runter und Sie kriegen keinen Pfennig.»

Ich hörte andere Sätze: «Sie hätten eine ganze Synagoge in die Erde versenken sollen, dann wären Sie bekannter geworden.» Und «Wie tief ist der Brunnen, zwölf Meter? Das müsste tiefer sein, da gehen die 3400 Juden, die es in Kassel gab, doch gar nicht rein.»

Es fällt mir schwer, diesen gehörten Satz zu schreiben, und ich merke, wie ich gleich hinterher an den Zimmermann denke, mit dem ich die Schalung für die Brunnenskulptur gebaut und oft noch lange nach der Arbeit zusammengesessen habe. Er wurde als 16-jähriger Junge noch 1945 zur Verteidigung Berlins eingesetzt, und er erzählte mir immer wieder von dieser Zeit. «Horst, nach dem, was wir Deutschen damals gemacht haben, dürften wir noch heute keine einzige Patrone herstellen.»

An einem Morgen fehlte dieser Zimmermann auf der Baustelle. Er wurde immer von einem deutschen Bauführer der Firma zur Baustelle gebracht. Als ich ihn anrief und fragte, weshalb er nicht komme, sagte er: «Die haben mich beleidigt, die haben mir einen Türken geschickt.»

In derselben Ausgabe der *Informationen* erschien auch ein Artikel über eine Gedenktafel für Kasseler Soldaten, die verfolgt und exekutiert worden waren, weil sie sich geweigert hatten, in Hitlers Armee zu dienen. Die Verbindung zwischen diesen beiden Artikeln bewegte mich so tief, dass ich mich auf der Stelle hinsetzte, um ein Schreiben an den Herausgeber der Monatsschrift, Dr. Nordhoff, zu verfassen, das folgenden Wortlaut hatte:

Leserbrief aus Israel

Sehr geehrter Herr Nordhoff,

als ständiger Leser der *Informationen*, die ich seit langen Jahren als gebürtiger Kasselaner erhalte, hat mich die letzte Nummer (7/8) besonders beeindruckt. Ich hatte das Gefühl einer bedeutenden Erweiterung und Bereicherung der Themenwahl.

Besonders beeindruckt war ich von Horst Hoheisels Artikel «Zwei Geschichten», der für mich eine tief symbolische Bedeutung hat. Unser Kibbuz änderte vor 15 Jahren, auf meine Veranlassung, einen Beschluss, keine Deutschen aufzunehmen. Seither haben wir ständig junge Deutsche, einzeln und in Gruppen, bei uns. Ich habe des öfteren Gelegenheit zu Unterhaltungen über die Vergangenheit (und die Zukunft?) der deutschen Beziehungen. Die Ausdrücke «den erlittenen Verlust ertragen, ohne ihn zu vergessen» und «eine verlorene Form, die wir nicht vergessen dürfen» erscheinen mir äußerst bedeutungsreich.

Meine Eltern und ich (mein Vater war der stadtbekannte Journalist Sigmund Dispeker) mussten 1933 fluchtartig aus Kassel hinweg. Ich war damals drei Jahre alt. Bei allen Leiden der Emigration konnte sich mein Vater niemals von seiner kulturellen Bindung an Kassel befreien. Später fand ich heraus, dass selbst ich, der als kleines Kind die Stadt verließ, eine gewisse Sehnsucht und Zugehörigkeit zu einem Land empfand, das uns verstoßen hatte.

Ein kurzer Besuch im letzten Jahr konnte diese merkwürdigen Gefühle nur bestätigen, obwohl ich nur wenige Orte aus meines Vaters Erinnerungen vorfand.

Ich möchte Ihnen meine Dankbarkeit ausdrücken, dass Sie und Ihre Mitarbeiter durch die *Informationen* meine Verbindung zu den verlorenen Formen von Zeit zu Zeit auffrischen und vielleicht das Ertragen des Verlustes etwas erleichtern.

Mit bestem Shalom-Gruß
Joel Dorkam-Dispeker
(Kibbuz Palmach-Tzuba)

Aber damit war die Sache noch nicht zu Ende. Der Stadtrat lud Sarah und mich zur Einweihung des neuen Springbrunnens ein, und mein Brief kam fett gedruckt in die Broschüre, die man aus diesem Anlass herausgab. Bei dieser Gelegenheit entwickelte sich eine Reihe neuer Beziehungen, allen voran zu Horst Hoheisel, der sich als bezaubernder Mensch und außergewöhnlicher Künstler erwies. Eines Tages lud er uns ein, sein Allerheiligstes zu besuchen, das Atelier, das in seiner ehemaligen Junggesellenwohnung untergebracht war. Dort zeigt er uns seine tagebuchartigen Arbeiten: eine Sammlung von Papierbögen, auf denen er, wenn er morgens aufstand, seine Träume festhielt. Als er diese Arbeiten unseren erstaunten Blicken preisgab, beeilte er sich zu betonen, dass selbst seine Frau den Großteil davon nicht gesehen habe. Wir erbaten und bekamen ein paar dieser Traumbilder, die bis zum heutigen Tag bei uns zuhause hängen und die Neugier unserer Gäste erwecken.

Unterdessen wuchs unser Kasseler Freundes- und Bekanntenkreis stetig an und Gäste begannen, in Gruppen oder individuell nach Israel zu kommen. Unser Freund, der Künstler Horst Hoheisel, wurde anlässlich der Spende eines Modells des Aschrott-Springbrunnens von Yad Vashem eingeladen, die Nachbildung des Brunnens wurde am Eingang des Besucherzentrums im «Tal der ausgelöschten Gemeinden» aufgestellt. Ruth Selbert, eine ehemalige Abgeordnete des Kasseler Stadtrats, kam mit einer Gruppe unter ihrer Leitung ins Land. Zu dieser zählte auch Waltraud Mann, eine wunderbare Frau, die nicht zuletzt den Dialog zwischen deutschen Nichtjuden und Shoah-Überlebenden aus drei Generationen initiierte. Bei einem ihrer Besuche äußerte Waltraud, die schon seit Jahren an einer schweren Herzkrankheit litt und voraussichtlich keiner weiteren Operation standhalten konnte, den Wunsch, zu gegebener Zeit mit einer Handvoll Erde aus Israel beigesetzt zu werden. Ich nahm diesen Wunsch sehr ernst und brachte bei meiner nächsten Reise ein ganzes Glas von unserer Erde mit, nicht ohne Befürchtungen wegen der strengen Sicherheitskontrollen. Als wir unsere Freundin trafen, fehlte mir jedoch der Mut, ihr dieses so ungewöhnliche Geschenk zu überreichen. Da ich das Glas nicht nach Israel zurücknehmen wollte, entleerte ich dessen Inhalt hinter dem Hotel, in dem wir wohnten. Seit damals gibt es in Kassel ein Eckchen mit heiliger Erde aus Eretz Israel, hinter einem großen Hotel am neuen Bahnhof, dessen Name mir entfallen ist.

## Rhodosizitis

Im Mai 2009 organisierte sich eine Gruppe von Genossen aus Tzuba, die das Gefühl hatten, nicht länger glücklich und zufrieden leben zu können, ohne in nächster Zukunft das nahegelegene Rhodos zu besuchen. Die einen fühlten sich von der Gelegenheit angezogen, auf den farbenprächtigen Märkten der Insel Einkäufe zu Spottpreisen zu tätigen; andere träumten vom ultimativen Freizeitvergnügen, und sicher gab es auch ein paar, die die antiken historischen Stätten besuchen wollten, die in Rhodos wie auf den anderen griechischen Inseln tatsächlich im Überfluss vorhanden sind.

Persönlich begeisterte mich dieser Gedanke nicht allzu sehr, da ich doch davon überzeugt bin, dass sämtliche genannten Vorzüge auch bei uns in Israel zu finden sind – nicht, dass ich von Reisen durch das Land allzu begeistert wäre, was ist schlecht am trauten Heim und was fehlt uns eigentlich in unserem lokalen Minimarkt? Meine teure Lebensgefährtin jedoch bearbeitete mein gequältes Gewissen mit maßlosem Druck und dem deutlichen Hinweis, dass sie nicht «allein» fahren werde, dem Weisen ein Wink ...

Einer solchen Argumentation hatte ich natürlich nichts entgegenzusetzen, sodass das letzte Wort, wie üblich, bei mir blieb: «Ja, meine Liebe.» Am Schabbat, dem 16. Mai 2009, starteten wir, etwa 30 begeisterte Tzubaer, Richtung Rhodos. Zuvor hatten wir von einem der Veranstalter noch gründliche Anleitungen zu Reiseverlauf, Unterkunft, Verköstigung und dergleichen bekommen. Als ich, halb im Ernst, halb im Spaß, zu erfahren beharrte, wie es sich – Gott behüte – im Fall eines Unfalls oder einer Erkrankung mit Krankenhausaufenthalt und Versorgung verhalte – bekam ich die klassische, alles niederwalzende Tzubaer Antwort: «Davon ist hier nicht die Rede!»

Den kurzen Flug überstanden wir gut und Rhodos empfing uns mit strahlendem Sonnenschein und einem etwas weniger strahlenden Hotel – aber wir waren gehobener Stimmung und achteten nicht auf solche Nebensächlichkeiten. Sie verteilten uns auf unsere Zimmer, einige davon mit atemberaubendem Blick auf das blaue Meer. Ich zog den Bücherstapel heraus, den ich vorsichtshalber mitgebracht hatte, obwohl ich nicht erwartete, mehr als eines oder höchstens zwei davon fertig zu lesen. Aber ich hatte mir gedacht, schaden könnten sie nicht. In jüngster Zeit arbeite ich an meinem Entzugsverfahren von der jahrelang gehegten Illusion, nach meinem 70. Geburtstag genügend Zeit zu finden, um alle oder zumindest einen Teil der Bücher zu lesen, die wir, meine Lebensgefährtin und ich, auf den prall gefüllten

Regalen unseres kleinen Hauses angesammelt haben. Wie sich zeigt, nimmt das Lesetempo zusammen mit dem Konzentrationsvermögen im Laufe der Jahre ab, und ich entwickelte eine bedauerliche Tendenz, bereits nach wenigen Seiten der Bücher, die man im Allgemeinen zur Bar Mitzwa geschenkt bekommt, also den «gewichtigen», super-erzieherischen, einzudösen. Das ist etwas peinlich, aber Tatsache.

Die ersten beiden Tage verstrichen ohne nennenswerte Zwischenfälle. Die Ausflügler besichtigten die an Landschaften und Antiquitäten reiche Insel, deren einheimische Bevölkerung zum Großteil vom Fremdenverkehr lebt und dabei menschliche Schwächen intelligent auszunutzen versteht. Die mit den «schweren Taschen» kamen zufrieden ins Hotel zurück, jedoch beladen mit eingebildeten oder echten Schnäppchen und Gegenständen, deren Nützlichkeit mehr als fragwürdig ist. Die «Informierten» unter uns, die sich noch vor der Reise durch Internetlektüren gründlich vorbereitet hatten, berichteten unter Einflechtung zahlreicher Superlative von ihren Eindrücken. Wie sich zeigte, entsprach das Vorgefundene weitgehend dem, was sie bereits gewusst hatten. Die Bequemen hingegen, darunter auch meine Wenigkeit, schmierten alle möglichen Cremes auf ihre frischen Brandwunden, eine Folge der verschwenderischen Sonne von Rhodos, der sie sich großzügig ausgesetzt hatten, da sie noch immer an großmütterliche Märchen über die Heilkraft von deren Strahlen glaubten. Genau genommen befanden wir uns alle in einem halben Dämmerzustand, voller Vorfreude auf den dritten Tag, an dem in den frühen Abendstunden eine Führung durch ein besonders malerisches Viertel stattfinden sollte und unmittelbar danach ein Unterhaltungsprogramm in einer der Tavernen, die für Touristen eine Attraktion von magnetischer Anziehungskraft waren – und das galt auch für uns.

Ich erkannte darin eine Gelegenheit, mich der Gruppe anzuschließen, um «der Gesellschaft zu Hause» etwas erzählen und beweisen zu können, dass ich nicht nur ein gewöhnlicher Faulpelz war. Es ist keine Übertreibung, wenn ich sage, dass die Führung meine lückenhafte Bildung nicht wesentlich bereichert hat. Unsere Blicke in die Wohnungen der einheimischen Bevölkerung waren mir ebenso peinlich wie es mir peinlich ist, wenn unverschämte Reiseführer in das Gelände unseres Kibbuz einfallen und ich gezwungen bin, mir die Dummheiten anzuhören, mit denen sie ihre hilflosen «Schäfchen» beschwatzen.

Schließlich erreichten wir unser Ziel. Dieses erwies sich als geräumiger Saal, groß genug, um die Touristen des halben Dutzend von Reisebussen aufzunehmen, die jeden Moment eintreffen sollten. Die Familie, die die Taverne betrieb, stand vollzählig in Alarmbereitschaft, wir nahmen die augenscheinlich besten Plätze an den Tischen ein, auf denen, wie soll ich es milde ausdrücken, ziemlich bescheiden für uns aufgetischt wurde. Dabei behielt man ein paar Brösel für weitere Gäste zurück, die an diesem Abend noch eintreffen sollten. In der Mitte des Saales befand sich eine große Tanzfläche, die höchstens 20 Zentimeter tief in den Boden eingelassen war. Diese war von Tischen und Stühlen aus massivem Eisen umsäumt – offenbar, um sämtlichen Ausgelassenheiten wohlmeinender Gäste standzuhalten, die bereits ein paar Flaschen Ouzo genossen hatten.

Da ich an einer empfindlichen Blase leide, die mich häufig nicht rechtzeitig vorwarnt, hatte ich schon bei unserer Ankunft sorgfältig darauf geachtet, wo sich die Toiletten befanden. Sie lagen an der anderen Seite der Tanzfläche. Das war nicht allzu logisch, woraus ich folgerte, dass das Etablissement nicht gerade von einem der besten Architekten geplant worden war.

An dem für unsere Gruppe reservierten Tisch saßen bereits ein paar palästinensische Touristen. Offenbar waren die Besitzer des Lokals auch mit den politisch-demografischen Gegebenheiten des Staates Israel und seiner Einwohnerschaft nicht allzu vertraut, ebensowenig wie mit den genauen Details der Konflikte im Nahen Osten (als ob wir selbst diese verstehen würden!). Andererseits wäre es auch möglich, dass sie bewusst beschlossen, vor allem praktisch-kommerziellen Erwägungen den Vorzug zu geben. Es ist jedoch nicht völlig auszuschließen, dass irgendjemand versuchte, auf diese Weise zu einer Annäherung zwischen den Fronten beizutragen.

Was immer der Grund gewesen sein mag, wir fanden uns neben einem Paar christlicher Araber mittleren Jahrgangs wieder, die beide in einem Krankenhaus arbeiteten, sie als Krankenschwester und er als Sanitäter. Wir witzelten sogar noch darüber, dass damit eine ausgezeichnete Erstversorgung gewährleistet sei, falls jemand von uns erkranken oder verletzt werden sollte.

Langsam füllte sich der Saal, einer nach dem anderen entledigten sich luxuriöse Reisebusse ihrer Fracht – Touristen aus den Wohlfahrtsstaaten – unter Begleitung des kleinen Orchesters, das sich allmählich aufwärmte. Auch die Tanzfläche begann sich zu füllen, die Tänze wurden immer wilder, die Tänzer zunehmend schwindliger. In meiner lebhaften Fantasie stellte ich mir vor, am Rand eines Vulkans zu sehen, der unmittelbar vor dem Ausbruch stand. In diesem kritischen Augenblick meldete mir meine teure Blase dringend, dass ich mich unverzüglich an die Entleerungsstelle zu begeben habe. Mit solchen Mitteilungen diskutiert man nicht, also erwog ich, quer über die Tanzfläche zu laufen, entschied mich dann aber dazu, diese zu umgehen. Genau in dem Moment gingen die Lichter aus, wohl, um den jüngeren Paaren – warum eigentlich nur den jüngeren? – Gelegenheit zu größerer Nähe zu geben. Ich hatte nicht bemerkt, dass ich mich zwar nicht am Rand eines Vulkans, jedoch genau am Rand der Tanzfläche befand. Die Blase drückte, ich hob meinen Fuß und – landete im Leeren.

Zwischen einem Stuhl und einem Tischbein gefangen, fand ich mich wieder, beide unbeugsam und äußerst unzuvorkommend. Blut strömte aus meinem verletzten Kopf. Zu diesem Zeitpunkt hatten nur diejenigen, die in der Nähe saßen, den Unfall bemerkt, Tanz und Orchestermusik überdeckten das Geschehen. Ich war bei vollem Bewusstsein. Mit einer Kaltblütigkeit, die mich selbst überraschte, überlegte ich, wie ich nun verfahren solle. Inzwischen begriff man im Saal allmählich, dass irgendetwas geschehen war und starrte voller Entsetzen auf mein Blut, das sich über den Parkettboden der Taverne ergoss. Jemand alarmierte meine Frau. Endlich verstummte auch die Musik und Menschen eilten mir zu Hilfe. Ich zeigte auf meinen blutenden Kopf und hielt diejenigen auf, die mich hochheben wollten, weil ich einen scharfen Schmerz im linken Bein verspürte, in der Gegend des Oberschenkels.

Einige Kibbuzgenossinnen, darunter auch eine diplomierte Krankenschwester, begannen, mich mit großer Effizienz zu versorgen, während sie mich mit Worten beruhigten. Wenn ich versuche, mir diese traumatischen Augenblicke ins Gedächtnis zu rufen – es war das erste Mal in meinen 80 Lebensjahren, dass ich mir irgendein Körperteil gebrochen hatte und ich machte mir große Sorgen darüber, wie mein künftiges Leben wohl aussehen werde –, erinnere ich mich daran, dass mir der Ausdruck «griechische Tragödie» durch den Sinn ging und ein schwaches Lächeln entlockte.

Während ich diese Zeilen ein Jahr später verfasse und den Meilenstein meines 80. Lebensjahres bereits überschritten habe, fällt es mir sehr schwer, mir dieses Erlebnis in Erinnerung zu rufen. Übrigens hatte mein Neurologe einige Tage zuvor erklärt, er wünschte sich, dass sein Gedächtnis mit 80 noch so funktionieren würde wie das meine. Sicher ist jedenfalls, dass mich nach kurzer Zeit eine erschreckende Erkenntnis überkam – einer meiner beängstigendsten Albträume jener finsteren Nachtstunden, in denen ich keinen Schlaf finden konnte, nahm nun Gestalt an: ein Krankenhausaufenthalt in einem fremden Land, weit entfernt von nahestehenden Menschen, die mir Trost und Unterstützung spenden konnten.

Unterdessen wurden die Schmerzen immer stärker und ich hörte die heulende Sirene einer nahenden Ambulanz. Zwei Gestalten kamen herein, die angesichts ihrer nachlässigen und verdreckten Kleidung auch mit viel gutem Willen kaum als «Sanitäter» bezeichnet werden konnten. Mit einem deutlichen Mangel an Feingefühl hoben sie mich hoch und legten mich auf eine Bahre. Diese schoben sie in das Fahrzeug, das aussah, als sei es ein Relikt aus dem Ersten Weltkrieg und seit damals auch nicht ernsthaft überholt worden. Die ächzende Karosserie dieses heruntergewirtschafteten Vehikels vermischte sich mit meinem eigenen Stöhnen, vor allem in den Kurven, die der Fahrer mit dem Schwung eines verhinderten Formel-1-Kandidaten nahm, während ich vergeblich nach irgendeinem Griff suchte, um mich festzuklammern.

Irgendwie hielt ich durch, bis sie das Krankenhaus erreichten, dessen Namen ich nicht verrate, da man mich dort nach örtlichen Begriffen ganz ausgezeichnet behandelt hat. Ich will mich mit einer kurzen Schilderung begnügen, besser gesagt, einer Charakterisierung dieser Institution, die nach eigenen Angaben als «eine der besten Griechenlands» (wer's glaubt!) gilt und bei mir ein Entsetzen hervorrief, das sich zu dem gesellte, was mir kurz zuvor zugestoßen war. Der Anblick des Ortes erinnerte an die Lazarette aus den Kriegen vergangener Jahrhunderte, die wir aus dem Kino kennen. Seit damals ist mir völlig unklar, wie normale Menschen hier eingeliefert werden und – manchmal – sogar genesen. Der Begriff «Hygiene» ist an diesem Ort völlig unbekannt und es ist besser, in den Nachtstunden nicht auf eine Krankenschwester angewiesen zu sein. Eigentlich ist es noch besser, überhaupt nicht auf ein Krankenhaus in Rhodos angewiesen zu sein.

Tatsächlich ließen die Röntgenbilder für Zweifel keinen Raum und zeigten eine deutliche Fraktur des Oberschenkelknochens auf halbem Weg zwischen Gesäß und Knien. Um einer Entzündung vorzubeugen, war eine möglichst baldige Operationen vonnöten, da «ein unbehandelter Bruch bei Menschen seines Alters in den meisten

Fällen zum sofortigen Tod des Patienten führt», wie der Oberarzt meiner Frau freudig mitteilte. Die gute Nachricht war, dass mein Kopf, dessen Härte in der Familie schon immer als abnormal gegolten hatte, den Aufprall auf das eiserne Tischbein der Taverne gut überstanden hatte und trotz der starken Blutung völlig unbeschädigt war.

Während meine Schmerzen immer stärker wurden, hörte ich, wie meine Frau und meine Freunde sich mit den Ärzten berieten, die darauf brannten, Hand an mich zu legen und dachten, ich säße schon fest in ihrer Falle. Als sie begriffen, dass keinerlei Aussicht darauf bestand, mich in ihrem «Schlachthof» zu operieren, verloren sie ganz einfach das Interesse. Eine aus Israel herbeigerufene Flugambulanz wäre beinahe schon leer zurückgeflogen, da mein Transport zum nahegelegenen Flughafen nicht koordiniert werden konnte. Schließlich wurde ich in einem etwas ansehnlicheren Fahrzeug zum Startplatz gebracht. Wir alle atmeten erleichtert auf, als das Motorengeräusch des Flugzeugs, unseres Erlösers, zu vernehmen war, das wohlbehalten landete. Zwei lächelnde Ärzte in blütenweißer Uniform liefen uns entgegen und stellten auch unser Sicherheitsgefühl wieder her. Bevor ich umsichtig in das Flugzeug geschoben wurde, konnte ich gerade noch fragen: warum zwei? Daraufhin erzählten sie uns, dass sämtliche Bemühungen der Versicherungsgesellschaft, einen Krankenbericht über meine Verfassung zu erhalten, zunächst fruchtlos geblieben waren. Schließlich traf das erbetene Dokument doch noch in Israel ein, im letzten Moment, unmittelbar vor Start der Maschine, jedoch – auf Griechisch!

Es folgte ein gewöhnlicher dreistündiger Flug bei angenehmen Wetterverhältnissen, bei dem ich den Großteil dieses in eine Flugambulanz umgewandelten Businessjets besetzte. Weiter saßen darin natürlich die Begleiter, die sich eine Rückbank gesäßfreundlich hergerichtet hatten. Diese Arbeit ist ein Studentenjob. Abgesehen von dem gleichmäßigen, beruhigenden Summen des Flugzeugmotors konnte ich hören, wie Sarah den Ärzten eine Kurzfassung der Geschehnisse der letzten beiden Tage zum Besten gab, die mitunter von schallendem Gelächter begleitet war.

«Aber das war doch überhaupt nicht komisch», ließ ich die Bahre wissen, auf der ich lag, die jedoch ihrerseits nicht reagierte. Halb wach, halb schlafend gelang es mir noch, in meinem schmerzenden Kopf alle möglichen Betrachtungen anzustellen. Ich empfand eine Mischung aus Freude und Achtung vor denen, die mich während jener Tage mit Treue und Effizienz gepflegt hatten, vor allem meine Frau Sarah, die sich selbst von den abstoßenden Orten, wo ich lag, nicht abschrecken ließ und für jedes Detail sorgte, das mir ein wenig Erleichterung bringen konnte – und das, obwohl auch sie selbst kein taufrisches junges Mädchen mehr ist. Dasselbe empfand ich auch gegenüber meinen Freunden von der Kibbuzleitung, die aus ihren Betten geholt worden waren und nicht locker gelassen hatten, bis sie sich sicher sein konnten, dass man mich nach Israel zurückbringen würde. Dankbarkeit empfand ich sogar gegenüber der Versicherungsgesellschaft, die mit Großherzigkeit, Eile und Effizienz handelte, Eigenschaften, die bei kommerziellen Unternehmen nur selten zu finden sind.

In der Tiefe meines Herzens jedoch entstand das vage Gefühl, eine Art von «letzter Mahnung vor der Evakuierung» bekommen zu haben, ein Gefühl, dass die Zeit, die mir noch blieb, allmählich ablief. Es war daher ratsam, unverzüglich zu ordnen, was noch zu ordnen war, und zu vollenden, was noch vollendet werden musste, darunter nicht zuletzt diese «Momentaufnahmen eines Lebenswegs» wie auch familiäre und andere Beziehungen. Der «Fall meines Ausrutschers» war für mich auch ein symbolisches Warnsignal zur rechten Zeit, meine Schritte bedacht zu machen und vor allem an unbekannten Orten größere Vorsicht walten zu lassen. Zudem war es eine Gelegenheit, sich ein weiteres Mal davon zu überzeugen, wie sich die menschliche mit der tierischen Seite des

Joel im sog. Ruhestand

Menschen vermengt, manchmal bei verschiedenen Menschen, mitunter (ziemlich häufig) auch in ein- und derselben Person.

Darf man aus all dem folgern, dass das, was wir als «Verbesserung der Welt» bezeichnen, nichts anderes ist als unser Streben, uns zunächst selbst zu bessern und das Verhältnis zwischen all dem Schlechten und Hässlichen im Menschen einerseits und dessen Schönheit, Mitgefühl und Erhabenheit andererseits ein klein wenig zu verändern? Weiter erlaube ich mir, eine zusätzliche, gewagte Feststellung zu treffen – mir scheint, dass das gemeinschaftliche Leben in seinen verschiedensten Erscheinungsformen immer noch der beste und richtige Weg ist, der goldene Mittelweg zu den erhabenen Zielen, nach denen die Menschen seit vielen Generationen streben, ungeachtet sämtlicher Hindernisse und Rückschläge auf diesem Weg.

# Epilog

Bei unserem Haus in Palmach-Tzuba steht eine prächtige Zeder und spendet an glühendheißen Sommertagen erfrischenden Schatten und in der kalten Winterzeit ein Landschaftsbild, das an die Schweiz erinnert. Es ist ein prächtiger und ehrwürdiger Baum, der eine stolze Höhe von nahezu 20 Metern erreicht (wer das nicht glaubt, möge nachmessen). Dieser Baum war einst ein zarter Setzling, der Sarah vor 35 Jahren nach einem ihrer Workshops von einem benachbarten Kibbuz als Abschiedsgeschenk überreicht wurde. Das geschah während einer der vielen Krisen unseres Lebens. Unklar war, ob dieses zarte Bäumchen in der felsigen Erde der Judäischen Berge Fuß fassen und überleben konnte. Noch unklarer war, ob unser zerbrechliches Miteinander eine Zukunft hatte.

In der kleinen Familie Dorkam gibt es ebenso wie in vielen anderen Familien eine klare Teilung der Gewalten und Zuständigkeitsbereiche: Sarah ist für die praktische Seite verantwortlich, das heißt für die Wahrung von Ordnung und Sauberkeit in unserem warmen Zuhause, die Sorge für die Erziehung und das Wohl der Kinder, die Innengestaltung und Dekoration unserer Wohnung und vor allem die Wahrung von Treue und Stabilität in unserer Ehe. Meine Wenigkeit hingegen sorgt für die Wahrung von Normen und Prinzipien (in gewissem Maß auch für deren Formulierung und Definition...), für das Austauschen von Glühbirnen und diversen Papierrollen, kleinere Reparaturen, natürlich unter der sorgfältigen Überwachung meiner teuren Lebensgefährtin, deren etwas zweifelnder Gesichtsausdruck davon zeugt, dass sie sich zwar auf meine technischen Fertigkeiten verlässt – schließlich habe ich eine ziemlich angesehene Berufsschule absolviert –, aber eben nur zu 90 Prozent... höchstens. Ich befürchte, was meine Standhaftigkeit auf der Leiter wie auch in verschiedenen anderen Bereichen betrifft, liegt der Prozentsatz noch darunter. Dazu sagen die wortbegabten Franzosen: «et pour cause» – mit gutem Grund.

Die Zeder fasste Fuß, die Ehe überlebte, und alles wirkte gutartig und in bester Ordnung, bis sich die Krone des königlichen Baumes unlängst ein wenig neigte und

die zum eiligen Konsil herbeigerufenen Experten urteilten, dass in unserer heimat-
lichen Erde wohl irgendein für Zedern lebensnotwendiges Spurenelement fehle, das
im Boden des verabscheuungswürdigen Scheichs Nasrallah im Überfluss vorhanden
sei; nein, es sei unmöglich, dieses fehlende Element zu ergänzen, sodass dem armen Baum das Schicksal beschieden sei, langsam einzugehen.

Und als wäre es damit nicht genug, erkrankte auch unsere geliebte Tigerkatze
plötzlich, nachdem sie das hohe Alter von 17 Jahren erreicht hatte, was etwa 120
Menschenjahren entspricht. Sie trug übrigens den Namen «Puncher», also «Panne»,
war doch ihre Geburt für uns völlig unerwartet gewesen, da ihre Mutter von Idit,
unserer «Katzenbeauftragten», allwöchentlich verlässlich die Pille bekommen hatte.
Zur sicheren, stets verfügbaren Toilette hatte Puncher den Platz direkt unter dem
Stamm unseres Zederbaums erkoren. Nun erklärten uns die Experten, dass ihr Ende
nahe sei. Das Problem war, dass Katzen es im Gegensatz zu dem, was man allgemein denkt, nicht verstehen, sich ihrem Schicksal zu fügen und in Ruhe zu sterben.
Ebenso wie der Mensch und der Baum auf dem Feld wollen auch sie noch ein wenig
leben, selbst um den Preis von Schmerz und Leid – nur einen Tag noch, eine Stunde
noch, eine Minute, einen kurzen Augenblick …

Trotz des oben Erzählten gab es für uns einen kleinen Trost. Ein Palmtaubenpär-
chen, Verwandte der gewöhnlichen Taube, versuchte, über unserem Toilettenfenster
sein Nest zu bauen. Offenbar behagten den beiden letztlich jedoch die Düfte des
Örtchens nicht, vielleicht störten sie aber auch die Geräusche der örtlichen «Winde»
oder der Wasserspülung – sie zogen auf die gegenüberliegende Seite um, das heißt
auf unseren nördlichen Balkon, wo sie ein behagliche Eckchen zum Nisten fanden.

Obwohl sie dort über die ziemlich häufig vorübergehenden Gestalten etwas besorgt waren, überzeugten sie sich nach zwei Tagen davon, dass diese für sie keine
Gefahr darstellten. Eine Palmtaube legte zwei Eier, und das Paar zog seine Kreise,
um nach Polstermaterial für sein wachsendes Nest zu suchen. Zunächst flogen sie
noch mit äußerster Vorsicht herum, voller Angst davor, dass ihre Mitbewohner, also
wir, auf der Hausschwelle erscheinen könnten. Aber bald schon verstanden sie, dass
wir keinerlei böse Absichten gegen sie hegten und setzten unverzagt jedes Werk
fort, mit dem sie gerade beschäftigt waren, ohne uns besonders zu beachten.

Darüber hinaus gibt es für jeden, den es interessieren mag, weitere gute Nachrichten: Nachdem unsere Ehe unlängst eine starke Erschütterung erfahren hat, ist
ihr Status akzeptabel, danke der Nachfrage. Uns scheint, dass die gemeinsamen
Lebensjahre und Aktivitäten das Ihre dazu beigetragen und einen Teil – einen Teil! –
der Gegensätze gemildert haben, die bei uns, wie ich annehme, ebenso vorhanden
sind wie bei jedem anderen Ehepaar – korrigiert mich, falls ich irren sollte.

Über eine zentrale Frage konnten wir uns noch nicht einigen und eine akzeptable
Lösung finden, sie bleibt nach wie vor umstritten: wer von uns als Erster in seine
nächste, letzte Heimstätte auf dem Hügel oberhalb des Vergnügungsparks in der
Nähe des Kibbuz umsiedeln wird. Und wie wird es dann dem ergehen, der einsam
und allein zurückbleibt? Ob es wohl möglich wäre, das irgendwie zu koordinieren?

Die Zeder vor Dorkams Haus in ihren guten Tagen

Aber alles zu seiner Zeit, auch die Prophezeiungen. In diesem Augenblick, am Ausgang des Yom Kippur, sind alle, auch wir, frei von Schuld und so weiß wie der Schnee, von dem es heißt, dass er in diesem Jahr fallen soll, und der dann still, sanft und vorsichtig den Rest unserer sterbenden Zeder bedecken wird, die ihren Lebenszyklus nach Art der Natur abgeschlossen hat. Dennoch besteht tief, tief im Herzen, der Meinung aller gelehrten und erfahrenen Experten zum Trotz sowie im Widerspruch zu jeder gesunden Logik, immer noch ein winziger Funken heimlicher Hoffnung, dass unser wunderbarer Baum vielleicht doch noch Knospen einer neuen Blüte zeigen wird. Nur warten der Baum wie der Mensch noch auf diese Botschaft, die möglichst bald eintreffen müsste, vielleicht per E-Mail…

in Ewigkeit Amen.

Nein, das ist kein Schreibfehler – es ist volle Absicht!

*Hier sind wir am Ende von Joel Dorkams Lebenserinnerungen angelangt – doch einige Zeit später setzte er sich nochmals an den Computer und ergänzte seine Memoiren um zwei weitere Aspekte in seinem Leben.*

# Gründung und Auflösung des «Urfelder Kreises»

Bei kritischem Rückblick auf die letzten beiden Jahrzehnte meines Wirkens könnte vielleicht der Eindruck entstehen, dass ich mir nach vollständiger Erschöpfung meines Potenzials – und mehr als das, vielleicht sogar von den Umständen gezwungen – erlaubt haben könnte, mich auf meinen Lorbeeren auszuruhen. Wie das? Ganz einfach: Das Trio, das mich zu Beginn des Weges begleitet hatte, löste sich allmählich auf, jeder aus seinen eigenen Gründen: Kurt Meyerovitz und Dina Maimon begaben sich in eine Welt, die nur noch aus Freiwilligenarbeit besteht, Yehuda Schäfer hingegen leistete zunächst ein Sozialjahr in Galiläa und gleich im Anschluss daran seinen Militärdienst. Trotz meiner Bemühungen fand sich für sie kein Ersatz. Das Thema Einwandererintegration war offenbar nicht mehr zeitgemäß und somit auch das Thema Volontärarbeit, die nun durch ein neuartiges Gebilde mit dem ansprechenden Namen «Verpflichtung» ersetzt wurde … Da unser Hausarzt mir verordnet hat, einen Anstieg meines Blutdrucks tunlichst zu vermeiden, ziehe ich es vor, mich nicht weiter über diesen genialen Gedanken und dessen im Vorhinein absehbare, traurige Folgen auszulassen.

Genau genommen hatte ich erst während dieses Lebensabschnitts genügend Selbstsicherheit und Selbstrespekt erworben, um Initiativen zu ergreifen – in allen möglichen Bereichen die Führung zu übernehmen – und auch mein etwas angeschlagenes Selbstbild ein wenig aufzupolieren. Ich nehme an, dieser Prozess hätte sich früher vollziehen können, wenn ich unter normalen Umständen aufgewachsen wäre. Dann jedoch hätte ich meinen so breitgefächerten Aktivitäten nicht jene Reife und Gründlichkeit verleihen können, die für mich zu einer Art von «Gütezeichen» wurden und mir die Achtung eines Großteils der Körperschaften einbrachten, mit denen ich zusammenarbeitete. Heute aber scheint mir aus irgendeinem Grund, dass das Alter und die angeschlagene Gesundheit das Ihre beigetragen hatten und ich begann, eine gewisse Müdigkeit zu verspüren. Darüber hinaus tauchten zu meiner großen Überraschung auch seltsame, ungerufene und sogar völlig unerwünschte Sehnsüchte nach den vergessenen Landschaften meiner Kindheit auf – zumindest so, wie ich sie mir in meinem Herzen vorstellte.

In diesem Zusammenhang ist es an der Zeit, die spannende Geschichte einer utopisch anmutenden Verbindung zu erzählen, entstanden zwischen einer Gruppe von Kibbuzniks, der Großteil davon aus Europa stammende Shoah-Überlebende, darunter auch einige, die fließend Deutsch sprachen, und der deutschen Katholischen Integrierten Gemeinde – einer in ihrem Umfang und ihrer Intensität seltsamen und einzigartigen Begegnung, die den Namen «Urfelder Kreis» erhielt.

Anlässlich seines Besuchs in der Villa Cavalletti bei Rom ermutigte Yosef Lamdan, damals Botschafter des Staates Israel am Heiligen Stuhl, unsere Gruppe im Jahre 2003 mit den Worten: «Einen steten Austausch zu pflegen zwischen Katholiken und Israelis im Land, das könnte ein neuer Aspekt der Pionierarbeit des Kibbuz sein und werden» – nicht mehr und nicht weniger! Von seiner Seite blieb es natürlich bei diesen schönen Worten, ohne Fortsetzung und ohne Umsetzung, doch der Kreis blieb bestehen.

Doch zurück zu den ersten Anfängen:

1993 sollte in Efal, dem einstigen ideologischen Zentrum des Kibbuz Hame'uchad, eine große Tagung von Forschern und Mitgliedern von Kommunen stattfinden, zu der auch die Mitglieder des Gemeinschaftsdesks, des Vorstands der vereinigten Kibbuzbewegung, eingeladen waren. Ich überlegte lange, ob ich an dieser Tagung teilnehmen sollte, obwohl einige der Themen meine Neugier weckten. Schließlich fuhr ich dann doch hin und bedauerte es keineswegs – aber nicht unbedingt wegen der Debatten, die tatsächlich hochinteressant waren. Obwohl ich das damals noch nicht wissen konnte, sollte damit eines der wichtigsten, spannendsten und bedeutungsvollsten Kapitel meiner Lebensbahn beginnen, in dessen Verlauf unter anderem auch einige meiner weniger ausgeschöpften Begabungen ihren Ausdruck finden würden. Dabei ist nicht einmal sicher, ob ich selbst mir bis dahin bewusst war, dass diese Begabungen in mir schlummerten.

Zunächst begegnete ich den Delegierten vom Bruderhof, die mir bereits bekannt waren. Wir hatten sogar schon eine ihrer Kommunen in den Vereinigten Staaten besucht. Und wie es mir (nicht sehr oft!) geschieht, empfand ich ein spontanes Gefühl der Nähe und Sympathie zum Anführer dieser Bewegung, die damals mit den Hutterern verbunden war, einer auf das 17. Jahrhundert zurückgehenden, aus dem mitteleuropäischen Mähren stammenden christlichen Sekte. Und was kennzeichnete und kennzeichnet die Mitglieder vom Bruderhof bis heute? Gemeinschaftlicher Besitz, die Notwendigkeit der erneuten Taufe eines heranwachsenden Christen sowie die Pflicht, jeden Ausdruck von Zwang und Gewalt aufs Schärfste zu verurteilen. Eines ihrer äußerlichen Erkennungsmerkmale sind die schwarzen Hosenträger, die übrigens auch dazu dienen, die Hosen festzuhalten. Die Anführer der Sekte wurden auf den Scheiterhaufen gebracht, da sie sich weigerten, ihren Militärdienst zu leisten und nicht einmal bereit waren, «für das heilige mährische Heimatland» zu kämpfen, zu töten oder getötet zu werden.

Die Mitglieder vom Bruderhof erweiterten diesen ursprünglichen Gedanken, der vor allem auf religiösen Glaubenssätzen beruhte, um eine Dimension der gesellschaftlichen Gerechtigkeit, «Reparatur der Welt» und Nächstenliebe. Es versteht sich von selbst, dass die Nazis von diesen Ideen nicht allzu begeistert waren und die Bruderhöfer gezwungen waren, schleunigst die Flucht zu ergreifen. Dabei mussten sie den Großteil ihres Besitzes zurücklassen – der, wie damals üblich, von den nationalsozialistischen Herrschern konfisziert wurde.

Zu einem gewissen Zeitpunkt nach Aufnahme unserer Beziehungen unternahmen unsere neuen Freunde den Versuch, die theologische Basis der beiden Bewegungen anzugleichen, nicht zuletzt aufgrund eines äußerst praktischen Motivs: Die beiden Gemeinden sahen in der Jugend der Gegenseite angemessene, passende und wünschenswerte Ehepartner, die das Fortbestehen der Gemeinde für ihre Nachfahren sichern sollten.

Die zentrale Figur vom Bruderhof war zu jener Zeit Hans Maier, ein kluger und gutherziger Mann mit linkspolitischen Neigungen, der sich seine Führungsposition in schweren, anhaltenden und fundamentalen Kämpfen erworben hatte. Er verstarb vor zehn Jahren. An seine Stelle trat Johann Christoph Arnold, der Enkel von Eberhard Arnold, der zu den Gründern vom Bruderhof gehört hatte – ein äußerst autoritärer Mann mit finsterem Gesicht, das keinerlei Kompromissbereitschaft zeigte. Unter seiner Führung vollzog sich bei den Mitgliedern der Bewegung eine Radikalisierung hinsichtlich jeder Tendenz zur Selbstständigkeit oder Veränderung, beginnend mit Medien und Computerisierung über Kleidung, Speisung und Unterkunftszuteilung für die jungen Menschen bis hin zu persönlichen Präferenzen – in einem Wort, alles was man unter dem Begriffen «liberal» und «fortschrittlich» zusammenfassen kann, einschließlich moderner Unterrichtsmethoden. Tatsächlich war eine der ersten Verfügungen Johanns nach seinem Beitritt zur Führungsgruppe die Bannung sämtlicher Fernsehgeräte, die als Wurzel allen Übels betrachtet wurden. Trotz aller Bemühungen in diese Richtung konnte es uns nicht gelingen, enge Beziehungen zwischen der Kibbuzbewegung und dem Bruderhof herzustellen, vor allem wegen dessen wiederholter und hartnäckiger Versuche, Beziehungen zu den palästinensischen Flüchtlingen aufzunehmen und mit diesen zu kooperieren. Schlimmer noch, es gab sogar Versuche, sich mit den «schwarzen Panthern» in Verbindung zu setzen, einschließlich des schwarzen (im wahrsten Sinne des Wortes) antisemitischen Priesters Louis Farrakhan. Obwohl diese Verschwörungen ohnehin ausnahmslos scheiterten, da Farrakhan an einer Verbindung mit einer pazifistischen Bewegung gar kein Interesse hatte, war der Schaden bereits entstanden.

Ich erinnere mich nicht mehr, wie ich ausgerechnet in den Vortrag von Professor Rudolf Pesch geriet, der mit einer honorigen Delegation von Mitgliedern der Katholischen Integrierten Gemeinde zu dieser Konferenz gekommen war. In seinen klaren und glänzend formulierten Worten sprach Professor Pesch den «überraschenden» Gedanken an, dass das Christentum eigentlich aus dem Judentum entstanden sei und daher auch Jesus nicht als Christ bezeichnet werden könne – da es zu seinen Lebzeiten keine solche Religion gegeben habe. Weiter stellte er die These auf, dass das Christentum sich aus dem Judentum entwickelt habe und Jesus selbst ein reiner Jude gewesen sei, der sich bemüht habe, jene halachischen (glaubensgesetzlichen) Traditionen zu korrigieren, die ihrem Ursprung entfremdet worden seien. Diejenigen, die das Christentum als neue Religion verkündet und dadurch Spannungen und Verfolgungen ausgelöst hätten, seien eigentlich Jesu Jünger gewesen, die Apostel, die ihm folgten und eine endlose Reihe von Katastrophen verursachten. Die Lösung war laut Pesch (wie auch aus seinen zahlreichen Veröffentlichungen hervorgeht), «zu versuchen, das Christentum wieder in seinen jüdischen Wurzeln zu verankern» – so einfach und so überzeugend, wieso war bisher noch keiner darauf gekommen? Wir werden ihnen gelegentlich den bekannten Tzubaer Refrain vorsingen, der genau für solche Gelegenheiten komponiert wurde: «Warum habt Ihr das nicht gesagt, warum habt Ihr das nicht erzählt, warum habt Ihr das nicht vorher schon mitgeteilt?»

Ich war von Professor Peschs Persönlichkeit und seinen Anschauungen so beeindruckt, dass ich mich zu einer für mich ungewöhnlichen Handlung hinreißen ließ: Ich ging auf ihn zu, stellte mich vor und knüpfte ein Gespräch an. Die Mittagspause war bereits angebrochen und die Delegation der Gemeinde wurde in den Speisesaal des Seminars gebeten. Wie es bei den Gästen üblich war, für die die Zahl zwölf heilig ist – nach den zwölf Jüngern, die mit Jesus das letzte Abendmahl teilten, sowie nach den zwölf Stämmen des Volkes Israel –, sollte die Tischgesellschaft aus zwölf Personen bestehen. Als sich herausstellte, dass ein Teilnehmer fehlte, um diese Zahl zu vervollständigen, schloss ich mich mit Freuden an. Während der Mahlzeit wurde deutlich, dass die Delegation beabsichtigte, vor ihrer Rückkehr nach Deutschland am nächsten Tag noch Jerusalem zu besuchen. Ich bot an, sie dabei zu führen. Und tatsächlich fand ich mich schon früh am nächsten Morgen mit dem Van der «Maimon-Volontäre» vor der Einfahrt des Plaza-Hotels ein, um die Gruppe zu einer Besichtigungstour abzuholen, zu der der Ölberg, die Gethsemanekirche, die Schober-Promenade und das Grab Theodor Herzls auf dem Herzlberg gehörten.

Wie sich herausstellte, blieb danach nicht mehr genügend Zeit für den ursprünglich geplanten Besuch der Gedenkstätte Yad Vashem. Daher lud ich die Gruppe zu einem raschen Mittagsimbiss in unseren Kibbuz Tzuba ein (das war noch vor dessen Privatisierung) und schaffte es sogar, sie zu einer kurzen Besichtigung über das Kibbuzgelände zu jagen. Vor ihrem Aufbruch zum Flughafen dankten sie mir für die «engagierte Betreuung», die ich ihnen gewährt hatte, und wir beschlossen, mit Professor Pesch brieflich in Kontakt zu bleiben – woraus sich eine langjährige herzliche Freundschaft entwickeln sollte. Mit großer Sicherheit darf man feststellen, dass damit der Grundstein jenes Gebäudes gelegt worden war, das ein Jahr später als der segensreiche «Urfelder Kreis» in Erscheinung trat, der sowohl bei den Kommunen-Forschern als auch in der Führungsspitze der Bewegung große Neugier erweckte.

Infolge der Begegnung in Efal und der Besichtigung am nächsten Tag wurden wir, Sarah und ich, zu unserer Überraschung zu einem ausgedehnten Besuch der Niederlassungen der Gemeinde eingeladen, die sich zum Großteil in München und Umgebung, also im bayerischen Voralpenland befinden. Letzteres zählt zu den schönsten Regionen der Bundesrepublik Deutschland, die aus einem unerfindlichen

Grund ohnehin schon mit wunderbaren Landschaften gesegnet ist, die sich in ihren zahlreichen zauberhaften Seen spiegeln. Mehr als alles andere beeindruckte uns die hörbare, beruhigende Stille – vor allem für israelische Ohren, die an jede Art von Lärm gewöhnt sind.

Man öffnete uns erstaunlich gepflegte Häuser und Einrichtungen und allem voran genossen wir die Gastfreundschaft der ‹sagenhaften› Anführerin Gertraud Wallbrecher, die diese Gemeinde gemeinsam mit ihrem Mann Herbert infolge ihrer aus dem Dritten Reich und dem Zweiten Weltkrieg gezogenen Lehren gegründet hatte. «Traudl» entstammte den Reihen der katholischen Jugendbewegung «Heliand Bund», der sich nicht mit dem Nationalsozialismus identifiziert, es jedoch vermieden hatte, diesem offen entgegenzutreten. Erst, als sie mit 22 Jahren im Rahmen ihres Arbeitsdienstes aufgefordert wurde, nach der Befreiung Überlebende des Konzentrationslagers Dachau zu pflegen, wurde ihr das Ausmaß des Grauens bewusst und sie sah sich gezwungen, sich und ihre Glaubensgenossen zu fragen, wie es möglich gewesen war, dass getaufte Christen tief genug sinken konnten, um solche Taten zu begehen.

Mein erster, auch nach längerer Bekanntschaft beibehaltener Eindruck war der einer Mischung aus Stärke und Feinheit. Ihr Gesicht und ihre Körpersprache drückten seelische Erhabenheit aus. Ihr nahezu einziger Fehler rührte von ihrer Gewohnheit her, jeden Gedanken pausenlos zu wiederholen, unzählige Male, mit dem Argument, dass das Material nur so einsickern könne.

Nun greife ich kurz voraus:

Bei unserem ersten Treffen in Deutschland mit einer Gruppe von Freunden aus verschiedenen Kibbuzim und Mitarbeitern der Katholischen Integrierten Gemeinde wirkte sich Traudls Art des Nachdenkens und Redens natürlich auch etwas lähmend aus. Keiner ihrer Freunde, einschließlich der Führungsgruppe und der Priester, wagte es, etwas zu ihren ausführlichen Gedankengängen anzumerken oder sie gar zu unterbrechen. Ich sah und spürte, wie Mitglieder unserer Gruppe, einschließlich meiner selbst, allmählich die Geduld verloren. Einige von ihnen tauschten stichelnde Bemerkungen aus, und beinahe wäre eine Krise ausgebrochen, die letztlich zur Auflösung des Kreises geführt hätte. Ich fasste Mut, stand auf und nahm die seltene Gelegenheit wahr, in der die Dame für einen kurzen Augenblick verstummte, um Luft zu holen. Dann sagte ich: «Traudl, mir scheint, dass wir dieses Thema bereits in der vorherigen Stunde erschöpft haben.»

Verblüffung zeigte sich auf den Gesichtern des Publikums, vor allem bei den Gastgebern, die uns zuvor noch erklärt hatten, dass es weder möglich noch ratsam sei, die Worte der allseits hochverehrten Leiterin zu unterbrechen. Auch bei einigen meiner Genossen aus den Kibbuzim konnte ich Anzeichen der Erschütterung über meine Unverschämtheit feststellen. Die Dame selbst jedoch lächelte mir zu und wechselte mühelos zum nächsten Punkt der Tagesordnung über. Seit damals trage ich den zweifelhaften Ehrentitel des «einzigen Menschen, der imstande ist, den Redefluss von Frau Wallbrecher aufzuhalten».

In ausführlichen Gesprächen mit Mitgliedern der Gemeinde, zum Großteil Söhne und Enkel von Nazi-Kollaborateuren wenn nicht gar Schlimmerem, waren wir von deren außergewöhnlichen Anschauungen über die Beziehungen zwischen Juden und Christen zutiefst beeindruckt, ebenso wie von der Verantwortung, die sie selbst und ihre Kirche für die jahrhundertelangen Judenverfolgungen und vor allem die Gräuel der Shoah übernahmen.

Im Laufe der Zeit stellten wir fest, dass die Themen Erhaltung der Gesundheit und sorgfältige Beachtung einer richtigen Nahrung auf der Prioritätenliste der Gemeinde einen hohen Stellenwert einnehmen. Zu deren Mitgliedern zählen zahlreiche Ärzte, Pfleger und Krankenschwestern, von denen ein Teil eigene Praxen besitzt, ein anderer in den öffentlichen und privaten medizinischen Zentren und einer kleinen Klinik der Gemeinde arbeitet. Die meisten von ihnen verbinden konventionelle und alternative Medizin, und auch ihre namhafte Apotheke ist für ihr Sortiment an natürlichen Heilmitteln bekannt.

Eines der rührendsten Erlebnisse, die wir während dieses Besuches machten, war die am Ufer des zauberhaften Walchensees veranstaltete, von traumhaften musikalischen Klängen begleitete Überraschungsfeier zu Sarahs 60. Geburtstag. Noch im Verlauf dieser Feier flüsterte Sarah mir bewegt zu: «Wir müssen die Botschaft dieser Gemeinde unseren Genossen daheim vermitteln und den Besuch einer repräsentativen Delegation aus mehreren Kooperativen organisieren.»

Dabei darf nicht vergessen werden, dass sich all das auf dem Höhepunkt der ideologisch-wirtschaftlichen Krise der Kibbuzbewegung zutrug, die bei einem Teil der Genossen zum Verlust des Glaubens an ein gemeinschaftliches Leben führte. Uns schien, dass dort, bei dieser deutschen Gemeinde, vielleicht eine wenngleich unvollständige Lösung für die Krise zu finden sei, die uns heimgesucht hatte. Leider jedoch stießen sämtliche unserer Versuche, unseren Genossen über die Eindrücke dieser ersten Begegnung zu erzählen, auf erstaunte Blicke und mitleidige bis zynische Bemerkungen – was war mit Sarah und Joel los, waren sie verrückt geworden? Dieses Phänomen wiederholte sich mit jedem weiteren Besuch und jedem neuen Mitglied, bis wir uns fragten, ob die Zweifler vielleicht sogar Recht hätten und wir einer Illusion zu Opfer gefallen seien.

Als wir uns jedoch daranmachten, die aus 20 bis 25 Personen bestehende Delegation aufzustellen, die von unseren neuen Freunden für eine Woche nach Deutschland eingeladen worden war, «all inclusive», wie man heute zu sagen pflegt, lächelte keiner mehr zweifelnd und wir sahen uns gezwungen, die Zusammensetzung unserer Gruppe ein wenig «zu filtern». Sie war ein für Kibbuzdelegationen ungewöhnliches Phänomen, da sie sich aus einem Spektrum von Mitgliedern aller drei Bewegungen, beider Geschlechter und einer Altersspanne von 18 bis 80 Jahren zusammensetzte.

Da später alle möglichen seltsamen Legenden über die Entstehung des Kreises auftauchten, ist es mir wichtig, die Dinge bei dieser Gelegenheit so klar darzustellen, wie sie in der von Professor Pesch verfassten Broschüre später auf Basis seiner Aufzeichnungen sowie seines berühmten phänomenalen Gedächtnisses dokumentiert wurden. Übrigens muss auch über die Figur dieses wunderbaren Menschen ein wenig ausführlicher berichtet werden, der zwei Doktor- und einen Professorentitel besaß und eine sichere und glänzende wissenschaftliche Karriere an der namhaften Universität von Freiburg aufgegeben hatte, um bei der Gründung und Entwicklung der Gemeinde eine zentrale Rolle zu spielen.

Und so war es: Chaim Seligmann aus Givat Brenner ist der erste und grundlegende Kontakt zur Gemeinde zu verdanken, wobei es übrigens eine Reihe von Versionen über die Umstände gibt, die dazu geführt hatten – von einer zufälligen Begegnung und einem Gespräch mit Professor Huhn im Zug bis zu einem organisierten Besuch Chaims im Rahmen einer von der Tabenkin-Gedenkstätte durchgeführten Studie.

Der Großteil der Gründer des Kreises, deren Zahl sich dieser Tage allmählich verringert – ein Teil ist nach und nach ausgeschieden, ein anderer verstorben, sodass heute, am 1. Mai 2013, von den 30 ersten Mitgliedern nur noch die Hälfte übriggeblieben ist –, stimmt darin überein, dass die Infrastruktur der Organisation und das Entstehen dieser wunderbaren Gruppe vor allem Joel Dorkam aus dem Kibbuz Palmach-Tzuba zu verdanken ist, mit der begeisterten Unterstützung seiner rothaarigen Lebensgefährtin Sarah und des Ehepaars Shlomo und Nomi Shalmon aus dem Kibbuz Gesher. Weiter brachte Aryeh Jaffe aus Yakum seine reiche Erfahrung und seine nicht selten mit einem etwas ungewöhnlichen Humor verbundene Überzeugungskraft in den Kreis ein; Amnon Shapira aus Tirat-Zvi und seine Frau Hadassa steuerten häufig aus dem Reservoir ihres reichhaltigen Wissens bei, verbunden mit Amnons sprühender, origineller Persönlichkeit; hinzu kamen das Ehepaar Michal und Yair Palgi aus Nir David, die ein gesellschaftlich-professionelles Element ersten Ranges darstellten; Nomika Zion aus dem Stadtkibbuz Migvan in Sderot und viele weitere, von denen sich ein Teil der Gruppe später anschloss – die einen neugierig geworden durch die unglaublichen Geschichten derer, die von ihrem ersten Besuch bei dieser seltsamen Gemeinde zurückgekehrt waren, die anderen einer luxuriösen Auslandsreise durchaus nicht abgeneigt. Jeder und jede einzelne von ihnen bereicherten das Gesamtgewebe je nach persönlichen Fähigkeiten um einen weiteren Aspekt und trugen zum Gelingen der Begegnungen bei.

Tatsächlich wurde der Entstehungsprozess des Kreises wiederholt von hartnäckigen Versuchen diverser externer Elemente begleitet, die das Monopol für sämtliche auswärtigen Beziehungen der Bewegung für sich beanspruchten und versuchten, den Kreis und die Aufnahme von dessen Mitgliedern unter ihre Kontrolle zu bringen. Zu unserem Glück genossen wir die entschlossene Unterstützung von Professor Rudolf Pesch, der unsere Haltung zur Zusammensetzung des Kreises teilte: der Vertretung sämtlicher Altersgruppen, Geschlechter und Herkunftsländer, mit Schwerpunkt auf solchen Mitgliedern, die die deutsche Sprache mehr oder weniger beherrschten oder auch auf Shoah-Überlebenden, die zu einem Dialog mit sogenannten «anständigen» Deutschen bereit waren. Obwohl uns klar war, dass es sich dabei um eine Generation handelte, die zum Großteil nach der Shoah zur Welt gekommen war. Dann gab es natürlich auch ein oder zwei «chronisch Begeisterte», und schließlich fehlte auch der «Lobpreiser» nicht, der für jeden stets ein gutes Wort hatte. Fügte man all diesen noch den «Vermittler» hinzu, hatte man die ganze bunte Gesellschaft beisammen. Wann immer dies erforderlich wurde, fanden sich Genossen und Genossinnen, die bereit waren, einfachere wie auch komplexere Aufgaben zu übernehmen, so zum Beispiel ein alteingesessener und hochgebildeter Genosse, der aus dem fernen Süden zu unseren Treffen erschien. Er erwies sich als Bewunderer David Ben-Gurions, der keine Gelegenheit versäumte, über diese wegweisende, jahrelang in seinem Kibbuz beheimatete Führungspersönlichkeit zu sprechen.

Insgesamt eine wunderbare Gruppe auf überdurchschnittlich hohem intellektuellen und menschlichen Niveau, die sich gerne traf und über weltbewegende Themen debattierte – der Abschied fiel jedes Mal schwer.

Gerne möchte ich noch von unserer ersten gemeinsamen Begegnung erzählen im bayerischen Urfeld am Walchensee im Oktober 1995. Angereist waren auf Einladung und Kosten der Katholischen Integrierten Gemeinde wir Kibbzniks verschiedener Herkunft und Färbung, 8–10 Repräsentanten aus den Bruderhöfen in USA und sogar Freunde der Katholischen Integrierten Gemeinde aus Afrika/Tansania (Bischof Christopher mit Begleitung).

Zusammen waren wir etwa 60 Personen im Tagungshaus der Integrierten Gemeinde.

Nach einer freundlichen Begrüßung am Flughafen München wurden wir mit dem Bus in die Berge, an den Fuß des Walchensees gefahren. Nach einer kurzen Ruhe- und natürlich Kaffeepause im Hotel Fischer am See wurden wir aufgefordert, mit dem Bergaufstieg zu beginnen.

Dabei sorgte man dafür, dass diejenigen, denen das schwerfiel, gefahren wurden. Jedes Detail war erstaunlich gut organisiert, ohne dass man die Gegenwart einer lenkenden Hand gespürt hätte – alles vollzog sich leise und diskret, und jedes Mitglied der Gemeinde wusste, welche Aufgabe es dabei zu erfüllen hatte. Oben schickte man uns in den Vortragssaal. Auch dieser war bereits vorbereitet und das Programm konnte beginnen. An die einzelnen Themen kann ich mich nicht mehr erinnern, umso besser jedoch an die ziemlich gespannte Atmosphäre, bei der wir alle uns fragten, was das eigentliche Motiv für unsere Einladung und was die wahren Absichten unserer Gastgeber seien. Ihren Ausdruck fanden diese Zweifel in einer Reihe von Fragen und Zwischenrufen während der Debatten und danach; sogar Sarah und ich, die die Gemeinde bereits zuvor kennengelernt hatten und von deren ehrlichen Absichten überzeugt waren, ließen uns ein wenig in Richtung dieses Misstrauens mitreißen. Hinzu kam, dass es uns etwas schwerfiel, das umfangreiche theologische Material aufzunehmen, umso mehr, als unsere Gastgeber wiederholt betonten, dass wir ohne ein Verstehen ihres religiös-ideologischen Leitmotivs auch das Leben ihrer Gemeinde nicht verstehen könnten. Die Stimmung kühlte ein wenig ab, und an diesem Abend gingen wir ohne große Erwartungen zu Bett.

Am nächsten Morgen teilte man uns mit, dass ein Besuch des Konzentrationslagers Dachau geplant sei, wo eine ganze Reihe von Angehörigen einiger unter uns inhaftiert gewesen war und zum Teil nicht überlebt hatte. Die Vorstellung eines gemeinsamen Besuchs dieses Lagers ausgerechnet mit Deutschen gefiel uns nicht besonders. Aber was konnten wir tun? Wir gingen davon aus, dass sie in guter Absicht handelten. Am Lagereingang erwartete uns ein älterer Herr namens Franz Brückl, der uns als polnischer Staatsbürger vorgestellt wurde und als ein Mann, der fünf Jahre lang in Dachau inhaftiert gewesen war. Man erzählte uns, dass er gewöhnlich die deutschen Jugendgruppen betreute, die das Lager besuchten. Man konnte sehen, wie sehr es ihn berührte, Juden aus Israel zu führen, die zum Teil selbst Shoah-Überlebende waren, und dass unser Besuch für ihn einen Höhepunkt seiner Arbeitsroutine darstellte.

Das Konzentrationslager Dachau war nach dem Krieg bis auf die Grundfesten abgerissen worden. Übrig blieben nur zwei Blocks, ein paar ziemlich vernachlässigte Denkmale und ein kleines Museum. Das Gelände des Lagers wurde mit Kies bedeckt, der beim Betreten leise knirschte. Nun begann der polnische Überlebende, uns zu schildern, wie das Leben im Lager gewesen und was dort geschehen war. Er hatte zu jedem Quadratmeter eine Geschichte, jede davon erschütternder als die vorherige: Hunger, Krankheiten, Folterungen und Grausamkeiten ohne Ende. Er berichtete von der Einstufung der Häftlinge in Kategorien: politische Gefangene, Kriminelle und Homosexuelle, und natürlich ganz unten auf der Rangliste die Juden, die von allen gehasst wurden. Bis heute ist mir der Ton des knirschenden Kieses in Verbindung mit den Schreckensgeschichten von Franz Brückl noch in Erinnerung, begleitet von der geflüsterten Simultanübersetzung von Manfred Groß und dem erstickten Weinen in unseren Reihen – und das heißt, auch von den Deutschen, den Menschen vom Bruderhof und der Gemeinde, zusammen mit uns Israelis. Vor meinen Augen erschienen Bilder meines Onkels Karl, des jüngeren Bruders von Vater, der eine Art «Muttersöhnchen» gewesen war, als man ihn wegen irgendeiner Bemerkung gegen die Nazis nach Dachau gebracht hatte. Ich versuchte, mir vorzustellen, wie er jene schreckliche Zeit im Lager erlebt hatte, mit all dem Leid, den Erniedrigungen und der Ungewissheit hinsichtlich seines künftigen Schicksals. Wie bereits erzählt, entließ man ihn mit der Bedingung, Deutschland sofort zu verlassen. In Ermangelung einer Alternative fuhr er nach Shanghai, dem einzigen Ort, der bereit war, mittellose jüdische Flüchtlinge aufzunehmen, und erlag dort Krankheit und Hunger.

Nach Besichtigung des Geländes hielten wir an der jüdischen Gedenktafel eine bescheidene Zeremonie ab, bei der das Totengebet «El male rachamim» (Gott voller Erbarmen) gesprochen, und im Anschluss daran Hanna Seneshs Lied «Eli, Eli» gesungen wurde. Letzteres löste einen erneuten Tränenfluss aus, der nicht aufzuhalten war. Im Verlauf des Rundgangs zerbröckelten und verschwanden die Schranken zwischen den verschiedenen Teilnehmern, zwischen den Vertretern der Opfer und den Nachkommen der Tätergeneration. Im Anschluss daran fuhren wir nach Wolfesing, zum landwirtschaftlichen Betrieb der Gemeinde, wo wir uns in einem Saal versammelten, der einst als Scheune gedient hatte. Dort verarbeiteten wir einen Teil der Eindrücke, die wir während des Vormittags gesammelt hatten. Wir alle spürten, dass an diesem Tag etwas sehr Bedeutungsvolles geschehen war. Mit Sicherheit darf behauptet werden, dass dort, in Dachau, erstmals ein uneingeschränktes Vertrauen zu unseren Gastgebern entstanden war. Höhepunkt war der Augenblick, als Amnon Shapira, ein Veteran aus der Führungsspitze der religiösen Kibbuzbewegung, auf Franz Brückl zuging, jenen polnischen Nichtjuden, der uns durch das Lager geführt hatte, diesen in aller Öffentlichkeit umarmte und verkündete: «Sie sind mein Bruder!» Die veränderte Atmosphäre war dramatisch und deutlich spürbar, und ab diesem Augenblick endeten sowohl das Geflüster in unseren Reihen als auch die inquisitorischen Fragen während der Sitzungen. Genau genommen wurde in Dachau der Grundstein für den späteren «Urfelder Kreis» gelegt.

Die restlichen Tage verliefen mit Gesprächen in unterschiedlichen Konstellationen, zum Teil gemeinsam, zum Teil in kleinen Gruppen, manche formal, andere spontan, aber alle mit einem Gefühl der spirituellen Erhabenheit und des Vertrauens. Es waren Gespräche und Debatten von einer Art und Atmosphäre, die in meiner Vorstellung die Frühtage des Kibbuz charakterisiert hatten, als man dort noch damit beschäftigt war, den Weg zu finden und sich mit Zweifeln herumzuschlagen. Von Tag zu Tag entdeckten wir weitere ähnliche Züge zwischen unseren Gemeinschaften, aber auch Unterschiede, die von den Verschiedenheiten unseres Glaubens und unserer Historie herrührten. Der letzte Abend war besonders eindrucksvoll und erlangte einen Höhepunkt, der sogar mich mitriss, der an dergleichen nicht gewöhnt ist. Schweren Herzens gingen wir schlafen, in dem Wissen, dass wir am nächsten Morgen Abschied nehmen und zu unserer Alltagsroutine zuhause zurückkehren würden. Vorgesehen war nur noch ein kurzes, zusammenfassendes Abschlussgespräch. Dann jedoch geschah etwas völlig Unerwartetes: Ebendieses Gespräch verwandelte sich in einen höchst emotionalen und offenen seelischen Austausch, und plötzlich verkündete die ungewöhnliche, oft allein entscheidende Leiterin der Gemeinde, Traudl Wallbrecher, die Gründung des «Urfelder Kreises», der einmal jährlich abwechselnd in Deutschland oder in Israel zusammenkommen sollte. Dabei sollte es erlaubt sein, weitere Angehörige und Freunde zu diesem Kreis mitzubringen. Und so verwandelte sich unser Besuch, der ursprünglich eine einmalige Begegnung bleiben sollte, in einen regelmäßigen ideologisch-gesellschaftlichen Rahmen, und wir begaben uns auf einen Weg voller Überraschungen und reich an Aktivitäten unterschiedlichster Art.

Als wir das Haus verließen, um mit dem Bergabstieg zu beginnen, wurden wir von den Klängen eines kleinen Kammerorchesters begleitet, einer Melodie, die die Saiten unserer Herzen tief berührte. Bei unserer Ankunft am Flughafen trauten wir unseren Augen nicht – hatten wir doch geglaubt, bereits alles gesehen zu haben! Und siehe da, hier standen Dutzende von Gemeindemitgliedern mit ihren Kindern, reichten uns Blumensträuße und sangen dazu «Schalom Chaverim, Schalom». Welch eine tiefergreifende Abschiedsvorstellung! Diese, wie auch das letzte Gespräch am Morgen und die Verkündung des neuen Kreises prägten sich tief in unsere Herzen ein und verstärkten das Gefühl, dass hier etwas Neues und Bedeutendes im Entstehen war, das sich noch weiterentwickeln würde.

Am 30. Oktober 1995 kehrten wir nach Hause zurück, mit leuchtenden Augen. Anfangs wagten wir nicht einmal den Versuch, unseren Genossen im Kibbuz zu erzählen, was wir während dieser Woche in Deutschland erlebt hatten. Aber die Einfühlsameren unter ihnen erkannten offenbar ebenso wie einige unserer Angehörigen bei uns seltsame Verhaltensmuster und stellten forschende Fragen. Sehr allmählich und etwas zögernd begannen wir, das eine oder andere von unserer Reise zu erzählen.

Und dann, weniger als eine Woche nach unserer Rückkehr, wurde unser damaliger Ministerpräsident Yizhak Rabin ermordet. Die Reaktionen, die von unseren neuen Freunden in Deutschland bei uns eintrafen, verdeutlichten uns unmissverständlich, dass diese nicht weniger erschüttert waren als wir selbst und stellten einen weiteren Beweis für die Tiefe der neu entstandenen Verbindung dar.

Unverzüglich stellte die Gemeinde daraufhin eine würdige Delegation zusammen, die aus ihren bedeutendsten Persönlichkeiten bestand, und schon am 23. November fand eine weitere Begegnung zwischen den Mitgliedern des israelischen Kreises und einer Reihe ausländischer Gäste statt, die den Drang in sich fühlten, ins Land zu kommen, um uns ihre Solidarität zu beweisen. Dieses Mal besuchten wir die Gedenkstätte Yad Vashem und fuhren nach Tirat-Zvi, wo wir zwei Tage zu Gast waren. Dann kehrten wir nach Tzuba zurück und besichtigten die Oran-Fabrik, die unsere Gäste zutiefst beeindruckte. Ich spürte, dass wir dank unserer raschen Organisation wie der abgehaltenen Gespräche und der tiefen gemeinsamen Erlebnisse ein festes Fundament für eine Fortsetzung und Entwicklung unserer Beziehungen zu der deutschen Gemeinde geschaffen hatten.

Zu unserem Bedauern, besser gesagt, zum Bedauern der Mitglieder unseres Kreises, trennte sich der Bruderhof, unsere dritte Achse, im Jahre 1999 aufgrund schärfster ideologischer und organisatorischer Meinungsverschiedenheiten radikal und endgültig von der Gruppe. Da halfen auch die Proteste einiger Mitglieder nicht, die enge Beziehungen zum Bruderhof angeknüpft hatten.

Infolge der ersten Konferenz des Urfelder Kreises im Jahre 1995 war schon eine Delegation der Katholischen Integrierten Gemeinde unter Leitung von Frau Wallbrecher in die USA zu den Bruderhöfern gereist, mit großer Bereitschaft, eine Annäherung der Herzen herbeizuführen. Diese stieß jedoch im Hinblick auf alles, was mit den Heiligen Schriften zusammenhing, auf mangelnde Kompromissbereitschaft. Die Bibel stellte in den Augen der Gastgeber ein göttliches Vermächtnis dar, über das nicht diskutiert werden kann und das ganz gewiss nicht interpretiert werden darf.

Unsere deutschen Freunde zeigten auf längere Sicht hinsichtlich ihrer Werte und Prinzipien ebenfalls keinerlei Kompromissbereitschaft und rückblickend ist es durchaus möglich, dass sie Recht hatten.

Ich beabsichtige nicht, die Entwicklung unserer Beziehungen zur Gemeinde detailliert zu schildern, die uns unzählige Erlebnisse und spirituelle Höhepunkte geschenkt hat – obwohl es dabei auch an Zweifeln und Krisen nicht mangelte. Ein Teil davon wurde offenbar vorsätzlich von Gertraud Wallbrecher ausgelöst, die davon ausging, dass ein gesundes gesellschaftliches Gefüge mitunter gründlich durchgeschüttelt werden und einmal alle paar Jahre seinen Weg aufs Neue überprüfen müsse, um nicht in Routine und ideologische Erstarrung zu verfallen. Unsere Freunde aus der Gemeinde waren mit diesem System bestens vertraut und akzeptierten es als natürlichen Teil ihres Lebenswegs. Wir Israelis waren davon überrascht, erschrocken und besorgt. Nach einer Weile jedoch mussten auch wir eingestehen, dass die uns auferlegten Erschütterungen ihre Berechtigung hatten. Mehr als das hatten wir manchmal das Gefühl, dass Frau Wallbrechers Worte mitunter etwas Prophetisches oder zumindest eine Erleuchtung enthielten. So löste sie zum Beispiel einen

erheblichen Sturm aus, als sie 1998 während einer Begegnung in der Villa Cavalletti – einem von der Gemeinde mit enormer wirtschaftlicher Anstrengung erworbenen alten Jesuiten-Anwesen bei Rom – verkündete, dass der Islam eine Gefahr für die Menschheit darstelle und noch große Katastrophen über die ganze Welt bringen würde. Die linken Mitglieder unseres Kreises protestierten heftig, einer von ihnen verließ sogar demonstrativ den Saal «Shevet Achim», in dem wir saßen. Sogar ich dachte, sie sei zu weit gegangen. Aber schon kurze Zeit darauf bewies uns der Angriff auf das World Trade Center, wer in dieser Debatte Recht behielt und wie begabt die Leiterin der Gemeinde darin war, die komplexe Realität unserer Welt zu analysieren.

Zum «Urfelder Kreis» zählten einige ganz besondere Typen, die einer eigenen Schilderung würdig sind. Bei den Deutschen stach vor allem einer der Priester hervor, ein genialer Theologe, der früher einmal ein Linker gewesen war und uns nun mit gewagten Ideen konfrontierte, die mitunter, für mein Empfinden, nahezu an Ketzerei gegen die Glaubensgrundsätze des Christentums grenzten. Seine Vorträge pflegte er durch das Zeichnen von Illustrationen zu unterstützen, um den Zuhörern seine Themen zu verdeutlichen. Eine weitere pittoreske Figur war eine in Portugal geborene Frau, die der Gemeinde eine Mitgift von vier Söhnen und Töchtern mitgebracht hatte, die allesamt eine ziemlich zentrale Stellung einnahmen. Auf unserer Seite stach ein Angehöriger der religiösen Kibbuzbewegung hervor. Er zählte zu deren Führungsspitze und vertrat extrem nationalistische Anschauungen – war jedoch gemäßigt, was die Themen Religion und Gesellschaft anbelangte. Er verstand es, immer mit einer unterhaltsamen Geschichte oder Anekdote aufzuwarten, die ihn ins Zentrum des allgemeinen Interesses rückte.

Eine weitere Figur war der Älteste in unserem Kreise, der zu den Pionieren der Beziehungen zur Gemeinde zählte und von uns gern als «der Kardinal» bezeichnet wurde – was ihn veranlasste, trotz des in diesem Spitznamen enthaltenen Kompliments eine beleidigte Miene aufzusetzen. Häufig überraschte er uns sowohl mit seinem umfassenden Wissen zu sämtlichen Aspekten des Judentums als auch mit seinen anarchistischen Meinungen. Großes Interesse erweckte auch ein Ehepaar aus dem Norden Israels, sie eine bekannte Forscherin aus der Kibbuzbewegung, er ein klinischer Psychologe, der im Zuge seiner Teilnahme am Kreis poetische Tendenzen erkennen ließ und diesen durch seine Kreativität bereicherte.

Aufgeregte Diskussionen fanden statt zwischen dem «Kardinal» und einem jüngeren Gelehrten, denen sich auch der ältere Thora-Gelehrte anschloss, über jüdisch-theologische und bibelkundliche Fragen. Dem großen Organisationstalent seiner Frau verdankten die Treffen immer wieder beruhigende Momente, durch ihre Gesprächsbeiträge samt kühlenden Getränken und herzhaften Snacks.

Ein junger, prominenter Jugendleiter aus der Kibbuzbewegung und seine Frau brachten eine nähere Kenntnis des Bruderhofes mit, wie auch warmherzige Beziehungen mit den christlichen Communitäten in ihrer Nähe, nahe der libanesischen Grenze.

Joel und Sara während eines Treffens mit dem Urfelder Kreis in Moza Illit, mit Elisha Zurgil, Joels Nachfolger im UK

## Prélude zum Finale

Ich verfasse diese Zeilen in der Nacht nach dem Treffen des Kreises im Beth Shalmon in Motza, dem Gebäude, das mit den Geldern der Gemeinde für den Kreis erworben wurde und wo drei bis vier Mitglieder ständig wohnen, zuzüglich gelegentlicher Gäste. Mit den Jahren haben sich ganz besonders enge Beziehungen zwischen den Mitgliedern des Kreises im Kibbuz Tzuba und den Bewohnern des Hauses in Motza entwickelt, und das dank der geografischen Nähe und, wenn es mir gestattet sein sollte, meine natürliche Bescheidenheit einen Augenblick lang beiseite zu schieben, nicht zuletzt auch dank der von mir angeknüpften Beziehungen.

Heute, am 2. Oktober 2007, habe ich im Rahmen eines «kleinen Treffens» des Kreises dessen Leitung endgültig den treuen Händen meines Freundes Elisha Tzurgil aus dem Kibbuz Sde-Boker übergeben und empfinde nun eine Mischung aus Erleichterung – da ich die Last dieser Verantwortung in jüngster Zeit nicht mehr tragen kann – und Trauer, da ich mich nun von einem weiteren Stückchen meines Lebenselixiers trennen muss, nachdem ich auch die Leitung der «Maimon-Freiwilligen» aufgegeben hatte. Ich hege keinerlei Zweifel daran, dass ich weise gehandelt habe, und ich habe sogar dafür gesorgt, mir beizeiten einen würdigen Ersatz vorzubereiten. Dennoch fällt mir die Trennung von jenen Lebenswerken schwer, denen ich mich über Jahrzehnte hinweg gewidmet habe: 30 Jahre Betreuung von Neueinwanderern – genau genommen habe ich mit dieser Tätigkeit bereits in den 1950er-Jahren im Rahmen der Jugendbewegung begonnen. Und nun enden 13 Jahre seit der Gründung und Fundierung des «Urfelder Kreises». Ich glaube, dass der Großteil von dessen Mitgliedern die ganze Tragweite dieses Wechsels noch nicht verdaut hat. Noch hat es keinerlei Ausdruck einer Anerkennung gegeben, außer den Worten von Mechthild, der «Tochter von Gertraud Wallbrecher». Ich nehme an, dass auch seitens unserer Mitglieder hierzulande noch verspätete Worte folgen werden.

Mir scheint, ich habe noch nichts über meine Arbeit im Archiv gesagt, die zunehmend den Großteil meiner Arbeitsstunden in Anspruch nimmt. Als Ruthi Keren, die Leiterin des Tzubaer Archivs – soweit ich weiß, eines der schönsten und am besten

stimmungsvolle
Landschaft
Tsuba, von Joel
Dorkam aufge-
nommen

Die ersten
Kinder des
Kibbuz Tsuba,
1953

Die Kleinen im
Kinderhaus,
um 1959

Schawuot – Erntefest auch für die Kleinsten

Festgestaltung schon mit den
kleinen Kindern, hier Schawuot
Erntefest

Beim Übergang vom Kindergarten
zur Schule wird jedes Kind feierlich
in die Schule getragen

Fußball in den frühen Jahren des Kibbuz (1950er-Jahre)

Es gab einmal die kibbuzeigene Grundschule

Es gab auch die kibbuzeigene Sekundarschule in den 1960er-Jahren

Ein Spiel hinter Gittern, Einübung, ohne Panik in gefährlich-beengten Situationen

Eine Kindergruppe in Tsuba, um 1960

Immer werden verschiedenste Gedenktage und Veranstaltungen gemeinsam begangen

Luftaufnahme Tsuba mit Firma (oben die Hallen) in den 1960er-Jahren

Loveday in Tsuba *(siehe Glossar)*

Loveday mit dem sehr beliebten «Opa des Kibbuz»

organisierten Archive der Kibbuzbewegung –, mich vor 15 Jahren bat, die Verantwortung für das Sortieren und Verwahren der Fotos zu übernehmen, zögerte ich einen kurzen Augenblick, schließlich hatte ich mich bereits viele Jahre von diesem Bereich «verabschiedet», als eine neue Generation das Thema Fotografie übernommen hatte – wozu also nun dazu zurückkehren? Nachdem ich mich jedoch einverstanden erklärt hatte, machte ich mich, wie es meine Art ist, mit vollster Energie und ohne besondere Mühe an meine neue Aufgabe. Ich fand eine reiche Ernte an menschlichen und landschaftlichen Porträts vor, die ich von 1952 bis in die 1960er-Jahre gesammelt hatte. Ich hatte fast jedes Ereignis und jede Feier in Tzuba verewigt, und die Kombination einer erstklassigen Kamera (einer Contax, die Mutter mir aus Deutschland mitgebracht hatte und die dann übrigens zum Kibbuzeigentum erklärt worden war, um das Problem einer privaten Eigentümerschaft zu lösen), eines scharfen Auges und perspektivischen Blicks, verbunden mit der ausgezeichneten Entwicklungs- und Druckarbeit von Foto Bermann in der Tel Aviver Ben-Yehuda-Straße, wo man meinen Stil und meinen Geschmack bestens kannte – all das kam in der Qualität der Fotografien zum Ausdruck. Es ist kaum zu glauben, aber als ich nach 30 Jahren die Negative aus jener Zeit überprüfte, die unter höchst ungünstigen Bedingungen verwahrt gewesen waren, fand ich diese unbeschädigt vor, als seien sie gerade erst aufgenommen worden.

Ich selbst hatte die «anrüchige» Gewohnheit, aus jedem von mir aufgenommenen Film zwei bis drei besonders gelungene Fotos auszuwählen, die ich auf Quarto vergrößerte und für Ausstellungen und manchmal auch Festbroschüren verwahrte. Zur Finanzierung dieser Fotografien wurde eine eigene «Fotokasse» eingerichtet, gespeist aus der Bezahlung, die ich hier und da für den Verkauf meiner Arbeiten an Zeitungen erhielt. Diesen und anderen von mir im Laufe der Jahre aufgenommenen Bildern begegnete ich nun im Rahmen meiner Arbeit tagtäglich im Archiv wieder, was mich in der Tat mit Stolz erfüllte.

Das Archiv durchlief eine Reihe von Phasen, bis es schließlich ins Beit-Channa umzog, das zu einem beträchtlichen Teil mit Hilfe von Reparationszahlungen und Erbschaften unserer Genossen errichtet worden war. Mit der Zeit hatte sich aus diesen Quellen eine beachtliche Summe angesammelt, da der Großteil der Empfänger solcher Gelder, darunter auch ich, diese in den 1950er- und 1960er-Jahren noch dem Kibbuz ausgehändigt hatte – ganz im Sinn der Prinzipien von Gleichheit und Gemeinschaftsbesitz. Man war sich darüber einig, dass diese Gelder in die Kasse der Kooperative fließen, jedoch getrennt verwaltet werden und besonderen gesellschaftlich-kulturellen Zwecken dienen sollten. Als Räumlichkeiten frei wurden, in denen zuvor Schulklassen untergebracht gewesen waren – die Kinder von Tzuba wurden nun in regionale Schulen geschickt –, beschloss man, das Gebäude auszubauen und darin eine Gedenkstätte für die während der Shoah ermordeten Eltern und Freunde einzurichten. Weiter wurde beschlossen, dass dort ein Gedenkraum, eine Bibliothek, ein Tagungsraum und das Kibbuzarchiv untergebracht werden sollten. Ich selbst übernahm die Aufgabe, das Planungsteam zu koordinieren und die Verwirklichung des Projekts zu beaufsichtigen. Mit Hilfe des verstorbenen Architekten Hanan Habaron und des kibbuzeigenen Bautrupps entstand ein würdiges und ziemlich nützliches Gebäude, trotz seines abgelegenen Standorts. Im Laufe der Zeit kristallisierte sich auch ein fester Mitarbeiterstab heraus, der dieses Haus verwaltete und zum Großteil aus alteingesessenen pensionierten Genossen besteht. Dazu zählte auch Ruthi Keren, die die alles andere als leichte Aufgabe übernahm, das über alle erdenklichen, seltsamen und vernachlässigten Orte verstreute historische Material Tzubas zu sammeln. Zuvor hatte Ruthi jahrelang als Oberschwester der Kibbuzambulanz und später als Leiterin der Buchhaltung gearbeitet. Durch diese Beschäftigungen sowie aufgrund ihrer ganz besonderen Persönlichkeit besaß sie eine intime Kenntnis jedes wirtschaftlichen oder gesellschaftlichen Aspekts von Tzuba, es gab kaum eine Domäne, eine Institution oder eine Dienstleistungssparte, an der Ruthi nicht zum einen oder anderen Zeitpunkt beteiligt gewesen wäre. Darüber hinaus stand sie in dem Ruf, schon wenige Minuten nach der Rückkehr eines Genossen oder einer Genossin aus einem Urlaub oder von einem Krankenhausaufenthalt bei diesen an der Tür geklopft zu haben, um sich von ihrem Wohlbefinden zu überzeugen. Dennoch entwich dieser diskreten «menschlichen Datenbank» nicht der kleinste Bruchteil einer Information. Vergeblich hatte ich während meiner vier Amtsperioden als Herausgeber des Kibbuzblattes versucht, Ruthi zu einer Kolumne namens «Wie geht es den Kranken» zu überreden, die in zahlreichen Siedlungen üblich war. Es wäre leichter gewesen, den «Narzissenhügel» vom Ort zu bewegen als eines von Ruthis Prinzipien zu erschüttern.

*An dieser Stelle ein Gedanke von Joel Dorkam am 22. Februar 2014, bei der Besprechung der deutschen Übersetzung:*

Eines schönen Morgens im letzten Jahr, als ich aufwachte, war der Hügel verschwunden und es stellte sich heraus, dass der Beschluss der Leitung des Kibbuz umgesetzt worden war, 14 Familien an diesem Ort ihren Traum zu erfüllen, ein neues Zuhause im Kibbuz zu finden.

Was bleibt im Leben, außer der Veränderung?

Großeltern – Kinder – Enkel Dorkam

Alle Enkelkinder von Joel und Sara, 2005

Ausflug mit den Senioren des Kibbuz Tsuba, immer organisiert von Sara Dispeker (3. v. r., auf dem Treppenabsatz oben)

Ob sie will oder nicht, sie muss probieren

Sarah auch im fortgeschrittenen Alter noch
sehr aktiv im Kibbuz

Vor dem neuen Kibbuz-Speisesaal, Sarah mit Transportwagen

Birkenhof, Diespeck, Geburtsort von Rabbi David Dispeker, 1715–1793

# Wem Dank

Sollten Sie aus diesem Buch ein wenig Genuss gewonnen haben, so ist dies, unter anderem, folgenden Personen zu verdanken:

Meinen Figuren, die denen in der Realität stark ähneln, obwohl sie ausnahmslos nicht mit lebenden Menschen identisch sind, sondern das Ergebnis der Halluzinationen schlafloser Nächte und verschwommener Erinnerungen an Vergangenes – selbst, wenn diese einst sehr farbenfroh waren. Vielleicht sogar mehr als Farbfotografien der Vergangenheit.

Meiner Lektorin und Herausgeberin Carmela Lachisch – einer ganz besonderen Frau, von einem Modell, das in unseren Tagen nicht mehr hergestellt wird, als sei sie direkt einem Roman von Meir Shalev entsprungen. Sie war es, die sich die Mühe machte, mich, wo nötig, in die Realität zurückzuholen.

Herzlichen Dank auch meinen treuen Freunden, die mir jederzeit zu Hilfe kamen:
Ruthi und Ilan Diwshi, Kibbuz Zichron Jakov,
Shalom Mandelbaum und Arza,
Joel Darom †, Kvar Menachem,
Michael und Brenda Livni, Kibbuz Lothan,
Ribi und Ruven Kalifon, Kibbuz Tzuba,
Cindy und Marc Stife †, Kibbuz Tzuba,
Shulti und Channale Regev
und meinem guten Freund ZeZe.

Und schließlich meiner mir so teueren, wunderbaren Lebensgefährtin Sarah, möge ihr ein langes Leben beschert sein, die mir geholfen hat, Augenblicke der Mutlosigkeit zu überwinden, die mich unterstützt hat, wenn ich am Rand eines Zusammenbruchs stand, und die die Zügel gestrafft hat, wenn ich die Grenzen des Zulässigen überschritt.

Ihnen allen bleibe ich, wie vielen anderen, in anerkennender Schuld verbunden.

Für die deutsche Übersetzung danke ich allen Sponsoren,
Prof. Dr. Hans und Dr. Veronika Eichner,
Prof. Johannes und Kristina Hamel,
Sebastian Jopen,
Prof. Martin Ruckert,
Prof. Jochen Huhn,
Peter und Barbara Schneider,
Klösterl-Apotheke München,
Johannes Zeise-Wallbrecher,

der «Initiative 27. Januar, e.V.» in München und Berlin, über deren Konten alle Kosten unkompliziert beglichen werden konnten, sowie Alexander Gaa und Ursula Sohsalla für die buchhalterische Abwicklung.

Der Übersetzerin Rachel Gruenberger-Elbaz, die mit großem Schwung an die nicht einfache Übertragung aus dem Hebräischen herangegangen ist.

Ilse Vogel, mit ihrem wichtigen historischen Beitrag über das Leben von Rabbi David von Diespeck, meinem Vorfahren.

Ebenso dem Team, das zur deutschen Herausgabe beigetragen hat:
Frau Angelika Matzka, die Fehler und Unstimmigkeiten so liebevoll fand und korrigierte, und den Herausgebern der gedruckten deutschen Fassung, Ernst W. Klein und Mechthild Wallbrecher.

Ferner allen Freunden und Begleitern aus Deutschland, denen ich begegnen durfte und deren Freundschaft mir so kostbar ist. Nur einige nenne ich mit Namen, stellvertretend für viele andere:
Manfred und Christine Groß, Ingeborg Pesch, Eva Tyrell, Johannes Joachim Wallbrecher, Martin Sell, Michael Maier, Fritz Brachmann.

*Tzuba, September 2014*
*Joel Dorkam-Dispeker*

# Gedanken zu Joel Dorkam von seinem Freund Danny Siegel, welcher auch ein Dichter war

Joels Biographie liest sich wie eine moderne Geschichte des jüdischen Volkes. Seine Familie floh aus Nazi-Deutschland als er drei Jahre alt war. Sie gingen nach Frankreich, dann nach Spanien – er verbrachte den Tag, an dem er seine Bar Mitzvah feiern sollte, in einem Spanischen Gefängnis - -und schließlich kamen sie 1944 in Israel an. Joel kämpfte im Unabhängigkeitskrieg 1948 und ließ sich dann im Kibbuz PalmachTsuba in der Nähe Jerusalems nieder.

Er ist sehr intelligent und spricht, natürlich viele Sprachen. Er ist ein aufrichtiger Mensch und seine Hingabe an die Verbesserung der Lebensbedingungen von Einwanderern ist bewunderungswürdig. Er ist der Leiter des Vereins „Jakov Maimons freiwillige Helfer" in dem hunderte von Menschen ehrenamtlich Zeit und Energie einsetzen, um Einwanderern nach Israel zu helfen, und er ist mein Freund.

Vier Dinge lernte ich von ihm, wenn ich auf meine vielen Jahre der Freundschaft mit Joel zurückblicke.

Das Leben der Einwanderer muss nicht so schwierig sein, wie es früher einmal war.

Eine gute Tat zu vollbringen hat nichts Großartiges, Aufregendes („sexy") an sich. In der Welt der Mitmenschlichkeit wird das Wort „sexy" verwendet für Projekte, die ganz offensichtlich herzergreifend, einleuchtend oder außergewöhnlich sind.

Krebsforschung z.B. ist „sexy", ebenso wie John Beltzers Lied der Liebe.

Ein Prothese zu kaufen für jemanden, der zu arm ist, sich selbst eine zu kaufen, ist „sexy".

Nicht besonders „sexy" ist es, College-Studenten oder einfache Israelis dazu zu bewegen, Erwachsenen und Kindern aus der früheren Sowjetunion, aus Äthiopien oder andern Ländern beizustehen, damit sie in der Hebräischen Welt zurechtkommen. Ihnen beizubringen, wie man in einem Lebensmittelladen einkauft oder den richtigen Bus nimmt ist auch nicht besonders "aufregend". Und so ist es mit vielen tausend anderen Dingen, die das Leben in einem neuen Land lebenswert machen. So ist also meine zweite Lehre, die ich von Joel erhalte: Es ist viel schwerer Geld zu erhalten für Programme, die nicht „sexy".

Die dritte Lehre: Menschen wollen gerne etwas freiwillig tun, sie wollen gern Gutes tun und sie brauchen keine Glocken und Pfeifen, glänzende Faltblätter oder Einladungen zu Abendessen. Sie wollen einfach ihre Hemdsärmel hochkrempeln und das Gute schlicht tun.

Die letzte Lehre zerstört einen anderen Mythos. Jahrelang hörte ich: „ Stirbt der Initiator einer Wohltätigkeitsunternehmung, stirbt notwendigerweise das ganze Programm mit Ihm oder Ihr".

Jakov Maimon begann dieses Projekt in den frühen Tagen der Unabhängigkeit Israels. Er war ein besonderer Mensch, exzentrisch in seinen Ansichten und seinem Aussehen. Er forderte Viel, wenn Hilfe nötig war: Er sprach einfach Leute auf der Straße an und nötigte sie beinahe, der bedürftigen Familie oder einem Einzelnen zu begegnen und ihnen zu helfen – einfach so.

Die Einwanderer brauchten sie, und Maimon sah seine Aufgabe darin, ehrenamtliche Helfer an die Türen der Bedürftigen zu führen. Viele hohe Politiker heute gehörten einst «Maimons Schar der Freiwilligen» an.

Natürlich geschieht es auch: Der Mann mit der Vision stirbt, die Vision und das zugehörigen Projekt stirbt. Aber es muss nicht so sein. Ebenso oft kann es weitergeführt werden, selbst wenn der Gründer, der Riese der Barmherzigkeit, keinen Nachfolger aufbaute, um die Aufgabe zu übernehmen.

Joel – ein Held der Barmherzigkeit ganz eigener Art, obgleich so anders als Maimon – und seine Arbeit mit den Freiwilligen beweist es. Was dies für uns bedeutet ist vielfältig und bedenkenswert, denn, wenn wir alle Probleme der Welt lösen wollen, dann müssen wir alles verstehen und wissen über die Helden der Mitmenschlichkeit.

*(Übersetzung aus dem Englischen: Mechthild Wallbrecher)*

# Biografie – Kurzfassung

von Ilse Vogel, die sich ausführlich mit den jüdischen Menschen aus Diespeck und ihren Vorfahren wissenschaftlich-historisch beschäftigt hat

In der fünften Generation der Dispeker wusste man noch von einem gelehrten Rabbi namens David Diespeck als Vorfahr und Namensgeber der Familie, und dass er ein dickes Buch verfasst habe »mit Kommentaren und Talmudgeschichten«. Aber 100 Jahre später konnte niemand das klassische Hebräisch des 18. Jahrhunderts mehr lesen, und jüdische Historiker befragten die emanzipierten Nachkommen nicht, die ihr Judentum weder leugneten noch praktizierten. Zuletzt hatte Moshe Nathan Rosenfeld sich dem Vorwort des *Pardes David* gewidmet, die autobiografischen Angaben übersetzt und kommentiert. Nachgeprüft hat er viele Fakten offenbar nicht. (*Nachrichten für den jüdischen Bürger Fürths, Harav Hagaon David ben Joel Dispeck*, 1974).

David ben Joel wurde 1715 in Diespeck geboren, und als David Diespeck unterschrieb er später die Heiratsurkunde der Tochter Hendle und die des Sohnes Simon. Historiker wie Löwenstein, Eckstein, Kauffmann und andere schrieben korrekt Diespeck, ein Ort nahe bei Neustadt an der Aisch.

Als Vierjähriger kam der Junge nach Fürth, war vermutlich Pensionär in der Familie Schneor, studierte in der Bärmann'schen Klaus, kam wie üblich 13-jährig in die Hochschule nach Frankfurt am Main und kehrte als 18-Jähriger zurück. Verheiratet mit Rosel Schneor übernahm er die freie Stelle eines Rabbi in Bruck; einen Rabbiner gab es um diese Zeit in keiner fränkischen Landgemeinde, diese Funktion war einem Oberrabbiner vorbehalten, zum Beispiel in Fürth.

1742 starb seine Frau, hinterließ ihm drei Mädchen, die später in vermögende beziehungsweise gelehrte Familien einheirateten. Die zeitlich folgende »Wanderung« bis 1747 war eher ein Auftrag zur Missionierung beziehungsweise Stärkung bedrängter Gemeinden im Bezirk »Schwarzwald«, der als Hohenzollersches Gebiet genauso wie die fränkische Markgrafschaft Ansbach-Bayreuth zum Königreich Preußen gehörte.

1748 war David Diespeck wieder verheiratet, mit Miriam aus Sulzbach (am Untermain bei Aschaffenburg), ein Sohn Joel wurde geboren, der später Korrektor des Buches *Pardes* war. 1749 kam Fradel, 1750 Löw, 1754 Jakob (im selben Jahr verstorben), 1760 Hendle und 1763 Marum, der im Geburtsregister als Abraham eingetragen ist und zugleich im Sterberegister, zusammen mit der Mutter.

Gut 20 Jahre wirkte David Diespeck in Fürth – als Lehrer, als Mitglied im Gemeindevorstand und im Rabbinatskollegium. Er gehörte zu einer Gruppe Gelehrter, die sich täglich zum Thorastudium trafen, vermutlich in einer Klaus (später als Privatsynagoge bezeichnet). Den Lebensunterhalt bestritt er im Juwelenhandel, zu dem er offenbar über den Schwiegersohn Neuburg gefunden hatte.

Das in allen biografischen Notizen erwähnte Unglück oder finanzielle Missgeschick war eine Gefälligkeit für einen Freund. 1763 unterzeichnete er eine Obligation im Vertrauen auf die Finanzkraft des Handlungs-Compagnons Israel Brandeis – und wurde herb enttäuscht. Die 25.000 Golddukaten wollte David Diespeck aus eigener Kraft aufbringen, was beweist, wie vermögend er inzwischen geworden war. (Das Dokument ist im Privatarchiv des Joe Dispeker erhalten, jetzt im Jüdischen Museum Franken.)

Im Dezember 1766 wurde Simon geboren, die Mutter war die junge Chava/Eva Dessau aus Ansbach, ein Geburtsdatum ist nicht überliefert. 1771 (oder 1772) kam der Ruf aus Mühringen, die Stelle des Bezirksrabbiners im »Schwarzwald« war zu besetzen. Die Schulden waren abbezahlt; Löw erhielt die Niederlassung in Baiersdorf, wo bereits Verwandtschaft war, und die zwölfjährige Hendle und der sechsjährige Simon verließen mit den Eltern die fränkische Heimat.

Nach zwei Amtsperioden wollte David Diespeck nicht verlängern, der Ruf als Klausrabbiner nach Metz lockte mehr als ein höheres Gehalt. Auf der Durchreise 1778 wurde Hendle in Bischheim bei Straßburg verheiratet, wo sie mit dazu beitrug, selbst in schwierigen politischen Zeiten eine Rabbiner-Dynastie zu begründen. Der fränkischen Verwandtschaft ging sie verloren.

Ins Elsass wurde auch Simon 1783 nach Abschluss der Studien in Metz verheiratet. 1788 übersiedelte er mit Mariam Netter aus Rosheim und drei Kindern nach Baiersdorf, wo David Diespeck seit 1784 die Stelle als Landrabbiner versah. Während der sechs Jahre in Metz war er Prediger der Chevra Kadisha (Beerdigungsverein) und Leiter der Talmudhochschule, die allerdings aufgrund der politischen Verhältnisse zunehmend weniger Schüler hatte.

1786 war das Buch *Pardes David* druckfertig und wurde von Aron Seckel in Sulzbach (Oberpfalz) verlegt. Laut Rosenfeld besteht der Sefer »aus Vorträgen, die der Verfasser an Schabbatot, Festtagen und bei sonstigen Anlässen gehalten hatte, ferner Erläuterungen zu Bibel, Talmud und Rambam, … (genau 365 wie Tage im Jahr). Trauerreden aus dem Jahre 1785, gehalten nach dem Ableben des Gaon Schaagat Arie aus Metz und anderer Rabbanim. … Aufgenommen wurden einige Responsen seines Enkels Mosche sowie dessen Drascha (Textauslegung) am Schabbat vor seiner Trauung 1785 in Fürth.«

David Diespeck starb am 9. November 1793 in Baiersdorf. Sein Grabstein steht in der Mitte des Friedhofs neben dem seiner Frau Chava (trotz Verwitterung noch zu lesen) und seines Sohnes und Nachfolgers Simon Dispecker, Vice-Rabbiner von 1794 bis 1847. Der Stein für seine Frau Mariam war 1929 noch vorhanden, während der Nazi-Zeit ist er verschwunden.

Eine ausführliche Biografie über David Diespeck erscheint voraussichtlich Ende 2014, pünktlich zum 300. Geburtstag des Harav Hagaon.

# Glossar

Achdut Ha'avoda – «Einheit der Arbeit»; eine zionistisch-sozialistische Partei, entstanden 1944 durch Abspaltung von der *Mapai*. Mit dieser vereinigte sie sich 1968 wieder zur israelischen Arbeiterpartei *Avoda*. Die *Achdut Ha'avoda* war eng mit der Kibbuzbewegung verbunden.

Alija – «Aufstieg»; gängige Bezeichnung für die verschiedenen großen Einwanderungswellen (die erste fand 1882 statt) nach Israel.

Aufspaltungskonferenz – siehe unter *Ichud*.

Bama'aleh – Zeitschrift der *Noar Ha'oved*.

Bar Mitzwa – Feier der Religionsmündigkeit jüdischer Jungen im Alter von 13 Jahren (bei Mädchen heißt sie *Bat Mitzwa*).

Beit Din – Rabbinatsgericht.

Betar – 1923 im lettischen Riga gegründete Jugendbewegung der revisionistischen Zionisten.

Beth Shalmon – Name des Hauses, das die Katholische Integrierte Gemeinde finanzierte, um einen Stützpunkt in Israel zu haben für ihre Begegnungen mit ihren israelischen Freunden. Der Name ist gewählt nach dem ersten verstorbenen Gründungsmitglied des ‹Urfelder Kreises›, Shlomo Shalmon.

Blauweiß – Anfang des 20. Jahrhunderts in Deutschland gegründete zionistische Jugendbewegung, die strukturell dem «Wandervogel» ähnelte.

Chassidismus – Frömmigkeitsbewegung, die im 18. Jahrhundert ihren Höhepunkt erreichte und bis heute fortwirkt.

Chalutz/a – (Pl. *Chalutzim*) Pionier, Pionierin.

Chevra Kadisha – für die rituelle Bestattung jüdischer Verstorbener verantwortliche «Beerdigungsgesellschaft», die es in jeder jüdischen Diasporagemeinde (ehrenamtlich) wie in Israel (staatlich) gibt.

Chevrat Ovdim – «Arbeitergesellschaft»; 1923 gegründeter Dachverband der Histadrut und Rahmen sämtlicher wirtschaftlichen Institutionen der Arbeiterbewegung.

Chuzpe – Frechheit, Unverfrorenheit.

Dash – Akronym für die 1976 von namhaften Politikern gegründete, zentristische, äußerst kurzlebige Partei «Demokratische Bewegung für Veränderung».

Davar – hebräischsprachige Tageszeitung (1925–1996) des Arbeiterverbands.

Degania – erster Kibbuz, 1909 im Jordantal gegründet.

Dror – 1915 in Polen gegründete zionistisch-sozialistische Jugendbewegung.

Efal – ehemaliger Stadtkibbuz, heute Wohnort bei Ramat-Gan und Heimat des Tabenkin-Instituts, einer akademischen Einrichtung zur Wahrung und Erforschung der Kibbuzgeschichte.

Egged – 1933 als Genossenschaft gegründete größte israelische Busgesellschaft.

Eretz Israel – «Land Israel»; biblische Bezeichnung für den Staat der Juden bzw. der alten Hebräer. Sie wurde mit Beginn des politischen Zionismus im 19. Jahrhundert wieder aufgegriffen und vor allem für das damalige osmanische und später britische Mandatsgebiet Palästina verwendet.

Etzel – Akronym für *Irgun Tzwa'i Le'umi* (Nationale Militärorganisation), 1931 von Revisionisten gegründete militante jüdische Widerstandsbewegung gegen die britische Mandatsregierung, die nach der Staatsgründung aufgelöst und in die israelische Armee eingegliedert wurde.

Gadna – militärisches Vorbereitungsprogramm für Jugendliche.

Gan Kalanit – Name eines bestimmten Kindergartens im Kibbuz Tzuba.

Garin – «Kern»; zentrale Gruppe einer Bewegung, hier ein Freundeskreis junger Menschen, die während des Militärdienstes und des Studiums zusammen das Leben in einem Kibbuz unterstützen. Viele schließen sich dann auch einem Kibbuz an.

Hachschara – «Vorbereitung»; das heißt auf die Einwanderung nach Israel und die Besiedlung des Landes.

Haganah – «Verteidigung»; paramilitärische jüdische Organisation (1920–1948) im britischen Mandatsgebiet Palästina und Vorläuferin der heutigen *IDF*.

Haggada – «Die Erzählung»; das heißt vom Auszug aus Ägypten. Sie wird am *Seder-Abend* in feierlicher Zeremonie beim gemeinsamen Mahl gelesen.

Hatikva – «Die Hoffnung»; Nationalhymne des Staates Israel.

Hechaluz – «Pionier»; 1917 gegründeter zionistischer Weltverband, der sich zum Ziel setzte, die jüdische Einwanderung nach *Eretz Israel* und deren Vorbereitung zu organisieren.

Histadrut – «Zusammenschluss»; Dachverband sämtlicher israelischen Gewerkschaften. Der vollständige Name lautet *Histadrut Klalit schel HaOwdim B'Eretz Israel*, also: «Allgemeiner Verband der Arbeiter des Landes Israel».

**Ichud** – 1951 kam es aufgrund ideologischer Differenzen zu einer Aufspaltung der Kibbuzbewegung. Die sozialdemokratischen Kibbuzim der linken Mitte schlossen sich zusammen und bildeten eine neue Dachorganisation, den *Ichud*.

**IDF** – «Israel Defense Forces»; israelische Verteidigungarmee.

**Jewish Agency** – am 11. August 1929 auf dem 16. Zionistischen Weltkongress ins Leben gerufene und heutige offizielle Einwanderungsorganisation des Staates Israel.

**Joint** – «American Jewish Joint Distribution Committee»; eine seit 1914 vor allem in Europa tätige Hilfsorganisation US-amerikanischer Juden für ihre Glaubensgenossen.

**Jüdische Brigade** – aus Freiwilligen aus dem Mandatsgebiet Palästina bestehende Kampfeinheit der britischen Armee, die während des Zweiten Weltkriegs auf der Seite der Alliierten gegen die Achsenmächte kämpfte.

**Jugendalija** – jüdische Organisation, die zur Zeit des Nationalsozialismus versuchte, möglichst viele Kinder und Jugendliche aus Europa in sichere Länder und vorzugsweise nach *Eretz Israel* zu bringen.

**Kibbuz** – (Pl. Kibbuzim) ländliche israelische Kollektivsiedlung mit gemeinsamem Eigentum.

**Kibbuz Hame'uchad** – 1927 gegründete, stärker linksorientierte Gruppe der Kibbuzbewegung.

**Kibbuznik/it** – Kibbuzgenosse/in.

**Kipa** – kleines rundes Käppchen, das religiöse jüdische Männer tragen.

**Kneidlech** – Knödel aus Mazze-Mehl, ein klassisches Gericht aschkenasischer Juden am *Seder-Abend*.

**Knesset** – «Versammlung»; hebräischer Namen des aus 120 Abgeordneten bestehenden israelischen Parlaments.

**Kol Nidre** – «Alle Gelübde»; Gebet am Vorabend des *Yom Kippur*, mit der Bitte, von allen Gelübden freigesprochen zu werden. Das Gebet stammt aus der Zeit der spanischen Inquisition, als viele Juden gezwungen waren, zum Christentum überzutreten, um zu überleben. Ein Teil pflegte heimlich die jüdischen Traditionen weiter.

**Lag BaOmer** – Freudenfest, das am 33. Tag einer 49-tägigen Trauerzeit zwischen *Pessach* und *Schawuot* (Fest zur Erinnerung an die Offenbarung der Zehn Gebote) begangen wird und diese für einen Tag unterbricht. Der Ursprung des Festes geht auf einen kurzen Erfolg des Bar-Kochba-Aufstands gegen die Römer 132–135 n. Chr. sowie auf weitere historische Ereignisse zurück.

**Likud** – 1973 von Menachem Begin gegründete größte Mitterechtspartei Israels, seit 1977 auch die dominante Partei sämtlicher Regierungskoalitionen.

**Loveday** – ein von der Kibbuzbewegung entwickelter Feiertag, an dem alle Personen etwas Weißes anziehen. Die jüngeren Frauen und Mädchen verstecken sich und lassen sich von den Jüngeren Männern und Burschen suchen. Am Abend klingt der Tag heiter aus bei Konzert und Buffet. Junge Paare können sich so leichter kennenlernen.

**Ma'arach** – bis 1984 trat die israelische Labourpartei bei den Knessetwahlen als *Ma'arach* an. Der *Ma'arach* war sowohl ein Wahl- als auch ein Fraktionsbündnis, dem insbesondere die *Mapam*-Partei als Juniorpartner angehörte.

**Ma'ariv** – in der Vergangenheit eine der auflagestärksten israelischen Tageszeitungen.

**Mafdal** – 1956 gegründete nationalreligiöse Partei, deren Wählerschaft ungleich den orthodoxen Parteien stets integraler Teil der israelischen Gesellschaft war, das heißt ihre Mitglieder arbeiteten und leisteten Militärdienst. 2008 zerfiel die *Mafdal* in mehrere Parteien.

**Mapai** – Akronym für *Mifleget Poalei Eretz Israel* («Partei der Arbeiter des Landes Israel»); 1930 als Splittergruppe der marxistisch-zionistischen russischen Partei *Poalej Zion* gegründet, vereinigte sie sich 1968 mit *Achdut Ha'avoda* und anderen zur Arbeiterpartei *Avoda*.

**Mapam** – Akronym für *Mifleget Poalim Me'uchedet* («Vereinigte Arbeiterpartei»); ursprünglich eine marxistisch orientierte zionistische Partei. Sie entstand 1948 aus dem Zusammenschluss zweier linker Bewegungen und war bis Mitte der 1950er-Jahre nach der *Mapai* Israels zweitgrößte Partei.

**Mapamnik** – Mitglied der Mapam.

**Massada** – Schauplatz des letzten verzweifelten Aufstands jüdischer Widerstandskämpfer gegen die Übermacht der Römer. Dieser endete 73 n. Chr. mit dem Massenselbstmord der 960 in der Festung verschanzten Männer, Frauen und Kinder. Massada liegt am Südwestende des Toten Meeres und ist heute Teil eines gleichnamigen israelischen Nationalparks.

**Meschek** – Großfarm, Landwirtschaftsgut, häufig auch als Synonym für Kibbuz gebraucht.

**Mesusa** – (Pl. *Mesusot*) kleine, am Türpfosten jüdischer Häuser angebrachte Pergamentrolle mit dem «Schma-Israel»-Gebet.

**Me'uchad-Bewegung** – HIER FEHLT DIE ERKLÄRUNG

**Moshav** – genossenschaftlich organisierte ländliche Siedlungsform, in der neben dem in den *Kibbuzim* üblichen Kollektivbesitz auch Privateigentum zugelassen ist. Es gibt eine Reihe von *Moshav*-Typen, deren Grenzen sich mitunter verwischen.

**Moshavnik** – Mitglied eines *Moshav*.

**Mosche Dayan** – legendärer israelischer General und Politiker.

**Nachal** – Akronym für *Noar Chaluzi Lochem* («kämpfende Pionierjugend»); 1948 gegründete Siedlungsbewegung und Infanteriebrigade der *IDF*.

**Noar Ha'oved** – 1924 zur Verteidigung der Rechte von jugendlichen Arbeitern gegründete, mit der *Histadrut* verbundene Bewegung.

**Palmach** – Akronym für *Plugot Machatz* («Einsatztruppen»); 1941 von der *Haganah* gegründete paramilitärische Einrichtung, die sich auf das Training von Jugendlichen konzentrierte. Im Zweiten Weltkrieg kämpften *Palmach*-Einheiten auch auf Seiten der Alliierten in der Jüdischen Brigade.

**Palmachnik** – Mitglieder des *Palmach*.

**Pardes David** – «Fruchtgarten Davids»; Predigtsammlung des Rabbi David von Diespeck aus dem 18. Jahrhundert.

**Pessach** – Das Fest erinnert an den Auszug aus Ägypten, also die Befreiung der Israeliten aus der Sklaverei und gehört zu den wichtigsten Festen des Judentums.

**Sabra** – eine Kaktusart und die hebräische Bezeichnung für die im Lande Geborenen.

**Schma Israel** – Grundbekenntnis des jüdischen Volkes zum Monotheismus («Höre Israel, der Herr unser Gott ist einzig»).

**Seder-Abend** – erster Abend des Pessachfestes, an dem die Geschichte vom Auszug aus Ägypten erzählt wird.

**Shevet Achim** – Name eines Raumes in der Villa Cavalletti, nach dem Lied: «Hinematov u manaim – shevet achim benjachat…», «Seht wie schön es ist, wenn Brüder friedlich beieinander sitzen».

**Shiva** – siebentägige Trauerzeit nach dem Tod eines nahen Verwandten. Während dieser Woche sitzt der Trauernde zuhause und Freunde und Bekannte kommen zu Besuch, um Trost zu spenden.

**Shomer Hazair** – «Der junge Wächter»; 1913/14 in Galizien gegründete, pfadfinderähnliche internationale sozialistisch-zionistische Jugendorganisation, deren Hauptziel die Alija nach Eretz Israel und die Gründung von Kibbuzim war.

**Tembel-Mütze** – «Idiotenmütze»; ein von den *Chalutzim* als Sonnenschutz getragener Schlabberhut, der in Israel bis heute nationalen Symbolwert hat.

**Tnu'ah Hame'uchedet** – Name einer Jugendbewegung.

**Tnuva** – eine israelische Genossenschaft und landesweit größte Herstellerin von Milch und Milchprodukten und, in geringerem Umfang, auch Fleisch, Eiern und verpackten Lebensmitteln. Ihre 620 Mitglieder sind vor allem *Kibbuzim* und *Moshavim*.

**Tzaddik** – «Gerechter»; Ehrentitel für eine herausragende Persönlichkeit im *Chassidismus*.

**Tzena** – israelische Wirtschaftspolitik von 1949 bis 1959, eine Zeit, in der Lebensmittel und andere Grundversorgungsgüter der Bevölkerung nur streng rationiert zugeteilt wurden.

**Ulpan** – Hebräisch-Intensivkurs für Neueinwanderer.

Yekke (auch Jekke) – deutschstämmiger Jude; vermutlich leitet sich die Bezeichnung von den kurzen Jacken ab, die diese Juden im Gegensatz zu ihren osteuropäischen Glaubensgenossen trugen.

Yom Kippur – Versöhnungstag und heiligster Tag des Judentums, an dem das göttliche Gericht das zehn Tage zuvor, am Neujahrstag *Rosh Hashana* gefällte Urteil über das Schicksal jedes Menschen abstempelt. Zwischen den beiden Feiertagen liegen die «zehn Tage der Umkehr», an denen man Buße tun und das himmlische Urteil mildern kann. *Yom Kippur* ist ein Tag des Fastens, des Gebets und der inneren Einkehr.

Dietfrid Krause-Vilmar/
Jens Flemming (Hg.)
**Kassel in der Moderne**
Studien und Forschungen
zur Stadtgeschichte
832 S. | Geb. |
zahlr. teils farbige Abb.
€ 29,90 | ISBN 978-3-89472-906-6

Kassel feierte 2013 seinen 1100sten Geburtstag. Die Geschichte der Stadt im Mittelalter und als Sitz der hessischen Landgrafen ist relativ gut erforscht. Wie aber vollzog sich der Weg Kassels in die Moderne, von der Residenz- zur Bürgerstadt, von der Beamten-, Offiziers- und Pensionärs- zur Industriestadt? Das vorliegende Buch liefert fundierte, differenzierte Antworten und präsentiert neue Forschungsergebnisse im Feld der kommunalen Politik-, Struktur- und Kulturgeschichte.
Die Beiträge des Buches werfen einen Blick auf die Epochen des Kaiserreichs mit dem Ersten Weltkrieg als Wendepunkt, auf die Weimarer Republik als Zwischenspiel und erste Erfahrung eines demokratischen Gemeinwesens, das zerstört und abgelöst wird durch die nationalsozialistische Diktatur, deren durch die alliierten Siegermächte erzwungenes Ende eine zweite Chance demokratischer Neugestaltung eröffnet.

„Wie eine kritische, engagierte und differenzierte Bestandsaufnahme auszusehen hat, zeigt der Band in beispelhafter Weise."
*Geschichtsblätter für Waldeck*

www.schueren-verlag.de